《夢醉紅塵——回歸》這作品：

獻給「八九六四」為正義和民主獻身的死難者。

獻給不幸「被『回歸』」而正在備受痛苦煎熬的香港同胞。

獻給像我父親那老一代曾經為「愛國」而回去中國
卻被折磨得死去活來的歸國華僑。

獻給剛剛在香港去世的一直等待著無為這書出版的
我的菩薩慈心、捨己為人的母親。

證道無為 (6/4/2020)

長篇小說

夢醉紅塵——回歸

無為無極 著作

公民社 2020

夢醉紅塵──回歸 Dreaming Reality - Reversion

©2020 無為無極 Wuwei Wuji

作者授權 公民社 在美國出版發行。

所有權利保留。未經書面許可，不得以任何方式複製、傳播

All Rights Reserved, including the right to reproduce this book or portions thereof in any form whatsoever.

Print ISBN: 978-1-950834-13-6

Ebook ISBN: 978-1-950834-14-3

出版人/Publisher： 楊建利 Yang Jianli

封面設計/Cover Design： 公民社/Citizen Press

出版/Published by: 公民社/Citizen Press

出版日期/Publishing Date: June 4, 2020

定價/Price: US$23.45

《夢醉紅塵——回歸》序

陈維健 （《北京之春》總編輯）

香港！香港！香港！香港的時代革命成了世界新聞關注的中心，連蔓延全球的瘟疫都沒有能將人們的眼光从香港挪开。近日收到香港作家無為先生的書稿《夢醉紅塵》寫的正是香港。

《夢醉紅塵》不是一本一般意義上的小說，很難用一种類型去規範它。既有中國傳統章回體小說的框架，又有現代的意識流與當代的境幻小說的寫法。一句話，它是天馬行空式的，時空交錯，人物交錯，语境交錯，故事交錯，思想交錯，而這一切都寓于一個夢。作者雖然把他的書名定為《夢醉紅塵》，但實际上這個夢不是紅塵春夢，而是一個共产噩夢。一個香港回歸祖國的南柯一夢。馬照跑，舞照跳，但馬已指鹿為馬，舞已頌歌媚舞。紫荆花旗蒙上了腥紅的五星旗。用作者的話說；「『香港回歸』＝折磨＋痛苦！」，「『祖國母親』＝欺騙＋壓迫」！」的惡夢。

《夢醉紅塵》它的體量相當的大，内容丰富，人物眾多，時空與文化的跨度大，作者采用三線並行的寫作手法鋪开他的故事。第一條線是美國女青年小香港到回歸的香港與中國大陆惊心動魄的经歷。

第二條線是把60多位港台美政商，娛樂，傳媒的名星通过演繹把他融入到故事中去。這是一种虛實結合，現實主義與浪漫主義，真實的人物與虛構人物的結合。使作品讀來有超强烈的現實感。

第三條線，作者通过回憶的方式把長達數十年，几代人的不同家史展現出來。使故事中有故事，又把每個獨立的故事穿成一線，使小說變得相當的立體。

這三條線，作者化了整整十年的功夫。為此他在香港，大陆，美國來回跑動，實地采訪。使小說的故事情節有相當具體的环境可依，在天馬行空中不失真實的根基。

作者把《夢醉紅塵》定為政治小說。雖然大量紅塵世界的聲色犬馬，尋欢作乐，争強斗狠，以及大量的無厘頭，但政治仍是它的主線。這就是中共的暴政與政治欺詐的半個多世紀的歷史與香港的不幸回歸。"一國兩制"是一场惊世之騙，作者非常形象地把"一國兩制"稱之為"一夫兩妻"，具有強烈的嘲諷意味。作者小說完稿于2010年，十年前他似乎已預測到了香港這场"反送中"運動，香港惡警在鎮壓港人的反抗運動中，會利用黑社會來對付抗議者。警匪一家，警暴加黑暴。作者發出了香港是"回歸"還是"入獄"的蒼天一問。

作者無為先生在香港生活在富人區的淺水灣，8岁那年家長因愛國，把他送到中國大陆讀書，文革爆發迫使他留在了大陆，度过了人生中最重要的青少年時期，作為香港的富家子弟，飽受政治迫害與物质匱貶之苦。直到1983年才回到香港。這17年的時間改變了他的命運，也使他有了不同的人生與思想，成為一個民主主義者。1989六四民運爆發，他在香港自然而然地成了"民運"的支持者。六四大屠殺后，令他悲憤交集，他意識到天安門的大屠殺有一天也會殺到香港。于是他远走高飞到了自由的美國。在自由的土地上開始了他精彩的人生，寫下了這篇不同凡响的小說《夢醉紅塵》。

"國家不兴詩家兴，賦到沧桑句便工"。無為先生顛簸流离的人生，造就了他的這部《夢醉紅塵》。當本書付梓與讀者見面時，有缘人見一見此書的震撼激荡。

名人推荐

公民社很榮幸在紀念"六四"天安門大屠殺三十週年期間出版美國香港作家無為無極先生的長篇小說《夢醉紅塵——（香港）回歸》。

《夢醉紅塵——（香港）回歸》是作者力盡十多年的心血完成的一部富於創意的文學作品，更是用獨特的藝術手法描繪的中共統治中國的政治荒誕史。這段荒誕史是我們這代人生命中的一部分，無論我們把自己的身體和思想情感放逐到何方，它都會如影隨形地跟著我們。作者是生在香港的富家子弟，因父輩愛國--如魔鬼幽靈附體的那種，八歲被送回內地祖國。"回歸祖國"時，作者正趕上文化大革命爆發，長期政治荒誕背後的暴戾和困頓反而讓作者的精神在磨難中覺醒，驅除了魔鬼幽靈，清爽自強起來。文革結束，中國稍稍回歸了一點常識，但是荒誕的慣性依然推動著尋找道路的腳步，明明有橋立在眼前，偏偏要摸著石頭過河，然而，此時的作者卻懷揣著道路自信一路奔向自由，先回香港，"六四"槍響後，又一路趕來美國，用腳投票，以放逐的姿態鄙視一齣一齣的荒誕劇。然而，這一齣一齣的荒誕劇不是"劇"，而是活生生的十幾億人的生活，作者的自我放逐不能讓他痛苦的心靈得到解脫，於是他拿起了筆……

Dr. YANG Jianli - 楊建利
President & Founder - 發起人
Citizen Power Initiatives for China - 公民力量

在「六四」31週年前夕，無為先生的作品《夢醉紅塵》問世，我很感動。無為先生的作品是一個有精神高度和思想深度的紀念。以穿越時空和交叉敘事不同人生故事的方式，不僅展示中國與世界圍繞著那個事件的前世來生，而且讓我們更直觀、更貼切地感受到那個事件的政治、社

會和精神意義。歷史，其實是一部各種人生交織匯總的交響曲。我建議大家閱讀無為先生的作品，聆聽和品味中國1989。

中國民主黨全國聯席會議會長：王軍濤

　　無爲先生的小說，不只是比歷史更真實，也更深刻地呈現了中國所發生的事件。無為先生是靠想象力完成了他的小說嗎？不，我相信，是他因著對中國的理解，甚至憐憫，寫下一個個字的。

　　我不知道，未來究竟有多少人，可以讀懂無為先生的文字，但這一切，就是中國曾經發生的，和現在正在發生的。雖然這一切，如此地不可思議，卻是真實的、荒謬的中國裡所發生的。

——明鏡創辦人：何頻

香港名嘴前立法會議員黃毓民先生評語

「無為先生這本小說《夢醉紅塵——（香港）回歸，
　　是『劈邪辨佞，如椽之筆』！
　　下筆有千鈞之力！勁！」

（毓民先生還特意解釋：
　　佞音寧，諂佞之臣；
椽音全，古代建築中用來支撐屋頂的木材，

　　　大筆如椽或如椽，
　　形容下筆如有千鈞之重，勁！）

目 錄

序言　1

<1> 夢幻香港　3
　　香港最美麗　奇峰異巒山水清
　　高樓喜沖天　巍峨威武展風情

<2> 迷域 5 1　5
　　輝煌夜總會　港美雙雙試媲美
　　鏡碧亮閃閃　瑰麗處處演韻味

<3> 桃園夢園　9
　　舞場眾起舞　千姿百態演舞步
　　麗人小香港　尋覓豪宅意心途

<4> 香港夢想　12
　　神秘奇女人　虛情假意說希望
　　疼女好爸爸　科恩伯格叫香港

<5> 巴黎身世　15
　　美麗小香港　稚氣純真像巴黎
　　李傲重情義　扑朔迷離試解謎

<6> 香港激情　18
　　難為小香港　布殊總統摸屁股
　　為國想當兵　少女香港甘吃苦

<7> 風情美女　21
　　怪相 14 K　孫子脫兔當處女
　　毛毛克萊頓　獵艷泰國講妓女

i

< 8 > 回歸龍樣　27

　　　社團１４Ｋ　　橫行香港大黑幫
　　　港人１４Ｋ　　日本武士夠豪放

< 9 > 量子調情　30

　　　警員鹹豬手　　非禮妓女泄慾望
　　　免職藍帽子　　長袖善舞當保安

< 10 > 鷹龍熊事　33

　　　吸毒談政治　　風花雪月鷹熊地
　　　導彈避孕套　　龍尾噴氣放龍屁

< 11 > 法輪真諦　45

　　　宇宙最高級　　法輪腹轉非常人
　　　毛毛嗜吸毒　　推銷信仰真善忍

< 12 > 跪求傳統　55

　　　國共兩兄弟　　恩怨情仇好打架
　　　妓女看嫖客　　愛恨交加愛與怕

< 13 > 毛毛主席　67

　　　床上不刷牙　　翻雲覆雨睡獅子
　　　屁股打噴嚏　　大放龍屁坐龍椅

< 14 > 毒性迷情　70

　　　毛毛克萊頓　　眉飛色舞玩吸毒
　　　性感小香港　　鯊魚金塔易馴服

< 15 > 巴黎豪情　74

　　　Paris Hilton　輕描淡寫溫馨罵
　　　模仿Eminem　　豪情洋溢找你媽

< 16 > 香港行話　76

　　　粗口排行榜　　罵人扑街最時興
　　　港人好罵人　　繪聲繪色最無情

< 17 > 搖頭喜樂　78
　　追憶思往昔　煙雨風雲瞬飄過
　　壓抑尋釋放　情意朦朧一念錯

< 18 > 扑街世紀　82
　　國際大名人　千奇百怪扑街多
　　首選大冠軍　卡斯特羅最賣座

< 19 > 魂迷志痴　83
　　笑話１４Ｋ　超厚臉皮很奇特
　　怪誕港靚妹　錯亂失憶希特勒

< 20 > 量子波浪　86
　　美國克萊頓　樣貌十足克林頓
　　毛毛克萊頓　量子調情講理論

< 21 > 疑雲重重　88
　　台灣選總統　落敗連戰疑雲重
　　小妹尋開心　嗨希特勒同一夢

< 22 > 赤裸真我　90
　　台灣大文豪　李敖脫褲赤裸裸
　　手淫興歡呼　只有真我沒假過

< 23 > 操娘情操　92
　　傳統中國人　發洩怒罵具情操
　　操人老媽媽　情懷激烈夠獨到

< 24 > 法輪神功　94
　　毛毛法輪功　熱衷沉迷玩神通
　　推銷舊客戶　助友販毒打同通

< 25 > 法輪轉動　98
　　毛毛遇美女　魂迷交錯一個夢
　　玩Ｋ克萊頓　誘惑玉女心顫動

< 26 > 香港狂喜　104

　　狂喜小巴黎　　搖頭喜樂尋歡喜
　　K夢小香港　　處女下海一股氣

< 27 > 法輪芬芳　107

　　靚妹希特勒　　尋歡作樂共陶醉
　　毛毛相陪伴　　興風作浪探心水

< 28 > K神典故　109

　　安撫小巴黎　　諄諄善誘克萊頓
　　K神John Lilly　　雲遊天國撰理論

< 29 > 法輪熱烘　112

　　毛毛超常人　　法輪K動高層次
　　凡間焚肉慾　　暖流烘熱低俗意

< 30 > 雲遊歸返　115

　　雲遊小香港　　醉意景象夢初醒
　　魂飛尋歡客　　牛頭馬面晃形影

< 31 > 飄然神仙　118

　　真摯藍帽子　　寄情香港贈大禮
　　跳舞14K　　殭屍魔鬼附身體

< 32 > 再尋K夢　122

　　慌張小香港　　驚惶察覺吸藥多
　　迷亂找房間　　跌跌撞撞忙失挫

< 33 > 交錯空間　127

　　K夢坐飛船　　盤旋飄忽舞翩躚
　　悍婦亞馬遜　　割掉乳房去射箭

< 34 > 夢醉慾燙　132

　　夢境變現實　　翻覆倒換直逆轉
　　慾動感搔手　　胸脯腿間至迷亂

< 35 > 錯覺驚慌　140
　　醒覺小香港　倉惶奪門奮逃命
　　義氣１４Ｋ　奮勇擋殺顯真情

< 36 > 中西差異　144
　　迷茫克萊頓　被當白痴生怒氣
　　自負中國人　怪誕荒唐西遊記

< 37 > 黑道霸氣　153
　　見識黑社會　美國總統嘆厲害
　　出頭１４Ｋ　老母被辱苦當災

< 38 > 劍拔弩張　159
　　黑道賊豬猴　兇狠喊打肆召馬
　　藍帽１４Ｋ　奮力調兵忙招架

< 39 > 心靈感應　167
　　李傲小香港　靈犀一點心相傳
　　黑幫紅衛兵　鬥狠對陣兵馬亂

< 40 > 刀槍血光　173
　　黑道劈大刀　張牙舞爪殺瘋狂
　　肥彭拔手槍　霹靂壓場見血光

< 41 > 法治香港　185
　　紋身惡大佬　怨氣泄憤逞囂張
　　老柴大龍頭　氣急敗壞來踩場

< 42 > 慟泣創痛　191
　　家中小香港　滴淚哭泣訴悲慟
　　海灘小巴黎　惆悵抑鬱作噩夢

< 43 > 水灑情動　202
　　歌聲飄裊繞　情衷沐浴心潮湧
　　吃草長頸鹿　慾血望月頻蠢動

v

< 44 > 豪宅憶愁　207
　　溫情寶雲閣　父女情意顯關愛
　　殺戮天安門　愁雲慘霧計劃改

< 45 > 美麗家園　212
　　香港寶雲閣　美國酒店相媲美
　　藝術賞弧形　圓圈銳角性感美

< 46 > 友情匯聚　216
　　露西站起來　三百萬年不再爬
　　今朝小香港　做人骨氣拒跪下

< 47 > 輝煌黑暗　223
　　香港多罪案　斑駁陸離數不清
　　黑幫肆行兇　五花八門滿血腥

< 48 > 香港禍星　228
　　香港靚景點　林林總總數不盡
　　江湖大強盜　張氏家族最勇進

〈49〉慾動情愛　233
　　遊艇浸浴缸　聖杯撩慾掀漪漣
　　男女尋性愛　真我挑誘戀纏綿

〈50〉性感情愛　236
　　遊艇名情愛　裡外掩映共生姿
　　性感顯媚態　上下婀娜弄多姿

〈51〉柔情情愛　238
　　國金第二期　充血勃起像陽具
　　V型達芬奇　慾望騷心煥性趣

〈52〉愛國慘痛　242
　　國家對人民　盡情傷害多少代
　　輕言說愛國　愛恨交織死活來

〈53〉 **智能情衷** 247
  灑淚機器人　渴望慈母傷透心
  夢中小香港　大衛哭泣喚母親

〈54〉 **華人與狗** 251
  華人與狗事　東拼西湊編故事
  煽動眾仇外　扭曲真相玩歷史

〈55〉 **華人非狗** 258
  華人非狗事　連狗不如人苦命
  剩飯被搶走　餵狗羞辱被欺凌

〈56〉 **開天唾沫** 269
  老坑窮村長　愛紅太陽吐口水
  愛毛１４Ｋ　投訴兩豬一起睡

〈57〉 **開天慾搏** 283
  森林中南海　淫亂敗壞盡獸行
  愚昧小白豬　告１４Ｋ犯姦淫

〈58〉 **人肉餐宴** 300
  吃人北京人　５０萬年文明前
  人肉大餐宴　文革悲劇又重現

〈59〉 **纏腳臭布** 309
  頭戴招展花　共產主義纏腳布
  腳扭煽情步　資本主義探戈舞

〈60〉 **回歸濁湧** 330
  歷史真荒唐　刻骨銘心記心中
  回歸起驚濤　暗潮翻波逐沖湧

《夢醉紅塵——回歸》的「詳細介紹」 354

序言

　　香港。2005年的年初。

　　海嘯剛剛橫掃東南亞，造成巨大的破壞。台灣大選在2004年早已塵埃落定。但大選的驚濤駭浪卻又像海嘯一樣繼續余波沖撼，擾攘不止。

　　香港沒有海嘯，也沒有大選，風平浪靜。特首還是受中國大陸欽點，而被港人譏稱為「老懵董」的董建華。

　　回歸已經成為事實八年的香港，最為美國人知悉的不是她百多年前曾被割讓給英國作為殖民地的歷史，也不是她近年已經回歸中國大陸的現實；既不是回歸前89民運百萬市民上街示威，又不是回歸後03公安立法五十萬之眾上街抗議的這些與大陸政府息息相關的事件。

　　也許，美國人最了解的香港是她擁有一個全金打造的廁所，既炫耀，俗氣，又金碧輝煌，舉世無雙。其實，香港山明水秀，燈火璀璨，夢幻美麗。

　　美國人既從《臥虎藏龍》裡了解周潤發的俠義勇為，又從《功夫》中認識周星馳的鋤強濟世，以為香港人可騰雲駕霧，功夫過人。好像香港人只姓周似的。

　　其實，香港人精明、勤奮、幽默，但間或也的確點綴上一些周星馳式的荒誕無稽。

<1> 夢幻香港

香港最美麗　奇峰異巒山水清

高樓喜沖天　巍峨威武展風情

　　香港，有美不勝收的景象。美得，就像一幅圖畫。圖畫中畫師的功筆，盡顯創意、多元、活力、華麗與摩登的色彩。

　　依附景致優美的奇峰異巒，面向清波蕩漾的海水，香港有著它最令人驚嘆心動、舉世無敵的景色。黃昏入夜後，當星光正若隱若現地在天際閃耀時，琳琅滿目的霓虹燈牌和辦公大樓上炯亮粲然的燈火，早已佈滿似乎一望無際的城市森林。閃閃生輝的夜景，使得在天上飄浮的雲彩，驟然光亮起來，也把這繁華富貴、生氣勃勃的景象，投射掩映在海水裡。似乎約隱朦朧地從遠處傳來的船笛聲，相應近鄰囂狂誇張的高樓大廈，形成強烈的比照──既幽靜，又喧鬧。當夜幕高掛之時，尋歡作樂的「夜貓一族」，又開始與街道上仍然呈現著的繁忙喧囂，雜揉交融，熙熙攘攘。

　　聳立在尖沙嘴區，那間富麗堂皇的『半島大酒店』，對於那些交織穿梭在喧擾繁雜的街道上的行人來說，無疑是一個引人注目的路標。與『半島大酒店』遙遙相對的，是一座摩登的『香港藝術博物館』，它展現在九龍半島臨海一端剛鋪砌完竣的星光大道旁。在星光大道上，眾多香港影星和娛樂界名人，在水泥地磚上，印下了他們獨一無二的掌印和簽名，猶如在美國洛杉磯『科達戲院』前好萊塢大道上刻印著的明星印記一樣。

　　沉浸在九龍半島海旁這漫溢著凜冽觸心的氣氛中，只要向維多利亞港灣港島那邊仰眼眺望，一幕連綿不斷、目不暇接的廣角奇景，即刻盡收

眼簾，令人看著驚詫讚嘆、心潮熱血。從右往左一直觀看，遊人首先會驚異地看到氣宇軒昂的『中環中心』；整棟大廈的玻璃幕牆，由上至下滿佈以電腦調控的霓虹燈飾，正緩慢漸進地變造出不同的色彩，五光十色般變幻無窮，讓人看著喜上眉梢。而旁邊，與其競相輝映的『國際金融中心二期』，剛落成不久即被封為香港首屈一指的摩天大廈，它像一柱擎天，以吉祥如意的八十八層樓高來展現出那不可敵擋的巍峨威武，使得週遭的高樓大廈亦黯然失色。不遠處，是四平八穩地屹立著的『匯豐銀行大廈』：儘管貌似機械怪獸，巨大骨架上照耀著色彩艷麗的巨幅紅、綠、白燈光，卻又令它顯得格外喜氣洋洋。彰顯著的這種穩重與生氣的兼容平衡，更令它的外型美感，比較起其他鱗次櫛比的摩天大樓毫不遜色。不過，附近與它爭奇鬥艷的一座『中銀大廈』，更由曾經設計巴黎羅浮宮玻璃金字塔的那位聲名卓越的貝聿銘大師精心設計：那展現出銀鑽竹升的幾何美學外形，的確氣勢磅礡，象徵意喻著成長和富裕；只是，那衝突地怒視四週的鋒邊銳角，卻又同時蘊藏著冷傲與殺氣。處在灣仔區那邊，與中環區這座『中銀大廈』遙相呼應，矗立著一座有著三牆合璧特殊建築設計的『中環廣場』——曾一度被封冠為亞洲高樓之最——它的頂部，裝嵌上巨型的霓虹燈塔報時器，四截霓虹燈管的色彩圖形，每十五分鐘轉換一次，讓人察色觀時，的確匠心獨運。而在它的正下前方，『香港會展中心』，以明麗耀眼的藍綠虹光，勾畫出它那曲線優美、奔放不羈的輪廓，像一隻活靈活現地正欲展翅飛翔的海鳥。

「海鳥」的比鄰，另一棟高樓上，正向天際噴射出的強光極為輝耀奪目：兩道沖天而起的探照燈光，像白色的熒光巨柱，從港灣那棟高樓的樓頂，向著夜幕的高處搖曳晃動，更不斷交互會合綠色閃爍振盪的鐳射激光。那棟高樓，便是身處灣仔區可飽覽無敵海景的『君悅酒店』。酒店樓頂上的鐳射光束，不時交織組匯著『迷域51』的字樣，在夜幕中振動閃耀。激光之下，那高樓的頂部，五彩繽紛、急促閃爍、迴旋掃射的亮光，正從佔據著頂樓數層之高的巨型玻璃幕牆後，不斷湧現出來⋯⋯

<2> 迷域５１

　　輝煌夜總會　　港美雙雙試媲美

　　鏡碧亮閃閃　　瑰麗處處演韻味

　　香港灣仔『君悅酒店』的頂樓，曾經一度是古色古香、高級典雅的『JJ's夜總會』，現在已經搖身一變，變成了一間亮麗堂皇、時尚流行的迪士高舞廳——『迷域51』。

　　『迷域51』這個名字，起源於一個極度保密的軍事基地，它位於美國內華達州，距離拉斯維加斯約一百里外的一個沙漠中。美國政府曾經在這個軍事禁區內，試驗過各式各樣最先進的軍用飛機。這個神秘的禁地，除了常常被人稱為『迷域51』外，還有著許許多多五花八門的名稱，例如是什麼『夢幻境界』的啊、『桃源夢園』的啊、『新郎湖畔』的啊，等等，令人迷惑，令人探索……

　　香港的這家『迷域51』迪士高舞廳，內裡的裝潢設計，相當的匠心獨俱。它試圖模仿美國軍事基地『迷域51』給人的印象那樣，有意盡量營造出一種神秘探奇的氣氛。並且，效仿著美國基地『迷域51』曾帶給人的那種神秘的軍事色彩，舞廳『迷域51』這裡，也試著以軍用機場、飛機設施，作為這個迪士高舞廳的主題格調。舞廳裡，那佔用了數層樓高空間的內場，大體上，共劃分為三個不同的區域：樓下的一邊，是一個主體大型舞場，取名『夢幻境界』；樓下另外一邊，還有一個貴賓房區，也取名『新郎湖畔』；而這大舞廳的樓上，則有另一個舞場，它比樓下的『夢幻境界』大舞場稍為細小一點，以『桃源夢園』來命名。香港『迷域51』迪士

高舞廳的這些名字,都是參照美國拉斯維加斯的『迷域51』的不同名字去取名的。

香港舞廳『迷域51』,樓下的大型舞場『夢幻境界』,以打通數層樓高的面積,來闢出極為高闊寬敞的空間。那裡,向海的一面,安設著通頂落地的巨型玻璃窗,讓舞客一邊載歌載舞,一邊觀賞無敵海景。『夢幻境界』舞場內,五彩繽紛的射燈,又從這面巨幅玻璃幕牆,向著外邊的夜空照射出去。

從『夢幻境界』大舞場走出來,經過以金屬壓塑飛機模型組拼成裝飾牆壁的入場前廳大堂,舞客可以徑直走進迪士高裡的『新郎湖畔』貴賓房區。在這個貴賓區裡,兩邊各有一行長長地向前伸展排列的貴賓房,中間有一條看上去仿似機場跑道的寬闊走廊通道。走廊通道的地上,是黑色大理石,那大理石地面,光亮得有如明鏡照人。而這像似「機場跑道」的過道的地上的兩邊,裝鑲著兩行小小的紫藍色夜光燈,看似是機場跑道上的示航燈。「跑道」兩邊連接著的牆壁的下半部,用玻璃鏡面與投射燈光,拼合造成連綿山脈的藝術圖形,約隱約現。「山脈」之上,玻璃牆壁上半部的內裡,每隔一房之距,別出心裁地各安設了一個精細透光的壁龕,壁龕裡有柔和的光線,它照射在各個壁龕中的一架造型別致的飛機模型上。連接過道兩邊、那玻璃鏡面牆壁的頂端、沿著走廊通道向前延伸不斷的是,一面滿佈熠熠星光的玻璃鏡面天花板。這整條過道的設計和燈飾,令人猶如置身於夜幕降臨、山巒環抱的機場之中。同時,這裡鏡壁星閃的華麗與豪氣,又讓人感覺到好像置身於香港最豪華瑰麗、而又堪稱亞洲之最的『大富豪』日式夜總會之中,讓人沐浴在一種神秘闊氣和紙醉金迷的氣氛中。

這『新郎湖畔』貴賓區中,每一間貴賓室的門上,均鑲嵌著以在內華達州的『迷域51』中測試過、而又在近年曆次戰事中大顯神威的各式美國軍機的名牌。這些名牌的名稱,與各道房門旁邊壁龕裡所展示著的那一架獨特的飛機模型的名稱一致,例如是取名什麼「U2 偵察機」、「A-12 黑鳥」、「B-2 隱形轟炸機」、「F1-17 隱形戰鬥機」和「RQ-1 獵鷹無人駕駛戰機」等等,不一而足,數不勝數。

回到『夢幻境界』大舞場裡,舞者會當即看到醒目的三面各七十二吋大、以金屬框架鑲邊的放映屏幕。那三面大屏幕,從天花板的三個不同的角落,延伸下來,屏幕上面不停地播放著錄像影片。這些電影畫面,以電腦特技剪接拼合而成,內容儘管看似沒有甚麼故事連貫性,卻在閃動不

停。而這些閃動的畫面片段的情節，交集著舞池內與畫面內容似乎也毫不相干的音樂，和音樂的那種震耳欲聾的聲響和急促緊張的旋律，令人產生一種怪異的超現實的感知幻覺。這樣的一個虛幻和震撼的場景，有如令人身處美國紐約市的流行迪士高『40/40』一樣。在這個舞池中間的上空，更有一個像太空飛船一樣的巨型金屬圓形燈架，上面並列安裝著不少色彩繽紛的頻閃光燈，燈架時而徐徐上下升降，又時而左右高低搖擺盤旋，正猶如拉斯維加斯凱撒宮裡的『Omnia夜總會』那巨型盤旋升降的鐳射燈架一樣。這燈環閃爍的「飛船」，緩緩地搖晃轉動，好像浮蕩在舞池的半空中一樣。離「飛船」燈架的不遠處，又有三數架模型戰鬥飛機；飛機上裝有噴射出多色激光的「導航探射燈」，正懸空環繞著那「太空船」，以固定圓弧軌道在遊浮不停。這些向著四週振射噴灑的激光，為舞場增添了一種特別的視覺效果，讓人有如置身在未來世界星戰環境的緊張激烈之中。幾可亂真的大型金屬飛機模型雕塑，也從舞場的兩面牆壁上，衝凸出來，與前廳大堂的類似裝潢設計，相互輝映。這裡，輕鬆自如地在自軸上轉動搖曳不停的頻閃光燈，拼合束束鐳射激光所製造出來的那種交織變幻、斑斕艷麗的光照效果，足又可以與美國邁阿密的『Mansion』迪士高雙雙媲美。只是，不同於美國大多令人如痴如醉的大型狂歡派對中通常設有的那種單調的綠色單色激光，『迷域51』這裡的鐳射秀，不但是紅、藍、綠等多色幻變，更一直用這些多色激光，閃射構畫出變化無窮的圖樣形狀，這又令它足以與香港九龍區一直最受追捧的『Cyber』和『348』迪士高舞廳裡的鐳射燈色，一競長短。舞池中，這種千變萬化的光照，交織著間或從天花板上噴湧下來的陣陣清涼煙霧，醞釀出一種令人神迷超然的情調，使人頓然感覺到像是在太空中飄遊一樣。

　　『夢幻境界』舞場裡，與空闊的舞池緊連的一邊，用上色的玻璃切牆，分劃出了一個隔音的酒吧間。酒吧間的裡面，擺放著十數二十張用翠綠磨沙玻璃設造的高身酒吧檯，舞客可以三五知己圍坐一起，邊透過茶色玻璃幕牆，觀看舞那邊的舞姿燈色，邊把酒言笑、調情輕佻。酒吧間的一邊，設置了一個售酒櫃檯。這售酒櫃檯，像在它前面擺放著的高身酒吧檯一樣，也用了同類的翠綠磨沙玻璃製造，讓人看著，就感覺到，整個酒吧間裡有一種整體的和諧協調，相互呼應、形影宜情。有趣的是：在所有這些檯的翠綠玻璃檯面上，由上至下，同時照灑著，因以電腦熱能和距離感應而自動變幻移動的圖案——每當客人好奇地伸手，意圖去抓捉這些圖案時，圖案便會立即自動地逃避躲閃，似乎淘氣地要與客人玩耍捉弄調情的遊戲一般。在售酒櫃檯的後邊，安裝了一個從地板高高伸延至天花板

的酒瓶高架。在酒架上，徐徐地調控變色的燈光，柔媚幽暗地照射在數百個林林總總的酒瓶上，遠遠看去，就可以讓人感覺出酒的誘惑，感覺這誘惑的輝耀的力量，心潮蕩漾。在這吧房的後方，有著驟眼看去，像是壁畫的一幅水泥牆壁。其實，仔細觀看，會發現，那原來是一面用電腦程式調控、會定時演變出不同色彩和繪畫的牆景，別致疑幻、迷思晃蕩。這裡的程控壁畫與遊戲燈設，就讓人，像似置身於拉斯維加斯『MGM』大賭場裡，看著那裡那飾燈幻變的『TABU』酒吧一樣，令人心醉，令人流連忘返。這燈幻異變的酒吧間，在這鬼魅、靜謐的氛圍之中，就猶如一個裝飾影幻迷離的機場「候機室」，讓客人可以在外面刺激緊張的漫游天際的前後，走進來，或者稍稍停歇休憩，或者暫且心語纏綿，以便養精蓄銳，準備好下一旅程的熱鬧奔放，再試一飛沖天的豪邁與囂狂……

<3> 桃園夢園

舞場眾起舞　千姿百態演舞步

麗人小香港　尋覓豪宅意心途

　　香港『迷域51』的高層，是另一個比樓下『夢幻境界』（Dream Land）大舞場略小、色彩格調和裝潢又完全不一樣的舞廳——『桃源夢園』（Paradise Ranch）。這舞廳，兩端盡頭的玻璃窗邊，擺列著一些高檯，讓客人可以坐在吧檯的高凳上，品嘗酒水、觀看外景。這裡，一端的窗戶，向著對海的九龍區，既可以觀賞維多利亞港的海景，又可以觀看從九龍向新界區伸展的樓宇燈飾。另一端的窗戶，則面向著港島的太平山頂，只見山巒嵯峨、巍然霸氣，可以欣賞港島的那些高低層層排列的大廈燈色；那大廈燈色，從中環、灣仔、跑馬地，向上連接半山至山頂，鱗次櫛比，讓人遐思、讓人幻想。從美國三藩市來的青春舞者，通常會嘗試，以這裡的風景，來比較三藩市『St. Francis』（「聖佛蘭西絲」）酒店頂樓的『OZ』迪士高窗外的景色。不過，他們也許會有同感，三藩市的夜景，比較香港的夜景，或許會大為遜色：因為三藩市寥寥無幾、且具有保守形態姿勢的高樓景況，未必能與香港這個有如嘉年華會大會展的夜景相提並論——因為香港的夜景，因著密佈連綿的摩天大樓，大樓的風格迥異和奇型挫體，更可以自傲於它穿著上了的標奇立異的節日盛裝。所以，從美國回來、稍為年長一點的玩家，便更加傾向於這樣的一個嘗試：拿著這裡與美國的拉斯維加斯做做比較，拉斯維加斯『Mandalay Bay』——「曼得勒海灣」——賭場頂樓的『MIX』夜總會，有著可以俯瞰賭城全景的風景；香港這裡景色的「閃爍炫耀」，可以比較拉斯維加斯那裡的景色的「燦爛夢幻」。無疑，這裡的景色，更足可以媲美拉斯維加斯的景致——如果說，拉斯維加斯，像似燦爛輝煌的夢幻童話，

那麼香港，就可以說，像似虛飄炫幻的海市蜃樓：童話，細說富於童真想象力的故事，美麗可愛；蜃樓幻景，則蘊涵難以探知的奧秘，虛無飄渺。

　　然而，如果撇開「外觀」，而單論「內涵」，香港和拉斯維加斯，這兩個夜總會的內在的色彩主調，稍有差異：『MIX』夜總會裡面，以溫暖的桃紅燈色為主題格調，而『桃園夢園』舞場裡面，漫溢著的卻是冷酷的孔雀藍色調。這其實，會讓香港的『桃園夢園』，更像拉斯維加斯的『Caesars Palace』——「凱撒皇宮」——大賭場裡的『Pure 』——「純真」——夜總會，讓人都沉溺在藍光那幽冷的迷離夢醉之中。這裡，彌漫純真透藍的「霧靄」，充盈著整個舞廳，一直漫延至那有星光閃爍的「天頂夜空」。

　　『桃源夢園』裡的舞客，這時，正在舞池中，跟隨著節拍鮮明的流行音樂，翩翩起舞。他們，好像渾身充滿了，無窮無盡的精力，用來發洩那無窮無盡的激情。

　　突然，六支探光燈，同時照射出舞池中六個獨立圓柱形小舞台，照亮臺上的六個身穿光滑金質緊身吊褲、青春性感的女演舞者。挑動心坎的性感演舞者，在狂舞，跳出與音樂節拍和韻律同步同感的美妙舞姿，頓然引起在場的年青舞客欣喜若狂、令他們熱血沸騰。舞客們在叫囂、在呼嚷、在戲鬧調情、在貼耳蜜語、在擺身扭腰、在提膝頓足、在舉手揮動，都一一沉醉在狂喜極樂之中。

　　充斥全場的一對對青春儷人，有的跳得緩慢飄浮，像夢遊人一樣，搖風擺柳；有的像海馬催情般，面面相對，輕搖上身，像有磁體吸斥般，若即若離，週而復始；有的就跳得像嬉玩「呼啦圈」一般，劇烈而永無休止地旋擺著他們的腰部，好像人生的真諦，就盡只在他們那搖晃著的的腰間臀部；有的狀似閉目養神，不斷重複地搖頭晃腦，好像極力要把他們的神志從腦殼中搖曳出去，以便缺乏了神志的他們，就可以與神靈更直接地交溝；有的甚至，一概把音樂節拍拋諸腦後，像失常的機器人那樣，亂跳亂搖，失控而狂亂，像電影《人工智能 》(*A.I. Artificial Intelligence*) 裡聽了「月亮升起來啦！」的呼喚之後馬上奔走狂動的機器人……

　　一直在閃爍掃射的頻閃燈光，這時，突如其來一陣短暫的停頓，讓它的射光，直接靜止地，投照在舞者的頭頂上，剛剛足以展露舞者一眾中，一些狀似僵屍般形容枯槁的蒼白樣貌。只是，在被照亮的人群當中，竟然也有一對健美的混血儷人，他們正欣喜優雅地配合著音韻，手舞足蹈。他們倆，與他們身邊那些滿懷病態地在擺動的黝黑側影，形成令人詫異的對照，顯示出一種難以言喻的不協調。這對儷人中，一個三十來歲的男子，留有著一頭長髮，那長髮在不斷地彈跳揮動。他，用中等身高而扎實的身

體所展現的跳躍，把音樂蘊藏的力量充份表達無遺。而與他差不多身高的那位二十來歲的女孩，擁有苗條而曲線優美的體形，玲瓏浮突。她剛柔並發，盡情以性感的身體，和多姿多彩的舞步變化，來編寫她對音樂曲調那天衣無縫般的美妙演繹。站在場邊圍觀的派對友，這時如果留意，會在靜止投射的燈光中，發現留著一頭長髮的那個混血男子的樣子，像似美國科幻電影 The Matrix——「駭客任務」——中的男主角尼奧——Neo；而混血女子的樣貌，卻與青春玉女影星巴黎‧希爾頓——Paris Hilton相似。

其實，像主演電影 Matrix 裡尼奧的影星 Keanu Reeves（奇洛‧李維斯）的男子叫——「李傲」。而在與他共舞的「巴黎‧希爾頓」，其實名叫——「小香港」。

當燈光回復閃爍盤旋的一陣子，李傲與小香港，都閉著眼睛，盡情感受體會著急促而震撼的音樂旋律。他們的舞姿，既抑揚得當，又充滿激情動感、奔放溢漫的活力，活力的激昂。他們全身的骨節，都靈活敏捷地隨意轉動，讓肢體的每一部份，都按著音樂節奏，剛勁有力地跳彈出協調合拍的舞步。他們的舞姿，有如音樂會中的樂團指揮家，似用身體的語言，揮舞出扣人心弦的音樂樂章。

不久，當舞廳DJ打牒騎師，放打出下一曲新歌的時候，李傲與小香港，從舞池中擠了出來，走往面向山景那邊的窗前坐下。

一縷從天頂噴吐下來的煙霧，帶著清新的氣息，灑落在他們透滴著熱汗的臉上。

附近飄忽過來的陣陣清甜的雪茄味，夾雜著芬芳的香水味，滲入在飄浮的空氣中，蓋過了那灑落到地上的酒精嗆味。

當煙霧消散之後，李傲看著小香港，這時的她，正凝望著窗外，窗外半山山景上，那些燦爛閃耀的屋宇燈光⋯⋯他，突然問小香港：「認得出那一棟樓是你的嗎？」

「我的？」小香港轉頭，疑惑地看看李傲。然後，她順著李傲的視線，向窗外半山上那些向著山頂延綿不斷地伸展的高樓大廈，似全神灌注地搜尋觀看⋯⋯

但這時候，細心看著小香港的李傲，卻漸漸感覺到：小香港的思緒，其實，已經越過了遠處的那些高樓大廈、向著高樓上更遙遠的夜空的深處飛飄，飛飄出去⋯⋯

<4> 香港夢想

神秘奇女人　虛情假意說希望

疼女好爸爸　科恩伯格叫香港

　　小香港，黯然若失地望著遠處半山的景物。她的腦際中，迴響著李傲的問話。但她，卻沒有在意去尋找那棟處於半山的高樓大廈，更沒有去尋找那大廈裡將要屬於她的一套豪華住宅單位。她的思緒，跟隨她的視野，向遠處飄浮了出去⋯⋯

　　小香港，有一個英文名字叫「Hope」——「希望」。

　　父親說，這個名字，是小香港的媽媽取的。

　　小香港對這個曾經為她取名字的「媽媽」，卻一無所知。她依稀記得，小時候的她，曾經居住在香港。父親科恩伯格——Kongberg的身邊，曾經有過一個漂亮的中國女人。小香港她，好像有這樣的印象：她，似乎曾經，叫過這個女人——「媽媽」。

　　小香港記得，她有一個保姆，從小跟她在一起，在家裡照顧她的起居生活。而爸爸，與那個叫「媽媽」的女人，好像經常都在外邊忙忙碌碌。

　　後來，這個女人，出現少了。

　　後來，爸爸，又帶著小香港，回美國去了。

　　這時的小香港，只有八歲。他們從此，再沒有回到過香港。小香港也從此，再沒有見過這個女人。幾乎也沒有人，再提起過這個女人。

　　從此，小香港的日常生活，和她的主觀意識，大多會關注著的，就只有

一個男人，一個照顧她、愛護她、教導她的男人——她的爸爸，科恩伯格。

慢慢長大的「希望」，開始聽到一些調皮的同學嘲弄地問她：「『希望』？『希望』什麼呀？誰的『希望』的呀？」小香港她，感到氣惱，也因此不喜歡這個名字——一個她不認識的女人給她起的名字。她的全名「霍普・科恩伯格」(Hope Kongberg) 的縮寫是「HK」，與香港的縮寫一樣。由於小香港的全名讀起來本來就有點像「Hong Kong」，加上她也出生在香港，她父親在她小時候開始便總是喜歡叫她「小香港」。而厭倦了別人戲弄地問她「希望什麼」和「是誰的希望」的她，這時也開始要求別人都叫她「小香港」。

無論是那個「希望」，還是這個「小香港」，一直習慣著，生活裡只有父親這樣一個唯一的男人。

但是，她這感情意識中的「唯一」，她習慣生活中的「唯一」，後來，竟然接二連三地被擾亂和改變了⋯⋯

當她在柏克萊大學讀書時，小香港的生命中，卻突然闖進了別的幾個男人。而這幾個從不同地方突然冒出來的男人，又都為小香港那本來一直平平靜靜的學生生活，帶來了很多各種各樣的衝擊。

第一個出現的男人，是李傲。他，出現在一個小香港與朋友去的派對中。然後他，就開始出現在所有小香港會去的派對裡。然後，他又從她的派對裡，走進了她的生活中，成了與她形影不離的男朋友。

接著，出現了第二個男人。那是兩年前，當小香港從柏克萊大學（UC Berkeley）剛畢業、開始再入讀聖河西大學（San Jose University）時，從香港來了一個男人，是一個年老叫「商業」的老伯伯。這老伯伯，住進了他們在加州三藩市 Sea Cliff 區的大宅。她爸爸告訴她，這叫「商業」的老伯伯，是她媽媽的父親，是她的公公。「媽媽的父親？」——小香港聽了，很疑惑。這時的她，重新意識到：她，竟然曾經有過一個「媽媽」。

不久，又出現了另外一個男人。這是一個比小香港大十多歲，從中國大陸來美國探訪小香港的男人。公公商業告訴她，這個男人叫「商海」，是小香港同母異父的哥哥。但無論是公公，還是爸爸，都對每次偶而來美國辦事就一定順道探訪小香港的這位有錢而闊氣的「哥哥」，冷淡疏遠。

住在他們家的公公商業，常常在講關於他自己過去的故事。從他那裡，小香港知道，商業以前在香港曾經為她爸爸科恩伯格工作過很長的一段時間。而且之後，一直住在她爸爸留在香港港島半山的一套套房裡。而

這套套房，是爸爸讓公公在香港保留著，以後要交給小香港的。

　　偶然出現的哥哥商海，沒有關於他自己過去的故事。他，不講自己的過去。關於他的過去，商海似乎只告訴小香港：他出生在中國的上海，所以別人都稱他為「大上海」。大上海大多講的事，都是關於別人，尤其是關於他媽媽——小香港的媽媽。小香港從大上海那裡知道，她的媽媽在大陸；在大陸的媽媽思念著她；思念著她的媽媽要求她回大陸去，以便可以把小香港的爸爸科恩伯格當時留下的財產那應該屬於小香港的部份還給她。

　　爸爸對公公商業很好；公公對小香港很好；大陸來的大上海也對小香港很好，大上海還請了小香港與李傲一同去了拉斯維加斯遊玩。

　　對小香港來說，每個男人都對她好，每個男人都有有趣的故事。當然，對小香港來說，最好，和最有趣的男人，還是李傲。

＜5＞巴黎身世

美麗小香港　稚氣純真像巴黎

李傲重情義　扑朔迷離試解謎

有趣的李傲，正在目不轉睛地注視著小香港。正在出神地看著窗外發獃的小香港，很美，像美國巴黎‧希爾頓——Paris Hilton 一樣的美。

二十四歲的小香港，與美國的小巴黎，同年出生。也有人認為，她們倆的樣貌，也有相像的地方。但小巴黎，有金黃色卷曲的短髮；所以留著一頭長長順直棕色秀髮的小香港，像大多數與小香港比較親密的朋友所認為的一樣，她，也許更像小巴黎那染了一頭順直棕黑色頭髮的妹妹小麗基—— Nicky Hilton。小香港，也像小麗基那樣，有明亮、天真無邪的大眼睛。直直的鼻子下邊，有兩片薄薄的嘴唇。像小麗基一樣，飽滿而圓潤的臉膛上，總是在甜蜜蜜地笑著，笑出兩個明顯的酒窩。

李傲，喜歡這一張天真清純、稚氣甜美的臉。李傲不在乎，這張臉是像小巴黎還是像小麗基。其實，李傲幾乎差點兒完全不知道，誰是巴黎、誰是麗基。小香港甚至懷疑，經常忙得頭昏腦漲的李傲，是否記得清楚，這對美麗青春的希爾頓姊妹，到底是來自希爾頓酒店家族，還是來自希爾頓香煙家族。但是，對於李傲，這毫不重要。他喜歡的這張臉，不屬於巴黎和麗基，它只屬於他喜歡的小香港。

李傲喜歡小香港的臉，也喜歡她的性格。喜歡她的活潑、自我、熱情、歡快。

小香港也喜歡李傲，喜歡他那張像奇洛‧李維斯——Keanu Reeves——的臉。她喜歡他的臉，也喜歡他的性格，喜歡李傲那既幽默樂

觀、又誠懇穩重、充滿了思辯哲理、充滿了精力激情的性格。對於同樣喜歡奇洛·李維斯的小香港，李傲的這些她所喜歡的性格，似乎也都是奇洛·李維斯讓她喜歡的性格。

小香港更喜歡李傲的眼睛——那像奇洛·李維斯的眼睛；那眼睛，充滿了闊睿的智慧，充滿著明亮、深沉、尖銳、淘氣……

李傲，在曾經被英國《泰晤士報>》評為全世界第五位最佳大學的那所座落於加州灣區的私立史丹福大學—— Stanford University ——取得工商管理學士學位。畢業後，李傲，在 Palo Alto 開了一間進出口公司和一家傢俱零售店。

小香港，先在全世界排行第六位的公立柏克萊大學—— UC Berkeley ——以人類學專科畢業，然後再在有一百五十年歷史的聖河西州立大學—— San Jose State University ——修畢市場推廣碩士的第二個學位。這兩所大學，同樣都坐落在灣區那兩個與校名一樣的城市裡，都離李傲的公司不遠。

李傲和小香港的朋友們，都認為他們這一對，是天作之合，正所謂「郎才女貌」。而李傲，只把他們倆的結合，說成是佛家的「緣」，或者理解是，道家的「陰陽互衡」。小香港，不善於把事情理論化和復雜化。她，只是，抱著簡單的處世態度，把現在看作是以前的延續：以前，她做她想做的事；今天，她愛她想愛的人。她不管什麼是天作之合，什麼是因緣和合，也不管什麼陰陽不陰陽。她，不認為凡事的背後，總會有一個更偉大堂皇的因果關係。對於小香港來說，這個世界，總是被那些自己想著要偉大、又以為自己真的偉大、然後再儘量發揮他們自己那些荒唐的不斷偉大的人，搞得一塌糊塗。

小香港，從來不想偉大，也不在乎偉大。

李傲與小香港，在他們倆交往的這幾年的時間裡，小香港把從大陸來美國做生意的「哥哥」大上海介紹給李傲認識；而李傲就把他那位原來一同在史丹福大學畢業、然後回去大陸做生意的拍檔「紅軍」介紹給小香港認識。有趣的是，他們後來竟然又發現，在大陸的大上海，和從美國回去了的紅軍，原來也一直認識，他們是生意上一直有著這樣那樣的接觸。至於他們倆之間曾經的生意交往和日常接觸，是好是壞，是這樣還是那樣，就似乎不清不楚了，貌似相當的扑朔迷離。

對於小香港她那喜歡直觀感性的思維來說，一切與中國大陸的過去和

現在，過去與現在有關的人和事，都好像有趣，但又都好像，同樣的「撲朔迷離」。

小香港像普通而單純的美國青年那樣，不是在戰火烈焰中長大，沒有刁鑽的心機，喜歡有趣的東西，但並不熱衷那些令人眼花繚亂的「撲朔迷離」。

李傲為了做生意，過去一直經常去大陸中國，在小香港想象的那些迷途秘境中，進進出出，習以為常。而小香港為了認識她自己，和認識與她自己息息相關的一切，也將第一次去中國大陸，儘管並不熱衷，還是要試著，準備去投身那陌生而迷惑的世界——那會是「撲朔迷離」的境界。

<6> 香港激情

難為小香港　布殊總統摸屁股

為國想當兵　少女香港甘吃苦

　　想著將要去的那個陌生世界的小香港，很美。李傲看著這張充滿生命力的臉，想起俄國哲學家尼古拉・車爾尼雪夫斯基 —— Nicholas Chernyshevsky ——『美是生命』的理論。李傲，也有他自己類似的美學理論。他認為，美是那種能夠反映出生命沒有受到不必要的約束和阻礙、從而自由奔放地健康發展的形態。臉相的美與醜，對於李傲來說，是邏輯衝突的對立——美是：哭都可以哭得甜蜜可愛；而醜是：笑都笑得痛苦難堪。這都反映出，生命的彰顯或壓抑的對立形態。小香港這張充滿生命力的臉，很健康，有順暢和諧的線條造型，沒有壓抑的扭曲或錯體的誇張。這臉，開心與否，常常都掛著甜美的笑容。

　　小香港這張留著長長直髮的臉，有彰顯生命的美。但這美，並不是從來都與長髮結合在一起。有整整一年多的時間，小香港這張臉的上面，曾經是一個剃得光光的頭。

　　兩年前，當時小香港正在為完成柏克萊大學學位攻讀最後一個學期的課程，而美國正準備向伊拉克出兵。

　　小香港的一個也正在大學唸書的帥哥朋友，也差不多快要畢業，卻突然因為他是國防後備軍而被征召入伍。帥哥，因此感到煩惱和痛苦不堪，因為他原來當兵的目的是為了免費讀書，不是為了出戰沙場。而且，這可愛的帥哥抱怨，這出兵伊拉克的原因，跟他原來當兵的原因，一樣地來得

不明不白。小香港既不認同這帥哥當兵動機的那種幼稚，更不認同他懷疑政府資訊情報能力的那同樣的幼稚。她相信，布殊政府，有不被一介平民所瞭解的情報和判斷力。她感性的思潮，激蕩起她要為國效力的熱情與正義感。

她，與懷疑布殊的人爭論。

她，與臨陣退縮的人爭論。

她，與幼稚的帥哥爭論。

後來，她，越爭越熱血，鬧起要停學去當兵去。

接著，她，又開始與極力勸阻她的父親和李傲爭論。

最後，她，兵未當成，卻扮起兵哥來。

她把長髮剃掉，穿起軍服、軍靴，在大學校園裡走來走去，以示對為國出征的大兵們的愛戴和支持。她這美麗的光頭軍妹的形象，的確在柏克萊大學一些反戰的氣氛中，引起過某種衝擊性的迴蕩。有人認為，小香港光頭的魅力，足可以媲美電影美女明星狄美·摩亞（Demi Moore），媲美 Demi Moore 那在《魔鬼女大兵》（G. I. Jane）裡令人神迷的扮相。更有人認為，她剃光了頭的遊行，比她那脫光了衣服在柏克萊校園裡走來走去的同校學長安德魯·馬丁內斯（Andrew Martinez），表達出更強烈的信息和更有吸引力。

一年之後，布殊總統，沒有在伊拉克找到他要找的大規模殺傷力武器。朋友們紛紛嘲弄她，說她弄出這個光頭，竟是被布殊總統要弄了一把。甚至有人問她，是否有被布殊總統「誘騙」了的感覺。也有人拿著當初副總統丹·奎爾——Dan Quayle——的拼字遊戲來舉證，說副總統硬要把拼對「馬鈴薯」——「potato」的小學生把那寫對在黑板上的字錯改為「potatoe」，問她是否有那種像似被總統「強姦民意」的感覺。

小香港卻仍然堅持：為國效力，人盡有責。她對嘲笑她的人，通常都不以為然地一邊摸著她自己的光頭，一邊笑嘻嘻地回應：「什麼誘騙強姦的？哪有這麼嚴重的啊？！我好像只是被布殊總統，不經意地摸了一下屁股而已。屁股沒有什麼大不了，而且蠻親切、總是瞇嘴傻笑的布殊總統，這次好像也只不過是犯了個無心之失嘛。」

但私下裡，小香港總是對著情人李傲，嬌滴滴地開玩笑，說：「布殊真可惡，他無端端摸了我的屁股，哈，他非禮我！你看，布殊他還一直在

那邊抿著嘴陰陰地笑,笑得奸詐,他,太過份了啦!」李傲卻說:「哎,布殊非禮你光著的頭,不是非禮你光著的屁股⋯⋯」

這時,出神地想著小香港的光頭和她那被摸的屁股的李傲,情不自禁地笑了出聲。小香港的思緒,也被李傲的笑聲打斷。她便趕忙問道:「你笑什麼?」

「你從前那光光的頭很美。」李傲說。

「你少來!你又在想我那光光的屁股!」

「都,很美。」李傲笑瞇瞇地說。然後輕輕地吻了小香港一下,說:

「我們回貴賓房去吧。」

＜7＞風情美女

怪相14K　孫子脫兔當處女

毛毛克萊頓　獵艷泰國講妓女

　　李傲拖著小香港的手，走出了『桃源夢園』舞場。他們沿著一條裝有金屬雕花的螺旋扶梯，走到下一層的舞廳大堂。李傲告訴小香港，在這個重新設計改建的『迷域51』夜總會裡，只有這一道螺旋樓梯，還可以勉強讓客人隱約看到昔日『JJ's』夜總會的影子，而其他的裝潢設計，已經面目全非，夜總會過去古典高雅的情調，已換成了今天的輝煌炫耀。

　　小香港似乎若有所思，走著，看著。

　　走進貴賓房區的『新郎湖畔』，踏上星光閃爍的「機場跑道」，經過一間間VIP房，李傲邊走，邊教著小香港，如何去辨認一架隱形轟炸機，又說這隱形轟炸機，是安置在過道牆壁上一個光亮的壁龕裡。然後，他們來到一道鑲嵌著一個『B-2轟炸機』標牌的門前，推開門，走進了那個貴賓房。

　　這是一間非常寬綽的房間。內裡的裝飾，像一架滿列窗戶的「飛機」內艙，以孔雀藍色素為主調。進門兩邊，是長長向前伸延的透藍的玻璃鏡牆，亮麗的鏡面裡，影射出房間燈光所反照出的道道閃光；閃光，由從鏡面看進去的那些晃動的人影，所掩映烘托，讓房間看上去，更深邃寬闊、更迷思玄幻、更富於動感。兩邊鏡牆上，各裝著一整排42英吋plasma平面屏幕電視機，電視屏幕緊靠著連接在一起，看上去，像似是一架飛機上的「客艙」裡面的兩排「窗戶」。房間的盡頭，是一道牆，稍短於它兩邊所連接著的鏡壁，刻意裝設成像似飛機的「駕駛艙」的模樣，上邊拼列裝鑲著的兩面更大的電視平板屏幕，看著，像是視野闊大的飛機「駕駛視窗」。這「視窗」的下面，安設著一層層各式各樣的音響視影設備和控制鍵盤。設備

上的那些紅、白、綠閃燈，閃閃霍霍，讓人感覺到，像是在看著飛機駕駛艙裡的霓光儀表板一樣。「客艙」、「駕駛艙」裡面的每一個電視屏幕，既可以讓客人選擇以同步，播放同一樣的影像節目，又可以選擇以分步，播出不同的電視節目和不同的錄影影片。

　　房間的中間，放置了兩張寬長的寶藍色玻璃檯面的酒檯。酒檯的兩旁，各擺放了一張長長的、舒適寬敞的、深藍色絨面的 Chesterfield ——徹思特菲爾德——式的古色古香的沙發。低矮的沙發背，與長沙發兩邊的扶手同高，靠背上的鑽石形圖案，與圖案中連接每顆細小的像鈕釦般圓圓的小點結合一起，像喜樂的眼睛，盈溢閃閃，向著客人拋著媚眼，在嬉笑。擁有暗藍的圖案的的大幅的孔雀藍色調的玻璃鏡面，從天花板上垂直往下吊掛著，由銀白色的金屬框架鑲嵌著，襯托勾劃出鏡面的神氣。那藍色鏡面，像似「煥發」出隆重深沉的藍光，為鏡面放射出的人影活動的影像，平添不少雀躍懸疑的生氣。天花板上，垂吊高掛的鏡面之間，安設著一排排小小入壁射燈。射燈的溫暖柔和、卻又明麗堅定的光束，從射燈的藍色過濾玻璃後面，往下照射下來。那些散發著亮麗藍光的入牆射燈，往深藍色的絨面沙發，和寶藍色的玻璃酒檯，灑落下溫暖宜人的光照，讓射燈、鏡面和沙發這三處的活靈活現的孔雀藍色調聯成一片，為這本來有點幽深玄虛的貴賓房，增添一種歡快的生氣和魅力。

　　這時，沙發上，正坐著三個男人——兩個中國人和一個白人。

　　看到這對混血儷人走進來，光頭像禿鷹的那個白人男子，和他旁邊那個像影星布拉德‧彼特—— Brad Pitt ——那樣有著一頭膠塑起來的短髮的中國男子，這時都同時站了起來，熱情地向他們揮手招呼。

　　「啊！哈！你們回來了？」小香港也對著他們打招呼，一臉喜悅。

　　接著，小香港與李傲坐到面對三個男人的另一張沙發上。

　　「怎麼樣？這裡比得上你們美國那邊那家『雨霧』迪士高嗎？」坐在沙發上的另外一個中國男子，這時一邊為李傲和小香港斟酒，一邊問道。

　　這男人叫「14K」，他曾經到過美國，並且與小香港和李傲他們一同去了拉斯維加斯，玩過『棕櫚賭場』（Palm Casino）裡據說堪稱全城數一數二的『雨霧』(The Rain)夜總會。他斟著酒，隨意問問，試探著這比較的結果。

　　「美極啦！只是，這裡的『雨霧夜總會』，有燈架上讓人歡心激動的噴火烈焰。而這裡的鐳射激光，卻千變萬化，還有美麗神奇的夜景。」小香港歡快地回答，試試對這兩個夜總會論長說短。然後，她轉過頭去，看

看像禿鷹的白人，又看看有布拉德·彼特髮型的中國男子，問道：「哎，對了，你們在泰國玩得開心嗎？」

「當然開心！」回應的不是「布拉德·彼特」，卻是神情古怪的華人14K，他這時手拿著酒瓶，用斜眼瞟著他們，有點嘲弄，有點誇張。

白人叫「菲爾·克萊頓」──Phil Clayton；而膠塑著短髮的華人男子是「毛毛」。毛毛有光整時髦的短髮，一身『Gucci』名牌裝束；而克萊頓光頭，也一身『Versace』名牌打扮。毛毛與克萊頓，是李傲和小香港的好朋友，都從美國回來。他們倆，這次先去了泰國一個禮拜，今天才剛回到香港，準備好過幾天便與小香港和李傲他們一起去大陸中國。

「哇！當然開心！泰國有迷人的『量子調情』。」克萊頓也正回應著小香港的問話：「知道嗎？曼谷那些美麗動人的按摩女郎──她們有那種盡情的擠眉弄眼的本事，調情都調得真切，可稱『量子調情』！真令人心醉神迷！哇！」他「哇！」得響亮做作，也故意誇張地強調他們泰國之旅的風情獵艷。這禿鷹講得興奮，興奮得像一隻飢渴的老鷹已經從荒山野嶺裡碰巧意外地捕捉到美味的獵物一樣。

旁邊的『Gucci』仔看著，也會意地嫣然一笑，笑得含蓄，笑得斯文。

「克萊頓總統先生，你這美國佬當然開心。」李傲插話：「美國講人權，講自我。賣身的人，大多是為了要吸毒神遊，管你甚麼調情呀、擠眉弄眼的呀？就虧待你啦？你啊，到泰國佔了窮人家女孩子的便宜，還誇誇其談，就真沒良心，小心有『因果』報應的唷！喂，Versace，提醒你一句，過兩天，你跟我們去大陸，就不要再去那些會令你『哇呀哇』的地方去追逐你的『量子調情』啦，免得那邊的公安警察抓了你。」

叫14K的香港男人，這時又搶著插嘴，盯著克萊頓，說：「那你這個美國佬就少擔心了，我們中國人喜歡歧視自己人，特別優待鬼佬。如果要抓也是抓自己人，不會抓你，萬一抓錯了，付點錢給公安，那人，也馬上就會放出來。」

「說得也是。不過，還是提醒你啦，Versace」李傲還是要提醒「美國佬」：「克林頓總統，你最好要有良心。大陸那邊，的確有很多年輕嫖亮的妓女，讓你看著就覺得眼花繚亂，那似乎是今天『有中國特色』的中國社會主義的最大賣點。坦白說，『中國特色的』的淫嫖，確實令有幸見識到的外國人都大吃一驚。不信，你跟著我們去中國大陸，看看那些處處林立的金碧輝煌、豪華瑰麗的夜總會，不但燈火輝煌，還皇宮排場……泰國

姑娘一點點擠眉弄眼的『量子調情』就令你失魂落魄？你這美國鄉巴佬也真搞笑，中國大陸的豪華夜總會，一踏進門，就有幾十個美麗嬌艷的年輕女郎，穿上名貴性感的晚禮服，向你彎腰鞠躬，齊齊大聲高呼——『歡迎老闆』——把你當作皇上一樣。進了豪華貴賓房，上百個美女，濃妝艷抹，齊齊列隊，身上還竟然掛上號碼牌，千嬌百媚地向淫棍們以哀求般的眼光去傾力推銷自己、讓挑剔淫穢的醜男人去評頭品足、再好像市場挑菜或者像雜物店挑個地拖掃把一樣地一個一個地去審視挑選，看不上眼的，全部一下通通趕走，那些像「貨品」般被無情遺棄扔掉的小女孩，還要對著厭棄她們的高高在上的「老闆」們，再一次低頭彎腰、鞠躬感謝他們「手下留情」而竟然開恩沒有惡言穢語地盡情侮辱她們一番！哎，真把人不當人啦……嘿，『美國總統』Versace，你真要有良心，在共產中國，就不要參加虐待有中國特色的『性奴』的『哇呀哇』的那些玩意兒，不要損壞我們美國人的形象，和破壞我們美國人的『平等博愛』的普世價值。你知道嗎？那裡還有一個辛酸的『中國賣淫特色』的嗎？那是那些漂亮絕頂的賣淫女孩，據說絕大多數都是被迫就範的農家姑娘——不是被家境貧窮所迫、就是被黑社會『逼良為娼』。這就是，現今大眾平民都強調的『中國特色』。」

聽著這個美國帥氣情人李傲在長篇大論地演說他所知道的那些花枝招展的「中國特色」，美國純情姑娘小香港，感到頭昏腦脹，沒話好講。她轉頭，看看好友克萊頓，儼然也在考量著克萊頓是否會有那種「美國良心」。當然，她也知道，也有鬼鬼祟祟、偷偷摸摸地跑去東南亞國家嫖雛妓戀幼童的沒良心的美國人，不過那好像不是什麼「美國特色」，也仿佛不一樣——那并不是，什麼美國人可以引以為榮、或者像中國人那樣自豪著去鑼鼓喧天、載歌載舞的有「國格特色」的社會現象。其實，她想，美國人不像中國人，他們不會標榜什麼「國家特色」、也不會標榜什麼「資本主義特色」……她似乎總覺得有趣，「為什麼中國人，總要為自己的『這』和『那』去自豪一番？」

刁嘴的港人14K，這時手上拿著兩杯酒，滿臉笑容，對著小香港，怪聲怪氣地說：「美國靚女，你的靚仔情人就是沒有『良心』，叫這『美國總統克林頓』上大陸不要嫖？知道嗎？『中國製造』，如果沒有美國買家和美國市場，中國就不會有現在窮奢極侈的繁榮昌盛了。」14K盯著小香港，他察覺到，小香港對這麼抽象的市場關係顯然知道的不多，便走回正題——「叫美國佬在中國不要嫖？還有良心？知道嗎？中國那些苦命的女孩子，她們在鄉村家的那些窮困潦倒的父母兄弟姐妹，都等著她們的

賣身錢去救命！有錢不花點錢，盡丟人現眼——那才會是沒良心。」說著，14K轉向李傲，繼續要「教訓」他的「沒良心」，說：「當然，那些女孩子的父母們，未必都知道，他們那些說是要去繁華大都市打工的女孩子是在城裡賣身。但他們需要這些苦命錢。共產黨也需要這些賣淫女，去『搞活有中國特色的社會主義的經濟建設』，讓她們去養活找不到工作做、國家也沒心沒意去救濟的那些父老鄉親。況且，中國的淫官奸賈，也需要『有妓可嫖』的那種夜夜笙歌、醉夢人生的消遣娛樂；公安警察需要勒索嫖客和強收色情夜總會的保護費，去供妻養妾；中國長期強迫老百姓就範的『一胎化』，所造就了的大量超生『光棍兒』，找不到老婆，也需要有妓女在慾望上給他們安慰釋放⋯⋯反正，嫖娼賣淫，是新中國現在讓社會繁榮穩定的一部重頭大戲。你不嫖，他不嫖，人心昏杳杳，經濟死翹翹，害死共產黨，大家砸飯碗，你才沒良心！」他說著，把他的小眼睛儘量瞪大一點，同時把拿在手中的兩杯酒，順勢端上給李傲和小香港，再用一種充滿刁鑽古怪的斜視眼光，看著他們，皮笑肉不笑地說：「對吧？靚女、帥哥？啊？唉，好啦，不講這些啦⋯⋯來，美麗的小香港，不要管他們的泰國風情和中國獵艷，誰沒良心。哪個男人有良心啊？」說著，他還故意瞇著眼睛，再看看小香港身邊的男友李傲，打個挑釁的眼色，嘴角還歪出一個短暫、挑逗的笑容，好像要試探李傲他是否真有良心一樣。接著，14K對著小香港，繼續說：「來，我們來為你，喝一杯。他們經常回來香港這個男人講錢講女人不講良心的地方。你，小香港，十六年才第一次，回到香港這個女人最值錢的地方⋯⋯嘿，你這次又將要去大陸做你的第一次的『處女行』了⋯⋯用你那純真無瑕的處女狀態，去大陸親身體會一下那個燈紅酒綠的花花世界中的鹹酸苦辣的滋味，看看男人霸道囂張的滄海波濤，那可是苦澀傷心的呀⋯⋯投身苦海的啊⋯⋯」

第一次？處女？苦海？小香港都聽到了。一下精神又來了。

「嘿！嘿！Depp it！『處女』甚麼的？挺肉麻的呀！不要把我講成好像將要處女下海賣身的樣子呀！李傲告訴過我，『處女下海』是說淑女作妓，別胡說八道好不好？」小香港興致勃勃地高聲嚷嚷，惹得大家都笑了起來。

「喂！喂！不要小看處女噢！」14K也故意收起笑臉、裝出煞有介事地說：「聽著：處女深不可測。知不知道那個寫《孫子詐法》的『孫子』呀？那喜好詐騙的孫老傢伙說，『是故始如處女，敵人開戶，後如脫兔，敵不可拒』。你知道嗎？處女可以騙殺仇敵，威不可拒的啊！」

「哈哈哈⋯⋯」大家聽到，都笑了。

中國的「孫子」，在2500多年前寫的，是《孫子兵法》，也許是世界上最早的一部兵書。而14K，總把它稱為——《孫子詐法》，為因那個「孫子」，總嘮叨著的不是「兵者，詭道也」就是「兵以詐立」甚麼的，晃頭晃腦地叫囂的一大堆理論，對於14K來說，都不外就是那些「騙技詐法」罷了。

「哈哈！14K，那你，趕快去，去去去！就去找你的處女，去騙你的脫兔吧！啊——？」小香港也得意洋洋地嚷道。

<8> 回歸龍樣

社團１４Ｋ　橫行香港大黑幫

港人１４Ｋ　日本武士夠豪放

14K，既不是中國古代戰略家孫子所倡導的那種有能力行騙的處女，也不是會飛躥奔逃的脫兔。

14K，是一個大約五十來歲的香港男人。他，樣貌平凡，常習慣用他那不明朗的眼光，斜斜地注視和打量著別人。他又總喜歡，有事沒事，就抽搐一下他嘴邊和頸項的肌肉，像笑，又像哭，但他對哭、笑，都同樣地漫不經心，表達得同樣地模糊不清。他天生有點齙牙，大大的嘴巴，總是張得開開的。那嘴巴，如果不是在牽強附會地「笑」，便一定是在胡言亂語。他笑得古怪，是那種皮笑肉不笑的模樣。他像典型的香港人那樣，自信、驕傲、口若懸河。這，是他的性格特色。至於他的形象特徵，就像似大陸電影裡面所描繪的典型化了的「賊眉賊眼」的黑道人物。他那個讓表情朦朧不清的大嘴巴，輕鬆自如地頂著那隻扭曲的大鼻，大鼻子又漫不經意地支撐著兩道粗濃而搖搖欲墜的大眉，大眉毛卻沉沉地擠壓着下邊一雙鬼鬼祟祟的小眼睛。

本來，「14K」這名字，是香港最大的一個黑社會。不知道是不是有人以為他是這個黑社會的成員而先給他起了這個「14K」的名字，還是誰因為他先有了這個「14K」的名字而斷定他就是黑社會。反正，大家都叫他「14K」，而大家都認為他是黑社會。其實，據說，他儘管擅長與一些江湖黑道人物稱兄道弟，自己並不「黑」，或者就算「黑」，也根本就沒有黑到哪裡去。

14K有正行生意。他是小香港那位十六年來都沒有見過面的「母親」

商馨的生意伙伴。據說，他香港的公司，是她大陸的公司在香港從事國際貿易的櫥窗。

小香港在美國見過14K好幾次。有兩次，14K，更是與小香港同母異父的哥哥大上海一起來的。那時，他們來美國公幹，順道借故探訪小香港，說要見見面，加深認識。小香港也聽說，14K與她那身處大陸而不認識的「母親」商馨，曾經是患難之交。至於那「患難」的境況，和交情的深淺，倒似不明不白。

驟眼一看，華人14K，仿似是香港人形容的那種「雖無大過，面目可憎」的另類。小香港剛見到14K時，悄悄告訴李傲，說，14K怪異的模樣，好像人類很早以前失去了的「表兄」——穴居人尼安德特(Neanderthal)人。她還開玩笑說，14K可能是人類進化失敗的產物。其實，儘管14K也許「面目可憎」，認識他的人，卻會慢慢地喜歡上他，因為他為人豪爽闊氣，視錢財如無物。他既重情、重義，又重色、重賭。他雖然口無遮攔，常常出口傷人，但性格卻剛正不阿，見義勇為，遇事從不退縮，喜歡打抱不平。別人都認為，這是他因著熱衷於習武練功，而變得氣盛強悍——天不怕，地不怕，滿口去誇誇喇喇，順手就劈劈啪啪！

14K年輕時，曾經有幸代表香港，去日本參加空手道大賽。陰差陽錯，第一個回合，就被日本對手，揮拳打得他鼻歪血流，扑倒地上。傳說，他當時失魂落魄，疑惑是否撞上凶悍勇武的日本武士——Samurai，殺錯沙場。畢竟，生性從來頑強不屈的他，有不惜犧牲、力戰到底的氣度，就是辛辛苦苦地撐持著拼博下去。這樣，他再多打上幾個回合，卻竟然可以反敗為勝，最後為香港隊拿下難能可貴的一分。有小道傳說傳言，14K在日本賽事的「反敗為勝」，卻倒反令14K的日本對手，對14K表現出的「武士道」——Bushido——式的犧牲精神，驚嘆不已，覺得14K他，具備有待被發掘的潛能，便建議他去日本空手道聖地沖繩島(Okinawa)，去深造深造。尚武好勝的14K他，也的確因此到日本那邊，去磨煉受訓了一年半載。現今，大家只要看着他那歪曲了的鼻樑，都會感慨14K他勇於「犧牲色相」，的確無容置疑。至於，14K他是否真的具有日本「神風」——Kamikaze——那種武士的犧牲精神，則無從稽考。

「武士」14K這時端起一杯酒，張開大嘴吧，深深地喝了一口。他好像要喝的，不是「酒」，而是盛酒的「杯」；他，接著，又深深地吸了一口煙，深得令人覺得他雖然即便未有犧牲生命的精神，也必有犧牲健康的

決心。他，抬起頭，把吸進去的煙，再慢慢地向着星光密佈的玻璃天花板上噴去，恍惚要為那閃爍晴朗的夜空加點迷霧陰雲似的。接著，他一邊用他那招牌式的斜視的目光盯着小香港，一邊帶著有點捉弄的口吻，說：

「唉，終於要回『娘』家啦。我們香港這邊這個『大香港』，早已『回歸』囉，不幸的呀。今天輪到您啦，輪到您這個『美國小香港』啦，您『回歸』到香港來，又要再從香港『回歸』到中國大陸去啦……啊？」

「回歸」——？這字眼，好像觸動了小香港的神經脈絡。她怔了一下，用倔強的眼光盯了盯14K，好像要從他漫不經心的表情中，試圖搜尋出一個答案似的。然後，她帶著有點挑戰的口吻追問道：「你，這是來致慶還是來喝倒彩的呢？」

14K咧開大大的嘴巴，抽搐一下嘴邊的肌肉，滿不在乎地笑了一笑。然後，堆出一臉嘲弄式的笑容，說道：「你要去中國大陸，不要說我不提醒你。那邊不像我們這裡的香港。我們喜歡的是搞笑的周星馳的功夫片。共產黨喜歡嚴肅認真的政治鬥爭，卻是沒有多少周星馳式的幽默。他們喜歡兇，在國內國外，都兇得厲害。共產黨人喜歡，嚴厲、兇惡，像龍，都是龍的傳人。」

「龍？龍蠻威武的！難道龍不是象徵權力的嗎？」小香港也愛理不理地反譏道。

這時，像禿鷹般光頭的白人克萊頓，張開他那同樣剃得精光的鷹嘴，裝出一副一本正經的學究模樣，插嘴道：「啊，是這樣的，根據眾多西方學者考究過全部東西方有關『龍』的各種歷史記載，得出的一致權威性的結論是：『龍』，都有龍的共性——龍有兇惡死瞪的龍眼，尖銳揮舞的龍爪，火焰噴發的龍嘴。」

「對！對對！怪不得！那就對啦！哈，那龍嘴放出有毒的龍氣！」小香港馬上接着克萊頓的話，喜氣洋洋地對14K嚷道：「嘿——香港刁龍！提醒你啦，14K，誰都嗅到你那烈焰噴射、臭氣燻天的龍氣！好難受的呀！啊——？」

小香港「啊——」得怪趣，立即引來一陣陣哄堂大笑。

<9> 量子調情

警員鹹豬手　　非禮妓女洩慾望

免職藍帽子　　長袖善舞當保安

　　一個身材高大、身穿西裝制服的男人，這時走進貴賓房來。港人14K，向這一班美國來客介紹，這個人——叫「藍帽子」。也介紹說，他是這裡的經理，主管保安；但這「主管保安」，偏偏又不是「保安經理」。14K說，什麼「主管保安」，與「保安主管」，並非一樣。那聽起來，真令人費解，令人糊裡糊塗。

　　傳說，這個夜場經理，以前的確是香港人稱為「藍帽子」的香港警察機動部隊的成員。他在一次當值出更在街道上巡查的時候，穿著警服，自作主張地去巡視香港人稱作「一樓一鳳」的色情場所。中國人很自傲，常常把自己看不起的人，稱為某種動物；而想象力豐富的香港人，發慈悲心時稱妓女為「鳳姐」，不再那麼慈悲的時候，便把妓女稱作是「雞」。而「一樓一鳳」，是指裡面只有一個妓女賣淫的一個獨立住宅單位。據說，當天藍帽子去巡查，見到妓寨裡出來開門的是一個衣裝性感的菲律賓妓女，沒有看清楚她的容貌便已經色心大發，一於上下其手，肆意非禮——也就是港人說的「抽水」。「藍帽子」他，使出了港人所謂的「鹹豬手」。當時，他不單止忘記了自己是警察，竟然也忘記了自己正穿著一身堂而皇之的香港警服。更要命的是，他過了「手癮」後，自稱居然也「忘記」了付錢，拍拍屁股，揚長而去。這事本來也平常，通常被香港警察「抽水」非禮的香港妓女，都樂得借機賣個人情、送個大禮，也就「忘記」了事。偏偏那天藍帽子走著當頭厄運，被他輕薄了的那個菲律賓鳳姐，儘管樣貌和身段和脾氣，都平庸得無與倫比，但她的聰明、情緒和執著，卻高超得無可比擬，怎說怎講怎話，就是堅決拒絕去忘記他，誓要追究到底「無有怕」。結

果,東窗事發,他被警隊上司決然開除,不留情面。菲律賓「鳳姐」,還要窮追猛打,堅持要把他告上法庭,結果他當然又是眉額當黑,再要受上點牢獄之苦。之後,經過新聞炒作,香港無人不知,警隊曾經有過這個「偷吃禁果」的「警隊敗類」,都知道他有兩隻非禮過妓女的「鹹豬手」。不過,他以前受過警隊多年的嚴格操練,身手不凡。而且他,生來個子高大,一派英明神武。加上一則敢上妓院吃「霸王餐」,當然本身膽大過人;二則喜好在低級風月場所裡流連忘返,自然品流粗雜。這藍帽子的膽色與品位,出格超班、層次高檔,江湖上社區裡都有不少同道中人,黑社會裡和警隊裡都同樣有著不少與他志同道合的知己好友,黑白兩道,不問富窮,路路暢順,道道亨通。紅濤白浪之中,他似乎都左右逢源,南北西東,應付從容。大家都認為他,將會是商業管理的好幫手:人際關係——長袖善舞,商場辦事——得心應手,大難臨頭——敢拍心口。於是,離開了警隊的這個「藍帽子」,便被招攬加盟到這家剛新開張的豪華高檔的『迷域 51』迪士高,賦予重托,當起這夜總會的招客中介、娛樂搞手和「保安總管」。但香港地頭,當個「保安經理」要向政府辦領一張堂而皇之的保安牌照,坐過牢獄的人卻領不到牌照。所以,無可奈何,這夜場老闆,便為他特意度身訂造,設置了一個特殊名堂職位,讓他當起了這豪華夜場的一個「主管保安」而又不是「保安主管」的經理。

這時,走進來的「藍帽子」,帶來了一個肥胖壯實的男人,名叫「肥彭」。肥胖的肥彭,拖着一個小妹。房裡,這個香港14K,隨即向那個香港肥彭,打了個招呼,就讓肥彭與小妹在他的身旁坐下。14K與肥彭,好像早已認識,還沒多說兩句,已經眉來眼去,一齊細語唏噓。香港小妹,看上去相當靚麗,卻默不作聲,只乖乖地、好奇地四處張望。她望得認真、也望得用心——眼光閃閃、到處看看、東張西望。她看著的眼光,就像幽默的香港人喜歡泛泛調侃的時候會描述這樣的眼光所用的術語——「打雀般的眼光」。

藍帽子接着把肥彭一一介紹給在場的其他人——那些「美國來香港觀光的貴客上賓」。受寵若驚的那些似乎「初到貴境」的美國「貴客上賓」,看著這個熱情洋溢的香港藍帽子在介紹著那個冷若冰霜的香港胖子,實在不置可否,只是「齊齊握握手、你我點點頭」。在這個人地生疏的貴氣夜場中,「貴客」們拘謹得尷尬,都只好——「眼睛定定、握手頻頻」,個個十足是洋氣「大鄉里」——摩登鄉巴佬。大家張羅一番,最後還是只能各有各談。

但是,就是沒有人要勞煩去介紹那個跟著肥胖進來的靚麗的香港小

妹，美國「貴客」們對她的出現都好像很有興趣，但好奇的「貴客」們對去認識她卻好像沒有多少興趣。起初，大家都漫不經心地瞄了瞄她，只顧打量一下她的外表，好像她的外表比她的實在，更讓人產生興趣。大家不知道她的名字，大家好像也不想知道她的名字。大家知道的只是，她跟着肥彭的身後走進來，跟着他坐下來，跟着他開始喝酒，又跟着他開始抽煙。她好像是屬於他的一部份。而他的這一部份又好像都由藍帽子來打點打點。

　　坐在美國克萊頓身邊的美國毛毛，一直在打量著這位默不作聲的香港靚妹。這時，他對着喝了一口酒後站了起來正準備往外走的藍帽子，打了個眼色。藍帽子，會意地向毛毛點點頭：「行，馬上帶過來給你。」

　　「馬上帶過來？給他」？美國小香港，看在眼中，問在心裡：「難道，這個剛剛暫時離開一下他那美國的妻兒的那好玩的毛毛，這時便已經迫不急待，要藍帽子也為他，好像給那個肥彭一樣，再打點一個多多眼神、少少言語的香港靚妹？況且，這個『Gucci』仔和那個『Versace』仔，他們倆今天才剛剛從泰國風光耍樂回來……嘿？怎麼會——又有需要？」看著毛毛和克萊頓的小香港，心思蕩漾——真的，那真有點耐人尋味，實在怪趣鬼魅……

　　片刻之後，藍帽子終於匆匆忙忙、半走半跑似的，走進貴賓房來。這次，思疑著的小香港，細心留意地看著藍帽子。而藍帽子他，並沒有帶來另一個美麗的香港小妹。帶來的，只是一個個小包包，一把就都塞給了『Gucci』仔毛毛。毛毛往手裡的東西察看了一下，把它們握在手中，轉身遞給了『Versace』克萊頓。坐在旁邊的克萊頓迅速接過毛毛遞過去的東西，若無其事地把它們順手全都放進口袋裡，並點了些鈔票，塞給了毛毛。

　　這時，原來，一直盯著克萊頓的人，除了小香港，還有遠處的美麗的香港靚妹——她用那似乎「打雀的眼光」捕捉到興趣所好的鳥兒麻雀，盯看得認認真真、一絲不苟。

　　末了，克萊頓這時，正伸手去拿玻璃檯上的一杯酒，卻意外感覺到香港靚妹那凝視着他一舉一動的專注的目光——她的目光，仿彿把他的感覺，都燒烘熱燙。他，便隨即用手肘，輕輕碰了碰身旁的毛毛，看着毛毛笑道：「看呀，那邊有像在泰國一樣的靚女的『量子調情』。看那熱烘烘的眼光，那量子調情般的眼光？」一下醒悟的 Gucci 仔毛毛當即轉眼看去，看得眼睛瞟瞟，想得心思飄飄……

<10>鷹龍熊事

吸毒談政治　　風花雪月鷹熊地

導彈避孕套　　龍尾噴氣放龍屁

　　香港『迷域51』夜總會裡，這間以飛機內艙模式設計的貴賓房，裝潢得美輪美奐。兩邊牆壁上，並列安放的兩排plasma大型電視機，電視機裡這時正在放映著紀錄影片，影片介紹這個夜總會中的各個舞廳和貴賓房取名的有關的資訊。影片特別還介紹，曾經在美國『迷域 51』那神秘的軍事禁區裡，試驗飛行過的各種美國先進軍用飛機。

　　連接這兩排像似飛機客艙窗戶的電視銀光幕牆的另一端，是像似飛機駕駛艙視窗造型的電視幕屏。此刻，那邊「駕駛艙」電視幕屏上，也正在重複放送著一些有關台灣總統大選風波的新聞報導。

　　看着這邊互相面對著的兩排大型電視機上，展示著的各式各樣的隱形轟炸機、隱形戰鬥機、諜報機和無人駕駛飛機，美國姑娘小香港，滿臉淘氣地說：「喔，這『迷域51』裡，太多飛機，太多名稱，太多房間了啦，找房間要找對的話，一定不容易。」

　　小香港講的，只是夜總會裡的貴賓房門牌上取名的、和模型壁龕裡的「模型飛機」。

　　「多有用嗎？」美國毛毛冷言冷語地說，「中國軍方聲稱，如果跟美國開戰，他們只需要用原子彈。哪要這麼複雜？開玩笑！」

　　毛毛講的，卻是電視紀錄片裡所介紹的美國戰機。

　　「開玩笑！美國更簡單，如果開戰，不需要用這架B-2隱形轟炸機，」香港14K，模仿著毛毛的口吻插嘴道，「也不需要隔壁的那架F-117隱形戰

鬥機，或者對面的那架X-45無人駕駛戰鬥機……」

14K講的，是模型飛機和實戰飛機——倒是所有模型和現實這兩類的飛機。

「用什麼都沒有用啦！」毛毛打斷14K，爭著講：「當代最具攻擊力的M1阿爸斯坦克車，再加上當代最先進的F-22猛禽隱形戰機，甚至下一代的F-35合星隱形戰機，都沒有用。中國聲言，只出核彈這一招，而且是『核捆綁』——把所有的核彈一下通通投向同一個目標。讓你們防不勝防，無處躲藏！」毛毛說得興致勃勃，但顯然帶著點冷嘲熱諷的意味。

「中國軍隊打學生都用坦克，打我們美國的話，我擔心真的一下就會到用原子彈。」美國佬克萊頓，神情憂鬱地說，疑慮多多。

「核捆綁！那只是大陸總喜歡談情說愛的網友在網上的胡言亂語，」香港14K也爭著把發言權奪回來：「『克林頓總統』，您擔心太多了，倒不如去擔心中國人的『人肉捆綁』實際得多。中國人多，他們熱衷人海戰術，血肉長城，韓戰就是個例證。沒聽說嗎？打完韓戰的美國士兵，都膽戰心驚，回憶當時，漫山遍野的共軍，都像吸了毒一樣，麻木了，瘋了，不顧死活的，對著美國士兵的機關槍，對著機關槍發射出來的一串又一串的子彈，就是衝呀衝，很英勇，不要命！打衝鋒，好威風！其實，美國佬不知道，共軍的後面，有壓陣的長官的槍頭對著他們，衝鋒死神在等待，不衝死得更加快！反正，沒有棉襖衣褲保暖的共軍，在冰天雪地之中，也是早晚要被凍死。那時的美軍，開槍開得手軟，槍管都打得發燒發紅，眼看著中共軍人，剛有一層一層的人流斃命倒泄下去，又有一層又一層的人肉波浪洶湧過來，美國大兵都被嚇得魂飛魄散……知道了吧，共產黨喜歡人海戰術，挺恐怖的。美國佬嘛，沒被中國人打死的，也會被他嚇死；沒被他們嚇死的，也會被他們嚇出個神經病來。」

14K說完，停了停，看看「美國佬」克萊頓——此時他真的猶如是已經被嚇了個半死，一副口瞪目呆的樣子。14K再看看美國華人毛毛，毛毛他卻沒被嚇到，還很是興奮，薄薄的嘴唇還是甜甜地微笑著。

心情亮麗的毛毛，笑著說：「大英帝國的余孽14K，你真有創意——『人肉捆綁』？其實，依我說，共產黨也真不自量力，整天要挑釁美國，說要『核捆綁』的也是一個出名經常口出狂言的中國將軍。我真希望美國鼓起正氣，教訓一下他們，把他們打得一敗塗地。」

美國克萊頓沒有毛毛的亮麗，卻還是憂心忡忡、顧慮重重：「是的，中國好像整天都要跟美國對著幹，要挑釁美國，我，我真擔心——」

「您擔心！您這克林頓總統大人，就別整天擔心這、擔心那的啦，回去擔心你被美國國會再一次彈劾吧？或者被你那兇惡的希拉利在您臉上再抽兩巴掌？——再敢不聽話？我告訴你們美國佬吧，中國不敢與美國開戰！他們外強中干！」『英帝余孽』14K說得中氣十足。他老喜歡把克萊頓說成是「克林頓」，也老把有點像美國克林頓的美國克萊頓，當作是「美國總統」。

「沒有錯。中共不敢與美國輕易開戰——兩敗俱傷。」美國的李傲，也有話要說，說得話多：「我想，中共挑戰美國，只不過是『裝腔作勢』，以便嘗試影響一下大陸的『人心歸向』，讓國人把矛頭和主意力都儘量『對外』而不是『向內』。真要向外動武，凶多吉少，中共會顧慮重重。我在大陸做生意，與不少大陸人都聊到過，他們都『眼睛定定，等著去拿共產黨的命！』。這是一個很怪趣的現象，就算是共產黨內部，也有不少人憎恨共產黨，他們加入共產黨，是為了謀生、鑽營、爭權奪利，花天酒地。並不是熱衷共產主義。這類『冒牌共產黨員』，和其他對政權不滿意的貧苦大眾，他們都在私下裡期待著中國與美國開戰，以便美國幫助他們去收拾共產黨，改朝換代，與共產黨說『拜拜』。」

「嘿，嘿，李傲，上大陸做生意，談什麼政治？你不是間諜不是007，小心中共抓了你！」不喜歡談論政治的美國小香港，對著她的情人李傲，嬌媚作態。

「對啊！」毛毛這時大聲地肯定。大家好像被一下驚醒，以為他的「對啊」是在認同小香港說的——「中共抓了你！」——都一下轉頭盯看著他。

毛毛沒有意會到他的話引起別人的誤會，繼續侃侃而談：「對的！打打試試看！讓美國幫助我們把共產黨趕下台！共產黨他們自己不就也是趁著日本侵略中國而乘機把國民黨殺出大陸的嗎？真是開玩笑！」毛毛說得理直氣壯，血氣方剛。

「真是開玩笑！」14K又來抬槓，揪著毛毛不放：「把共產黨殺出中國？你們這些法輪功漢奸就是想借刀殺人，真是開玩笑！」

美國姑娘也來插把嘴：「毛毛，法輪功講『真善忍』，善心一點，打仗要死人，不要讓我們美國人，去為你們中國人、中國事，作無謂的犧牲。」她是要好言相勸。

香港的14K，沒有美國姑娘那樣的溫馨柔軟，吵得硬硬邦邦：「告訴你啦——『法輪功』！美國與中國開戰，不需要派美國士兵上戰場，只要

像港星周星馳說的那樣——『廢柴對廢柴，人海對人海』！」

在美國上映賣座的電影《功夫》的主角香港影星周星馳說的是——「廢柴對廢柴」，沒說過「人海對人海」。

這時14K，盯著毛毛，繼續口若懸河地噴發口水——「用『人海戰術』，試試『中為洋用』，反其道而行之，用你們那一億法輪功的『人肉大海』去對付中共那幾百萬士兵的『人肉小溪』就對了。是吧？啊——？」他用歪斜的眼光去挑釁毛毛，「啊」——得怪稽風趣。「美國與中國開戰？美國用甚麼都不管用，最好就是用你們這些『法輪功』。真是開——玩——笑！」14K學著毛毛的調子，說得一板一眼，裝出苦苦澀澀的表情。他就是老喜歡挑逗毛毛，他們倆見了面，無論是在美國還是在香港或大陸，都總就像一對冤家似的，總是既鬥得兇，又喜樂融融。

毛毛被14K稱作「漢奸」也沒有苦惱，微微一笑，回應一句：「香港黑社會14K，你才是『漢奸』，整天罵中國人，出賣中國人，不認自己是中國人。你這香港人，不再認你們的祖宗中國人啦？哎，我說呐，」毛毛接著更加起勁地演說他的「打共產黨策略」：「今非昔比，共產黨再沒有什麼可以囂張的。他們把基礎建設都集中在沿海大城市裡，到處都是高樓林立，幾千萬人擠逼在一個城市裡，都成了開戰備受攻擊的理想目標。簡簡單單發幾個導彈，把城市裡幾棟摩天大樓炸爛，都市裡的中國人，人人人心惶惶，你踩我踏，一遍混亂……那時，共產黨就不攻自破，民眾到處追殺呼喝，他們躲也沒處躲……」

「『共產黨不攻自破？躲也沒處躲？』，哎，毛毛主席，想不到你也像我一樣的好唱口——鸚鵡學舌無俚頭！法輪功真厲害——想煽風點火？掀起軒然大波——又唱中國新蝗禍？」14K一邊出言挑釁毛毛，一邊用他的小眼睛緊盯著毛毛，眼睛冒著火：「哎唷，法輪功，你幻想多多，趕快去打坐！羅哩羅嗦，佛都有火！哈哈……」

「佛，你們在爭論什麼？」問話的是美國克萊頓，光頭摸一摸。

看著懵頭懵腦、沒話好說的美國克萊頓，美國李傲忍不住了，要出頭幫幫他們的好朋友毛毛：「嘿！14K，你嘴舌真毒！早上沒漱口嗎？香港回歸大陸了，你不也就是一個中國人嗎？小心共產黨不放過你，整天就是這樣胡言亂語。」

14K嫣然一笑，頭也不轉，用斜眼盯著李傲，說：「哈，你見笑了，我不是『勇敢的中國人』，我是被中國人逼得窮途末路的英女皇的孤臣孽子，我還有一個英國公民(海外)護照BNO——British National (Overseas),

儘管英國政府屈服中共的淫威，聲言持有這本護照的香港人，在香港和大陸都不能享受英國領事的保護權，所以這『BNO』就成了——『Britain Non-Protected Overseas』，是『英國不保護海外香港人』的護照。不過，假假的，也是一個可以裝裝門面的『大英帝國神主牌』，大陸那邊，那紅彤彤的火頭，如果燒得太近太熱，我們也可以拿著這寶貝，作臨時護身符逃亡到英國去避避風頭火勢。」

李傲真的笑笑，是「見笑」的笑。覺得他幼稚、搞笑，沒頭沒腦。

毛毛等到機會了，也是笑笑，輕描淡寫地反戈一擊：「是啊，香港14K——被英帝國遺棄不管的『孤臣孽子』，去發發你的『人海戰術』的黃粱美夢吧？啊——？『孤臣孽子』，可憐可惜，無所事事，盡情哭泣，跑去英國抱著英女皇娘娘去哭哭啼啼……哈哈……你盡心盡力去大放你的『奴才屁』……哈哈……」

對動物深感興趣的小香港，倒覺得14K常常如同大鯊魚，喜歡到處張開嘴巴就亂咬一通，見怪不怪。這時聽著毛毛的「人海戰術」，想著14K的「人肉捆綁」，她想插嘴，告訴14K，這世界上，最厲害的戰士不是人，是螞蟻。最恐怖的不是「人海」，而是排山倒海的「螞蟻兵團」。接著，她又想到，中國人常掛在嘴邊的「螞蟻拚大象」的故事。甚至連毛澤東，都講過什麼「螞蟻撼大樹」之類的話。嘿，打仗嘛，哈，用螞蟻算了……哈哈……

想要教訓14K的小香港，卻是欲言又止，覺得，螞蟻那事不好講，擔心14K又要借題去長篇大論地發表他的胡說八道。

此刻，想到螞蟻的小香港，也想到美洲老鷹。螞蟻鋪天蓋地蜂擁而來，有低調而摧枯拉朽的恐怖；老鷹卻靜悄悄地在高空盤旋，尋覓獵物，有高姿態而沉默的自負。當然，她，想到那美洲老鷹，也會想到北極大熊。那大熊身體臃腫、性情暴躁，發起脾氣不得了……

「哈，打架不好玩，誰都贏不了。」想著鷹與熊的小香港，這時笑笑，稚氣地說：「最怕的是美洲禿鷹惹火了俄國的北極大熊……」

光頭像似禿鷹的克萊頓，這時盯住小香港，擔心小香港是在把他扯進了她的故事裡。

「對了，美洲鷹與北極熊最近在吵鬧什麼來著？好像在吵什麼『歐洲導彈防禦系統』似的？」小香港說，神情認真了點。

克萊頓安心了，不經意地摸了摸他的光頭，明白小香港的「禿鷹」是

美國，不是他自己，便說：「那是我們美國的THAAD系統。美國要為歐洲設置導彈防空系統，俄國反對，說這是針對他們。」

「為什麼不可以針對他們？」小香港對政治沒有興趣，也了解不多，便隨意問問。

華人14K臉上的肌肉抽了抽，張開大嘴巴片刻，再喝了口酒，想了想，然後很興奮地對著小香港，說：「來，美國靚女，讓我給你打個比喻，你就會明白。」說完，他把手中的酒杯放回玻璃檯上，興致盎然地講：「你的美洲老鷹與你的北極大熊在進行軍事競賽——玩弄『導彈』，其實就是在把玩展示他們的『利器』——那有殺傷力的『陽具』，比賽看看，比比誰的大、誰的強、誰的更耐看。大家鬥來鬥去，鬥得高興，美洲鷹卻要耍耍滑頭，玩個新玩意兒，要廢了北極熊的武功⋯⋯」

「怎麼廢武功？」小香港有疑問。

「唷，小巴黎，14K是想說，」美國男友李傲插嘴來幫忙，對著小香港說，「美洲老鷹與北極大熊在『把玩陽具』當眾手淫太難看了啦，老鷹發慈悲心要為不幸圍觀著的大眾每人發放一條『遮醜布』，免得鷹、熊互鬥把玩過於激烈厲害時鷹熊突然高潮噴火，周遭圍觀著看大戲的人會看得難堪受不了。」

喜歡用他那套港人專長的無厘頭想象力肆意發揮的14K，瞪了李傲一眼，搶著說：「那不是一條『遮醜布』，那是一個『避孕套』，是『淑女』們預防不幸意外被行兇強暴時拿來擋擋災難的避孕套。」

「惡霸當道，戰火燒燒，不絕滔滔，擔心被施暴的良家婦女，都不可以事先戴上個避孕套？」小香港又有疑問，學著14K和毛毛的語調，問得朗朗上口。

華人毛毛，顯然喜歡美國而痛恨共產黨，插上話來：「俄國人和大陸共產黨喜好的是軍事巡遊——那才是當眾把玩陽具，鬥粗鬥厲害，變態狂。美國講文明禮貌，沒有當眾拔陽具，他們只是躲在家裡苦心經營，玩個什麼陽具擴大器——寶劍磨刀石，把自己的陽具搞得粗壯強悍、不可抵擋⋯⋯」

「『粗壯強悍、不可抵擋』？好唱口！是的，那倒是說的也對，」總喜歡挑釁別人的14K，這次卻沒有挑釁毛毛，倒是順著他的話題去附和一下：「可以這麼說，那寒天冰封中的北極熊快被冷死了，它的陽具都被凍僵了，它的性趣都有心無力了。你這美洲鷹卻還是洋洋得意，性趣高漲，

飛來飛去，到處做愛留情，有心是要把北極熊氣死！人家在寒天冰雪的野外摸來摸去才摸出一次堅挺勃起，又快要堅持不住，只是威脅說說『不聽話，我就操！轟轟隆隆就發炮！』！說說而已，哪有力氣？你這美洲鷹就是要搗蛋，世界各地，到處奔忙、到處宣揚——『不好不好，防禦要做到，大家別煩惱，趕快戴上避孕套！北極大熊要施暴！』」

古怪的14K越講越興奮，講得好像唱戲一樣。

那一向開放好玩的美國小香港，聽了這些人在講避孕套與鷹和熊的陽具的故事，也覺得開心。她喜歡動物，也喜歡與動物有關的一切。這時，講到鷹與熊，她想起剛才好友毛毛說過大陸中國也喜歡軍事巡遊——也要把玩陽具，便想起了中國人喜歡的動物，那——「龍」。

「中國人是『龍』！龍也比粗比厲害？龍也玩陽具？龍有陽具嗎？」她笑著問。

「龍不玩陽具？那軍事大巡遊的天安門廣場是用來幹嘛的呀？！天安門廣場向來是中共玩陽具的國際巨型大舞台，大陸政府喜歡吹噓和展示他們那自信戰無不勝的實力，喜歡當眾『手淫打炮』！」毛毛每逢聽到有關中國大陸的話題，就會好生動氣。

「Gucci 毛毛，別那麼斯文，扮正經。告訴你啦，大陸把玩陽具不叫『手淫』，叫『打飛機』。」美國台灣仔李傲友情提示一下，也順便賣弄一下他那一知半解的香港粵語「香港人不說『玩陽具』或『手淫』，他們創造力豐富，他們說『玩賓周』——『玩半晝』。」

港人14對著小香港，用斜視眼光瞄瞄李傲，笑著說，「哎，美國靚女，看看你的『愛人』，看他對香港多了解？別跟他——『玩半晝』！要玩，玩一天！哈哈……再說，你擔心龍沒有陽具？哈。真好笑！你見識少！靚女小香港，讓我告訴你，你到大陸去看看那裡有多少金碧輝煌的夜總會、卡拉OK、桑拿浴室、腳底按摩院，林林總總、各式各樣的妓院——眼花繚亂的『飛機場』——你就知道龍有多少的陽具，而龍的陽具又有多少的需要！多少的精力、多少的豪氣。哈哈……」14K撐開大嘴巴在哈哈大笑，笑完還說「那些都是『打飛機』的『飛機場』——是造就我們偉大祖國繁榮昌盛的『共產主義飛機場』」。

「哎，嘿，『飛機專家』14K，既然『打飛機』是『手淫陽具』，哪跟『腳底按摩』有什麼關係呢？」美國小香港還是有疑問，問得漫不經心。

「哈，大陸人說他們的陽具是他們的第三隻腳。兩隻腳的腳底按完

了，就去按摩他們的第三隻腳。他們的兩位大哥被照顧好了，就要別人來服侍一下他們的小弟弟。」

「嘿。說實話，依我看，龍有沒有陽具挺難說。不過，說起龍，我想，龍將來一定會飛得比鷹高。」美國禿鷹克萊頓倒是挺關心鷹的事，好像鷹的事，就是他自己的事——他心中有條刺。

「飛得高？龍沒有翅膀怎麼飛？」小香港裝著還有疑問。

「飛？龍怎麼需要飛？巨龍放放氣，一下就崛起！沒聽說龍可以『騰雲駕霧』的嗎？」14K挑釁她。　「中國人也真的可以騰雲駕霧的。」看中國功夫片看得多的美國克萊頓說，說得恍恍惚惚有介事似的。這時他想想功夫片裡那些會輕功的中國人，想想輕功所駕馭的雲霧，便補充說：「『騰雲駕霧』不是靠『飛』出來的。那『雲霧』應該是火箭噴射出來的煙霧，所以龍可以一騰衝天。」

「龍的屁股裝上火箭發射器？火焰噴氣？那是放『龍屁』！哈哈。」小香港說，說得快樂。

「哈哈，龍喜歡『大鳴大放』，你怎麼知道龍放屁不會轟轟烈烈？一轟衝天？開口噴龍焰，放屁龍衝天！」古靈精怪的14K說，說著大笑，笑得有口沒眼，「哈哈……」。

美國克萊頓卻沒有笑，若有所思地喃喃自語：「龍『一轟衝天』？是沒有錯。中國一定會崛起……我擔心的是，中國人坐著的時候都吵吵嚷嚷，如果一下都站立起來的話，聲音可能是會大了點……」他說得溫和，但也是有所失落。

「『聲音會大了點』？美國佬，你太斯文客氣了！我們龍放屁，驚世無比——舞台唱大戲，無人不知，也無處逃避，一定煩死你！梟龍崛起，盡情放氣，豪情打龍屁，一定嚇死你！哈哈，看看現在的環境污染——那煙囪噴發的龍屁，烏煙瘴氣，不把你嚇死都把你毒死！將來，我們神州的龍人，要戰勝敵人，不需要什麼新式武器，不需要原子彈，只要口鼻噴點龍氣，那龍焰毒氣，就可以毒死全世界的人，讓全世界的人類都在龍屁中中毒、感染、死亡……」華人14K又來教訓白人鬼佬，又在無厘頭地胡言亂語：「那龍屁，不單單可以聽得到，還可以聞得到，更加可以看得到！聲味色獨到，有如巨浪滔滔！」

沒有人笑，沒有人敢笑。這麼灰暗朦朧的笑話不好笑。

還是一向不喜歡深思熟慮的言談所造成的那種沉重氣氛的小香港，快人快語：「嘿，嘿，龍皇大帝！——在唱大戲的是你自己！龍嘛……倒也是的，無可否認，龍的面目是猙獰了點，就像14K你這刁龍那樣的醜怪。」說著，轉向「禿鷹」克萊頓，看著正愣著愕然的他，說，「哎，放心，我不是在講你。說白了，禿鷹也醜陋，鷹與龍都是惡樣惡相的。所以，我喜愛熊貓。熊貓好，要抱抱。熊貓善良可愛，像寶貝娃娃小孩……」喜樂的小香港這時說得甜甜蜜蜜，充滿愛意。

情人李傲故意裝傻，叫嚷——「哎喲，抱熊貓、愛熊貓？不愛我？熊貓可愛，把你帶壞，情人不理睬！」說完，還嘻哈笑笑。

「熊貓當然可愛！」14K好像什麼都不愛，連熊貓都要踩：「熊貓那眼睛總是黑黑的，相似有哭不完的眼淚。熊貓當然可愛，它乖乖地被人戲弄寵壞，卻就是不懂得做愛！聽說了沒有？大陸動物園的員工因為熊貓不做愛，一直愁眉不展，夠心酸，想呀想，終於想出了個驚世駭俗的絕招——放映熊貓做愛的色情A片電影給熊貓們看看，觀摩欣賞，讓它們去學學做愛。懂嗎？可愛的熊貓學做愛！學學做愛，才能傳『種』接代！」

「哈，你這香港14K真是『無厘頭』，大陸中國到處是做愛場所，小孩都知道做愛那玩意兒，看看色情造愛的A片增加性趣這樣的點子，都要『想呀想』才想得出來？你這華人『敗類』，真喜歡輕視中國人。」李傲打趣地挑剔14K。

「可愛的熊貓你都要踩？你這人就是喜歡歧視動物！」小香港沒把李傲的笑話聽進去，只顧向「華人敗類」14K假意抗議。

「歧視動物？哪隻動物我們中國人不歧視？哪隻動物我們中國人不吃？」中國人14K說，說得乾脆利落。

「那也是的。大陸人說，如果傷害了熊貓會被政府槍斃，不然中國人早把熊貓也都吃光了。」

「哈哈，」白人克萊頓笑了笑，笑得輕鬆，笑出讚嘆：「那倒真是的，聽說中國人最會吃，什麼都不怕吃。據說，天上會飛的，除了飛機不吃，地上有四隻腳的，除了桌子不吃，什麼都吃啦……嘻嘻……」他笑得稚氣、笑得滿意。

不認為自己是中國人的美國台灣仔李傲，這時插嘴說，「你當然會聽說了，我親愛的美國老朋友，那是中國人自己都常說著的，還總是說得津津樂道……自豪著呢……」

「嘿！嘿！嘿！」這下輪到李傲的情人小香港來抗議了：「『我的親愛的』？我們倆才是『親愛的』！哈，誰讓你跟Versace相愛？你跟他這麼『親』幹嘛呀？我們才『親』。」性感可愛的小香港故意去撒嬌賣俏：「你不是經常說嘛──『好親親，眼睛睛，眉目只是去傳情。嘴親親，啥都行，大家一起去高興！』來，快來親一親！」說完，伸開雙手，讓李傲抱抱，熱吻一下。

　　「哎！親什麼親！兒童不宜！知道了，你們倆要在這裡『高高興興去亂性』！哈……」14K張大大嘴巴，小眼睛發亮，在逗大家笑。然後，話鋒一轉，說回正題：「歧視動物？我們也歧視人。」嘻皮笑臉的14K這下再嚴肅了起來，說得語重心長的樣子：「有沒有聽說過『中華民族是偉大的民族』的呀？」

　　「那是中國人常掛在嘴邊的口頭禪……那確實是有點『種族歧視』的味道，『偉大』是比較出來的，有這個『偉大』，就一定有那個『渺小』，如果每個都『大』，就沒有『偉大』的了。」美國克萊頓認認真真地說。「說自己的種族偉大，就是在說其他的種族渺小。」

　　「至少是在說『有些』種族特別『渺小』。」小香港也同意。

　　「種族歧視哪會是這麼簡單而已？你問問這個經常去中國的美國佬就知道了，哈哈，」嚴肅了一下的14K現在看著克萊頓，又笑開了他的大嘴巴，刻意嘲弄地說：「中國人稱呼你們是『鬼佬』已經有一百多年的歷史了。你們知道嗎？中國是『神州』，我們是『神州』裡的『神』。你們洋人是『紅毛鬼子』，是『陰間』裡的『鬼佬』──『GwaiLo』──是『鬼』，連人都做不到，認清你自己的『種類』再說，啊──？這才是『種族歧視』的啊！哈哈……」

　　「神與鬼是不同的階級，不同的層次。」信仰法輪功的毛毛喜歡神，也喜歡高層次的神，對神鬼最清楚。一直沒機會插話，聽了神和鬼，對上了口胃！

　　「喂，喂！什麼神鬼的種族歧視呀！」這時從門那邊傳來一個意外響亮的聲音。大家轉過頭去看看，發現是正走進來的保安頭藍帽子。這時，他為肥彭拿來了一對骰盅和一些骰子。大家這時才發覺，那邊坐著的香港肥彭和香港小妹，一直都悶悶地看著電視，沒說過半句話。

　　「哎呀！我們中國人最懂得歧視，我們歧視洋人『鬼子』：『白鬼』、『黑鬼』、『鬼佬』、『鬼婆』、『鬼妹』，歧視日本『鬼子』──日本

『噶仔』、『蘿蔔頭』、『日本矮子』、『日本豬』，歧視印巴中東人『阿差』、『阿星』，歧視越南人『猴子』，我們香港人歧視大陸人是『北佬』、『北姑』、『大陸佬』、『阿燦』和『蝗蟲』，大陸人歧視香港人……哎，太多了啦，也不好說了，實在數不勝數……沒法子的啦，中國這麼多人，愛得夠、恨得透，生活緊張、競爭拼搶，總是愛恨交加，心理缺乏平衡，是要找個機會去作一下心理發泄的啦……」中國人藍帽子好像最清楚中國人，他邊拿起酒，邊說：「不過吶，各位貴客大佬，歧視沒有用，發泄至威風。要發泄最好是來我們這裡，唱唱玩玩，跳跳彈彈，High High逛逛……怎麼玩都可以，玩得開心寫意。來，各位大哥，先來喝杯酒……」夜場這當家人，果然好唱口，好像背誦過台詞一樣，說說唱唱。大家笑笑，情緒調調，都來叫好。這提議大家一起來盡情發泄的藍帽子，說著就為大家都添上了酒。這時的藍帽子，心中有的是「貴客大佬」，口中倒像忘記了在場的「貴客靚女」。恍若這時的『香港地』是男人世界，男人就是一切。

肥彭與14K對啜了一口酒，便與靚妹一邊喝飲料，一邊玩起搖骰盅。

香港刁民14K，看了眼剛才講過「神鬼不同層次」的法輪功毛毛，又刁鑽地笑笑，裝出嚴肅認真的樣子，說：「共產黨最歧視的是你們這些『法輪功』信徒。」

法輪功毛毛聽了，沒有回應，他知道14K不懷好意，他不喜歡14K挑釁他的信仰。

小香港聽了14K戲弄毛毛的話，記起剛才14K說過美國要利用法輪功來對付共產黨的議論，又記得14K提到「胡言亂語的大陸網友」便好奇地問：「哎，14K，你為什麼說大陸的網友只顧談情說愛的呢？」

14K瞄了瞄小香港，然後笑瞇瞇地說：「你上網去看看那些大陸年輕網友高談闊論政治時事就知道啦，來來去去不就是在稱讚對方『你講得酷，你講得妙，我頂你好不好？』的嗎？情意綿綿的。議事論壇的每條議論都貼上自己的照片，好像要征婚一樣，還不是為了談情說愛？哪像美國網友辯論得那樣的真切投入？ 告訴你啦，美國佬辯論認真，辯著辯著就會罵起對方來──『操！你白痴啊？你瘋了？你吸毒了？』吵得夠激烈認真的！」

「哈，那蠻合邏輯的唷，」小香港聽了覺得好玩，得意地笑：「哈哈，不吸毒喝酒買醉的話，誰會有閒情逸致去談論政治的呀？」哈哈哈，大家都輕鬆快樂地笑了起來。

14K點了支煙，側著臉注視著『駕駛臺』上正放播著的一段台灣訊息，然後自言自語地說：「台灣總統陳水扁真可憐。為競選連任挨槍，還蒙上不白之冤。難為那台灣前副總統連戰整天訴苦：『疑雲重重』」。

　　當時，民進黨的台灣總統陳水扁，和女副總統呂秀蓮，本來一直在辛苦競選連任，儘管汗水滴滴，卻是選情告急，竟然，真是——「天有不測風雲，人有旦夕禍福」，他們倆鴻運當頭，又喜又愁——在台灣民眾投票選舉的前一天，居然意外地、莫名其妙地同時都被歹徒槍傷，卻也都只是皮肉之傷，並無大礙。卻就是因此又突然人氣大增，順利當選連任。落敗的國民黨候選人、前台灣副總統連戰，與親民黨候選人、前台灣省長宋楚瑜，不服氣，要鬧事，帶領民眾浩浩蕩蕩上街遊行抗議，聲稱台灣總統陳水扁是自導自演自作自受，陰謀欺騙大眾的絕世高手！最後經過美國華人著名科學鑑證家李昌鈺，親自去台灣作了詳盡的取證查判和冗長的法庭作供，又經過法庭的仔細審理，最後判定，仍然沒有證據，去證明敗選人所指控當選人的「自己開槍打自己」的「苦肉計」，折騰一番，不了了之。

　　裝作不理會14K講話的毛毛，這下興致又來了，話題對上胃口、不再擔心憂愁，馬上接著堅定有力地說：「無容置疑！肯定是大陸共產黨玩花招搞事，派人到台灣槍殺陳水扁！」

　　「？？？」

　　毛毛的熱情和肯定，讓大家都吃驚，一起頭擰擰、眼定定，實在錯愕又難頂！

　　誰都知道，這個有點美國影星布萊德‧彼特派頭的美國少爺仔毛毛的髮型，常常跟着時尚的改變而變化不定。但變化不定的髮型，卻總覆蓋着一個充滿恆久不變的政治熱情與政治心機的腦袋瓜。而這恆久不變的腦袋瓜裡，更蘊藏着一個恆久不變的成見——對共產黨的成見。

<11> 法輪真諦

宇宙最高級　法輪腹轉非常人

毛毛嗜吸毒　推銷信仰真善忍

　　對共產黨深懷成見的毛毛，是小香港、李傲、克萊頓，他們在美國認識的好朋友。他也住在加州的灣區，從事大陸旅遊禮品製品進口到美國的生意。

　　毛毛早年，從中國大陸經香港，先移居南美的委內瑞拉，然後再定居美國三藩市。

　　他一直對大陸共產黨恨之入骨，沒有人知道他確實的原因。不過，朋友們知道，他的父母是醫生，而祖父母是外國華僑，當年愛國回國的知識分子都被迫害，大家也就可以推測到毛毛恨共產黨的可能原因和動機。毛毛，也像大多數從大陸漂洋過海的大陸同胞一樣，他本來一直沒有任何宗教信仰。但毛毛，卻於這幾年來，突然熱衷於信奉『法輪功』。

　　法輪功，頌揚「真，善，忍」。他們堅稱，自己不是宗教團體，只是氣功組織。但他們練氣功打坐之餘，也信仰開天目、宿命通、遙視功能，和元神不滅等等五花八門的宗教神通。聲稱只是氣功團體的法輪功，也大談宇宙間八萬四千門的法門、教派和神靈。號稱不是宗教的他們，也信仰宗教的神，信仰他們自己的神——他們那因被大陸共產黨追捕而隱居美國紐約的師傅李洪志。有人認為他們在向共產黨爭取信仰自由的同時，不太在乎別人的信仰和不信仰的自由。當初，當共產黨還沒有迫害他們的時候，先有大陸電視臺，報導了對他們的異見，被他們圍堵抗議，電視臺被迫收回報導和作出道歉。再有大陸的一個教授科學家，發表了一份不那麼認同他們的氣功與信仰的文章，他們數千人又一起去圍堵抗議，要求刊登

文章的單位和人士收回文章和公開認錯。但這次學院和教授都拒絕認錯，他們便圍堵學院，沒見到學院低頭認錯，他們便馬上萬人包圍起有像美國白宮性質的北京『中南海』——幾乎全部中國國家領導人都住在裡面的佔地100公頃的一個壁壘森嚴的大屋村。他們列隊把整個『中南海』都包圍起來，展示實力，像華人黑幫的傳統習慣那樣——以聚眾「擺場」——「列陣對峙」——展示聲威。他們人多勢眾，「聲威」震撼中南海裡的中共頭頭，讓他們感覺到那「列陣對峙」，大有『六四天安門事件』歷史重演的味道，被嚇個半死，隨即也「還以顏色」——「展示實力」，對法輪功開始大肆鎮壓。

　　沒有人真正了解，毛毛為什麼從來就對共產黨恨之入骨，也沒有人真正了解，毛毛為什麼現在對法輪功愛之心切。有人認為，他對法輪功的新愛，只源自於，他對共產黨的舊恨。毛毛與跟他認識的這一班美國朋友不太一樣，他沒有受過大學教育，更沒有受過美國教育。他讀書少，知識「飢荒」、邏輯混亂。但他卻天生聰明伶俐，講話誇誇其談，想象力、自信心和追求新東西的熱情都大得驚人。他對新理論的追求，就像對新髮型和新時裝名牌的追求一樣，不遺余力。故此，也有人猜測，他信仰法輪功，是因為法輪功的聖經《轉法輪》裡，提到了一些令他興奮莫名的物理學的名稱：如原子、質子、誇克等等。那些概念，令他斷定法輪功是二十一世紀最科學的信仰。信仰，本不在於科學不科學，但科學的信仰，總令美國毛毛著迷。

　　如果不了解毛毛的過去，也許比較容易了解毛毛的今天。但毛毛總令人對他，就像對他的法輪功一樣，難以理解。他信法輪功之前，每周末的夜晚，總得流連一番三藩市的各個最熱鬧的夜場，例如『Club OZ』，『Ruby Skye』，和『1015夜總會』，徹夜不眠，但又總是單人匹馬，把妻兒留在家中。他有一個跟他稱兄道弟的好朋友，在夜場裡賣藥。毛毛不單止自己嗑藥，也引導別人嗑藥，更介紹那些嗑藥的朋友，從他的這位「兄弟」那裡買藥。毛毛他，信了法輪功之後，嗑藥少了些，引導他人嗑藥也少了些。他開始以昔日推銷毒品給他的朋友的那種勁頭，去推銷今天他自己的神。令人啼笑皆非的倒是，他熱心關照他的神給他的這些新「客戶」，卻不外就都是他以往常常熱忱地向他們提供藥物的那同一班舊朋友。過去他的朋友，本來就對他推銷的毒品有點疑惑顧慮，今天則對他推銷的神有更多的懷疑和抗拒，甚至對他，和對他那着迷的神智，都開始感到莫大的疑惑和焦慮。

不過，毛毛的朋友，還是喜歡他。小香港，還是喜歡他。因為他們對毛毛的喜歡，是從他被他的神搭救的很久以前，就已經開始了的。

　　當然，也不是人人都喜歡毛毛。毛毛很熱心他的法輪功信仰，也像其他一些大法弟子一樣，喜歡在公眾場所練功，也喜歡在公眾場所高談闊論他們的信仰，以便大張旗鼓地去「傳法」。認識毛毛而不是他的朋友的人，常常覺得他們的宗教信仰太政治化，受不了，見了毛毛，會一下轉過頭去，裝作沒有看見他，掉頭就「閃」。不然毛毛就會像其他法輪功信徒一樣，當眾大喊一聲：「法輪大法好！」，喊得有如「皇上駕到！」，威嚴八面、響亮震天，也好讓別人都以為，他遇見的這個人也都是他們的「法輪功」弟子。

　　誠然，不喜歡毛毛的人當中，更多的是不喜歡毛毛信仰的「法輪功」。不喜歡毛毛的「法輪功」的那些人有諸多的想法。法輪功說是信仰佛法，他們的《聖經》是他們李師傅的《轉法輪》。那本書裡面，有一些與佛家概念相似的名詞，不過更有很多他們李師傅的自我發揮、特別表述、任意演繹，與正統佛法相去有一定的距離。不少佛教團體的法師、和尚，指責「法輪功」是在「盜用」他們佛教的名詞概念。不過，說句公道話，其實，華人佛教，本來就是「五花八門」，宗派林立，百花齊放，百家爭鳴，各自演繹、各抒已見，從來都沒有甚麼正宗不正宗。佛教，也是幾千年前，從印度傳入中國又被中國人肆意改造為「有中國特色」的中國佛教，沒有誰會擁有佛教名詞的「正宗版權」。而且佛法，重視「不執著」，本來就不應該對別人的信仰「說三道四」。不過中國人的宗教信仰，從來都「政治化」，當今不少台灣、香港、大陸的佛徒、和尚、法師，都有明確的政治「歸邊」，有明確閃光的「政治旗幟」。不過，法輪功，最令別人不喜歡他們的信仰的是，他們聲稱是宇宙八萬四千門法門中最高層次的一門，儘管佛經說的是，「是法平等，無有高下」。他們聲稱佛陀和如來或耶穌基督，儘管都是『佛』，但只是最低層次的佛。而他們的師傅，是最高層次的佛。好像神與佛，都有無數的階級一樣。而且，他們的師傅，是當今宇宙中唯一下凡在世，引領眾生成佛的真神救世主，其他的全部都是「掛羊頭賣狗肉」的冒牌假貨。好像這「中國製造」的宗教『法輪功』是最正牌原創的宗教，而這「中國製造」的神——李高神——是最獨一無二的正牌天神一樣。好像「中國製造」從來都沒有冒牌貨、從來都是聲譽卓越超凡一樣。他們又聲稱，他們自己是從一開始就在「高層次」中修練的修練人，而別人都只是永遠不能超越凡俗的「常人」。法輪功的法寶，說是「真善忍」，但可惜，外人通常從他們的言行中，常常覺得他們正正是離開「真

善忍」有著相當的距離。甚至有不少人，認為他們的理念與行為，常常剛好是背道而馳。不過，也有明理之士，明察秋毫，為他們說情，說是中國國情複雜，競爭激烈，生存不易，「打著紅旗反紅旗」，早是中國人家喻戶曉、街知巷聞的求生之道，也是見怪不要怪，宗教和宗教的神和佛，常常都不例外。

　　有人覺得，「法輪功」的應運而生，是中國人和中國社會的「因果」，是時代的「必然」。當時十幾億中國人剛從共產信仰的泡沫破滅中醒覺出來，在一個精神信仰寄託真空的環境中，經歷過那漫長的精神黑暗的壓抑操控，當然容易突然相信起所有類似有光的東西來——好像信什麼總會比信共產黨強——共產黨是宇宙「大黑洞」，總是烏天黑地，令至日月無光。信共產黨和毛神的不是家破人亡就是痛不欲生，就沒嘗過信仰的美妙和得著，等於說想吞顆「狂喜」搖頭丸——興奮喜樂，卻被迫吞了「砒霜」——命途坎坷。故此，沒有醫療保險的中國老百姓，首先信仰起認為可以了除百病的氣功來。既可以健身、又可以昇天的修練，當然更容易令人著迷——摩西遇上帝。信基督教，在大陸常常受到政府的打壓監視，而且傳教士從來都是被描畫為外幫精神侵略的代表。儘管佛教，也是從印度進口的，但中國一般殺雞拜神求佛問卜的「佛徒」們，大多以為佛教是『中國製造』的，特別是，中國人的佛陀的形象，早已變成了一個十全十美的中國「胖胖美男子」的模樣——「洋為中用、古為今用」，中國特色，威力無窮。可是《佛經》，實在太過深奧晦澀，像天書一樣莫名難懂。殺雞拜神多了，雞肉吃多了，也沒見有多少福報神賜，好生令人懷疑。道教，倒是地道的『中國製造』，可是有著太多的神秘形式了，充滿了封建迷信的色彩，文化傳統中，好像也只是死了人才用得上道教的『道士』。儒教，當然人所皆知，因為自從孔子被大陸共產黨貶斥為「孔老二」之後，這「孔老二」，確實是成為了一個家喻戶曉的名字，因為上幾代的中國人，都被共產黨逼迫著，對那個大概已經去世了兩千五百多年的「孔老二」，進行過沒日沒夜沒完沒了的無情批判，口號式的「鞭屍」批判過程中，中國人大概都以為，儒教除了『克己復禮』那一句簡單口號，便就一無是處。中國老百姓，從來就是世世代代地被奴役壓迫，從來都沒有舒展釋放過，這悲慘世界中從來都沒有「自己」，還要「克己」？提起「克己」，滿懷怨氣！苦苦忍耐等待千百年，才感動老天爺，發一次慈悲，讓腐朽的禮儀桎梏，鬆弛那麼一丁點，又要什麼「復禮」？說到「復禮」，快被氣死！不用說，中國老百姓聞到半點「克己復禮」的味道，便馬上意識出又要被哄騙去再受勞役壓迫的陰謀。痛苦艱難生活中的中國老百姓，知識不

多，感受力強，他們不敢崇拜外幫人的神，害怕被戴上一頂「崇洋媚外」的高帽子——那高帽子下被批判過的那些老百姓們，從來就是被其他的老百姓打個半死，心有餘悸；他們也不稀罕教導他們去「打不還手、罵不還口」的佛教、儒教——老百姓從來就沒有過「還手還口」的余地，已經足可以充當一個任意「挨打挨罵」的示範榜樣；他們也對那個只去與死人打交道、然後就說要事事「無為」不做的道教有所抗拒——老百姓實在挨夠了辛苦勞動後，都還是「無為」無獲的日子。「無為」是他們本來就一直都既無奈又厭倦更懼怕的現實狀況，從不意識到還有必要去學習修煉。倒是，他們總喜愛社會主義所倡導的夢想——「多勞多得」。中國老百姓，需要一個打救解放他們的甜言蜜語的神，而不需要教訓管束他們的凶神惡煞的神。他們不需要，「高高在上無可高攀」的神；他們需要的是，「平易近人恩愛情真」的神，和把老百姓他們自己推上「高高在上、奇葩共賞」、「龍門一登、人變了神」的超然位置的那種有利可圖的神。毛神曾經是這樣的神，中國老百姓崇拜過他。毛神既神聖，又平異近人；既奧妙無窮，又通俗易懂。毛神，用他的獨具一格的詩詞，以老百姓那知識淺薄的思維水平上，既頻頻催眠般地吟唱出他高深莫測的詩情畫意，又常常晴天霹靂地叫喊出低俗平庸的那句「不須放屁！」——實在震撼淒厲、驚天動地！世代被壓迫被遺忘了的中國老百姓，一下被毛神推上至高無上的全人類救世主的地位，被毛神手牽著手去砍殺眼前所有看不慣的人、去砸爛眼前一切看不順眼的東西——可謂傀奇無比、痛快霹靂！轟轟烈烈地折騰吵鬧了幾十年的中國老百姓，沸沸揚揚地崇拜了毛神好幾十年，興高采烈地去打打殺殺。從毛神殿堂剛走出來，昏黑的殿堂外邊冒出了個月亮，看清楚了一點點，看清了自己似乎從來並沒有被毛神解放過和搭救過——悔恨走錯了門、跟錯了人？疲勞壓抑過度的感官容易產生錯覺，昏暗迷糊之中，窗戶變了門，誰都像似神——想著看著的自己就像是一個神。況且，中國老百姓的吃苦耐勞的能力，早已震驚世界——一百多年前他們來到美國，就早在加州的淘金熱中，顯示過他們那種吃苦耐勞的能耐，當今對尋覓可以搭救和回報他們的神，就像淘金熱火那樣，他們再接再勵、毅力志氣、從不放棄。結果，神州果然是神的發源地，很多這樣那樣會神功、神通的『神』人師傅，就在不辭辛苦的發掘中，應運涌現了出來，像「雨後春筍」，又像「火山爆發」，既春迴大地，又熔岩瀝瀝。上億中國老百姓和眾多中共官員，一下發現了那個圓圓臉膛的氣功師的模樣，正像中國佛陀雕像，是個絕世高人，就是他們期待已久、可以帶領他們走出黑暗的月亮和神。老百姓更加突然發現，口語化的《轉法輪》，淺顯易懂，像毛主席語錄一樣，通俗好用。理所當然，

那金黃色的小冊子，很快就像那紅彤彤的毛語錄那樣，迅速地流行起來，隨便翻翻，心花怒放。曾經以為可以當家作主、從此作威作福的中國老百姓，過去歷代受著官僚惡霸的欺壓，剛剛被共產黨帶領著去瘋癲嘻哈，頃刻曲終人散，定神一看，意識到自己還是身不由己──「愚公」抱不到山，什麼還是照舊老套都一樣。現在突然發現，沒飽嘗佳餚的空肚子裡，竟然都可以隨意轉動個神聖『法輪』，隨便在地上坐坐、閉閉眼睛、呼呼吸吸，就輕易地一下轉上了宇宙的最高層次，超人一等，直衝雲層，怎樣可以不令他們又再心血沸騰？故此，他們到處見了人，都會大喊一聲，「法輪大法好」！人人，都「神」！──神氣活現層次高，聲震四方誓把你嚇倒！

「常轉法輪」，固然是佛教的概念。可是，「大法」的「大」字，聽了沒讓人記起多少《佛經》的意思來，倒讓人記起毛神中國什麼都「偉大」的年代來。那年代裡的中國人喜歡「偉大」，也什麼都「偉大」。只是，常常都是「貨不對版」──「偉大又驕傲，看清嚇一跳！」。對「法輪功」反感的人覺得，他們的行為與佛法，相違背，有衝突。批評者認為，佛法重視「不執著」，他們卻堅持把這宗教信仰作為他們政治鬥爭的工具──諸多造作。佛法重視「不著相」，他們倒喜歡刻意在公眾場所傳「法」「造相」──多多花樣。佛法重視，「眾生平等」，他們總是，「出聖入神」、「高人一等」。

法輪功的名牌旗號是──「真善忍」，但他們對共產黨和任何挑戰他們信仰的人，都忍無可忍。

陰差陽錯，命運天作，他們成了共產黨的死對頭，大家拳來劍往，磨刀霍霍。但也有人覺得，他們與共產黨之所以是「冤家路窄」，有可能是由於他們的行為，在不少方面與共產黨太過相似，既像是跟共產黨對著幹，又像是在捉弄共產黨，耍耍手段，捉捉迷藏，欺君犯上，神功幌晃。引起共產黨的痛苦難堪──猶如是「鹽巴撒進新創傷」。一般宗教所信仰的，是無形的神。共產黨信仰的神是一個人──毛神。法輪功信仰的神也是一個人──他們的李洪志師傅。毛神是最紅的紅太陽，李師傅是最至高無上的神。共產黨玩魔術，法輪功耍法術。共產黨嗜好血腥暴力殺人，法輪功喜歡精神暴力困氛。共產黨鎮壓那些膽敢挑戰他們信仰的人，法輪功出言恐嚇膽敢對他們的信仰有所爭議的人。共產黨擅長欺騙，法輪功習慣隱瞞。共產黨聲稱自己是全中國人民的大救星，法輪功跳出國境、飛越地球，他們的師傅聲稱他的法身可以涵蓋宇宙，令月球上的弟子都受到他的法身的保護。

討厭共產黨，是當今世上「正常」一點的人的共性。而法輪功，自願充當與共產黨鬥爭的工具，國際上，有意熱衷「坐山觀虎鬥」的態度相當的「正常」，期待「坐收漁利」的心態也相當「正常」。所以，當今世界上，因為討厭共產黨，而同情和支持法輪功的態度和動作，也似乎相當自然的「正常」。

固然，小香港和李傲同情毛毛，並不是因為討厭共產黨。也不是因為認同毛毛的信仰，而是對他的信仰熱忱有一種尊重和讚許的愛心。小香港與李傲，有他們自己的信仰——信宇宙有一種掌管運作法則的神聖的靈氣——是一種以「光」、「電」、「能」所表現的「法」。這點，他們以為，其實與基督教的「上帝」有相似的類同。但毛毛，不認識任何其他宗教，就像他的其他法輪功同修一樣，除了《轉法輪》，他也不再喜歡讀任何其他的書，結果膚淺的知識狀態竟為他帶來巨大的自信，同時也讓他高興地得到一個新發現——小香港和李傲的信念與他信仰的「法輪大法」中的「法」也似乎相似。而且，毛毛把他們對自己的愛心，當作也是他們對他的信仰的愛心，反過來，他對他們也就因此有著更多的喜愛。但是與毛毛拒絕閱讀除了《轉法輪》之外任何其他的宗教經典不相似的是，小香港與李傲儘管不信仰任何特定的宗教，卻對信仰本身有一個開放的心態——他們幾乎什麼宗教的經典都閱讀。他們雖然不是基督徒、天主教徒，但他們也讀點《聖經》，也經常去基督教會和天主教會參加禮拜、彌撒和查經班。他們甚至偶而也看看《可蘭經》，還去伊斯蘭教的清真寺參觀穆斯林的崇拜。他們不信佛教、道教、儒教，但會常常讀點佛家的《金剛經》、《心經》和《六祖壇經》，又讀老子的《道德經》和孔子的《論語》，也常常走訪佛堂、道堂去認真慕道求學。

其實，小香港和李傲，除了毛毛他的法輪功的同修以外，是唯一對毛毛最同情和最愛護的局外人。毛毛偶而會去中國駐三藩市的領事館前靜坐示威。更常常會去三藩市唐人街的花園角公園打坐練氣功。那地方，聚集了很多無所事事的大陸移民老人，整天在那裡，下棋、打撲克牌、賭博。有打坐示威的法輪功，也有唱大戲的表演團。地方小，人流多，公廁的大門敞開著，隨便到處走走就會領略到那裡氣氛的混亂污濁。但毛毛他們，就是要在這烏煙瘴氣的環境中練功，以便宣洩他們那高尚聖潔的「法輪大法」。這花園角公園，是政治紛爭的「是非之地」。一個小小的鑄銅民主女神彫像，豎立在公園裡那大門盡開的廁所對外的一旁，「民主女神」，既要時刻見證廁所內爭先恐後去站著撒尿的男人，又要常常經驗被人往銅像上潑灑的油漆，更要對鴿鳥們往她頭上肆意拉大便去「忍辱負重」——

真的就是不折不扣的「忍辱」和「負重」。在這銅像前打坐練功的法輪功弟子，當然常常也會領教一下，那些既愛國愛黨、又輸棋輸錢、甚至連「尿尿」都要失去私隱的大陸男人們的挫折情緒和憤怒情感，要被他們圍攻、謾罵、騷擾一番。甚至偶爾，那些法輪功修煉者，在閉眼打坐時，還要被不知道從甚麼地方飛過來的石塊雜物，打在頭上、身上——飛來橫禍、麻煩多多。小香港和李傲，偶然探訪在那裡示威的毛毛，遇上他和其他法輪功婦女老伯被人攻擊時，總會出頭幫忙制止，可見他們對毛毛和成為被欺負的弱勢群體的那些「同修」們的愛護之心，也見證了小香港和李傲他們倆覺悟佛法秉持善心的點滴修行。

當然，法輪功並不是總是「弱勢」。他們的同修偶而也會有「強勁」的攻擊性和攻擊力。同情協助他們的李傲和小香港，就被他們「攻擊」過。

這就要說到，毛毛的一個法輪功的同修，他的英文名字叫Patrick，他的華人朋友英文發音不准，總叫他「Pain-tricker」——恍惚他就是一顆「眼中釘、肉中刺」，或者直截了當地用變態翻譯的中文去叫他——「白吹客」。但李傲和小香港，只會叫他：「飛飛」——因為他一直都到處向人吹噓——他會飛。其實，他不單止誇耀他會「飛」，還要在同修打坐練氣時，硬要就地「飛」給所有人看，有意執著地強人所難。

小香港和李傲，有一次去三藩市中國領事館前看看毛毛抗議靜坐，無意中幾乎碰撞上躲在樹後站立著的一個男人——那人雙腳踮起，兩手放下稍稍伸前，從後面看以為他是正要抱起大樹，從前面看才知道他是閉著眼睛，狀似正以他的意念在與樹幹在性交做愛，而他的雙腳腳跟在昇昇放放，令他緊貼樹幹的身體在高高低低地上下「摩擦活動」，好像正在頻密地「磨樹擦火」一樣，剛碰上那當刻，嚇了小香港一跳，以為他在當眾「打飛機」——「磨陽具」。當那人睜開眼睛向李傲打招呼時，他們才看清楚，那人原來就是「白吹客」——Pain-Tricker——「飛飛」，他興奮自豪地向他們「吹」起來，介紹他剛才是如何一直在宇宙不同的空間中飛來飛去，儘管別人看到的他，只是在原地上下磨來磨去。從此之後，小香港和李傲，又經常看到這個「飛飛」不斷地飛，不是在中國領事館前飛，就是在花園角公園裡飛，或者在任何法輪功聚會的地方，飛呀飛……

飛飛，十分享受自己的「飛」——自己在公眾場所強迫別人觀看的「飛」。而似乎什麼都信的法輪功同修們，唯獨就是不信這個法輪功同修飛飛的「飛」。見到他飛過來，就感覺討厭，低聲說句——「神憎鬼厭」、「神經搭錯線」，好心勸他、或者狠狠罵他——「到那邊遠一點的地方

去『飛』！你真討厭！別瘋瘋癲癲！」

飛飛不管，他喜歡的就是要堅定不移地在別人的面前勇敢地飛……持續不斷地飛……飛啊飛……

但飛飛的功能，還真遠不單止會飛。

有一天李傲與小香港相約毛毛，去三藩市唐人街的ABC餐廳喝咖啡，不知道有幸還是不幸，又碰上到處飛、飛呀飛的飛飛。這白吹客飛飛不請自來——「噓」的一聲——「飛」了過來，還吹噓他什麼功能都有，也信過所有的宗教，吹得驕傲，猶如是「信仰信得多、神界老大哥」那樣的自豪。但當下，他唯獨選擇了宇宙最高級的宗教——「法輪功」，當然他的特異功能又突飛猛進，進入了最高的層次。白吹客越吹越興奮，吹出了令他興奮莫名的老故事——說是他早年還在香港的時候，他就已經是黑社會的一員，經常與黑社會大佬們一起去打群架，他和那些大佬英雄們都有神功附體，曾經把很多敵方對手打至癱瘓殘廢……這時李傲聽得不耐煩，隨便說了他幾句，責問他，你為什麼把這麼血腥的事都拿來誇耀——你不是信「真善忍」的嗎？你這故事不很「真」實，拿「打殘他人」的事來說笑也是沒有「善」心……這飛飛聽了，馬上就連「忍」都拋諸腦後，生氣地打斷李傲的話，罵句「不要攻擊『真善忍』！」馬上殺氣騰騰，出言威脅恐嚇李傲，走路開車小心報應，然後閉上眼睛，發功打手印，要為「侮辱」了他的信仰的李傲，去「驅魔趕鬼」、「補陽去陰」。小香港相信「法輪功」都「真」，這「發功」目的是惡意傷人，擔心這有惡意攻擊性的「發功」，真的會傷害到她的男朋友李傲，當然也忍無可忍，順手拿起一杯清水，就「嘩」的一聲，一下「狂風暴雨」般，全潑到閉著眼睛正在認真發功的飛飛的頭上。飛飛也馬上忍無可忍，罵出髒話，一怒之下，打個電話，叫來警察。當警察到場後，困惑難當，他們發覺，這一次的小小衝突，卻由於「神」和「神功」的介入，忙忙碌碌也沒頭沒路：在場的毛毛，儘管見證了飛飛發功攻擊李傲，但不願意指證是誰潑了水，說是什麼他都沒有看到；李傲要替小香港頂罪，堅稱是他自己向飛飛潑了水，而被潑了水的飛飛，又堅稱潑水的只是小香港，但飛飛也不能不承認，水潑到他的頭上之前，他卻一直是閉著眼睛，他無法令警察相信，他具有一隻一直開著的「天眼」和擁有神通的「心靈感應」，而小香港卻說，她肯定，潑水是無形無影、而又無處不在的「上帝」所做的好事，是上帝的善行……警察看看飛飛頭上的水跡，大熱夏天，這華人餐廳好像為了省電，冷氣不強，人人出汗，不能判斷那到底是被潑了點冰水還是出了把熱汗……而小

香港這時又反控飛飛發功攻擊李傲在先，「神」向飛飛潑水是要懲戒他，是神跡的顯現……飛飛開始先是否認有發功攻擊李傲，後來在毛毛的抗議聲中，承認自己對李傲發了功，卻又辯稱那只是精神意識，沒有半點的攻擊力。這又馬上遭到毛毛的強烈抗議，飛飛才改口承認他這「法輪功」的「發功」形式，真會有特殊的功法神力——因為如果說一個法輪功的「發功」是無效的話，就等於否定了「法輪功」功能的最高層次和最高法力，毛毛擔心，這樣會一下子直接得罪、冒犯了他們那在美國紐約的「最高層次」中傳法的李大師傅，被李師傅廢除功力，飛也飛不起，從天際跌落谷底……講來講去，反倒是唯一可以被確認的，是飛飛確實有刻意攻擊過李傲，但這時的李傲，又堅稱不會再追究控告……結果，在「常人層次」裡的警察，不明白在「高層次」和「神界」裡的人會在搞什麼「鬼」，再爭論也無謂，只好把這幾個人，簡簡單單當成是道友，判斷他們吸了毒在「神游」，不能斷定他們的神志是在那一個「空間」發什麼「愁」？美國警察又不能像在共產中國那樣，隨便就把他們抓起來，去強迫驗尿查毒，只好自己一走了之……固然，美國警察那志忑的心裡，又多了一宗關於華人古怪異相的趣聞軼事……

<12> 跪求傳統

　國共兩兄弟　　恩怨情仇好打架
　妓女看嫖客　　愛恨交加愛與怕

　　美國華人毛毛，這時繼續他對共產黨的窮追猛打：「陳水扁第一次當選總統，是大陸軍演的恐嚇所賜，這次陳水扁再連任，當然，也是大陸表錯情，弄巧成拙，再幫了要求台獨的民進黨一把。」

　　「共產黨憎恨陳水扁，要開槍打他，是為了去幫他？你們中國人的心機，真是既獨到又扭曲的。」美國白人克萊頓，喝了口酒，不太理解，華人毛毛這理論的邏輯。

　　美國台灣仔李傲打趣地說：「那只是毛毛自己的謬論。也是難怪，《孫子兵法》說，『兵者，詭道也』。國民黨倒懷疑，民進黨的台灣總統陳水扁，施苦肉計——自己打自己。國民黨深明『知彼知己，百戰不殆』的道理。他們從『知己』，悟出『知彼』來。國民黨大概覺得，自己本來就想做的壞事，民進黨一定會做。」

　　「哈！原來你這位帥哥的腦袋裡，還真有點東西，難怪可愛的小香港，會愛上了你。」咧嘴笑的是，14K，「知己必知彼，俗話說，大家都是一條龍，還有什麼你不懂？有誰說過，龍會安分守己、老老實實的？」

　　「帥哥」李傲，看了看怪樣的14K，沒回應他的怪言怪語。他再看看身旁「愛上了」自己的小香港，看到她正聚精會神，凝視著遠處，熒屏上播放著新聞，這下他的「腦袋裡真有點東西」了——她盯著遠處，看得那麼辛苦！於是，他便站了起來，向小香港觀看著的遠處的「駕駛臺」那邊，走了過去，調弄了一下鍵鈕，轉頭看看小香港，她面前，靠近的一排

55

電視屏幕，確定那上面的影片，都已經改換上播放小香港要看的台灣新聞，再一次轉頭，看看小香港，看到她這時察覺了他的好意、滿意地對他笑了笑，並且轉頭開始盯著面前的電視屏幕，繼續觀看新聞播放。這時的李傲，才慢慢走回沙發那裏，同時向14K打了個眼色，說：「你腦子裡的東西可多著的呢！怎倒沒有見到哪一個女人就愛上了你？」說完，還把拿在手中的一個遙控器，順手遞給了小香港。

14K沒答話，還是張著口在笑，也瞄了瞄小香港，好像是要看看她的反應。

小香港沒有反應，她這時正在定神注視着電視屏幕，屏幕裡面正放播著台灣前省長宋楚瑜下跪拜票的畫面，而且多次重複播放著同一個畫面，電視臺女主播也用旁白肆意渲染、大作文章。14K看到小香港認真地盯著那些畫面，然後看到她若有所思地搖了搖頭，之後再聽到她再百思不解地問：「真不明白，為什麼中國人這麼喜歡下跪？」

盯著小香港的14K聽了，馬上回應說：「奴才見皇上才會喜歡下跪。我們的周恩來總理見了毛主席就會喜喜歡歡地下跪。」

李傲知道，14K是看了毛的私人醫生的傳記才這樣說的，在那書裡，毛的醫生的確著墨用心，刻意描繪出周的一副奴才模樣。但小香港聽了14K的話，好像更加不明白了。她轉頭看看李傲，好像期待他去解析，說道：「不是很多恨毛澤東的人都熱愛周恩來的嗎？」

「周恩來是共產黨的奴才！共產黨人都狼狽為奸！」美國毛毛又激動起來，顯然，對於信「法輪功」的他，共產黨就沒有一個好人。

「哈——愛周恩來總理？」14K的嘴也合不起來：「那是共產恐怖年代，國家沒讓人民有性愛，人民幻想著情愛——對共產黨的愛。被這個毛澤東侮辱了，他們就天天地期望那個周恩來是聖人，可以讓他們愛一愛，真是異想天開。」

李傲這時，看了看14K和毛毛，那兩個激動起來的中國人，給他們倆的杯裡加了點酒，示意大家一起先來喝一口，然後看看小香港，看到她這時，還是看著他，眼睛裡所要探索的問題還是——「為什麼中國人喜歡下跪？」他便一邊攪拌自己酒杯中的冰塊，一邊緩慢而深沉地說：「『跪』，這倒並不是喜歡不喜歡的問題。『跪』，在中國人的文化裡，有着它深遠的意義和歷史。可以說，『跪』有的是『期盼』，有的是『被迫』。『跪』是表達強烈意識的一種形式，意味著卑微、屈服、效忠或求饒。」

李傲停了停，看看毛毛——他低著頭，似在想事情。看看14K——他一臉不以為然。李傲啜飲點酒，把頭轉過去，看着小香港，接着說：「你忘記了嗎？中國人的這種『跪』的文化，也出口到美國去了。據說，早年台灣國民黨，派遣黑道竹聯幫幫主陳啟禮，去美國加州的Daly市，謀殺台灣作家江南，那時，他們也曾經命令江南下跪。作家江南，只是猶豫了一下，便立刻被槍殺了。美國政府對這事件，也十分震怒。」

　　「國民黨派黑社會來美國殺人？不下跪就馬上被槍決？」不明白的當然是美國人克萊頓。美國與台灣，是幾十年的盟友關係，台灣政府，怎麼會派人到美國去殺人？他內心，有著更多的疑問。

　　「國民黨與共產黨，是兩兄弟，有什麼做不出來？」14K找到機會說話：「告訴你們啦，『跪』，是龍的傳統。知道中國人為什麼喜歡龍？知道嗎？——龍，是皇權的象徵，而在皇權之前，老百姓都得乖乖地跪下來。」

　　美國鷹克萊頓，對中國龍當然不太理解，這時轉頭，看看美國好友華人毛毛，好像想從他那裡得到這一個新問題的答案：「皇權？乖乖的老百姓？中國人，確實好像很崇拜皇帝的，他們的電視劇，都是在歌頌皇帝的英明偉大⋯⋯」

　　「那是我們的奴性⋯⋯」搶著答話的，又是港龍14K。

　　禿鷹克萊頓，看看刁龍14K，知道他的回應，並不認真，便繼續看著毛毛，說：「奴性？可是，據說中國人認為他們自己最『勤勞勇敢』，這，好像有點依據⋯⋯」

　　「這當然有依據！看看毛毛這些法輪功壞分子，每天都在三藩市的中國領事館前面示威，就該知道，他們中國人，是多勤勞和多勇敢的了！」港龍14K，反應快，又搶著回答。

　　「我爸爸說過，」美國混血「小龍女」小香港，這時好像有點感觸，沉思著，說：「『勤勞勇敢』，如果脫離了正義的價值觀，那可能是『貪婪暴力』的代名詞。爸爸說過，有時候，慾望最勤奮，無知最勇敢。」

　　「『勇敢』並不是中國人的傳統美德。道家的老子，就有這樣的哲思，『勇於敢者殺，勇於不敢者活』。勇敢，意味著亡命。一般中國人的傳統，應該是『逆來順受』，比較麻木不仁⋯⋯」美國混血「小龍仔」李傲也來幫助小香港，「當然，今天的中國，確實是一個慾望大爆炸的時代，慾望與貪婪，固然是社會繁榮的一種誘因，但也與道家的思想相違

背。老子說過：『罪莫大於可欲，禍莫大於不知足，咎莫大於欲得』」。

「沒有錯，貪欲是常人的罪禍，中國人應該去修練法輪功。講到勤勞勇敢，我們法輪功修練人，才是勇敢的人。中國一般的常人，都是勤勞而不勇敢，而最勤勞又最不勇敢的人，就是奴隸。」法輪功毛毛找到機會，來發揮他們的『修練人』與『常人』的差異的理論。

14K總是不願意輕易放過毛毛：「就是啊！看看你們那一班無知的修練老人家，被煽動起來，就勇敢無懼。連共產黨那隻豺狼，都去挑釁啦。真是無知者無懼！你們的法輪功學員，還在天安門廣場自焚，真的勇者無懼！無懼者不要命！」

「他不是法輪功的人！他連打坐的姿勢都不正確！法輪功人不會這樣坐，也不會這樣做！」毛毛嚴峻地抗議。

14K繼續窮追猛打：「是啊！不會這樣坐，不會那樣做！挑釁豺狼窩，就你沒過錯！打坐姿勢不完美的，就不是法輪功信徒！希特勒舉手歪了點，就不是希特勒！我在美國三藩市唐人街的花園角，和在香港海旁，看到你們在打坐的那些臉色蒼白、滿身病態的老伯伯、老太婆，就沒有見過哪一個有過什麼標準姿勢的！所以說，你們像共產黨一樣，盡會利用『狡辯法』。共產黨也說，殺人放火的共產黨人，不配當共產黨人──所以就不是共產黨人。哎！毛毛主席，我真拜服你啦，據我了解，你既嫖妓又吸毒，將來法輪功的李師傅，一定斷言你不是法輪功的人！跟你一起長年累月靜坐示威的其他法輪功信徒，也會與你劃清界限，說沒有你這樣出軌的法輪功！」

「嘿……嘿！14K，閉嘴！你不要龍氣噴人！」美國小香港，當然要為美國毛毛出頭：「你為什麼要傷毛毛的心？他每天辛苦打坐，為法輪功的活動盡心盡力，是我見過的最虔誠的法輪功信徒！將來師傅不認他？同修拋棄他？──沒那麼悽慘的吧？私生活的事，你，就不要挑剔他啦！好不好？！」

「好啦！鹹龍14K，你也嫖，沒有人不認你是香港人，就好啦！還是講講正題──勤勞勇敢吧！依我看，最勤勞勇敢的，只有你們這些香港人，」美國李傲，也要幫幫他的朋友美國毛毛，故意把話題扯開：「你們每天一下班，就蜂擁著爭先恐後地打衝鋒，過關去大陸深圳嫖妓，勇敢挑戰貪腐的中國公安機關，夠勤奮和夠勇敢的啦！」

香港龍14K張開他那像龍一樣的大嘴巴，像龍一樣地苦笑著：「香港

人嫖妓，就不像香港人？你搞錯了，上大陸享樂是香港男人的特性，那不叫嫖，那叫作，支持祖國搞好有中國特色的社會主義經濟建設，他們付錢支助那些年青可愛、但家境貧窮的農家女孩，自稱是善意扶貧，難道讓共產黨，去關心照顧她們嗎？共產黨不亮綠燈，誰可以開妓院？警察不當後台，怎麼會有這麼多大陸惡霸可以逼良為娼？」14K說著，轉眼看看李傲身邊的小香港，感覺到她臉上的納悶，便笑笑，改了語調，說：「好啦，說香港人干嘛呀？還是講講『勤勞勇敢』的中國人吧。如果中國人，是勤勞的人，『按勞分配』的社會主義體制，就不會一敗塗地的了。如果中國人勇敢，就不會總甘心，讓官僚壓迫奴役自己和自己的父母的啦……」從沒把自己也當成「中國人」的香港14K，說得起勁。

台灣仔李傲，又要挑戰香港仔14K：「中國人不勤勞？為什麼中國官員都包養二奶、三奶，最多的，甚至還包養一百多個情婦？多勤勞的呀？中國人不勇敢？看看有多少中國大官，因貪污收賄賂被殺頭被監禁？看了殺也殺不盡、關也關不完的中國貪官，看著他們那種前赴後繼、死而後已的犧牲精神，你就知道，中國人有多勇敢的了。」

「好啦，好啦。看這個台灣宋省長，整天下跪拜票，就知道中國人，多勤勞和多勇敢的啦……跪來跪去的，夠勤快。男兒當街屈膝，多難看的呀？宋省長他是夠勇敢的了……還是來看看電視吧，吵什麼呢？」美國靚妹小香港，這時出來打圓場。

其實，小香港好像已經厭倦了宋楚瑜不斷下跪的重複鏡頭，也好像對「跪」和「勤勞勇敢」的話題，也感到相當納悶，正在按著手上的搖控器，轉換到另一個電視臺去。瞬間，屏幕開始播放出另一段新聞，是北京清華大學的一個演講會，熱熱鬧鬧的，看到上千個大學教授和大學學生，聚集一堂，小香港感覺有興趣，定神看看這新聞的內容。

「中國人喜歡皇帝……都說中國人懂得『拉關係』，原來『拉關係』，有這麼遙遠的歷史？有這麼遙遠的距離？」美國克萊頓這時，重新在思索，他原來在糾結而被扯開了的話題，自言自語地說。可是大家都在留意小香港剛轉看的一個新電視頻道，沒時間理會他所要煩惱的問題。

「嗨！慘了！怎麼個個電視臺，都在放播宋楚瑜！」還是敏銳的14K，先發現了，小香港剛轉過去的這一臺，也正是在播放台灣的前省長宋楚瑜五月十一日在北京清華大學的演講。但演講會熱鬧的場面，讓大家產生興趣，吸引大家的注意，連小香港都放下了電視遙控器，留意注視著電視畫面。

看到女朋友小香港正留意看著這個新聞的播放，李傲急忙向她介紹：「國民黨主席連戰，競選台灣總統，落敗了，一怒之下，跑去北京，演講他的『聯共制台』的新構想。台灣前省長、親民黨主席宋楚瑜，也是競選落敗了，現在也跟著跑去北京演講。不知道他究竟要胡說些什麼？」

　　「啊？國民黨的連戰，要『聯共制台』？不可能吧？」法輪功毛毛，聽得吃驚，說得緊張。他喜愛國民黨，他仇恨共產黨，這下他挺著急：怎麼他愛的，與他恨的，都會搞在一起？好像頓然看到他自己深愛的情人在與嗜好玩女人的毛澤東搞在一起一樣！

　　從來刁鑽古怪的14K，這時恥笑嘲弄當刻一下變得憨直懵懂的毛毛：「全都是中國人，有什麼不可能？！你是法輪功，你問問自己，『腹中轉個法輪』，有什麼『不可能』，就心知肚明的啦！」

　　小香港聽了，不在意毛毛和14K的「可能不可能」，她再看著李傲，好像只是，對他會有的解析有興趣。

　　李傲被小香港問話時那真誠的眼光鎖打動，便愁容滿面地解說：「國民黨要『聯共制台』！這本來真的應該是絕對『不可能』！國民黨殺了很多共產黨人，共產黨更殺了幾百萬國民黨人，把國民黨人殺出中國大陸、躲到台灣來，六、七十年的深仇大恨，就只為了一次選舉的成敗，國民黨馬上跑去跪拜共產黨！台灣人不管是國民黨人、親民黨人、民進黨人、沒有黨派的人，應該都是台灣一家人，一家人有小小的爭議，就要找個殺人犯來幫忙，借刀殺人，威脅家人，這樣荒唐無稽的事，就只有中國人才做得到！」

　　「是這樣的嗎？」美國克萊頓，真的感到迷惑：「這點，我們美國人就真的是理解不到。」

　　「你們純真幼稚的美國人，不理解的事多著啦，」聰明伶俐的14K興奮起來：「『找個殺人犯來幫忙』？國民黨不也是『殺人犯』？一佔領台灣就在1947年的『228』事件中，殺了上萬個這些台灣本土人——」14K邊說「這些」，邊示意這個美國白人克萊頓，看看那個美國台灣仔李傲，好像被殺了的是上萬個李傲似的，接著又繼續說：「現在要『聯共制台』——殺人犯要聯合殺人犯去控制自己的家人，哈！倒還敢大聲演講！我們刁鑽古怪的中國人，就是喜好耍弄你們這些不懂中國話的無知美國老百姓，快學點《孫子詐法》吧！啊——？」

　　14K說著，用刻意造作的輕蔑眼光，去挑釁克萊頓這個「無知美國老

百姓」。克萊頓被挑釁得很不是滋味——「刁鑽古怪的中國人」是14K，他腦瓜「刁鑽」，樣貌「古怪」；而克萊頓這個「美國老百姓」，並不「無知」，他讀完了大學；他懂「中國話」，他也細讀完了《孫子兵法》……

　　14K繼續嘲笑著：「沒聽過這首台灣民謠嗎？來，我唸給你們聽聽……」14K說出滿臉古怪的笑容，大家都在留意，想聽聽他的「台灣民謠」。

　　「讓我想想，對了，是這樣的——」14K說得滿臉春風：「兄弟打架，腦袋開花，躲進鄰家，一賴60多年不返家，鬧著『統一』，準備擅自拆牆，兄弟倆握手言歡、眉來眼去笑哈哈！」

　　14K用他貫有的歪斜視線，來表達他的「眉來眼去」，表演得有點搞笑，也有點淫蕩。大家看了他的模樣，都開懷笑了——實在也無法判斷，共產黨和國民黨的「眉來眼去」，會不會是這樣的搞笑，和這樣的淫蕩。

　　「拆什麼牆？」小香港笑著，問「是什麼『柏林圍牆』？」

　　「『柏林圍牆』？」14K歪斜的小眼睛，撐大了，臉上的「搞笑」與「淫蕩」，模糊了，他用乾巴巴的聲音響亮地說：「拆了『柏林圍牆』的，是想團聚擁抱的德國兄弟姐妹——是人民！要拆台灣和大陸那牆的是撕殺、打劫、殺人的土匪霸王——是黨！」

　　「14K是說，那台灣的國民黨，要拆他台灣的住家與隔鄰大陸兄弟家之間的隔『牆』，好去搞『統一』！」李傲聽得明白，幫著解析。

　　「哎，不是說他們『兄弟打架』、『躲進鄰家』？這『家』是『鄰家』的呀！為什麼『拆牆』的事，只是他們『兄弟倆眉來眼去笑哈哈！』」——不用問問鄰家本來的屋主、住客嗎？」小香港認真嚴肅了點，好像真有疑問。

　　「老百姓擁有的東西，都是他們國共兄弟倆的！」李傲講得，又有點生氣：「國民黨把大陸的黃金，全部偷去台灣，問過誰？共產黨把大陸老百姓的私有財產，全部搶去，問過誰？」

　　「共產黨當初，把私有財產收歸己有，是說做做『綠林好漢，劫富濟貧』。他們打劫地主、資本家，還殺了他們。老百姓都跟著就去打劫殺人，以為自己從今可以靠打劫殺人富起來。誰知道，老共把打劫得來的財產，沒有分給老百姓他們，而是佔為己有，現在又拿出來分給可以『先富起來的一部份自己人』。懂嗎？這叫『劫富不濟貧，贓物私下分』，懂

嗎？」14K長篇大論，講完還挑釁地盯著小香港。

「這是你的《孫子詐法》，老百姓不明白嗎？」小香港好像還是不懂。

「老百姓？過去中國的一般老百姓，說是有五千年的文化歷史，卻沒讀上五年的書，都很純真憨直，用情不用腦的……」14K笑得意，話中有話。

「你是說，過去中國的老百姓無知憨厚、受騙上當，直截了當不講完了嗎？為什麼要拐彎抹角的？」李傲倒擔心小香港不明白。

「你說那是『過去』的呀！那現在的老百姓吶……？」小香港真的——不明白。

「現在？現在中國的老百姓不信共產黨了……」李傲覺得小香港問得突然，猶疑一下，看了看面前的電視畫面，站了起來，示意大家都留意，看看電視中的演講，還把一杯酒，遞給了小香港，繼續說道：「現在中國的老百姓，都信這些有學問的精英啦……」

「中國老百姓不信共產黨，信『法輪功』！」法輪功毛毛要糾正李傲，嚷得起勁，但沒有人理睬他，沒人領情。

「我只知道，中國信『法輪功』的只有你！」14K又來挑逗毛毛，但也是誰都沒有理會他，沒人有心。大家這時，都開始留意地看著清華大學的演講。台灣精英宋楚瑜說得語重心長，誠誠懇懇，認真得像似他跪拜求票時的一樣的誠懇。

既然，李傲說大陸的老百姓都把希望託付給這些教授精英，小香港讀過名校柏克萊大學，見識過美國的大學教授精英，她知道清華大學是大陸數一數二的名牌大學，也有興趣了解一下，這些數一數二的大陸精英，比較比較。

這時，李傲也告訴小香港，台灣的宋楚瑜也是精英，而且是小香港的學長，他在美國柏克萊大學拿了個碩士學位。

電視屏幕上，閃動著精英們的畫面，台上台下的精英，講的聽的精英，都很投契、都很用心、都很熱烈動情。

台灣的精英，向著大陸的精英演講。台上的台灣精英，講著肺腑之言。台下的大陸精英，會心讚許，頻頻熱烈鼓掌，好像美國國會議員聽著總統演講那樣地熱烈鼓掌。

台灣精英宋楚瑜說：「我來到這裡演講，正代表炎黃子孫出人頭地的

共同願望……」

　　台下的大陸精英，在鼓掌……

　　「炎黃子孫？出人頭地？共同願望？」小香港，沒有鼓掌，她有疑問。

　　「中國人都是炎帝和黃帝的子孫後代？」克萊頓，也有疑問。

　　「所有人都是三百多萬年前非洲原始人『露西』的子孫後代！」這對讀人類學的小香港來說，毫無疑問。她看了看大家，知道大家也都在看著她，便繼續講下去：「我慶幸自己不是中國人，不需要整天興奮著自己與皇帝的遙遠的關係。我只為，我是我的一個負責任的父親的一個有良心的女兒，而驕傲。我高興我不是中國人，而不需要有一個『出入頭地』的『共同願望』，我只想做一個正直的普通人。」

　　大家看著美國小香港，驚詫她講話的認真。她，總是會在講到她的美國爸爸的時候，變得認真嚴肅起來。大家都體會到，她對那位「負責任」的父親的一份「正直普通人」的真情。

　　14K馬上找到機會，發揮他的怪論：「嘿，小香港，你倒像傳說中的中國人，蠻孝順的。被認為有孝順傳統的中國人，都看不起他們那些普普通通的父親，總想跟皇族貴人拉上關係。拉出關係來，就可以高人一等，丫頭變女神。」

　　「『出人頭地』？高人一等？『共同願望』？十幾億的中國人，都要當精英，不當老百姓？人人要出頭？」出頭——頭？克萊頓順手摸了摸自己的光頭。

　　台上台灣的精英，在吶喊：「讓中國人共同處理中國人的問題！」台下大陸的精英，在鼓掌。

　　「台灣不是從來都要求美國人參與處理他們那『中國人的問題』的嗎？」克萊頓問，沒有鼓掌。他心裡還說——「那台灣精英真虛偽！」美國克萊頓，無法理解中國人的虛偽。

　　台上台灣的精英，在叫喊：「一個全球必須面對的必然趨勢，那就是中國的崛起。」台下大陸精英，又鼓掌。

　　既然是「必須面對」的「必然趨勢」，美國克萊頓必然鼓掌。他，輕輕地鼓掌，為「中國的崛起」而鼓掌。但在場的美國、香港、台灣的「華人」，都沒有鼓掌。香港、台灣都「必須面對」被共產中國統一的「必然趨勢」，甚至連美國禿鷹，都可能要「必須面對」被中國狂龍騷擾非禮的

「必然趨勢」，對於曾經千方百計遠離龍氣的海外的良心「孽子」來說，沒有興奮，不想鼓掌。

台上的精英說：「外國人對中國的崛起，是既羨慕又害怕。」台下的精英，又鼓掌。

美國的克萊頓，生來就看著美國「崛起」，對中國的「崛起」不「羨慕」。但他知道，誰都對共產黨的崛起「害怕」。害怕的他，不敢鼓掌。

小香港笑了，她既不羨慕，也不害怕。她把頭靠在李傲的胸脯上，咯咯笑道：「怎麼把中國和外國的關係，講成像是『嫖客對妓女的關係』？——妓女既『羨慕』嫖客的錢，但又『害怕』嫖客不付錢？『羨慕』又『害怕』？妓女眼中灑淚花？哇哇哇……哇哇哇……」她舉起雙手，假意在眼前不停地擦著眼淚，同時笑得滿臉開花，「哈哈哈……」

看著小香港這個可愛的「哇哇哇」，大家都一起「哈哈哈」。

台上的精英，繼續說：「全世界都在等待中國這條巨龍能夠騰雲而起……」台下精英，又鼓掌。

小香港更加開心了：「又『羨慕』，又『害怕』，還要『等待它——昇起來的它』？『等待它昇起』——好像哪個妓女，要等待嫖客的陽具的『勃起』！？哈哈哈……」

大家又都「哈哈哈」，大家又都熱烈鼓掌，熱鬧喧譁，哈哈哈哈。

14K喜歡胡言亂語，更有點詩情畫意，馬上興奮起來——唱唱大戲——

「這是新中國的厲害，又是全世界的悲哀——他展示他那長城般偉大的陽具，她羨慕衷情他那可以熱血與溫柔的情趣，既害怕太過堅挺會受傷而有點恐懼，又焦急等待可以纏綿性愛的樂趣……」

「他長城般偉大的陽具，她羨慕熱血溫柔的情趣，她害怕過份堅挺有恐懼，等待纏綿性愛享樂趣……」

大家「哈哈哈」，掌聲「啪啪啪」……

台上的精英，在說：「兩岸真正的敵人不是兄弟彼此……」

沒人笑。這不好笑。在場的人看著演講就知道，曾經殺得血肉橫飛的兄弟倆，現在不是「真正的敵人」。「真正的敵人」，是那千萬個投票選擇台灣獨立的台灣人。

台上的精英，又說：「分配不均才是讓國民黨政府撤退到台灣的主要原因⋯⋯」台下的精英，這次沒鼓掌。

這，沒掌聲的這，卻好笑！房間裡面，大家都在哈哈大笑⋯⋯也都在熱烈鼓掌⋯⋯

小香港也笑：「我以為國民黨撤退到台灣，是因為它被共產黨殺得稀巴爛？！哈哈⋯⋯『分配不均』？！哈哈⋯⋯」

「台灣這精英真白痴！哈哈⋯⋯」14K也笑得真切，「國民黨政府撤退到台灣，明明是因為共產黨趁日本仔侵略，借了日本人的刀，殺了國民黨中國人，把國民黨殺個半死，共產黨自己不單不抗戰，還收兵買馬，趁國難壯大自己，然後趁國民黨抗日元氣大傷，一刀砍下，把他殺出大陸！哈哈⋯⋯『分配不均』？現在中國大陸，貧富分配更加不均勻，宋楚瑜這白痴，是想要共產黨也跟著他們退出大陸逃來台灣？哈哈⋯⋯哈哈⋯⋯」

「哎！宋白痴的意思是，他們死了幾百萬人，逃命逃出大陸，只是因為兄弟倆沒有把從老百姓那裡偷來的東西分配好。」李傲也笑，笑得含蓄，「國民黨那年代，把大量美國支援資金放進私人腰包裡，他們要是早早分配點貪污、偷盜來的國產給共黨，或者把當時國民黨中飽私囊了的大量美國軍備捐款，分點給老共兄弟，國共兩黨他們，早就可以和平相處了，國民黨也就不用被趕出大陸了。」

「就是嘛，國民黨偷去大陸所有的黃金、偷去故宮裡所有的古董文物，獨吞美國人的救濟捐款，就是沒有『分配』一丁點給共產黨，不把國民黨殺出大陸才怪噢⋯⋯哈哈⋯⋯」小香港笑得真切。

台灣精英演說得越來越認真，一字一句認真地演說清楚：「在蔣經國先生執政的16年當中，1972年到1988年，台灣每一個國民的所得從4820塊美元成長到5829塊美元——」宋精英停了停，聚集了足夠的中氣和驕傲，字正腔圓地高聲喊出：「成長了11倍！」

宋精英喊得努力，等待台下大陸精英的熱烈鼓掌。令他失望的是，這中國北京台下的那些大陸精英，又沒有鼓掌。

香港這房間裡的嘻哈一眾，卻全部又都再次熱烈鼓掌：「哈哈！哈哈！這台灣白痴！從 $4820 到 $5829 是 11 倍？！哈哈⋯⋯哈哈！哈哈⋯⋯哈哈！」

台下的大陸精英，看得出神，好像抽了鴉片、被迷了魂，眼睛放光、身體癱瘓——返思蕩蕩：「16年11倍真不簡單！」也好像在意亂心煩，

「既然這台灣精英,是台灣省長,講得那麼清楚堅定、信誓旦旦,從4820到5829,肯定就是11倍!不必多想。」心裡盤算,「台灣精英這先進算術方法、巧妙運算,怎麼與大陸精英的算術方法,不一樣?」

「哈哈⋯⋯這白痴是台灣省長?清華大學還說是名校?那些白痴聽眾都聽得津津樂道!?哎,小香港,你的柏克萊大學出了個連小學算術都不懂的白痴碩士?哈哈⋯⋯」14K笑,笑得開心,開心的是——每個參加演講會的一本正經的精英,瞬間之中,都變成了他的白痴。

「哈哈⋯⋯」小香港也笑得開心激烈,「哈哈⋯⋯還看這老伯伯演講?看他語無倫次?還是回去看他跪跪更好看吶,哈哈⋯⋯怪不得這台灣老伯伯,宋楚瑜,這麼喜歡跪,原來腦殘啦⋯⋯哈哈⋯⋯還想當台灣總統?哈哈⋯⋯醜死人啦⋯⋯」

這時,沒有人,再有興趣繼續看這個台灣精英的演講,他們都開始喝酒,高高興興,留下那電視裡的那些大陸精英,繼續去欣賞那一個台灣精英他的白痴演講,讓他們繼續認認真真地聽,認認真真地唱,繼續熱熱烈烈地鼓掌⋯⋯

這時14K把酒杯放在玻璃檯上,一邊為自己斟酒,一邊大聲而慢條斯理地講:「看台灣白痴下跪有什麼好看?看他跪得多勉強、多痛苦?來,我來跪⋯⋯」說著,他把身體,從沙發上,向玻璃檯稍稍移出一點,半蹲着,又斟了另外一杯酒。然後,雙手拿起盛滿酒的這兩個酒杯,半蹲半跪地,把酒,向坐在前面的毛毛,俯身遞了過去,並充滿嘲弄意味地說:「大家中國人嘛,跪——是我們的文化傳統,有什麼大不了?不要跪得難堪。來吧,毛主席,我這個中華天朝皇恩欽點的香港特首『老懵懂』——跪你,敬皇上毛主席你一杯!」

毛毛趕忙站起來,滿臉笑容地接了那杯酒,心裡倒仿如在沾沾自喜,流露出一點受之無愧的興致——當上「皇上毛主席」的興致。

大家又都即刻笑開了——哈哈哈哈⋯⋯拍爛手掌——啪啪啪啪⋯⋯

<13> 毛毛主席

床上不刷牙　翻雲覆雨睡獅子

屁股打噴嚏　大放龍屁坐龍椅

　　毛毛的朋友常常戲稱毛毛為「毛主席」。事緣有一次，克萊頓與李傲幾個朋友相約，一齊去毛毛在大陸廣州的一個小加工廠看看。小廠裡的三十來個年輕鄉下女工，一見到毛毛這個從美國回來的外商老闆與幾個美國朋友剛踏進了車間，便立刻在領班的一聲「老闆回來啦！」的帶領下，唰的一聲，都站了起來，對著毛毛熱烈鼓掌歡迎。而這時的毛毛，滿臉春光，欣許微笑，舉起手來，頻頻默不作聲地揮手致意，好像是略表謝意，又好像是當之無愧。這嚴肅認真的派頭，十足毛主席當年站在天安門上向熱淚盈眶地向他朝拜的中國人民揮手致意時的姿態和神韻。同樣姓毛的毛毛的這個「毛主席的故事」，便從此在他美國的朋友中不脛而走。

　　看著14K對毛毛這滑稽的下跪敬酒舉動，克萊頓忍不住笑了。然後盯著毛毛，若有所指地問：「毛主席可好嗎？」

　　「毛主席」也看著克萊頓，會意地回應道：「好，好！沒錯，沒錯！」然後伸手從克萊頓那裡接過一顆藥丸放進嘴裡，一邊伸手去拿水，一邊繼續喃喃自語：「主席低血壓，得調高一下。」接著，用水把口裡的藥丸，一下沖了下去。再轉向著克萊頓，瞪大眼睛，伸手指指，問：「你？」

　　克萊頓點點他那發亮的光頭，也伸出大姆指，作出一個滿意的手勢，說：「美極啦！」

　　「毛澤東嘛，被捧為東方的太陽，中國的神，」毛毛繼續怡然自得地講：「他從來不洗澡，不刷牙。聲稱自己是獅子。還譏問他的私人醫生

『獅子要刷牙嗎』？」毛毛模仿出毛主席講話那譏問的神情和語氣，卻真的挺像毛澤東。

　　克萊頓說：「那真可惜！牙刷是中國人發明的……」

　　「中國人發明的！」毛毛沒等克萊頓講完，便裝著怒不可遏地嚷道：「共產黨早把中國人的文化傳統、發明創作，通通砸爛了！」

　　「通通砸爛了？！哎，毛主席！我看得清清楚楚的是，那共產黨通通砸爛了的只是你們的『法輪功』！」14K也把握機會，陰陽怪氣地加把嘴：「獅子哪用刷牙的呀？它們不用像毛那樣整天會在床上與眾多淑女鬼混，刷甚麼牙啊？那些淑女才真有德行的噢！忍耐力高呀。依我說，她們真要比偉大的毛澤東還更偉大的啦！」

　　小香港含笑地叫道：「14K，你又來『龍放屁』！又來亂噴你那惡毒的『龍氣』！」

　　「『龍氣』？」14K盯著小香港，笑道：「講『龍屁』過份了點，文雅些，是『龍的屁股打噴嚏』！好了吧？」說完，眼睛還是滿意地盯著小香港，笑容還掛在嘴邊。

　　「這倒有可能的噢！」克萊頓又開腔，大家留意他，不知道他要講「有可能」的事是牙刷的事還是龍屁股的事，他正要繼續往下講，這時，與肥彭在玩骰盅的靚妹，一下站了起來，走到毛毛身邊，嘀咕了幾句，毛毛轉身，從克萊頓他那裡拿了些東西，給了靚妹，然後，克萊頓才得閒再繼續講下去：「真的。龍氣有毒。據毛的私人醫生說，毛不刷牙，令至牙齒全都發黑，腐爛，脫落……」

　　小香港插嘴說：「發黑、腐爛、脫落？這從他接見外賓的紀錄片都看到的啦！口水都滴了出來了，還用你講嗎？」

　　「……我懷疑，」克萊頓沒有理會裝著在質問的小香港，執意要講下去：「我恐怕，尼克松和基辛格興致勃勃地去晉見毛的時候，一定感到非常的驚訝困惑——『這到底是獅子還是龍呢？』」

　　14K的怪聲怪氣又來了：「哪有什麼分別？不刷牙，夠口氣，是龍！獅子嗎？獅子總是一躺就是二十個小時，毛也整天躺在床上！」「整天躺在床上？」看著講得鏗鏘有力的香港14K，美國克萊頓倒頓變得比他所擔心的尼克森和基辛格更加困惑了，內心狐疑：「這怪異的14K有感而發的強烈興趣，到底是在於那沉迷昏睡的獅子，或是在於偏好床上治國的毛澤

東?還是在於躺下這動作所引伸出來的隱晦的意味?」這時,自恃懂中文的美國克萊頓,總是覺得他可以理解的中國人,就只有毛毛了。

<14> 毒性迷情

毛毛克萊頓　眉飛色舞玩吸毒
性感小香港　鯊魚金塔易馴服

　　一下無法擺脫困惑的美國克萊頓，只好隨手拿了個酒杯，另一手抓了些東西，走到小香港與李傲的旁邊蹲下，然後對著小香港，神情認真地說：「終于畢業啦！來到香港啦！一齊來輕鬆快樂一下啦！」說著，便把手上握著的東西，塞在她的手裡。然後，稍稍舉起另一隻手拿著的酒杯，同時向著她和李傲，笑了笑：「喝杯！」

　　小香港拿起手中的東西看看——看不清楚。房間的燈光過於暗淡。她於是把手挪近一點身後的那排電視屏幕，借著屏幕的熒光，再看了看——「藥丸？」她轉過頭來，說聲：「不——」但發覺，克萊頓這時已經走回去他的座位坐下。對著那邊笑嘻嘻地看過來的克萊頓，小香港在她那圓圓而靚麗的臉上，聳了聳她的小鼻子，做出一個稚氣可愛的責備表情。然後，順手把它們放進褲袋裡。

　　這時，華人14K看著克萊頓說道：「聽說毛的私人醫生跟著毛形影不離，好像當他的老婆一樣。」

　　「錯！」美國毛毛急不及待地嚷嚷：「你真會開玩笑！」

　　14K聽到毛毛這麼激烈的反應，用眼角盯著毛毛，觀察一下，意會到自己跟毛毛這時都不是在開玩笑。

　　「毛的老婆像斯大林的老婆一樣被冷落！毛沒有像斯大林那樣把他的老婆也殺掉，實在已經令人難以置信！毛的老婆江青哪裡可以像李醫生那

樣經常守候在毛的身邊？！開玩笑！」毛毛顯示出他對毛的深度的了解和極度的輕蔑，似乎對14K的無知也顯示出同樣的輕蔑。

「喂！我也從來沒有見到過你把你老婆帶在你身邊！是不是被你冷落了的老婆，也要感激你沒有把她殺掉？你——真會開玩笑！」14K露出他的齙牙，讓別人感覺到他是在笑。他停了一下，看著顯得有點尷尬和受挫的毛毛，轉換緩和一點的語氣，向他加問道：「毛的醫生真的對毛這麼了解嗎？」

毛毛的困窘略微緩和了些，平平地回應說：「那當然。」他停了停，好像又靈機一動，便瞬即堆滿笑容，對14K說：「對啦。你自己去看看就知道啦。我們不是還要一起去上海嗎？我早前放了一本《毛的私人醫生》和一本法輪功的《轉法輪》在李傲上海的居所，到上海給你看。精彩！一定要看！」

他沒有講清楚到底哪一本書精彩得一定要看——是《毛的私人醫生》還是《轉法輪》，還是這兩本書都同樣的精彩、同樣的非看不可。14K沒有被毛毛眉飛色舞的興奮所感動，仍然是那樣無精打采，只是瞪大了他那兩隻小眼睛對著毛毛，裝出一副驚訝的表情，說：「到上海還要見到你？慘啦！」說完後，14K的嘴巴還是大大地撐開著掛在他那歪曲的鼻子下，好像對又可以捉弄一下毛毛感到相當得意。

李傲前陣子在上海買了一套全新的高層住宅單位，裝修華麗舒適，他的朋友去上海時，常常會到那裡玩樂。那裡成了他們再續夜場狂歡派對的好去處。

李傲本來正與小香港低聲細語地交談著，當聽到毛毛提到了他，便故意大聲抗議：「喂，喂，喂！你可不可以不要把那些大陸禁書放在我家裡呢？那邊是大陸呀，拜託！早晚一定會被你害死！」李傲雖然說得語氣認真，但神情並不那麼在乎，他的眼睛，同時，也是只顧盯著小香港。

14K趕忙來湊熱鬧：「他們法輪功的人不會害你，你又不是老人家！他們煽動阿婆、阿公在那邊跟共產黨鬥爭，自己就舒服地躲在美國這邊靜修，只會害苦那些天真戇直的老人家！」14K顯然對毛毛和毛毛的法輪功都沒有多少好感。當然，14K對誰都沒有多少好感——至少，他講話的方式讓人感覺到是這樣。

小香港對毛毛蠻同情的，衝著頭髮稀疏的14K說：「你也不年輕了，還不是一樣的天真戇直？毛毛沒有煽動過你，你不是也一樣整天跟共產黨

作對？！」然後，她稚氣地在李傲耳邊說：「毛毛不會害你。有我在你身邊，誰都害不了你。我保護你。」

「保護我？」李傲打探著她那明亮的大眼睛，嘲弄地笑道：「你怎樣保護我？把我放進你的『迷域51』裡嗎？」

「『迷域51』？」小香港先是想想，以為李傲講的是這個舞場『迷域51』，但記得李傲強調是「你的」，意會到了，馬上笑逐顏開，推了情人李傲一把，嚷道：「Depp 你！」──「去你的！」

他們倆一齊笑了起來。對於小香港和李傲，這「Depp 你！」是「去你的！」的同義語。

「來吧！」李傲一手把小香港拉進他的懷裡。他一隻手托著小香港的頭，另一隻手輕輕地撫摸著她光滑圓潤的臉膛，隨即再俯首在她甜蜜蜜的唇角上印了一下。趁著小香港閉上了眼睛在等待下一個吻的時候，李傲放在她臉上的手，已經自然順勢滑落到她那曲線鮮明的胸脯上。李傲剛把嘴唇從小香港的臉上移開，便迅速環顧了四週一下，確定沒人再理會他們，便把放在小香港胸前的手，輕輕在她那富于彈性的乳房上捏了捏，還調皮地低聲問著：「金字塔？」

小香港張開眼，看著李傲，淘氣地回答：「不。是鯊魚鼻。你像在點穴。」

喜歡動物的小香港，有很多關於動物的趣聞。她告訴過李傲，鯊魚鼻是鯊魚最敏感的穴位，摸對了部位，就算是凶猛吃人的鯊魚，都會馬上被軟化，變得乖乖地被馴服了的。

「那你要開始軟化啦？」李傲打趣地說。

小香港正要閉上眼睛試著去「軟化」，卻突然好像察覺到什麼似的，特意轉頭看看房裡四週的其他人──沒有人有空去管他們的什麼「鯊魚鼻」或「金字塔」：香港14K與香港肥彭正玩起骰盅來，玩得興高彩烈的樣子。東南亞的人在喝酒的時候，都挺喜歡玩這種搖骰盅的遊戲，搖過骰盅後，雙方猜猜合蓋著的骰盅裡幾顆骰子顯示加起來共的點數，猜不中雙方盅裡骰子搖出的合共點數，又胡亂叫「點」的，如果被對方猜中，叫板開盅，揭穿「胡叫」，算輸，輸了便被判罰喝酒。而這時的14K相當得意洋洋，不管輸贏，都搶著酒來喝。肥彭倒顯得謹小慎微，好像一直都只是喝汽水。

小香港也察覺到，靚妹與毛毛和克萊頓，現在都湊在一起，圍著那邊另外的一張玻璃檯，在光滑明亮的玻璃鏡面上，輪流用鼻子，從剪短的蘇打吸管中吸取一行行白色的粉末。好像都正忙得不可開交。

　　小香港從李傲的懷中一下就掙脫了出來。故意一板正經地向他們嚷道：「嘿！嘿！嘿！不要吸毒！」

　　美國克萊頓聽到叫喊聲，便慢慢抬起頭，先把一隻手上拿著的半截吸管放回檯上，然後他再用另一隻手的姆指，按著一個鼻孔，接著，昂起頭，用另一個鼻孔，用力狠狠地抽吸了一下，好像需要吸進很多的氧氣，也好像要把鼻孔裡遺留著的東西，都一概情面不留地抽吸進去。然後，他張開口，又用力再長長地舒了口氣，才施施然地回應道：「美國小女孩，這裡是中國人的香港。這不叫毒品，叫『可樂』——蘇打水那『可樂』。你，也要來一點嗎？」然後，他與剛從檯面抽頭出來的美國毛毛，得意地對著笑了起來。一直默默不語的香港小妹這時也正在檯面上拼命埋頭苦幹。

　　「嘿！Depp 你！」美國小香港好像要罵他。她那裝作生氣的模樣，倒也像可樂一般的甜蜜。

<15> 巴黎豪情

Paris Hilton　輕描淡寫溫馨罵

模仿Eminem　豪情洋溢找你媽

「Depp你！」──是小香港的語言。

「Depp」，在香港人的方言中，有「吃」和「咬」的意思。小香港喜歡這個意思。而小香港同時也喜歡美國電影名星 Johnny Depp ── 強尼.德普，喜歡他的性感魅力。Johnny Depp 在電視訪問中曾經坦誠說出，他的內心語言是──「操它！」小香港也同意「操」比較適合用在內心裡，只是她不太相信，那只是 Johnny Depp 所聲稱的「內心語言」。她相信，Johnny Depp 在遭遇忿懣不服氣的時候，常常也會把這內心的話語從嘴裡「操」了出來。斯文的小香港，自己偶爾也會遇到要「操」出口的那種憤憤不平的時候。她覺得，港人粵語有點「咬」和「吃」的意思的行話俗語中那個字的發音，相似「Depp」的發音，跟喜歡「操它」的 Johnny Depp 的「Depp」字的發音很相似，用作情緒的表達效果同樣很管用──既斯文又粗曠、既溫柔又著力。於是，她便用「Depp你！」來表達她偶而要爆發的粗狂情操。

小時候曾經在香港僅住了八年的小香港，有著香港人對語言的豐富想象力、創造力和無俚頭。

美國青春一族喜歡青春秀麗的影視紅星巴黎．希爾頓。擁有希爾頓酒店產業的希爾頓家族的後裔巴黎．希爾頓，不單美麗動人，也非常富有，是美國甚至日本和歐洲不少少女的偶像。她有時裝表演模特兒的那類艷麗

性感的服飾，也有她們那種專業時裝走臺秀的扭捏作態的步伐風韻，更有千嬌百媚的站立擺款姿態，真是出盡風頭、搶盡鏡頭。新聞多多、趣事一籮籮。可惜，表情豐富、生活多姿多彩的巴黎·希爾頓的語言，卻像時下的青春一族那麼簡練精闢，常常只喜歡說一句：「真棒！真酷！」，簡單而明瞭，簡單得可愛，簡單得稚氣。

　　與美國巴黎·希爾頓同年出生、同樣青春秀麗的美國小香港，愛慕巴黎·希爾頓。她也常常有感覺「棒極啦！」的那種少女的興奮激動。她於是開始常常把「真巴黎！真希爾頓！」或者「真巴黎希爾頓！」，掛在自己的嘴邊。

　　少女都熱心追捧她們的偶像。小香港也對 Hip-Hop——「嘻哈」歌壇著迷。她喜歡獨樹一格的白人 Hip-Hop 歌星 Eminem，尤其喜歡他的中文名字「埃米納姆」，或者小香港自己的搞笑版本——「曖昧老母」。Eminem 年青、不羈、創新、大膽、狂妄，充滿活力、充滿火花、充滿幽默感。Eminem 跟他的媽媽素來有著特殊的交誼方式，跟他「老母」的關係實在「曖昧」——糾結不清。他把他對他的媽媽的反叛和反感的情懷，填寫在他的歌詞裡，然後用他那遠近聞名的超凡入聖的歌聲盡情唱訴出來。結果，惹火了他的媽媽，不放過他，被他媽媽將他告上法庭，要向他索賠美金一千萬。

　　小香港不提她的母親。也沒有人提起她的母親，因此對她不認識的「媽媽」，既沒有愛、也沒有恨，她甚至也不擅長唱歌填詞，不能對「媽媽」論長說短，平常便沒必要跟自己和別人的「媽媽」過不去。所以，無論是在柏克萊大學或者聖河西大學念書的時候，她雖然野性不羈，但並不喜歡粗狂的語言。當她聽說中國人罵人時喜歡罵「操你媽！」之後，她也想起她的偶像 Eminem 總與他的老媽糾纏不清的關係和他那頑固不化地去找他媽媽麻煩的執著情緒，她便把中國人這句對別人的老媽的粗俗的謾罵的「操你媽！」，改說成非常有節制的一種情緒抒發，溫馨地說一句：「找你媽！」或者說：「曖昧老母找媽媽！」——「Eminem 找媽媽！」

<16> 香港行話

粗口排行榜　罵人扑街最時興

港人好罵人　繪聲繪色最無情

　　美國小香港想到她的 Johnny Depp，便問港人14K，香港人時下最流行的行話是什麼。

　　「老懵董！去扑街！」14K頭也不回，不加思索便說道。

　　「老懵董」指的是香港現任特首董建華。他的名字恍惚是迂腐無能的代名詞。由於他是中國政府欽點的香港特首，就像香港的回歸大陸一樣，對於大部份的香港人來說，是一種儘管不喜歡，但又不能不喜歡的無可奈何。

　　「去扑街」──去Poo-Guy──是咒人扑跌、去死的意思。香港人生活極端緊張，節奏太快。街道人來車往，各不相讓。的確令人一不留神，便輕易「扑街」──「跌倒」。於是，他們既擔心自己不幸「扑街」，又懷恨自己不喜歡的人不早早去「扑街」。他們常常既喜歡用「扑街」來咒罵別人，又總是對別人竟敢詛咒自己「扑街」而怒火中燒、咬牙切齒。結果，講話通常都是繪影繪聲、七情上臉的香港人，便一致認定「扑街」這句話最通俗有力，入選為他們的心頭至愛，成為他們的口頭禪，一天到晚，講沒兩句，就總是「扑街」來「扑街」去的。

　　香港14K這時興高采烈，還給肥彭他那位百無聊賴的香港靚妹，便開始滔滔不絕地講起來：「英國政府與中國政府為香港回歸的事討價還價的時候，英國首相鐵娘子在北京失足跌倒，大陸市民歡天喜地，拍爛手掌，認為那是外強中乾的英帝國殖民者被大中華那威武的細眼矮個子鄧小平嚇得跌倒趴地的一幅真實寫照。香港人喜愛英國人，看到了英國首相的這觸

目驚心的「扑街」一幕，卻膽顫心驚，認為這有中咒的效應。從此，香港人便一直喃喃自哀：『這次扑街啦！扑街啦……』」

得意洋洋的14K講得口沫橫飛。看著這個對「扑街」情有獨衷的14K，看著他那蓬松稀疏的短髮、他那正在咬文嚼字的鮑牙大嘴巴、和他那迷糊古怪的小眼睛，小香港心想：「他不像那個威武的小人鄧小平，他卻太像那個其貌不揚的香港特首『老懵董』啦！是否他倒首先應該去嘗嘗『扑街』的滋味？哈，為了香港人的福祉，去『扑街啦！』？哈……」她想著想著，忍不住笑了，便笑著把頭埋進李傲的懷裡。

<17> 搖頭喜樂

追憶思往昔　煙雨風雲瞬飄過

壓抑尋釋放　情意朦朧一念錯

　　玩了「可樂」的毛毛和克萊頓，都好像安靜了一陣子，他們默默地抽煙，或者抽著像煙那一類的東西。然後，毛毛站起來，臉上帶著毛式的含蓄的笑容，走到好朋友李傲與小香港跟前，俯身把一隻手搭在李傲的肩膀上，另一隻手放在小香港的手臂上，低聲問道：「玩了？」

　　「沒有。」小香港答道。這時小香港留意到毛毛的臉上掛起了一副墨鏡。

　　「又不是在美國，沒人盯著你，玩一下啦。」毛毛興致高昂，懇切地一邊勸導小香港，一邊試探著看看她旁邊的男朋友李傲。

　　李傲倒沒有「盯著」小香港，他「盯著」的是毛毛，他開心地對著毛毛調笑說：「這裡的毒品『拆家』又是你的好『兄弟』嗎？你又要為他推銷貨品？你不是剛剛才推銷過你師傅的《轉法論》了嗎？」

　　「嘿，嘿，嘿。」小香港看著這個正盯著毛毛的李傲，試著幫幫被挑剔了的毛毛，打岔李傲的詰問，然後再轉向毛毛，對他說：「晚點再說吧。」小香港順便抓過毛毛的手——熱乎乎的。她關懷地搖了搖毛毛的手，說：「你享受吧，不要玩得太厲害噢，好嗎？」毛毛點了點頭，含蓄地笑了笑。

　　小香港看著毛毛走回去克萊頓的身邊坐下。毛毛旁邊的禿鷹克萊頓，此刻似隻貓頭鷹，臉上也戴上了一副黑眼鏡。

　　有一陣子，小香港沒有把她遠遠地直盯著毛毛那邊的眼光收回來。李

傲感覺到，小香港的思緒當時已經飄離了她的視野……

一些思緒，迴旋在小香港的腦海裡……

「玩一下啦……」這似乎是毛毛的聲音……

「不應該玩吧……？」這似乎是她自己的聲音……

「沒有人盯著你……」

「沒有人盯著我……」

是的，她在大學求學的這麼多年來，她都盡量避免像其他的朋友那樣隨便去肆意玩藥。儘管她與李傲經常都與這班嗑藥的朋友一起去跳舞耍樂，她除了在一、兩次大型的狂喜派對中，試過一、兩顆搖頭丸，便再沒有碰過任何藥丸，更從來不碰其他會上癮的毒品。這不是因為毛毛所說的那樣，美國會「有人盯著」她。

「盯著」她的，是那個對她不會有任何約束和干預的情人李傲。那情人李傲「盯」著她，是「春情煥發」，而不是「婆婆媽媽」。

那個李傲，從不玩藥。據他自己說，這是基於他個人的哲理和信仰的原因，似乎藥物與他的哲理和信念，有著某種說不清楚的衝突。然而，他認同藥物可以為心靈所額外開拓的空間，只是他同時也認為，一直修煉氣功和打坐的他，可以用不同的工具和途徑，進入相當類似的空間和境界，可謂殊途同歸，並不需要依賴任何藥物。況且，他也喜愛操練太極拳，正像也喜歡打拳的14K一樣，覺得練武人的剛強與嗜藥者的軟弱沉迷，有點互不協調。但他並沒有反對其他人去玩藥，甚至沒有流露過多少反感。小香港受李傲這些見解的影響，認為所有會上癮的毒品，可能最終都會令人沉淪墮落和難以自拔。她甚至擔心抽大麻也會上癮，所以從來都避之則吉。

搖頭丸？狂喜？好玩嗎？

小香港的腦海裡，這時清晰地浮現出那兩次狂喜派對玩搖頭丸的情景：當時，她興奮，她熱血沸騰，她對著李傲講過很多激動人心的話、很多抱負理想。那時，在搖頭丸的激烈興奮與熱情洋溢之中，她似乎有一個新意識，這意識好像讓她感覺到，不再理解嗜好縱酒人的那種莫名其妙，她不理解他們為什麼無端端要把自己灌得爛醉，無端端用大量的水和酒精搞得自己頭暈眼花、肚疼腹瀉。那酒精，有的是這無端端的痛苦，卻沒有像那一顆小小顆粒所產生出來的那種強烈激發的化學作用、那種只令人想入非非的興奮快樂、那種激情奔放的思路。那時，她因此認定，喝酒買醉

的人的思維與動機都很混沌迂腐、都很蒙昧不智。不過，當時的她，是在為要修成兩個學位的畢業計劃而努力，她理性的思辯壓抑著感性的衝動，她深深明白，她不能就此放縱自己去繼續想入非非、心醉魂迷，她也不敢再沉迷在那種化學的激情中，她不再去理會甚麼是「莫名其妙」、甚麼是「興奮與奔放」。

那時……那裡……

今天……

今天，她已經畢業了，而且回到了一個她已經闊別了整整十六年的地方——一個她曾經住過八年的地方……

今天……本來，童年時對這個地方的點滴記憶差點已完全被她遺忘掉。而現在，遺忘了的記憶又隨著花花世界的燦爛閃爍，重新在她的腦際中迴旋。這裡，本來，這個世界對她已經夠陌生無知，但頃刻間，這已變得陌生的世界裡，卻繁發出蕩漾在往事回憶中的一個人，一個女人——那個別人告訴她她應該叫媽媽的女人。這些本來被她刻意埋藏在心底裡的印象，被慢慢地釋放出來，擦起陌生不安的情感旋渦。意識著這旋渦沖刷的她，這時刻裡，依稀感覺到，有點悶悶不樂，有點情緒低落。對於一向習慣歡天喜地地去生活的她，這消沉的意識，就算是那樣的偶然、短暫和朦朧，也讓她知覺到一種不自在、不舒服的壓迫感。那壓迫感，引起她的焦慮，對將要發生的事的焦慮……特別，幾天之後，她便要去一個對她來說更加完全陌生無知的世界，去見那個對她全然陌生無知的女人。那是一種怪異的「陌生」，一種對於她的內心既是那麼熟悉習慣、卻又是那麼煎熬難受的「陌生」。這時，突然間，她感到心情特別的沉重、特別的煩憂。她很想，把這種沉重的感覺拎開。推開它，推開那黏附著的沉重，就算僅僅是暫時的推卸、暫時的逃避，也是一點安慰，也似乎在所不惜……

「狂喜？」

一個緊張的意念，閃熠過她的腦海。一種莫名的興奮跟隨著這個意念，振動著她的神經。

她把頭轉回來，打量了一下李傲，然後依靠在他的肩膀上，抬起眼睛，定定地注視著他。

「我要嗎？」，她突然輕聲詢問。

「要什麼？」李傲認真地觀察著她的眼神。瞬間，他想起剛剛曾經接

踵而來的克萊頓和毛毛，開始意會出來了：「在哪裡？」

「在褲袋裡。」

「真的？」

李傲一邊說，一邊順手從她的大腿緩緩地摸了上去。

「嘿！」她笑著立刻把他的手從兩腿的中間抓了回來，帶到旁邊褲袋的位置。李傲摸到裡面的幾粒顆粒。

「有必要嗎？」李傲關切地問。

「悶悶不樂的。」

「你已經畢業了。如果你想要，你決定啦。」

「那你呢？」小香港問「你不想也開心一下嗎？」。

「開心？不用了。我只摸著你的褲袋就已經夠興奮開心的啦！」李傲幽默地笑道。他調皮的笑，似乎蘊藏著對自己的手被她帶到那褲袋位置的遺憾。

小香港也開心地笑了起來，是聰明伶俐的笑，馬上放開了抓住李傲的手。

「真的要嗎？」她想。

「不好吧？」她猶豫。

「Depp！」她煩躁。

「Depp 它！」她發狠。

「Depp 它！」她心一橫，從口袋中掏出一顆「狂喜」塞進嘴裡，順手拿起一杯酒。李傲趕忙奪過她的酒杯，遞給了她一瓶蒸餾水。

<18>扑街世紀

國際大名人　千奇百怪扑街多
首選大冠軍　卡斯特羅最賣座

「這次扑街啦！」小香港躺在李傲的懷裡，想著14K的這句話和14K扯上的英國首相鐵娘子。

對於小香港，英國前首相鐵娘子戴卓爾夫人的失足扑跌只是當時的一點心神恍惚。美國總統老布殊也因年老病弱曾暈跌在日本首相的懷中。共和黨總統候選人巴比‧杜爾從臺上摔跌下來是他平易近人的差錯。福特總統從飛機扶梯上滑跌下來是因為他忙著為太太撐傘。他們都是和藹可親的人，都蠻令人同情。

只是那個不可一世的古巴總統卡斯特羅的「扑街」表演卻妙不可言。他曾不惜挑撥蘇聯向美國發動核子戰，窮兇惡極。他當天正像所有共產黨偉人一樣地操著雄赳赳、氣昂昂的軍人步伐，在眾多國際電視媒體現場直播的鏡頭前面，走向在為他肅立鼓掌的庶民，居然突然出人意表地「飛」出來一個最真實、最誇張、最徹底、最痛快的世紀大「扑街」！真令人賞心悅目！他那滑稽可笑的「扑街」表演所造成的喜劇效果，無論是香港的周星馳或者是加拿大的吉姆凱立都無可比擬。

「真是前所未有的世紀大扑街！不單是『扑街』，簡直是『扑卡斯特羅』！」小香港想著想著，想出了笑聲。

<19>魂迷志痴

笑話14K　超厚臉皮很奇特
怪誕港靚妹　錯亂失憶希特勒

「你們扑街啦！」14K這時看著正在玻璃檯上開始第二輪混戰的克萊頓、毛毛和小妹說道。

14K似乎喝了不少酒。但他有酒量，臉不發紅，卻越喝越青。他看著這幾個忙碌的傢伙，他們輪流把各自的鼻子當作吸塵器，在打掃抽吸玻璃檯上白色的一行行像似塵土般的粉末。他帶著點鄙視的神情說：「你們這班癮君子，很快就會扑街吶。」

「你先啦！」毛毛頭也不回，自得其樂地反擊。

像黑社會惡棍的14K卻不吸毒，也不喜歡吸毒的人。認為他們軟弱墮落，與習武人的那種追求剛強健體之道大相徑庭。

毛毛沒有聽到14K的回應，便轉頭看看14K，先用鼻子重重抽吸了一下，然後高高興興地再補上一句：「去扑街？讓你先！」他說得興奮，好像被自己對14K攻擊的敏捷弄得興奮，又好像只是被吸進去的小精靈弄得更加興奮。

14K對著咒他去死的毛毛在臉上展示出一個凍結了的笑容，用一副滿不在乎的神情刻意地盯著毛毛，目不轉睛，臉不改容。

小香港示意李傲看看14K，並譏笑地嚷著：「看他的 Burlington！」

小香港習慣笑罵總是被攻擊都毫不在意的14K為「Burlington」之類的東西。14K的臉皮特別厚。他口舌招尤，常常引至對方痛罵反擊。但他標

83

榜自己有「罵不還口，打不還手」的德行。當初，他去美國與小香港他們一起到處遊玩時，美國小香港就已經領教過了他那種對被冷嘲熱罵都無動於衷的能耐。漸漸地，小香港也開始對14K的特異個性見怪不怪，甚至開始感到受落。喜歡動物的小香港，最初每逢此情此境，就把香港14K描述為「厚皮的大象」。但後來覺得，感覺麻木的皮肉並不在於厚薄，而在於硬度，便改稱14K為「犀牛甲蟲」，因為據說這種甲蟲的皮殼是世界上動物類中最堅硬的。對軍工玩意鹽有心得的男友李傲知道後，對小香港又提出了些新建議。從此，小香港便常常戲弄地呼喊14K為『Burlington』、『Choblam』或者『Dorchester』之類的東西。起初14K聽了都會張著嘴巴凝盯著她，感到一頭霧水。後來14K才知道，所有這些名稱都是用於美英兩國最先進的『M1 阿姆巴斯』和『挑戰者』坦克上的一種特厚鋼材，是一種屬於高科技軍事秘密、連反坦克炮彈都不可穿透的鋼板鎧甲。給14K冠上這些花名，是意指他的臉皮堅不可破，恬不知恥。但14K卻把這也看作是對他的恭維，每當聽到叫他『Burlington』之類時，他就會把嘴巴笑得更開，有如大河馬一般。

聽了小香港的提示，身旁的李傲這時也看著那三個14K說快要「扑街」而在忙忙碌碌的「清道夫」，想到與毒品傳聞糾纏不清的貓王皮士禮和李小龍，想到他們生命中那燦爛輝煌的活力和創意，想到他們不明不白地了結了生命的猝然驚異，想到那些似乎有點令人可惜可嘆的種種傳聞軼事……

李傲下意識地再看看14K與毛毛，便若有所思地對著他們說：「吸毒有時也會造成嚴重的後果……」

「哪裡會嚴重吶？」毛毛興沖沖地打斷李傲。

「扑街囉！」14K自作聰明地發炮。

李傲呆了一下，調重了一點語氣，繼續講下去：「拿希特勒來說吧，他因為吸毒而令至判斷失誤，指揮失當，先令德軍在斯大林格勒大戰被挫敗，然後又再在盟軍D-Day登陸諾曼地時反應遲鈍，又失誤了……」

「我們不是希特勒！誤不了誰。」美國克萊頓這時也興致勃勃地插嘴。

「希特勒──」李傲還要講下去。

「希特勒是誰呀？」

房間的某個不起眼的角落突然傳來一個陌生但清脆甜美的聲音。希特

勒是誰？！

　　在場所有的人都好像如夢初醒，被這突如其來的問話一下怔住了，都同時用目光到處去尋找這發出怪聲怪氣的聲源。

　　發問的是香港小妹。

　　小妹？

　　小妹好像整個晚上都沒有說過一句話，但現在卻一下子這樣語出驚人。小香港想起希特勒的名言——他喜愛的女人是「靚麗而無知」的。

　　這小妹顯然很靚麗，也很無知。

　　「希特勒一定會愛上她！」小香港看著靚妹對李傲開懷地嚷道。

<20> 量子波浪

美國克萊頓　　樣貌十足克林頓

毛毛克萊頓　　量子調情講理論

其實，像禿鷹般光頭的美國白人克萊頓，並非是港人14K歸類的那種吸毒的墮落者。他是文人一個，滿肚子學識理論。他也像他的美國朋友李傲那樣喜歡宗教哲理，又像有 Gucci 仔之稱的美國朋友毛毛那樣喜歡名牌裝扮。毛毛喜愛Gucci，克萊頓偏好Versace，所以較親密的朋友有時會叫他『Versace』。其實，他的全名叫「菲爾·克萊頓」—— Phil Clayton，跟前美國總統「比爾·克林頓」—— Bill Clinton 的名字很接近。因此常常有人會拿他來開玩笑，問他「跟那個女人有沒有性關係？」，就像當初大陪審團追問克林頓與莫妮卡·露溫斯基 —— Monica Lewinsky 之間的關係那樣，都一樣地問得認真，好奇得露骨。事實上，克萊頓的樣貌的確有點像克林頓。他像克林頓那樣自信十足，也像克林頓那樣喜歡拈花惹草。撇開性格取向，就單單以外貌而論，克萊頓其實更像留有一頭短髮的 Hip-Hop 歌手 Eminem。其實，留心的人會發現，Eminem 也像克林頓。當初 Eminem 在他的 MTV 影片中模仿和譏諷麥可·杰克遜 —— Michael Jackson 和布殊總統 —— President Bush 時，有人便認為他功虧一簣，覺得他應該去試試演諷克林頓，一定傳神十足。Eminem 像克林頓，而克萊頓就像他們倆——模糊而遙遠地相像。

克萊頓像克林頓一樣口齒玲利，能言善辯。也像 Eminem 那樣喜歡與人爭辯理論。只是他不像 Eminem 那樣既會跳舞又會唱歌，不能以歌會友，以唱論辯。

克萊頓熱衷東方文化，會講中文，也會點日文。但當他對著那些既懂中文又懂日文的人講話的時候，對方有時無法分清他到底是在說中文，還是在說日文。他像李傲那樣喜歡研究佛學，也像李傲一樣醉心習武。據說，他懂中國功夫——至少他自己以為他懂中國功夫。他常常打出三數下花拳繡腿，以便讓別人也以為他真懂中國功夫。

克萊頓有很多故事，例如有關於功夫武術的故事。故事裡的他，曾經用中國功夫裡的內家氣功，把一個警察在沒有直接肢體接觸的情形下出掌發氣打倒地上。但他的故事剪接自如，並沒有交代出那被他打倒了的警察是否能夠重新爬起來，然後是給他握手道了謝，還是找了他的麻煩？他以前在大學修讀電腦專業，所以他也有很多關於科學理論的故事，特別是關於量子物理學的故事。例如那些什麼量子特性中的『甚麼是量子波浪』啦，『量子飛躍』和『量子調情』啦。他喜歡喋喋不休地暢談如何那些粒子如何可以在量子海裡，在不同的兩個或以上的空間裡同一時間出現，形成『量子波浪』的狀態。當粒子在這個空間突然消失的同時，會在另一個空間馬上出現，造成『量子飛躍』。克萊頓把這些關於量子海的理論以他嗑藥神遊時的狀態作比喻，深入淺出，明瞭清楚。而他最神迷的當然是『量子調情』。據說在量子世界中，科學家無法斷定拋媚賣俏的雙方之中究竟是那一方先開始調情。難怪那些男男女女，整天都要為調情拋媚的事爭長論短，甚至要為此爭風吃醋而大打出手。

白人克萊頓與華人毛毛最為知己。毛毛雖然沒有上過大學，而且英文程度相當有限，但他喜歡把所有他聽來的科學概念都與他著迷的法輪功的『開天目』、『遙視功能』和『宿命通』聯想在一起，又用他嗜好的吸毒仙游的感受來解釋一番。所以，只要克萊頓與毛毛倆一談起吸毒與宗教的科學原理，倆人都會談得津津樂道——雖然他們都不容易明白對方，但大家都不用語言就已經明白了對方。正是：「眼瞪嘴笑手指動，心有靈犀一點通」。

像美國李傲一樣只有三十歲出頭的美國克萊頓最近突發奇想，辭掉他本來在美國電腦公司任職部門經理的職務，像那些有心向外發展的美國人那樣，打算跑去中國闖一闖。但中國事事講求人事關係，克萊頓他自己沒有什麼關係，他重視的關係是他與毛毛的關係。而毛毛又總是用他那半鹹半淡的英文去引導克萊頓，讓他以為毛毛他自己在中國大陸大有背景、大有人事關係。於是，克萊頓信以為真，近期就常常跟著毛毛來到中國投石問路。可惜，毛毛在大陸的人事關係，卻大多數只發生在有三陪舞女的夜總會那裡。

<21> 疑雲重重

台灣選總統　落敗連戰疑雲重

小妹尋開心　嗨希特勒同一夢

希特勒是誰？

大家看到發問的是本來一直沉默不語的香港小妹。

沒有人敢於自找麻煩地去回答那靚麗小妹那誰是希特勒的問題。這個問題太難回答了。如果這個人連希特勒的名字都沒有聽說過，或者聽了也不記得，再講下去，一定會越講越糊塗。大家都看了靚妹一眼，然後大家都馬上又把眼光甩開，都裝作什麼都沒有聽到，也什麼都沒有看到，反正這時在吸白粉的小妹已經「High」得就像希特勒一樣。

美國小香港靠在男友李傲的肩膀上，不再理會那個她認為希特勒一定會熱愛的漂亮而白痴的香港小妹，好像正在聚精會神地留意著電視播放的內容。鏡頭裡這時出現國民黨前副總統連戰不服敗選的畫面，一些民眾情緒激動，互相發生肢體衝撞，公共財物被砸爛損毀。電視畫面中，拉近的鏡頭大特寫展現出連戰目光遲滯、心情凝重，一直在重復不休地喃喃自語，又一直在頻頻不停地眨眨眼睛。

小香港這時突然跳了起來，連聲叫道：「請靜一靜！靜一靜！」然後跑過去把電視的音量調高。電視裡傳出連戰抱怨選情疑雲重重。

「為什麼這個老伯伯總是在不斷地『疑雲重重』的呢？」小香港問李傲。

「人老了還能做些什麼呢？頭暈眼花不就會『疑雲重重』了嗎？」港

人14K沒有等李傲回答小香港，就搶先冷言冷語地譏諷道。

克萊頓也帶著戲弄的神情，裝出一本正經的樣子對著李傲說：「你們台灣人真不夠風度。我們的艾爾·高爾(Al Gore)輸給了布殊之後，二話未說便與布殊握手言和，頗有君子風度。他明知布殊的大學成績和智慧能力都只有一個平淡無奇的『C』級，還是讓布殊順順利利地當上總統、然後興高彩烈地跑到伊拉克去到處尋找他那『大殺傷力武器』。」

「中國人講贏，不講風度。你問問這個台灣仔就知道了。」香港14K一邊說，一邊看著美國李傲。

聽到朋友克萊頓和14K都稱他為台灣人，李傲瞪著14K說：「我是美國人，我老爸是台灣本藉人，連戰是大陸來的外省人，請你們搞清楚。我才不在乎誰當台灣的總統。」

「有人講大話！他是李敖迷，他最想李敖當台灣總統！」小香港喜氣洋洋地大聲嚷嚷。

<22> 赤裸真我

　　台灣大文豪　李敖脫褲赤裸裸
　　手淫興歡呼　只有真我沒假過

　　與台灣李敖的名字幾乎完全一樣的美國李傲非常敬佩李敖。李敖是台灣的大文豪。文筆尖刻犀利，一向直言不諱。據說李敖曾獲提名諾貝爾文學獎。2000年他也曾參選台灣總統，鋒芒畢露。但李敖最出名和最為人佩服的是他的直率坦誠。他既是絕對赤裸裸地坦白，又是坦白至完全的赤裸裸。他在他暢銷的傳記中刊出了一幅自己全裸的照片，赤裸得徹底，赤裸得震撼。有傳聞說，李敖參選台灣總統和被提名諾貝爾文學獎時，在華人一片熱烈歡呼和熱切期盼中，也有人暗中捏了一把汗，擔心搞出一個未穿褲子的中國人總統或未穿褲子的中國人諾貝爾大文豪。

　　但美國李傲佩服台灣李敖。李敖令李傲深深嘆服和迷醉的其實除了他那坦蕩不羈，便是他對美女的品味和追求。年青時的李敖青春瀟灑，活力四射，總與不少漂亮美女形影不離。七十多歲的李敖已經不再年輕，但慾念火氣卻依然故我，一如既往，繼續盡情地去談情、談性。

　　這個李傲住在美國。那個李敖住在台灣。

　　這個李傲對那個李敖的了解和欣賞只能通過文字媒體。美國加州灣區聖河西市(San Jose)的大學圖書館是剛落成不久而堂皇美麗的圖書館大廈，絕對可與宏偉壯觀的香港圖書館媲美。這圖書館更加設有中文圖書部，而且有不少中文藏書，其中當然又有不少李敖的名著。李傲時常要到那大學去探訪當時正在攻讀她第二個學位的女朋友小香港，便經常在這圖書館裡瀏覽書籍。美國的李傲在那圖書館裡第一次看到了台灣的李敖自己撰寫的傳記裡的那幅全裸照片，照片下還有李大師的豪言：「只有真我，沒有假

面。」——真得徹底！另一張插圖是一對全裸而秀麗漂亮的西洋仔女，在插圖下邊又有李文豪的壯語：「那天晚上對著雙胞胎姊妹，我做了一生中最痛快的一次手淫。」——淫得痛快！

真得徹底。淫得痛快。

這個李傲為那個李敖的「真」與「淫」的激情而感到刺激和震驚，不久便把小香港也硬拉去圖書館裡看看。這次圖書館裡中文版的李敖回憶錄已經有了新版本，李敖的裸照的尺寸比舊版本大了足足四倍。小香港感慨歡呼，那照片中的裸體形象真大得有如世界古代七大奇景之一的『Rhodes』羅得斯大巨人一樣，委實令人嘆為觀止。小香港又驚訝：李敖竟然有把那「Victoria's Secret」的『維多利亞的秘密』裡的一絲僅存的「秘密」都毫不留情地全部揭穿、全部丟棄的豪情興致。照片上李文豪的私處竟然真得一目瞭然、黑白分明，足可媲美十六世紀意大利文藝復興時期的美術大師米可安基羅（Michelangelo）的杰作——裸得美妙的『大衛』（David）大理石雕塑。但李傲告訴小香港，美中不足的是，那對雙胞胎美女的照片卻已經被一個看中文書的華人撕去。李傲不滿那個對他的偶像李敖那裸體照似乎有點歧視心態的中國人。因為那人既遵循台灣李敖的教誨，偷偷把洋人美女的裸照撕去，實行驗證一下李敖那「最痛快的一次手淫」，卻又把李敖自己的裸照留下冷落不顧，大有重女輕男的歧視意味。

但美麗的美國小香港卻並不在乎洋美女，她只在乎台灣的李敖。她當時便對著美國李傲欣喜若狂地叫嚷：「嘿！古今中外的大文豪，常常為了增加渲染的效果和力量，往往用自己的筆桿子去脫掉別人的衣衫褲子，哪有文人竟要用照相機去脫掉自己褲子的？！哈哈！這『真』倒也真得夠激烈！夠好玩！」

<23> 操娘情操

傳統中國人　發泄怒罵具情操

操人老媽媽　情懷激烈夠獨到

「我不在乎誰當台灣總統。」美國台灣仔李傲這時繼續說道。

當李傲看到好像其他的人同樣也不在乎他的偶像李敖和他的台灣總統時，便轉頭對著情人小香港低聲說道：「我真希望你看到李敖自傳裡那張雙胞胎美女的照片，她們的身體玲瓏浮凸，很美，就像你的身體一樣的美……」

「你少來！」小香港神氣活現地打斷李傲的話，笑著說：「我才不做你和李敖手淫的目標！」

「操——」李傲笑嘻嘻地對著小香港以壓抑著的聲線正要開始打情罵俏。

「操？操誰？」港人14K顯然聽到了李傲與小香港講話中的這個比較側重有力的字眼。「操他！操他媽！」14K繼續一邊看著他面前的電視，一邊頭也不回、愛理不理地叫囂著。他的聲音叫得夠大，大得連克萊頓和毛毛都要轉過頭來盯著他。

「這裡是中國人的地方，不要忘記把你們的媽媽都扯進去，這是我們中國人罵人的傳統和技巧。」14K這時對著在場所有都在目瞪口呆地看著他的人嚷道。

「你在胡說八道些什麼？」克萊頓眼睛儘管緊緊地盯看著這個古怪的14K，但神情卻是顯得非常的過癮快樂。

無厘頭港人14K隨意瞄了瞄美國克萊頓，繼續口不擇言：「西方人只是操對方，中國人總是操對方的媽媽，情操激烈獨到。」他停了一下，轉身對著李傲說：「還有，你們那位台灣李敖對國民黨素來不恭，聲言操國民黨要像操女人一樣，不在乎能操還是不能操——」

　　「七十多歲的人啦，就算在乎也未必可能！」美國華人毛毛也冷嘲熱諷地插嘴道。

　　「……只在乎——」14K執意對毛毛的話置之不理：「只在乎一操為快！」

　　14K興高彩烈，口沫橫飛，說得痛快。快樂得好像他真的剛剛才盡情地「一操」了的那樣子。

<24> 法輪神功

毛毛法輪功　熱衷沉迷玩神通

推銷舊客戶　助友販毒打同通

　　似「操」得相當興奮暢快的香港人14K這時站了起來，走到他那從美國來的好朋友小香港和李傲的身旁，與李傲碰了碰杯，喝了口酒，然後坐了下來。他張開他的大嘴巴，一邊繼續滿臉喜悅地講著他那「中國人找老媽」的理論，一邊也為小香港斟了另一杯酒，向靜靜地躺在情人李傲懷抱裡的她遞了過去。李傲代小香港接了14K端過來的酒，並解釋說，她現在只能喝水。

　　怪相的14K先愣了一下，聽完李傲的解釋之後，便隨即跳了起來，笑嘻嘻地對小香港大聲怪叫：「你也吸毒啊？扑街啦！」然後，轉身對著坐在遠處另一邊的法輪功毛毛咧開大嘴巴喊叫：「總是你這個法輪功衰仔在把人帶壞！」

　　李傲看著這個喊得有點滑稽的14K，抱緊了一下小香港，笑著解釋說：「不關毛毛的事。」

　　「不關他的事？這悲慘世界裡哪一件事與毛主席無關？」刁鑽的14K沒有理會要為好友毛毛說情的美國李傲，說著便徑直走到克萊頓和毛毛倆的跟前，對著這時都帶上了墨鏡的他們倆說：「嘿，毛主席，什麼時候流行起像黑社會那樣戴著黑眼鏡？難道你這個東方的太陽會覺得晚上的月亮太刺眼了嗎？」

　　「東方的太陽」透過他的GUCCI墨鏡望了14K一下，沒有理會他，連「西方的禿鷹」克萊頓都沒有空理會他，「禿鷹」的VERSACE墨鏡只顧對

著毛毛。克萊頓這時正在努力向毛毛講解如何有一個耶魯大學的教授斷定毒品可以開拓人的潛能，並且，克萊頓他自己又是如何可以通過吸毒從一個空間走進另一個空間，像「量子海」中的粒子那樣迅速和神奇。

英文半桶水的毛毛雖然似懂非懂，卻也一邊附和，一邊引證他如何聽從他師傅的教導，在高層次那裡修煉。他如何在練功打坐的時候，曾經有一次意外地開了天目，看到了如夢境般美妙的景象。當毛毛繼續講到法輪功的遙視功能時，口沒遮攔的14K馬上插嘴說：「你的遙視功能現在有沒有讓你看到跟你在大陸東莞風花雪月的那些紅顏知己啊？」

GUCCI仔毛毛這時用他的 GUCCI 墨鏡盯了14K一眼，煞有介事地對著14K說：「你們這些常人真是一無所知。我們這些修煉人要不斷地打坐練功才能修成這『開天目』、『遙視功能』和『宿命通』三種特異功能。」GUCCI仔說完，還刻意地用右手拇指往上推了推他那價值$500美金的 GUCCI 太陽鏡，似乎下意識地要強調一下他那「非常人」的超高價值。

「『宿命通』？我以為你早已一通百通！」「常人」14K沒有可以在鼻樑上推推的名貴墨鏡，「常人」的一身普通打扮加起來都夠不上毛毛那一幅眼鏡的價值的一半，但他好玩，沒在意毛毛這「非常人」，也忍不住他要挑戰毛毛的衝動。

GUCCI 毛毛好像沒有聽到14K發出的那些呱呱噪音似的，轉頭對著身邊的「VERSACE」，盯著那副也是價值不菲的墨鏡，繼續好像唸書似地演說下去：「『開天目』是在兩眉之間打出一條通道，有如第三隻眼，看到常人看不到的景象，如隔牆看物，透視人體⋯⋯」

「『透視人體』？！」肆意挑釁的14K再打斷他的話：「那對你這個鹹蟲最為合用的啦！怪不得你——」

「『宿命通』就是⋯⋯」毛毛也故意打斷14K的插話。

毛毛未必都已經修得法輪功的三字真訣：『真，善，忍』。朋友們常常譏諷他特別欠修「真」與「善」。但他的「忍」功實在了得，很少會怒形於色，除非你在他面前提起共產黨，那他一定會馬上七情上臉、咬牙切齒。不過，這通常的「忍」功，應該不是他修煉的結果，倒像是他與生俱來的性格特徵，也是他原來就能結交不少朋友的原因。

毛毛忍忍，接著往下講：「——『宿命通』，我師傅在《轉法輪》裡說過，『宿命通』就是預知未來，就像人的額頭上掛了一部電視熒光屏⋯⋯」

「這就對啦——」這次插嘴的是VERSACE克萊頓，「你有沒有看過美國那套刻畫吸毒夢遊者夢境的電腦繪畫影片《叫喚》？裡面那些像行屍走肉的夢遊者的頭上都戴著個電視機，在不同的空間中穿梭不停，真把處在這種狀況中的心智動態和情景描繪得維妙維肖。」

思維敏銳的14K看到又是有機可乘，便馬上再去捉弄他們：「你們吸毒都吸了整整一個小時的啦，頭上掛上了個電視機沒有了？」14K察覺到對方沒有回應他自己的話語所特意要製造出來的效果，便再提高點聲量向著這個美國大陸仔毛毛呼喝道：「難怪大陸共產黨對你們法輪功既愛又恨，剛剛以為你們的氣功可以強身健體，讓共產黨省點醫藥費去做原子彈，你們卻借氣功搞迷信，玩什麼像吸毒仙遊一樣的特異功能，還搞什麼把電視機戴在頭上！」當14K意識到他滔滔不絕的高談闊論令到坐在遠處的李傲都好奇地看過來時，得意之餘便又再加重了語氣向毛毛責問道：「我真要問問你，是不是因此你又吸毒又搞法輪功，以為可以兩全其美、相得益彰？！」14K講完停了一下，張著嘴巴，用斜視的小眼睛，以充滿挑戰的意味盯著試圖避開他視線的毛毛。坐在毛毛身旁的克萊頓開始也一下愣住了，因為他要花上點時間，才能清楚確定，臉面這時正對著他的14K的歪斜視線，此際只是衝著毛毛，而不是衝著他。既然已成為大家注意的焦點，古靈精怪的14K便繼續得勢不饒人：「說吧！啊？難道是你師傅教你吸毒的？」

「鯊魚又在咬人啦。」李傲對小香港笑著低聲說。

此時此刻，毛毛極力壓抑著自己被挑動的情緒，也極力按捺住這時可卡因在他腦神經中發燒的激動，儘量顯得平靜冷淡地回應道：「師傅說：萬事只要不執著就可以了。」

毛毛曾經把他師傅的《轉法輪》贈送給所有他認識而又不拒絕他的朋友們看，就像他為他們以往提供第一顆免費搖頭丸一樣——「好貨大家分，好菜不獨吞」。可惜，唯一真正從頭到尾把那本書通讀過一遍的其實卻只有李傲一個人——唯一一個從來不去嘗試毛毛贈送的免費搖頭丸的人。李傲還就此挖苦過毛毛，說這可能是因為他是唯一沒有吃過毛毛推薦的毒品的人，才會信任他而去看看他推薦的神。一直看著14K在呱呱嚷嚷的李傲，這時聽到了毛毛的這種牽強附會的申辯，再也按捺不住，插話進來：「我想你師傅在講到食素、避穀、避酒等等的很多事情上確實有點模棱兩可，說要以不執著的心態去看待就可以，但哪有說過吸毒可以的呢？我記得，你師傅卻明確聲明過，叫他的信徒不要以他們自己的話去解釋師

傅的話。」

毛毛沒有回應。

心潮越來越激蕩的小香港也來湊個熱鬧：「吸毒不執著就可以？那簡直就像三藩市撒旦邪教的教頭海洛因癮君子「Anton LaVey」——安東·拉維一樣。他師承英國老祖師Aleister Crowley——阿萊斯特·克勞利——遵從的座右銘是『做你想做的事』，他們以身作則，盡情地信奉撒旦、盡情地縱慾、盡情地吸毒、還要盡情得毫不執著。」

毛毛還是沒有回應。

感覺到坐在身旁的毛毛這突然而來的一陣沉默，克萊頓刻意用眼角從他的VERSACE墨鏡後面看看毛毛，他這時才留意到，毛毛這時已經緊緊地閉上了他的GUCCI墨鏡後面的眼睛。毛毛也許對這些常人的一般見識感到相當氣餒，已經回到了他那不同凡響的高層次領域裡，尋找他兩眉之間的天目去了。

＜25＞ 法輪轉動

　　毛毛遇美女　　魂迷交錯一個夢
　　玩 K 克萊頓　　誘惑玉女心顫動

　　毛毛閉著眼睛。他分不清楚是他的心在激烈地跳動，還是他的思緒在快速地奔馳。他腦海裡的一切都在旋轉、在飛跑：五光十色的圖案，三教九流的人影。

　　他來到一個陌生的地方，遇上一群陌生的人。這是一個陌生的舞廳。他有點驚訝，有點失落。他試圖詢問這些陌生的人，但沒有人理睬他。他驚慌起來，驚慌起來的他都要喊『真，善，忍』。恍惚還沒有來得及喊叫出聲，或者此時他根本就喊不出聲，這三字真言才剛在他的腦海一閃而過，這陌生的環境已在迅速地演變，周遭的人頓然變得和藹可親，頻頻向他揮手致意。人群那邊甚至還有一個滿臉童真善意的少女走了過來，雙手扶著毛毛一隻手的手肘，一邊搖著，一邊笑嘻嘻地問：「認得我嗎？」毛毛看著她青春美麗的臉，心情非常愉快，馬上不加思索就頻頻點頭：「認得，認得……」爽快點頭之後的他，好像難以掩飾臉上的疑惑：這笑臉的美他很熟悉，但他熟悉的美又實在太多；這熟悉的美他認得，但是誰的美他不認得。漂亮的女孩這時又再搖了搖他的手肘，恍若在問：「你怎麼不記得我啦？」不記得你？——毛毛感到困窘，忙把自己看著她那迷人臉蛋的目光向下掃視。啊！對了，那是熟悉的名牌『Prada』——「普拉達」皮革茄克，而 Prada 敞開的衣領上身展露著那他更熟悉的光滑潔白的肌膚，白潔的肌膚上那充滿誘惑和故事的曲線上面僅僅覆蓋上一點點性感透光的『維多利亞秘密』。噢——他認得。他認得這肌膚，他認得肌膚上的光滑和潔白。看著「它」，和它上面的「她」，還有她那包藏不住的「秘密」，毛毛喜出

望外,「啊!——是你?」是的,就是我。那迷魂的女孩也興奮得再搖了搖他的手。

毛毛很開心地睜大他的眼睛,要看清楚這他已經認出來的美女。

睜大眼睛看清楚的他的身邊沒有美女,也沒有煽情的肌膚和秘密。看清楚的其實是克萊頓在推著他的手肘。

「喂,看啊,靚女啊!」克萊頓擺頭向毛毛示意那些正由保安頭藍帽子帶領進來的男男女女,讓毛毛留意其中幾個有點姿色的香港女孩。毛毛卻只顧看自己那被推過的手肘,快快可惜那被克萊頓搖走了的 Prada 女郎。

看著滿臉驚喜的美國克萊頓,旁邊的港人14K也趕忙介紹:「香港絕無僅有的靚女大多都在這種深更夜靜的時分才出來溜達。以後有機會告訴你這裡面的箇中奧秘。」他說著便提議大家再來一起喝一杯。克萊頓和毛毛都擺手婉拒了他。他便轉身去向默默坐在一旁的香港胖子肥彭敬酒。

「你知道我不能喝。」肥彭一邊說,一邊把14K遞過來的酒放回檯上。

14K看了看附近只有籃帽子帶進來的那些不認識的男男女女,便只好轉向李傲。他先打量了一下躺在李傲懷裡的小香港,然後對著李傲問道:「你可以喝了吧?」

「一點吧。」李傲一邊與14K把酒對飲,一邊卻好奇地打量著那個整個晚上既沒有怎麼講話、又沒有怎麼喝酒的肥彭,心裡很奇怪,這裡怎麼會冒出了一個在夜場既不瘋癲買醉、又不口水噴飛、更不輕佻淫嫖的香港人?這個人太不像香港人啦!

毛毛這時正在講述他剛才飄浮遊蕩的高層次,說他如何開心快樂。李傲也低下頭,探問一下小香港的感覺。這時的小香港閉著眼睛,不斷欣喜怡然地隨著音樂搖頭晃腦。「很好呀!真巴黎!真希爾頓!」小香港興沖沖地回答,玩了「狂喜」的她變得很健談:「很開心,很快樂!好開心呀!克萊頓跟毛毛好嗎?他們在做什麼呀?他們開心嗎?真巴黎……真希爾頓……」

李傲先看了看他們,留意聽了聽毛毛正在講的話,便對小香港說:「他們看來跟你一樣的開心,正在高高興興地談論『法輪功』。」

當李傲聽到毛毛在得意洋洋地講述法輪功的『真善忍』如何令他迷途得道時,李傲記起以前毛毛曾向他抱怨過,毛毛他自己一直為了便於「避

稅」，每年總要讓會計師把公司賬目搞成虧損，以便「避」多點稅錢，可當生意出現問題需要資金週轉時，卻由於這人造的虧損記錄，向銀行借不到錢應急，苦不堪言。李傲便帶著點挖苦的口吻挑逗毛毛：「喂，你的『真善忍』有沒有令你改邪歸正，開始真真實實地去報稅呐？」

毛毛被這突如奇來的挑逗搞得不知所措，因為平時李傲甚少難為他。而且現在的他稀里糊塗的，難以把思辯整理就緒。「這，這，這……」他不斷地嘗試著尋找一個比較滿意的答案，「我，我們正在談宗教信仰，而你……你講的是政治問題。你，你知，知，知道嗎——政教要分離？」

報稅是「政治問題」？李傲感到莫名其妙。他要繼續再這樣玩下去的話，報稅可能會變成是「生理問題」。

「法，法，法輪功什麼時候跟政治分，分，分離過？」總是喜歡逗弄人的香港14K學著美國毛毛的瞠目結舌的口吻去講話。毛毛講話緊張的時候本來就會有點口吃，更何況現在又玩了藥，口舌不靈光了。

面對挑戰，毛毛情願默不作聲。

這時的保安頭藍帽子，剛安頓好他帶進來的一班香港男女青年，坐下來聽到他們在講什麼政教分離，便打趣地逗弄他們：「你們有沒有搞錯！這裡是對酒當歌的場所，講什麼政治？」聽了他的呼喚，大家都看著他，但一下間沒有人知道怎樣回答他的問題。為甚麼講政治？問的簡單，答的困難。簡單的問題卻竟然沒有人思忖過。於是，藍帽子又看著電視屏幕的新聞畫面，繼續追問道：「你看看，你們還看新聞，又高談闊論政治。政治有什麼好講的？」

對呀，政治有甚麼好講的？

「好談——我們都從美國來，」美國青年克萊頓第一個找到他覺得適合的答案：「我們享受講政治的自由。過癮。」

「那是因為我們不久前還都是大學裡的學生，我們習慣了高談闊論。」看著有點被克萊頓的大道理搞得不知所措的香港藍帽子，美國小香港興味盎然地意圖低調帶過。

沒讀過大學的美國毛毛好像覺得老友小香港沒有把他囊括在內，心有不甘，要趕忙提出申斥似的：「政治在你們常……常人的境界裡都……都很重要。」這法輪功毛毛，就算吸了毒也還是三句不離本行，講起話來總是要常人、修煉人啦，你們、我們啦，低層次、高層次的啦。

「政治也好玩噢，」美國李傲只顧著挑逗坐在沙發上興奮地搖身抖腿的小香港：「不信你們聽聽這個小香港的政治偉論，一定可以令你們捧腹大笑。我想『狂喜』一定令她說起政治來更津津樂道，滔滔不絕。」

　　藍帽子看著左搖右晃得可愛有趣的小香港，也立即會意地笑出聲來：「哈哈，對，一定很好玩！」也許，這藍帽子的心思是──這美麗動人的美國女孩，說什麼都好玩。

　　「那就對啦，」總是一輪嘴說話的14K也總是不甘寂寞：「你們美國人喜歡政治吹水，就是因為都吸了毒！可以自由自在地吸毒的地方，一定可以自由自在地奢談政治。有心情吸毒的人，當然也有心情去胡言亂語。」

　　這理論好像很新鮮，好像也很讓人受落，又好像讓人玩味無窮。因為，這時，似乎再沒有人要來做任何的補充和爭辯。無厘頭的14K常常也得意於他的胡言亂語有發人深省的功效。

　　「沒問題嘛，盡情地玩嘛。」藍帽子一邊站起來，走向影視調控中心，一邊繼續說：「來，我來讓你們玩得盡心盡意。」接著，他把房內三邊牆上所有的電視屏幕，都調控為同步組合放播，連接排列著的各個銀屏，好像組合成一個整體的「寬銀幕」，同步播送出一套飛機飛行的俯瞰景象影片。影碟放送的圖像，先讓人看到這架「飛機」外邊正在後退遠離的機場，然後整架「飛機」馬上「昇」上高空，讓人俯視「窗」外的拉斯維加斯的美麗夜景。整個房間都被這些動畫造成一個騰空而起、敖遊飛翔的錯覺，頓時令到大家都目不暇接，欣喜若狂。

　　藍帽子再把音樂聲響調高，遮蓋住所有談話的聲浪，令房內的客人產生一種與世隔絕、在超現實的空間中飄浮飛馳的感覺。

　　房裡面新進來的男男女女，也都變得興奮莫名，有的忙著抬頭往嘴裡扔可以吃的東西，有的低頭在檯上尋找可以吸的東西，有的在挑選堆滿另外一檯可以喝的東西。他們好像都拼命地想去趕快抓住可以令自己激烈發狂的東西，也盡情地去看那可以挑起他們慾望的東西。有的站起來，用激烈的身體震動來跳出他們想感覺的東西，有的就坐在陰暗的角落裡，靜靜地在他們的伙伴的身上摸出能令自己激動的東西。

　　毛毛的手肘突然又被克萊頓碰了碰，隱隱約約聽到克萊頓說：「好東西。」他直覺地以為克萊頓好像又發現了新的『量子拋媚』，便向著克萊頓面向的方向看過去，但在他可以在紛亂的人群中分辨出可能美得足夠「拋媚眼」調情的臉孔之前，克萊頓已經又再碰了他一下。這次他感覺到

克萊頓用來碰他手肘的手仍然緊貼著他,刻意地沒有拿開。毛毛便順勢往下看看:克萊頓的手裡拿著個東西——是一個小小的像子彈樣子的塑膠容器。

「啊,是 Special K?從美國帶來了?」毛毛馬上認得這個美式的吸粉裝置,裡面裝滿K粉。

「是的,香港這裡的貨已經變得像大陸的那些攙雜水貨,玩起來不太對勁。是時候玩玩我們自己的好東西啦。」克萊頓認認真真地在毛毛的耳邊說。

「香⋯⋯香港回歸了, 大陸香港的東西, 分別會越來越小。給我一⋯⋯一個『bump』吧。」毛毛當然喜歡好貨,示意老友克萊頓為他代裝「一bump」——子彈容器的「一吸分量」。毛毛雖然已經有時間不短的吸毒經歷,但他懂得交際,通常都是他的賣藥兄弟為他打點一切——送到嘴邊、端到鼻前——他自己甚少需要掏錢備貨,也更加不太熟悉這些玩意兒的箇中巧妙,當下需要克萊頓來為他代勞打點。

克萊頓倒轉子彈在手掌背上敲動了兩下,然後倒過來再送到毛毛的鼻子前。毛毛按住一邊的鼻孔,用另一邊的鼻孔拼盡全力,長長地、深深地,一下吸了進去,好像要把所有他師傅提過的原子、分子、質子、夸子,都一概通通直截了當地吸進肺裡、吸進腦裡、吸進血管裡。然後,毛毛刻意用他那修煉得道的忍功,閉氣片刻,好像要讓這些顆粒有足夠的時間和機會,找出最高層次的空間去安家落戶一樣。

克萊頓看著毛毛這種故意誇張的貪婪享受的姿態,也瞇起他自己的眼睛,臉上流露出欣賞和滿足的表情。但他剛剛才瞇起的眼睛馬上又睜開大大的——他的眼睛同時意外地捕捉到在遠處發射出來的那既熟悉又尖銳強烈的『量子拋媚』,這次強烈得異常,真是刻骨銘心!

「Gucci 仔,你吸得太誇張了!看,不認得希特勒的香港小妹卻是一下子就認出你的舉動來了!」克萊頓推了毛毛一把說。

毛毛抬頭往小妹那邊看看,的確是一道專注而強烈的「量子調情」,專注得目不轉睛。毛毛發現,肥彭這時已經不在那小妹的身邊。毛毛乘機勇敢地打量著她,比較著早前在夢中見過的女人的形象:小妹沒有「她」的Prada 夾克,大概是一件薄薄的Calvin Klein 白襯衫;可是,衫領以下的幾顆鈕釦同樣被打開,而衣衫上身便是像「她」一樣地敞得開開的;昏暗的燈光下,敞開的Calvin Klein 裡,那白亮的胸脯像電視屏幕那閃爍的光亮

一樣，有著可以帶人「閃進」超現實領域的功能。

毛毛 Gucci 墨鏡後面的眼睛被小妹熾烈的「量子拋媚」和熾烈的胸脯灼烤得熱辣辣的。他的心跳在加速。

「哇！」毛毛情不自禁地感嘆出聲——感嘆那簡直是一團灼熱的火——雪白嬌艷的火。

克萊頓看看毛毛。

「哇！」毛毛又再讚嘆作聲，因為這時他發現那「灼熱的火」已經騰空而起，正蔓延飄忽過來。

聽了毛毛的驚嘆，克萊頓也轉頭看過去，馬上，他也尖叫出聲「哇！——糟！」話音剛落，小妹已經像火一般颳到了他們的面前——這火會燒光子彈裡的所有的好東西！——「糟！」

他們倆都定神地看著這燒了過來的香港靚妹。

「是什麼來的？」又是響亮清脆的聲音。

「希特勒。」克萊頓在全神貫注地盯著眼前那潔白胸脯上的那兩團熊熊烈火，心不在焉地答非所問。

「希特勒？我可以玩一下嗎？」

克萊頓頓時把眼光從盯著的那兩團熊熊火焰那裡搬移了上去，驚異地打量著這個要玩希特勒的香港靚女——她的神情相當的認真堅定。她連「希特勒」都要玩！她那堅定的欲求好像讓他清醒，他遲疑一下，說了聲：「等一下。」接著就站了起來，徑直向好友小香港那邊走過去，決意留下這火去燒那個正在拼命忍耐著一種執著得瘋狂的慾念的法輪功毛毛。

< 26 > 香港狂喜

狂喜小巴黎　搖頭喜樂尋歡喜
Ｋ夢小香港　處女下海一股氣

　　克萊頓先把音樂聲量調低一點，然後走過去蹲在好友小香港跟前。靠躺在情人李傲懷中的小香港，正在閉著眼睛隨著音樂搖擺不停，這時，感覺到音樂聲量的改變，她立即張開眼睛查看，卻剛好看到似有話要講的克萊頓。

　　「怎麼樣，你好嗎？」克萊頓透過他的Versace太陽墨鏡，觀察著小香港歡天喜地的臉孔，問道。

　　「嘿，Versace，很好，棒極了！巴黎巴黎！」小香港一輪嘴忙不迭地地說。

　　克萊頓看著這小香港，確信她非常高興，因為美國的「巴黎巴黎」絕不會像香港的她那樣歡天喜地。「巴黎巴黎」通常笑得含蓄、認真、矯揉造作，笑出家族金錢那味道來，沒有美國小香港這樣開懷歡樂的笑。

　　這時Gucci毛毛也已經跟著克萊頓走到他們跟前來。

　　「等一等，不要急，」克萊頓看了看那邊正在焦急地注視著他們的小妹，意識到Gucci仔的需要，繼續說：「先看看小香港會不會喜歡再說。」

　　毛毛馬上接上去對小香港推銷起克萊頓的「好東西」，就像他平常向客戶推銷他的禮物製品一樣：「嘿，有好東西，是，是……」——是他吸到鼻子裡的東西確實太好了，現在已經開始在作功，令他的口齒變得不太靈光。

「是『K』——Ketamine——麻醉藥,不會上癮,可以把人帶進一個夢幻飄浮的空間。」戴上墨鏡的Versace替Gucci把話一下講完。

「『K』?我知道。我們在美國家裡看過那套電視連續劇《Queer As Folk》,裡面有玩K的帥哥布萊恩——Brian Kinney。他很酷,很巴黎,很希爾頓。」小香港興致勃勃地講。

李傲與小香港都看過那集描述一班同性戀男女他們那沒完沒了的愛情、友情、派對和性愛的電視連續劇。小香港很喜歡性感英俊、打扮入時的主角布萊恩,他的嗜好是跟男人做愛和吸『K』,而且他這兩樣嗜好都比他的銷售專業來得更加全情投入和更加熱衷過度。

「要玩一下嗎?是醫生動手術用的麻藥,不會有副作用,也不會上癮,輕鬆飄遊一下吧?」克萊頓懇切地補充說。

「不好吧?」李傲滿臉狐疑,想出言勸阻。「你——」李傲先對著克萊頓想發出抗議,但好像找不到恰當的言辭,便轉頭看著法輪功毛毛,急急忙忙地抱怨到:「你——你⋯⋯你又來推銷你師傅的『轉法輪』?!你⋯⋯」法輪功毛毛只顧笑笑,笑得像個女孩,笑出甜蜜,好像影星Brad Pit那樣笑得甜蜜,也笑得好像剛剛讀完一段《轉法輪》那樣地嫣然自得。

『狂喜』已經令小香港開心興奮,令她思潮澎湃,也讓她充滿熱血和奇想。她變得更加熱情和勇於冒險。

「好呀!只是試一下。」小香港沒有等李傲講完心裡要說的話,馬上在沙發上坐起來,便欣然地從克萊頓手裡一下奪過了那個塑膠子彈,隨即發覺那原來是她從來沒有見過的子彈容器——特別的吸粉裝置,便隨手又把它摔回給克萊頓。「你來幫我弄。」她不加思索地囔道。

男友李傲這時有點吃驚,心想:「連一個詢問的眼光都沒有?這太不像平常的她了。」平常的小香港,遇事總喜歡徵詢一下男朋友李傲的意見。一向開朗、直接、主動的她,並不是真的要聽從李傲的意見,而是她總會有興趣去問問而已。不過,現在那往常的「興趣」,大概已經被『狂喜』那熱血埋沒了。現在正在歡心喜樂的小香港,有興趣的只是去繼續享受這種興高采烈的感覺,其他的一切她都好像並不再在乎。

李傲沒有機會去阻止,甚至沒有機會再去哼出一聲,因為此刻沒有人再有空去理會他在想些什麼、講些什麼、要做些什麼。那兩隻戴上名牌墨鏡的「貓頭鷹」,正都忙著要教會這個從來只是用鼻子來呼吸和品味的小香港怎樣去把鼻子當作吸塵器。滿腔熱情的小香港這時也真的要煞費苦

心，折騰一番之後，她竟能成功地把毛毛和克萊頓描繪的那些好東西吸進了鼻子裡。東西好不好，對於小香港來說，一時無法判斷，倒是她立刻感覺到它們好刺鼻，鼻膜好像被插上很多刺針似的，令她立即就想打噴嚏。在她正在感覺和等待這正在醞釀暴發的噴嚏時，意想不到，這鼻膜神經對吸進去的顆粒卻好像又突然改變了意向，不再肆意排斥抗拒，冷酷的抵觸轉化成溫暖的擁抱，像似欣然地、情意綿綿地把它們緩緩吸收了進去，打噴嚏的衝動瞬間已經奇跡般地消失得無影無蹤。神經反應中這對外來物突如其來的開放和擁抱令她意識吃驚，吃驚中她又已經開始感覺到大腦開始在旋轉，意識和感受都在旋轉中融化攪和。

「啊！」小香港吃驚地低聲叫道，一陣震撼的恐懼，像觸電一樣地一下攣攪著她全身的神經。她急忙閉上眼睛，意圖集中意識的力量，去抵抗這令人顫栗的恐懼和那對神經突如奇來的襲擊。

「你怎麼啦？」

她聽到李傲焦急的聲音。她意識到她不能讓他擔心。她在混亂的思緒中選擇了一個力所能及、但同時可能是最簡單又最有效地安慰李傲的回應：她盡力繼續緊閉著眼睛，勉強讓嘴巴堆起一點點笑容。她不確定嘴角是否真的形成了笑的樣子，因為她要在天旋地轉的腦際中掙扎不停。很快，她再也聽不到李傲的聲音，只是在知覺變得越發模糊之際，她曾經感覺過有東西把她將要跌下去的身體扶起著。

<27> 法輪芬芳

靚妹希特勒　尋歡作樂共陶醉

毛毛相陪伴　興風作浪探心水

　　毛毛從克萊頓那裡拿到了K粉子彈，回到這個甚少講話、卻很多要求的美麗小妹的身邊，摸索著要幫助她去吸一「bump」那與希特勒沒有關係、但跟希特勒一樣難搞的Ketamine。他也把嘴貼近香港小妹的耳邊，低聲細語地告訴小妹，他們在搞的不是克萊頓講的「希特勒」，而是比搞希特勒過癮得多的K仔。法輪功毛毛，一向正氣凜然，陽剛坦坦，現在他自己吸過了K粉，說話說得特別陰聲細氣，像女孩那樣地溫柔，口水變了油。他儘量靠近小妹，靠近得他的心都在感覺著她的心中的「脈搏」。他細語綿綿地講著她所喜愛的「希特勒」和他所喜愛的K仔，但毛毛卻沒有同時告訴他所喜愛的小妹，他在她耳邊嗅到了小妹那道足以引起他激情慾望的香味──這芳香，對他，或者是對他和她的大家，其實都一定比希特勒和K仔又都過癮得多。小妹的芬芳，轉動著毛毛的慾望，像轉動了他心靈裡的那個「法輪」一樣。

　　小妹對K仔很清楚，她玩的次數也許比毛毛多。但這時不是她喜歡講話的時候。有誰會在吸毒神遊的時候還有心情去理會過去「遊」過多少次、「遊」到那裡去？或者那個叫什麼「希特勒」的東西到底是難搞的、還是過癮的？她只是看著這個斯文熱情、一身 Gucci 名牌打扮的美國帥哥笑了笑。接著，她讓毛毛把眼上的 Gucci 墨鏡借給她看看，然後借給她戴上。然後，她又好奇地借了毛毛手中的K仔子彈來看看，看完後還愛不惜手地握在手中把玩、捏捏彈彈……

　　毛毛這時看著小妹在墨鏡後面閉上了的眼睛，儘量靠近她漂亮的臉

蛋,也儘量接近那香味的芬芳,細語纏綿地問她感覺如何。她點點頭。問她是否經常出來玩。她點點頭。問她好不好玩。她點點頭。問她是不是肥彭的女朋友。她搖了搖頭。問她有沒有男朋友。她搖了搖頭。問她介不介意交個男朋友。她又搖了搖頭。然後毛毛把手抓住她握著K粉子彈的手,問她要不要再來一「bump」,或者把子彈還給毛毛。小妹還是閉著眼睛,繼續搖著她亮麗和芬香的頭。毛毛看著小妹臉上屬於自己的Gucci 眼鏡,又摸著她手上屬於克萊頓的K粉子彈,他不再問了。他自言自語地說,玩K粉時身體會感覺得冰冷,因為身體會被麻醉了。說著,他握緊小妹的手,用另一隻手把他的 Gucci 夾克也脫了下來,蓋在他和小妹的大腿上,不再理會那小妹是否有在繼續地搖搖頭,還是點點頭……

<28> K神典故

安撫小巴黎　　諄諄善誘克萊頓

K神John Lilly　雲遊天國撰理論

　　李傲留心觀察著他緊抱在懷中的小香港。她靜靜地躺在李傲的手臂上，偶爾臉上嘴邊的肌肉抽拉一下，像是要笑笑的樣子。留意著她的李傲，無從輕易判斷她現在吸了K粉之後的感覺，因為她臉頰上那兩個清楚、明顯，像小巴黎——Little Paris Hilton 的妹妹小麗基—— Little Nicky Hilton 的酒窩，從來都是那樣甜蜜美麗。他的情人小香港，安詳地閉著眼睛那甜美地笑著的一張可愛的臉，當然比小巴黎漂亮，甚至比小麗基都更加動人美麗。

　　「貓頭鷹」克萊頓察覺到一向淡定從容的李傲這時的緊張心情，便不斷地向他講述關於K的故事，以便用以安撫他。克萊頓告訴李傲，K是人稱「Special-K」的 Ketamine，原來是醫生用來為病人動手術用的麻醉劑，但不久就發現，很多病人在被麻醉後動手術的過程中，遭遇了很多離奇怪異的近乎死亡歷境的情景，遊浮去了很多美麗的仙域奇景。從此就有眾多科學家開始對 Ketamine 進行研究探索，特別有興趣研究 Ketamine 對腦神經運作的影響和意識經驗的改變。接著，美國克萊頓再講起，美國有一個世界知名的腦科學家 John Lilly 和另一個出名的星占學家 Marcia Moore，他們同為這種帶引他們走進夢幻K河的 Ketamine 而發狂地試驗研究了一番，竭盡全力地追求探索，甚至把K當作是神靈那樣有著至高無上的靈氣。他們探索研究 Ketamine 的狂熱和勁頭，足可以與探索研究白粉可卡因時的奧地利著名心理學家弗洛伊德—— Sigmund Freud 相提並論，美國的這兩個科學家犧牲自己身體作研究的捨身精神，比起奧地利的弗洛伊德更加是有過之而無不及。克萊頓還告訴李傲，香港大陸和亞洲各地的人都

玩K仔玩得如癡如狂。只是他們不像美國科學家，既沒有把K當作科學來研究，也沒有把K當作神靈來供奉，那裡的人實際和充滿創意，只顧快樂得意。美國克萊頓還說，他佩服中國人做生意的敏銳頭腦和超卓創意，他們在大量製造生產K粉讓「忽得友」享樂的時候，為了增加銷售利潤，常常把洗衣粉、麵粉、奶粉之類的形形色色的白色粉末加混進去降低成本，以達到最高的利潤效益，滿足市場供求也增加市場價值。都說中國人是世界生意高手，可以媲美猶太生意人。當然，在中國人地方的美國克萊頓又不忘補充說，他常常聽到中國人自己很自信地誇獎自己，他們才是世界上首屈一指的商業天才。講到商場奇葩，講到市場規則，美國克萊頓當然也不忘講起客戶利益。他說，他對中國、香港那些混雜了洗衣粉的K粉不敢愛慕，他自己在從美國飛來香港的時候隨身偷帶了自己炮製的K粉，還津津樂道地描述了他自己是如何精心仔細地親自下廚，親手直接從藥瓶針劑中的純正的Ketamine liquid那裡把K粉悉心烹製出來。美國克萊頓訴說他烹調K粉的流程工序之神情的認真投入，正有如一個國際烹飪大師剛剛炮製出了一道得獎名菜一樣的自豪滿足，像在電視節目中總是演說得瞪眉突眼、搖頭晃腦的美國烹飪大師「Yan-Can-Cook」的Martin Yan一樣的出神入化、一樣的心滿意足。

　　李傲沒有心思去聽克萊頓的講解，因為李傲的緊張並不是在於他對K的一無所知。其實，他雖然不碰毒品，但由於他相信毒品對神經系統有特殊的功效，而且其中有很多效果，跟宗教信仰中的氣功打坐、靈恩禱告、聖儀狂舞都是異曲同工、殊途同歸的，因此他曾經通讀過各種各樣與毒品有關的書籍。對Ketamine，他自然也有所了解。他有印象，John Lilly既是研究腦結構的專家，又是不斷用各種毒品來檢驗自己的腦神經極限的專家；他既是一個研究海豚生態和聲音的專家，也是發明建造了一個無重浮缸、讓自己好像海豚一樣躺在高浮力的鹽水裡然後在懸浮狀態中感受與神溝通的專家。李傲也知道，John Lilly與Marcia Moore都一樣廢寢忘食，日以繼夜地研究K，發狂的程度甚至最終令Marcia Moore在冰天雪地中與她的「K神」交流時發生致命的意外。李傲此時擔心的卻是，平常幾乎完全不碰任何毒品的小香港，她的身體對任何藥物的反應都可能會比克萊頓和毛毛這些識途老馬來的激烈得多。而且同一個人的不同情緒和不同精神狀態，都可能大大地改變藥物在身體裡的反應程度。這就像他自己煉氣功和打坐時常常遇到的情形一樣——不同精神和身體狀況，有不同的反應和效果。尤其今天晚上，小香港曾經被自己面對的前景和她家人的一些微妙的關係的思索攪擾過，她的心情有點低落和不穩定，一切都可能存在著產生變故的未知數。

想到這裡，李傲突然打斷還在嘀嘀咕咕地講科學家如何科學地吸毒等偉論的美國克萊頓，對他講道：「我也大概知道些John Lilly 和Marcia Moore他們的背景和他們以前的學術研究。不過我倒是想問問你：你知不知道他們的近況呢？」

　　克萊頓遲疑了一下，還是丈二金剛──摸不著頭腦：「好好的吧？」克萊頓顯然不知道。

　　當然是好好的，因為他們都已經去了天國。但李傲並沒有說出來，他只是繼續問了一句：「你知道什麼是令科學家著迷而又百思不解的『瀕死經驗』嗎？」

　　克萊頓又怔了一下，對這突如其來的問題好像又有點不知所措。

　　李傲笑了笑：「眼前一道光，自覺到天堂。」

<29> 法輪熱烘

毛毛超常人　法輪K動高層次
凡間焚肉慾　暖流烘熱低俗意

　　毛毛這個 Gucci 仔的 Gucci 墨鏡，仍在靚麗而「忽得」的小妹那芬芳的臉上。沒有茶黑色眼鏡的 Gucci 仔，現在看東西好像特別敏銳清晰。『隱形轟炸機』貴賓房裡面，還是人來人往，出出進進，忙忙碌碌。Gucci 仔感覺著忽得妹動人的臉蛋的熱火和芬芳，感覺著她打開的 Calvin Klein 襯衫領口上的熱火和芬芳。Gucci 仔再繼續往下面感覺下去，這時Gucci 夾克下面蓋著的他的手，好像也感覺著同樣程度的熱火和芬芳，是那種銷魂攝魄的熱火，和煽情招慾的芬芳。Gucci 仔的手，輕輕地撫摸著忽得妹微微在顫動的手；那顫動的手，也在認真地撫摸著裝了K粉的子彈。

　　沒有墨鏡的眼睛，看著燃燒的火看得清清楚楚，清楚得感受到那火熾烈的煎熬。毛毛重新閉上眼睛，火好像還燒在他的眼簾上。他的心跳在加速，他的思緒在奔流。他的感覺，在越來越激烈地燃燒。他分辨不出這火辣的感覺，是來自他體內的藥，還是來自他的手，還是來自他手上摸著的東西。他很想知道，很想找出答案，但他的思緒卻很混亂……

　　他的心在激烈地敲動，猶如一個跳動的鬧鐘！心扉燃燒著慾誘，誘惑來自他摸著她的手！

　　他嘗試放開他那撫摸著東西的手，他的心跳和思緒幾乎還是同樣的激烈、激烈得火上加油。這怦動的心跳讓他狂妄的肉慾焚燒心頭──他與小妹好像兩心一箭全貫透，似乎「法輪」齊轉、大家意合情投。

　　他嘗試去感覺他那不再去撫摸東西的手，感覺到那手好像仍然是熱乎

乎——那是剛剛摸著火的手,那手熱透。

他再努力試圖在混亂的思緒裡,集合斷斷續續的意識,去體會感官從他那隻手傳來的訊息。手重新去摸著東西,新的膽略,肆意去搜掠。

摸著東西的他,重新去感覺,感覺得慌張,沉吟不決。他感覺到真確,真確得就像火燒著冰雪。手向前移動著去感覺,寸寸移動、秒秒想超越。手在摸索著去感覺,步步探索、江湖尋明月。他在感覺,認真地感覺。感覺的意欲,隱隱約約;感覺的意識,影影綽綽……

漸漸地,他感覺到了——那些感覺有點寒冷,冰冷的感覺來自於身旁的女人,那女人腿上的光滑的絲布,那絲褲蒸發著那腿上的冰冷——忽得妹那讓K麻醉了的大腿缺乏熱能。她的腿的冰冷,卻把他的心燒得熱騰、心火旺盛。那「冰冷」在燃燒,心跳亂蹦,心跳與冰冷,打開著心門,那些「冰冷」,在心門的眼幕中狂奔、栩栩如生……

他感覺出,他暖暖的手,和她冷冷的腿,都還在Gucci皮夾克的覆蓋之下,他感覺出腿的光滑。這滑,讓他怒放心花。

他感覺出,光滑的腿上的冰凍;冰凍上,放著他自己的手;手;在蠢蠢作動。他感覺出,他那手的手臂上,還輕輕搭放了忽得妹的手,那手在微微顫動。他感覺出,他的心跳和思緒都在激烈地加快,快得他無法自控,無法自控地要撫摸這熱火的冰凍,那是難以約束的衝動,心潮衝涌、涌上山峰、直達天宮……

時光好像被凍結,但感覺好像在飛跑、跑得急切。

漸漸地,一切都在演變。冉冉地,一切都停滯於同一樣的感覺。徐徐地,他在沉沉撫摸著大腿的手,繼續向上邊慢慢地移動;緩緩地,那輕扶著他手臂的另一隻手,開始緊張地往下向他的手背上滑落。慌慌地,沒有自己,只有心意……

他意圖屏氣靜心地去感覺,但心不能平靜,心只有虛空。心內的感覺,吵吵鬧鬧,咕咚咕咚,沒有平靜的感覺,感覺到的只能是,轟轟隆隆。感覺著那些向上和向下的運動,四隻手,在蠢動,那感覺讓炎夏更替了寒冬。再多的時間,好像都不夠用;再多的歷途,也沒有一站雷同。多少的熱燒和激動,多少的冰冷和顫動。

他一直去感覺,從始到終。

他感覺到了——那是激烈顫動的夢,那是慾望的頂峰。

他感覺到他向上撫摸著冰冷的手，停留在一股暖流之中；而那隻下滑的手，也已經緊緊地壓在他的手背上——激烈地抖動。他好像感覺到，兩個人都在馳動的心跳——感覺著心跳的暴雨狂風。而這狂暴的感覺，都傳自於，那在冰凍的兩腿間的幽約仙洞，傳自於，那仙洞裡，漫溢出的一股潺動的暖流之中。

　　暖流中，毛毛他，一柱天穹，無法操控。滾動的是岩熔；熔岩在消融，是慾望的「法輪」熱烘，熱烘地轉動……當刻，他不再記得自己是「法輪功」……

<30> 雲遊歸返

雲遊小香港　醉意景象夢初醒
魂飛尋歡客　牛頭馬面晃形影

　　小香港感到四肢麻木，沒有力氣。但她並不需要很多的力氣，因為這時她的身體是輕飄飄的。而且，她感覺到麻木和冰涼的肌膚的周圍，有著一些溫暖和實在的依托，令她在被旋轉和被拖曳的激流衝擊中，仍然感受著某種踏實可靠的保障、一種稱心如意的舒適。她的腦際，有時好像在慢慢地融化和扭曲。時間和空間，在經驗著的知覺中好像沒有順序和距離的意識，一切都正在急促地發生著，好像是同時、也好像是反反復復地發生著，以難以記憶的、毫不連貫的片段形式發生著，而且就發生在她的身邊，甚至就發生在她的身體裡面。

　　「你還好嗎？」她知覺到一個聲音。

　　她覺得，這是從她腦際裡迴旋出來的聲音。這聲音，不像有特殊的意義，因為這時她的腦海裡，激蕩著無數交織一起而不能分辨意思的聲音。但這聲音，在重複回響著。慢慢地，更明顯地，她分辨出，這聲響不是發生在身體的裡面，而應該是，來自身體的外面，這也依稀把她的意識，帶到她身體以外的世界，原來身體以外，還有現實的世界。

　　她盡力睜開眼睛，從狹窄的一線眼縫中，她迷糊地看著一個熟悉的身影。

　　「你好嗎？」又是那同樣的聲音。

　　「好。」她輕聲地回應。

　　但她來不及分辨那聲音和身影屬於誰。這時她眼前又已經涌現出很多色彩繽紛的形象。她要閉上眼睛——眼睛卻好像已經閉上，但圖像，還繼

續在眼前振動飄蕩。她用力再把眼皮壓緊，卻感到吃驚，因為眼睛，已經是緊緊地閉著，而圖像，卻是出現在她緊緊閉著的眼睛的眼簾上。這些色彩鮮艷的圖案在閉上的眼睛的眼簾上清晰明確、跳躍不停，只有當她勉強睜開一點點眼縫的時候，圖案才會變得模糊不清。有一陣子，她的意識，好像跟隨著這些景象，飄忽遊離了出去⋯⋯

當她再隨著一些畫面雲遊歸返時，她的神志已經漸漸變得清楚明晰，而畫像卻相反變得晦澀朦朧，恍惚不定。她與外間已建立起更直接的感應。K的藥力好像已經在她的身體裡慢慢地消退。當那個熟悉的聲音又從她的耳邊響起時，她已可以辨認出那是熟悉的李傲的聲音。

她張開眼睛，對著她的男友李傲，用薄薄的嘴唇擠壓出一個溫和的笑臉來。她靜謐了一陣子，試著去重溫那一幕幕曾經向她顯現過的畫面，她記得有過畫面，但她不記得是什麼樣的畫面，儘管有追憶的意圖，這意圖卻沒能讓她重溫剛剛游弋漂移過的經歷途程。但她，突然，記得畫面發生或者漂移起來之前的一個情景——她的美國朋友毛毛和克萊頓他們曾經走過來的情景。

「毛毛還好嗎？」她輕輕地問李傲。

李傲抬頭看看。

房間裡，擠滿了各式各樣的人。沙發上也擠得緊緊地坐滿了這樣那樣的人。這些人，坐在長沙發上、坐在短墊腳凳上、坐在大腿上、坐在地上。李傲發覺，港人肥彭和港人14K都不在坐著的人群之中。在那些喧嚷的某一堆人裡面，克萊頓正和一位看上去成熟嫵媚的香港女人，緊貼著擠在一起。他的手臂繞過了她滑潤裸露的肩膀，輕輕地從後面抱住那個像是神魂顛倒了的她。他抱得似乎莫名的心慌，但又恍惚無比的坦蕩。克萊頓顯然在做著比抽象的『量子跳躍』更現實得多的實驗——應該是「心臟跳躍」的實驗。李傲接著再瞄了一下克萊頓身旁的毛毛，看看他是否還在尋找兩眉之間的天目，或者也是同樣地在享受著肌膚之親的快感。李傲看到毛毛和他身邊的香港那個靚妹這時都同樣閉上了眼睛，嘴角輕微地在抽蓄著。他們並沒有像克萊頓和那個成熟的女人一樣坦蕩蕩地擠擁在一起，他們倆的手都莫名其妙地消失在那鋪在他們兩人大腿上的夾克裡，像在靜寂的河塘裡鴨子划水一般，表面上的優雅自然，掩蓋著私底下的繁忙抓狂。

顯然，這時的毛毛在潛心尋找的，也不再會是天目之類的東西了，與身邊那火熱的常人打著凡俗的交道，當然還是選擇低一點的層次比較直截

了當。尋找天目要用心智去尋找，毛毛現在尋找著的東西，用手去探索就可以找到……

「毛毛還好嗎？」這是李傲聽到過的小香港的問話。

還好？望著這般的景象，李傲這時，似乎不像是去回應小香港的問話，而是在若有所思地自言自語：「他們，看來，並不只是『還好』，他們簡直是在心醉神迷……」當然，他本來更想說的其實是：「不！不僅僅是『還好』！他們簡直隨時都會爆發出一噴沖天的熱潮！」

小香港也慢慢地抬頭向那邊探視過去，幽暗的房間裡，三面牆上的Plasma 電視熒屏還是閃爍著好像令到這架「B-2隱形轟炸機」騰空飄馳的畫面。在這閃動不定的光亮中，她沒有看到毛毛和克萊頓，她只看到很多陌生的臉孔：模糊和陌生得只像一堆牛頭馬臉。她用臉上擠迫出的兩個明顯的酒窩來顯示出另一個笑容——一個向著給她溫暖和愛心的男友那回應著她的愛意的微笑，然後貼緊李傲，去享受他的擁抱……

<31>飄然神仙

真摯藍帽子　　寄情香港贈大禮

跳舞14K　　殭屍魔鬼附身體

　　鹹豬手藍帽子與肥彭和14K一起從房外邊走了進來。夜總會保安頭藍帽子看看房內一眾好像都在不同的空間裡騰雲駕霧似的：他們現在都東歪西斜地左依右靠在沙發上、短凳上、地板上、大腿上、小腿上、胸脯上、肩膀上，好像都在打著瞌睡，又好像都在夢遊飄浮。沒有人再理會音樂的節拍韻曲，一味各自為政，各有各的境界，各有各的陶醉。

　　藍帽子徑直走到李傲和小香港這對美國情侶的跟前，看著閉上眼睛慢慢地在搖動身體的小香港，他把手輕輕搭在小香港的肩膀上，關切地問李傲：「她——還好嗎？」

　　「還好，」李傲一邊回應，一邊下意識地盯著藍帽子那隻「鹹豬手」的落點，宛如擔心，這藍帽子會稍有不慎便又再誤會了自己還是在當籍出勤中的警員，然後不慎再把小香港也錯當為那閣樓裡可以被他輕薄的妓女鳳姐。李傲再把注視了一下藍帽子的手部位置的視線往上掃射上去，對著誠懇親切的藍帽子，再補充說道：「還好——她，她剛剛第一次玩K。」

　　「玩K？」藍帽子的眼睛閃出喜悅的光芒，好像因著客人對他服務週到作出了讚賞表揚的那種滿足的喜悅。「是嗎？玩K——好好玩吧，讓我來送給小香港一個禮物。」藍帽子講完之後，把手從小香港的肩膀上拿開，向著房間盡頭的音影調控中心那邊走了過去。

　　「謝謝！——」李傲對著正在走開的藍帽子的背影說道：「——啊？——禮物？不用了吧——？」李傲是喊出了點聲量，可藍帽子並沒有

聽到他說的話。李傲這時，臉上劃出一道微笑，也許是感受過藍帽子眼光中的喜悅所引發的喜悅，也許是意會到自己對藍帽子那「鹹豬手」的多心和敏感的釋放的喜悅。多心啦──他為自己的思疑覺得好笑。

「禮物？什麼禮物都好，只要不是你的『鹹豬手』就ＯＫ啦……哈……」李傲邊笑著邊在心裡講，一邊還留意著藍帽子打點「禮物」的一舉一動。

走到貴賓房這『飛船』的『駕駛艙』前的藍帽子，這時對手上拿著的對講機呼喊了幾句，然後按動了『駕駛表盤』上的一些鍵鈕，房內面對面的兩邊牆壁上的兩排電視屏幕，這時開始分別播放出兩個不同的現場攝錄畫面，一邊直接觀賞到外面的『夢幻境界』大舞場的實況，另一邊播放出上層的『桃園夢園』小舞場的影像。從屏幕上可以看到，這兩個舞廳都熱鬧非凡，與貴賓房內當時的沉寂的氣氛截然不同，形成了一種會刺激那昏沉的意識去覺醒的強烈的視覺比照。藍帽子接著，再把他身旁『駕駛艙』裡的坐屏也調了調，讓它播出展現這房間內的即時動態的CCTV攝影場景，令到這些東歪西斜地堆集在房間裡的人形，直接反映在那兩面猶如『駕駛視窗』的屏幕上。然後，他再調高了音樂的聲量。這時的音樂，開始改放出舞廳特邀駐場唱片騎師所混播的迷幻跳舞曲。

這特殊的場景氣氛，和加大了的音響強度，馬上造成了一種意想不到的效應。房間裡面的人，好像在經歷著一個漸進而持續不斷的甦醒過程：在宏亮的聲浪和活躍的畫面的刺激下，他們慢慢地開始醒覺，慢慢地開始騷動，慢慢地開始挪動身體，又慢慢地開始站立了起來，跟隨著音樂開始慢慢地搖擺著身體，開始欣賞著『駕駛艙』屏幕上所看到他們自己的那些慢條斯理地扭動著的身影。當音響放送出下一首由註場DJ混調播放的《爸爸 No K！》的歌曲的時候，房內大部分的人已經從夢行中覺醒，氣氛開始變得活潑熱鬧。連小香港也都慢慢地從李傲的懷抱裡掙脫出來，站了起來，開始隨著音樂輕輕地搖動著身體。

藍帽子這時再走了回來，對李傲說：「這是《爸爸NoK！》，是我特意點給第一次玩K的小香港聽的。是我送給她的一個小小的禮物。」

「謝謝，」李傲說。禮物？這關於K的禮物？──你那些禮物早已經在小香港的血液中奔流著啦……哈，《爸爸NoK！》？他相信小香港喜歡這歌，也會接受和喜歡這樣的「禮物」。

從電視屏幕上看著外邊舞場舞客為《爸爸 No K！》而掀起的那股沸

騰狂亂的舞動熱潮，又看著房內那些跟著歌曲歌詞歡唱的人的熱情洋溢，李傲恍惚意覺到了這迪士高裡竟有著那麼多都在醉遊K河的形形色色的道友。他們都被這歌曲的熱鬧激情所喚醒，被挑逗得歡歌起舞……手腳擺擺，腰臀歪歪，情意 high high……人影晃晃，鐳射閃閃，燈色蕩蕩……這樣看來，藍帽子的K情「禮物」，其實不單單是送給了這第一次玩K的小香港，還送給了這個『迷域51』大舞場裡充斥著的所有玩K的夢醉迷徒。那閃耀的鐳射激光，伴隨著激蕩的歌舞情懷，從舞場的玻璃幕場向廣闊的夜空噴撒出去，感覺好像也喚醒了那夜空下的大香港，這夜場藍帽子的《爸爸 No K！》的禮物，甚至好像是有意要送給這個充滿著各式各樣K場的大香港……

場內外不少的人都在歡欣雀躍地高哼著《爸爸 No K！》：

他說可樂就來得多，
索K只是小兒科。
雙腳飄飄然，
感覺好像做了個神仙。

歌中的「爸爸」是玩可卡恩白粉的沙場老將，玩起K仔來駕輕就熟，簡直快樂得就如同踩雲踏霧的神仙。儘管比較可卡恩，那K粉只是被貶之為微不足道的小兒科，這時全場卻好像都在為這些「小兒科」的K粉而瘋狂，大家又好像也瞬間都變成了那「雙腳飄飄然的神仙」。

連從不擅長載歌載舞的港人14K，現在都在與幾個藍帽子帶進來的香港女孩子在靠近『駕駛艙』那邊跳起舞來。大概是為了要搞起氣氛，要似模似樣地帶動這班比他的年紀足足小了半截的青春玉女跳得更投入，14K瘋狂激烈地在抖動著他那僵硬不協調的肢體，意圖配合著歌詞內容，要顛跳出他所理解的所謂飄飄然的神仙來。誠然，不善歌舞的他，或者以為跳舞與拳腳功夫大同小異，不外也就是那些扭身踩地的鵰蟲小技罷了，於是便以他那空手道黑帶高手的招式架勢來演繹舞身弄姿，結果神仙飄然不出，倒像是扭拽出與神仙對立的那一類幽魂鬼怪來。

李傲留意看了一陣慢慢開始跳得活躍起勁的小香港，也意外地瞥到了在那邊跳得興致勃勃的14K，於是他示意小香港也看過去。他們以前儘管與14K一同去過幾次迪士高，看到他真的跳起舞來實在還是第一次，而在舞場裡竟然看到有人會跳得這樣的古靈精怪，實在可能更是絕無僅有的

第一次。這時的14K，在用他的身體急促地抖動搖擺，腳也同樣急促地原地震動，而這些搖震都僵硬和急促得與音韻節拍毫不相干，與其說是在跳舞，不如說是在顫慄，像觸了電、著了魔一樣地盡情地震顫。

看著看著，小香港忍不住笑出聲來：「嘻嘻，14K好像發生了什麼毛病似的？怎麼抖得像似魔鬼上了身一樣？魔鬼附體啦？！」

「是像附體啦！如果魔鬼還沒有已經上了他的身，哪也一定是正在努力爬上去！」李傲也幽默地回應：「也許，他像似美國『震撼教派』的信徒一樣，意圖用他們那些劇烈瘋狂的身體震撼來進入魂迷交錯的空間，以便與神或者魔鬼之類似的東西通情交媾。」

言下之意，14K是在與魔鬼做愛。李傲的話把小香港逗得大笑了起來。

不久，越來越電震得狂熱奔放的14K，拖著那幾個小妹，提議要到外邊的大舞場去一顯身手。房內不少人都跟著要出去看看舞場的熱鬧，或者看看14K搖出的熱鬧。香港胖子肥彭要把還在與美國毛毛「忽得」的火熱交熾的香港「忽得妹」也拖出去。這時，雙腿還是被K麻木得冰冷的忽得妹，走起路來倒自然而然地像個飄飄然的神仙，左搖右晃的，十足那個八仙過海中的跛子神仙──『鐵拐李』。

覺得應該讓小香港也吸點新鮮空氣和改變一下環境，李傲便拖著小香港也跟著大眾一齊走了出去，留下毛毛、克萊頓和另外幾個陌生人在房間裡。

美國毛毛睜開眼睛，看看他那團被肥彭拖走了的熊熊烈火，也看著李傲把另一把美麗熱烘的火拖走，而其他有火或像火的東西，不是被14K拖走，便是被別人拖走，他只好重新戴上肥彭讓忽得靚妹留下還給他的那副Gucci 墨鏡，握緊他竟然沒有忘記從小妹那裡奪回來的K粉子彈，然後從墨鏡的後面，看看旁邊心智正狀似『量子波浪』一樣同時存在於幾個不同點的好友克萊頓，覺得索然無奇，徐即再閉起他的眼睛，收拾雜念，決意重新去尋找他那剛剛已經同時失去了火熱和冰凍的高層次。

<32> 再尋K夢

慌張小香港　驚惶察覺吸藥多

迷亂找房間　跌跌撞撞忙失挫

　　在港人14K的帶領下，一隊像似『震撼教派』的香港信眾，興高彩烈地擠進了『夢幻境界』的大舞池。

　　李傲與小香港，先在那裡，看了一陣，然後走到樓上的另一個舞池——『桃源夢園』，又看了一陣。樓下和樓上的兩個舞場裡，都仍然是那些跳玩著海馬、呼啦圈、機器人和神媾一般的各式舞客。據說，海馬調情時，會不停地要跳足三天三夜。而這裡的舞客，都似有海馬的這種不朽的調情毅力和熱情。

　　在樓上的『桃源夢園』舞廳那裡，又待了一陣子，李傲和小香港覺得還是回去樓下，看看14K的撒旦震撼更有新意。於是，這對美國情侶從樓上再走了下來，回到『夢幻境界』大舞池，嘗試去體會一下14K那種震顫的樂趣。

　　14K的狂熱震顫，這時，正越演越烈。他把他練武功的所有勁頭、毅力、體魄，都淋漓盡致地通通發揮在他那永無休止的顫栗裡，大有誓要顫抖出佛家的出神入定、或是魔域奇景的陰魂附體來的那般的堅定不移。

　　看著這個樂此不疲地拼命與妖魔入神交媾的14K，李傲貼近小香港的耳邊，告訴她：「他再這樣抖下去，難免很快就會抖出高潮來。」聽了李傲的話，小香港用她那兩片甜蜜的薄唇，在她的臉上笑出了兩個可愛的酒窩來。接著，他們倆，也自得其樂地跳起舞來。

　　玩了K的小香港，這時的神志，雖已經差不多完全恢復正常，但可以

知覺從曾被麻木的四肢所傳達過來的訊息，還是非常遲鈍模糊，令到她感覺不到腿部的重量，雙腳擺動起來毫不費勁，就像飛飄一樣。一向熱衷跳舞的小香港，這時也感到意外的驚喜，因為她竟可以輕鬆自如地跳出她平時要刻意用勁才可以跳出的那些高難度舞步。

李傲，看著小香港興奮狂快地跳動，也覺得奇怪。既為小香港表面上的迅速恢復，感到安慰，也為她竟可以這樣輕易地舞蹈翩躚，而擔心疑惑。因為他留意到，大量熱汗卻同時正從小香港靚麗的臉頰上不斷灑滴下來，顯示出小香港現在正不知不覺地大量消耗著體能熱量。李傲覺得，應該提議小香港，先休息一下，不要讓體力消耗過度。碰巧，那位與肥彭跳得不是那麼有趣味的靚麗小妹，也正要借故逃避一下。於是，香港小妹便約了這個雖跳得興致怡然、但又汗流浹背的美國小香港，要一起去洗手間梳洗補妝。

李傲起初有點顧慮，提出要親自陪伴小香港一齊去。

「不必了。」小香港爽快地回應。

李傲思忖，一來，小香港有這個整晚都只是乖乖斯文靜坐的香港小妹相陪比較放心，二來，小香港也已經變得精神煥發，當時便沒有太過為意，相約好了，會在舞池裡等候她們回來。

「一定不要走開，在這裡等我回來！」小香港向李傲一邊高聲呼喊著，一邊拖著小妹走出舞池。

李傲一邊揮手，一邊回應：「一定不走開，等你回來！」

小妹說，她要先回貴賓房去拿她的手袋，小香港也只好同行相陪。

小妹是這裡的常客，對環境熟識清楚，沒有像小香港那樣，會被這舞場裡五花八門的名稱所迷惑，她引領著小香港在人群中左穿右插，輕輕鬆鬆，便回到那門外壁龕裡鑲嵌有隱形飛機的那間貴賓房。

房間裡，多了一些陌生的臉孔，都正沉迷在對於小香港和靚妹不再陌生的那些玩意享樂中。克萊頓和毛毛，已經各自從不同的層次空間回來了。毛毛看到進來要拿東西的那火熱的小妹，分外高興，小妹看到毛毛手上的K粉子彈，也喜形於色。他們大家，各有各自的興趣和喜好，都馬上發掘到能催化滋生凝聚力的化學物質。

「我要。」一向甚少言語的香港靚妹這時看著美國毛毛開腔了。

「你要？」毛毛心裡一陣緊張，「要──我？Gucci？希特勒？K？」喜

出望外的毛毛盯著靚妹熱切地盤算，他大概什麼都可以給，也什麼都願意。

美國克萊頓看到眉飛色舞、神采奕奕的小香港也問：「嘿，怎麼樣？好玩嗎？」

「驚險刺激，很過癮。」小香港順口開河。

「再玩一個『旅程』？」

「再玩？」小香港邊講邊下意識地轉頭看看後邊，好像要看看周圍的人會不會反對似的。

「你的情人李傲不在啦。」克萊頓笑著說。

「好。」——「好」得乾脆利落，斬釘截鐵。

克萊頓趕忙倒掟了一下手中的塑膠子彈，送到小香港的鼻子前。小香港用那已「曾經滄海」的鼻孔，抽吸了一下。沒有感覺到上次那種螯針般的刺激。

「好像沒有吸到，」她說。

「真的？」克萊頓脫下墨鏡，再倒轉子彈，用力在玻璃檯面上連續敲掟了幾下，翻過來端到光線下察看，確定子彈吸道裡面盛滿了白色的粉末之後，才遞給了小香港。小香港想了想，用她另一邊鼻孔的「處女管道」，盡力把容器裡滿滿的K粉吸了進去。

「哇！很刺鼻！」她感覺到鼻孔裡那釘扎般的螯針，馬上本能地用手在鼻子上，揉捏了一下，意圖要舒緩那激烈的刺癢。

小香港再看看那已經坐進了毛毛和克萊頓兩人之間的靚妹，明白在「Gucci」與「Versace」之間舒適地坐得安安穩穩的她，不會有要再站起來的意欲，便對克萊頓說：「我馬上回來。」說著便轉身往外面走去，還一邊用手指輕輕揉捏感到蜇辣的鼻子。

「照顧好小妹。」小香港回頭提示了一下。

毛毛與克萊頓聽了，互相對看了一下，好像要確定，小香港這「照顧好小妹」的任務是交給了誰。他們當下心知肚明，這麼性感迷人的香港小妹，一定會被從美國遠道而來的他們倆照顧得好好的——一定會是「無微不至」。

「放心吧。盡快回來，等一會兒你可能想要坐下來的，」克萊頓叮囑小香港，「記住，這房間是隱形轟炸機！」

洗手間前，有匆匆忙忙走過的人，有跌跌撞撞、東搖西擺的人。也有

好像游擊戰士突然閃現出來、突然在任何平面的地方打開小包白色粉末趕忙拼命抽吸、然後又突然消失得無影無蹤的人。「進洗手間先！進去先！」迪士高的保安人員對著這些突如其來的游擊戰士在大聲呼喝，與其說是要向這些白粉兵團開戰，倒不如說像似在指揮操控他們的游擊戰事，當起游擊司令官來。

洗手間內也堆滿著人，在輪候私人廁閣。沒有人可以端站正立地等候──她們都東挨西靠、搖搖晃晃，嘴裡還喃喃有詞──要麼痴人夢笑，要麼愁憤不平。那些具有保安身份的游擊司令也進進出出，忙個不停，一邊對著那些裡面不斷傳出騷動聲音的廁閣叫喊呼嚷：「快點出來啦！快點啦！不要玩這麼久啦！」一邊使勁敲門。然後，從被敲的門後面走出來的，通常又是兩三個人擠在一起的游擊小分隊，都在擦擦鼻子、走走嚷嚷、嘻嘻哈哈⋯⋯

小香港在白光燈下看看周圍的人，感到一切都白亮得刺眼。她先洗洗臉，然後戴上墨鏡，抑制著緊張和焦急的心情，忍耐著一個又一個走進去又走出來的身影。

坐在廁閣裡的小香港，閉著眼睛。她，剛剛坐下，以為可以鬆弛一下神經，卻馬上開始感到頭昏腦脹，尤如經受著一陣陣浪潮的無情襲擊。一直繃緊堅持著的意志，經歷了一刻的懈緩鬆馳，好像頓時打開原來緊閉著的水閘，讓蓄勢待發的洪水一湧而進，讓激蕩奔騰的熱血思潮反復拍打敲擊著她的心胸腦際。

小香港感覺著快速的心跳，心跳急促令心胸的呼吸緊張，深沉的呼吸令她感覺到鼻腔的熾烈。她，本能地舉手按按發癢的鼻樑。她，這時驚訝地意識到，兩邊的鼻孔裡都同樣有著螫癢的感覺！

「Depp！」她叫出聲來。

「怎麼吸進鼻子的第一『Bump』也有K粉？！糟！」一陣寒戰頃刻傳遍她全身的神經：她原來竟糊糊塗塗，一下子就一次吸進了兩劑量的K粉。恐慌，令她意會著正開始融化揉合的意識。紛飛的圖像，在她緊閉著的眼睛上開始雀躍。一陣陣洶湧澎拜的熱血思潮，席卷心胸腦海。隨著每一次的呼吸，從鼻子抽進的空氣，都像似捲入了更多混合著K粉的燃料，把她的腦際心腔燃燒得更加熾烈難當。

「Depp！我絕不能在這烏煙瘴氣的廁所裡飄遊！」她掙扎著站了起

來，使勁睜大眼睛，抗拒著操控她意識的不由自主，跌跌撞撞地往外走出去……

小香港迷迷糊糊地走進『新郎湖畔』的貴賓房區。她認得，這裡的點點星光，這裡的石板鏡面，這裡的「機場」跑道。她搖搖晃晃、走走停停，以便配合她那些時隱時現的意識：只要閉上眼睛片刻，紛亂的圖像就會開始飛躍在她的眼簾上，她的知覺便會向著幽暗的遠處飄逝；當刻，她便得馬上刻意撐開越來越沉重的眼蓋，以便驅走飛舞的幻象；但正勉強撐開眼蓋的她，緊接著，又要重新試圖緊閉上眼睛，不然瞬間之後，張著大大的眼睛的視野中，也會馬上開始飄浮出顫動的圖案。她，不斷以這種交替不定的走走停停、停停走走，讓眼睛開開闔闔、闔闔開開，在越來越矇矓不清的走道上，尋找那隻隱形飛機、那用以辨認出她自己的房間的標誌。可是這時，可以知覺到的所有的飛機模型的輪廓，也都只是同樣地模糊不清。

「堅持！堅持！進了房間就不用再擔心了……」她不斷地提醒著自己，試圖不斷地努力著，從跌滑進的迷離夢幻的意識陷阱中，重新掙扎出來……堅持……堅持……」

最後，她再瞇瞇地睜開一點眼縫，朦朧中看到了她急切期待著的那一架隱形飛機，看到了飛機旁的門，看到了門後一些朦朧的身影……她踏進這個燈光淡薄幽暗的房間，她的意識也隨即被帶進晦澀微茫的境界……

<33> 交錯空間

Ｋ夢坐飛船　　盤旋飄忽舞翩躚
悍婦亞馬遜　　割掉乳房去射箭

　　回到貴賓房的小香港，聽到很多雜亂的聲音。這雜亂的吵鬧聲中，在飄忽的意識知覺裡，偶爾也混合著一些音樂的旋律。這些旋律，迴旋在她的腦際中，帶著她飛跑，在光與畫像的隧道中飛跑、翻滾。對內心的意境和外在的環境的意識知覺，時強時弱，互相攪合，又互為交錯。偶爾，當主題音樂的旋律在她的腦際中變得模糊的時刻，房間周圍的雜音便被知覺得比較清楚。她，這時，遊離漂浮在夢境與現實這兩個不同場景之間的一個境界——那是以優美抑揚的旋律所建立的夢境和吵鬧擾嚷的言笑所編造的現實這兩個的場景之間的一個境界。但是，在這個境界裡，夢境與現實，交替編織在一起，沒有明確的界線，在變幻演化著，實在難以分清哪是夢，哪是現實……

　　有一陣子，她腦際中看到的光與畫面好像變動得比較緩慢，從而令到她感覺到比較清晰的環境動態。這時，她可以勉強地睜開一點眼縫，看到房裡的一些景象。她目光呆呆地直盯著前方，被動地感受著這幽暗房間中所呈現在她視線裡的一些影像。這些影像，顯示出，這房間，好像比以前變得更加黑暗，恍惚多了不少陌生的臉孔。但臉孔，似乎，又都是差不多的一些牛頭馬臉。牛頭馬臉堆裡，似乎沒有她的美國好友克萊頓和毛毛——也許，他們倆是在被附近的人影所遮擋住的視線以外。這，似乎並不重要，此時安坐在沙發上的她，不再需要他們的幫助。她，看到眼角邊有一個女孩子的側影。那側影，不像是她認識的香港小妹。那，也沒有多大的分別，因為這時的香港忽得靚妹，一定已經比小香港她自己更加神

迷志亂。這時，她似乎意識到，音樂的音韻開始衝擊著、佔據著她的主觀意識。這音樂的旋律，開始把她的知覺，又漸漸帶離她眼角邊那女性的身影、和身影附近的一切，她又漂浮翩躚在如花似錦的意境裡……

當她的視覺暫時脫離了這些奔馳的景象，重新與那掛在眼角上的身影交感聯鎖時，那形象好像已經發生了改變，儘管它還是繼續毫無目的地停留在她眼角上面。她婉如在思忖著這在眼角邊貼附不動的那個形象，但又好像只是觀看著在眼前演變幻化、與那個靜止的映象毫不相干的其他的畫像──那些恍如存在於腦際中意識流裡而不是存在於眼外物質體中的畫像。當她的思緒再回到眼角上面那個形象的時候，她感覺到那已經不再是一個女孩的側影，那是一張男人的臉，那是一張定定地在注視打量著她的臉。此時，她猶如在揣摩這副凝視著她的臉，但那臉好像在她的注視中難以捉摸：她的思緒難以集註，難以分辨，難以揣摩。她仿佛曾經對著那張臉，或是因著對它不能捉摸的無奈，本能地笑笑。這笑的意識，令她神經鬆弛。瞬間的神經鬆弛，讓她分神，分神的意識帶著她，去追隨另外的一些影像，令她感覺影像的漂浮蕩漾。漂浮蕩漾的感覺中，她知覺到自己的頭，那頭正沉沉地靠枕在鬆軟的沙發背上。沙發那舒坦的柔軟，好像正在按摩著她腦部的神經，這神經的按摩又好像把她的頭腦和意識都漸漸搓揉吸吮進去，慢慢地把所有的形象和聲音都揉合吸攝進去……她，感覺著鬆軟，感覺著柔軟……

……被吸擺出去的形象和聲音仿似重新浮現在小香港的腦際的一些時刻中，她意外地知覺到她的眼睛似乎正在張開著，而迷茫的視野中心有著一些影像──是一些不屬於被音樂所引領編織的、獨立而客觀的影像──它們偶爾在緩緩地自身演變，是不受音韻思緒左右的演變。她不理解那些影像，也不能有意識地追逐那些緩慢的衍變。這些本來客觀而現實的影像，因為與主觀意識格格不入，獨立而有距離，從而變得夢般的模糊遙遠。她的眼光，一直茫然地凍結在這個沒有意義、沒有理解、沒有意識的定點上，因為在那似乎被鎖定的定點的週邊，閃現著一些似乎有情節、有故事、有意思的景象。雖然那些在眼邊變化著的景象是以不太連貫的片段湧現著，卻反映著她自己的心緒的起伏，依據著她主觀意識的韻律的起伏，變得恍若是她能主觀追尋和理解的心智現實──是由音樂譜寫、她可以刻意連續感知聯通的心智現實。而在目光被凍結的定點上，只有她分裂的心神偶爾感應到、從這房間環境映射進視野來的近似靜止或僅僅緩慢演

變的影像。這些影像,儘管反映出她身處的一個物質環境,但那與心緒毫不相干的物質環境,卻又像夢一樣地被動隔膜、難以捉摸。此時此刻,現實的環境,像夢一樣,與她那感受著有生動情節的心智現實,既並存不悖,又互不交貫。

夢境在K醉的意識中,變成栩栩如生的現實;現實在K醉的知覺中,成為毫不相干的夢境。

夢境與現實,位置倒轉。意識的知覺裡,空間在交錯倒換。

K醉中可以意會的主觀「現實」裡的一切,都在迅速幻變;而K醉中莫名的客觀「夢境」裡那寥寥無幾的影像,卻在停滯著。「夢裡」有些不能理解而模糊不清的聲音,被「現實」中那好像是為她飄浮的旅途而編寫得唯妙唯肖的響亮旋律所覆蓋著。那主題曲調與意識流儼如融合攪拌在一起——天衣無縫般地揉合攪拌在一起。

主觀現實中,閃爍著美麗飄浮的燈光夜景,宛如身處在太空飛船,遨遊天際,下面飄滑過燈光催燦的摩登都市。

客觀夢境裡,那曾經掛在小香港的眼角上的人形又出現在她墨鏡的邊角上。它粘貼在那裡,漫無目的地不知道粘貼了多久、多長。

現實中的太空船在旋轉。

夢境裡的那人形是個男人。

太空船在昇高。

那男人在靠近。

太空船飄過越來越燦爛的天際。

那男人的臉,越來越靠近,越來越昏暗。

夢裡傳來一些吵鬧聲,一些雜亂無章的噪音。噪音中那男人的臉,還是貼在鏡框上。

飛船,向著碧綠的海洋緩緩降落。男人的臉,也漸漸貼近。海洋,飄爽著清涼的海風。那海風漸漸變暖,暖得熱烘。海風相似那男人的呼吸,海風般的呼吸,呼吸得高高低低……

夢裡,那男人的臉很近,近得只要舉手就可以推開。但夢裡的手沒有知覺,夢裡也沒有手。

夢裡只有一些聲音,斷斷續續的聲音:「靚女啊……是誰啊……推我

呀⋯⋯好兇啊⋯⋯」不連貫的聲音，不連貫的夢。這夢，像似是關於那個與毛毛胡鬧著的香港小妹。靚麗的小妹一向可愛，怪趣的可愛。小香港的臉上出現了兩個酒窩，是為著靚妹之可愛的酒窩。

「她笑⋯⋯她可愛⋯⋯她嗨⋯⋯」

聽覺的笑聲帶引出知覺的溫暖。是意識中的笑，是知覺中的暖。

暖，猶如海洋的溫暖，海洋一樣。

飛船，還是浮現在烘熱的海洋上。

「她的胸脯，那美麗的亞馬遜悍婦⋯⋯驍勇兇悍⋯⋯美麗誇張⋯⋯胸脯⋯⋯悍婦⋯⋯」夢中的聲音，仍然斷斷續續，有序有曲⋯⋯

夢，似是歷史傳奇的夢。這裡有音樂光景，這裡有歷史傳奇⋯⋯挺好的玩意⋯⋯很多的故事⋯⋯

覺得好玩的小香港的臉上又浮現那迷人的酒窩。

「啊⋯⋯酒窩⋯⋯不要錯過⋯⋯」

飛船稍稍昇空，海洋稍稍變涼。

飛船在遠離，海洋失去了呼吸。

海洋缺乏了呼吸？怎麼回事？

「試試看， 晃一晃⋯⋯ 亞馬遜悍婦都割掉右邊的乳房⋯⋯ 射箭方便⋯⋯乳房⋯⋯射箭⋯⋯堅挺的乳房⋯⋯她⋯⋯放蕩⋯⋯」夢裡傳來笑聲。為割掉乳房的悍婦的笑聲？沒有乳房的悍婦好笑，小香港也在笑。

「她可愛⋯⋯她甜蜜⋯⋯她開懷⋯⋯她也壞⋯⋯」

聲音凌亂，心潮迴旋。

「右邊⋯⋯是右邊的乳房⋯⋯」夢裡的聲音在腦際邊，遙遠，迴響。

「右邊的乳房⋯⋯？我的乳房⋯⋯？我有乳房⋯⋯？」一些欣快的念頭閃現在小香港迴響著笑聲的腦際中。但她感覺不到乳房，她感覺不到身體。被K醉得冰冷麻木的身體在意識中沒有感覺，身體在意識中不存在。但沒有感覺的乳房，卻逐漸呈現在她夢裡的知覺中，因著乳房週邊的微微的熱烘。夢裡的乳房，從朦朧迷霧中越來越顯現得清晰立體。海風，熱烘，立體的乳房呈現當中。確是乳房⋯⋯是右邊的乳房。那乳房在晃動，晃動的乳房緊貼著一道舒適暢快的溫暖──溫暖的海風。這溫暖為原來對

海洋寒冷的憂心帶來意外的安慰，安慰的溫暖，這溫暖在晃動……

這安慰的晃動，讓小香港的臉又浮現出怡人的笑容，笑出心潮的浪湧。

「她開心……她不正經……」

還是夢裡的聲音。

「她有胸脯……她不是悍婦……」，夢裡又隱隱約約地回響著一些笑聲。仿佛是抽大麻的那種高分貝音高的連續不斷的痴笑聲。夢裡也有急促興奮的講話聲，猶如吞吃了『狂喜』之後講話的那種輕柔急促的聲音。

這些聲音確實很慣熟，熟悉的一切都很舒服。

「她有乳房……她不是悍婦……她好玩……她淫蕩……」

那胸前的溫暖，也很慣熟，也很舒服。

她在感受著那道溫暖，感受著那道溫暖包圍著的乳房。那被溫暖所擁抱著的乳房，在晃。　這顫動著的溫暖……這溫暖顫動……這……這是一隻手……手……手延傳著適意的溫暖……溫暖在動蕩，動蕩得火燙。

溫暖……？手……？

一點憂愁。

小香港開始用意識去感覺著自已的兩隻手……漸漸地，集中取向的意識讓她開始可以感覺……慢慢地，她感覺到她那兩隻放在大腿旁的手。

「腿旁邊的手……乳房上的手……手……？誰的手……？」

小香港凌亂紛擾的思緒，在浮蕩衝擊。在夢中的小香港伸手去抓那晃動的溫暖，抓著的溫暖是硬硬的，是堅硬的另一隻手……手……是別人的手……

是別人的手？

手？誰的手？

她留意掛在鏡框上的那副臉像：是迷糊但又笑容可掬的臉，仿似是李傲的臉。

啊……那手……是李傲的手……

<34> 夢醉慾燙

夢境變現實　翻覆倒換直逆轉
慾動感搔手　胸脯腿間至迷亂

「啊……李傲？……自己身邊的是李傲？……好……」這意識，剛閃入大腦，立刻減輕了原來的憂慮和煩惱。

愉快的感覺令小香港疑惑的意識鬆弛……試一試，她閉合那一直迷茫若失地盯著前方的眼睛，試圖感覺一下她自己……

眼簾上，立刻映放出五彩繽紛的景象。

她迅即跌落進一條時光隧道，熱熱鬧鬧，一切都迅速擦身而過，迅速向前奔跑……

瞬間，她感覺到飛馳……她又從隧道的另一端噴出，騰空而起……在清風陣陣的波濤中冉冉上昇，此時，她有了多一點的意識，週遭竟然如此耀眼瑰麗……

上昇的是一艘飛船。

這是他們的貴賓房。房裡的視窗，是風景影像，不停的播放，產生著動感，像一隻騰空而起的飛船。

在飛船裡的小香港，看著窗外香港的摩天大廈，她欣賞。看到綠水清波，爍爍閃閃，泱泱蕩蕩……

他，瀟灑。走過來，擁抱著她。心中，飄逸著彩霞。

風景很美。香港很美。風光是那樣的旖旎、明媚。

海浪、風光，與身邊的李傲一同欣賞著這優美的風景，令小香港高興得心花怒放……

　　心坎，胸膛，滌蕩，浮翻……

　　他，英俊浪漫，充滿著陽光，也陶醉在這夢幻般迷人的氣氛中，情不自禁地熱吻起小香港的臉腔……這時她，被吻得心潮蕩漾……

　　細語低聲，小香港告訴李傲，她又玩了K粉，但玩得開心，心跳歡蹦。只是現在，被K麻醉的身體，感到冷，熟識的冰冷……

　　冷？他問。趕緊把她抱住，輕輕地一吻，她感到一道溫暖，暖和的體溫。舒適的溫馨，一種一直期待渴望著的溫馨，是那溫馨的愛疼……

　　她被K麻醉的肌膚開始變得敏感，也開始知覺到『狂喜』造成的那種心血熱騰。她感受著一道突然湧現的慾望，那慾望是既空虛又實在、既煎熬又激奮。心跳擊抨，慾望蹦騰。

　　她期待著李傲的熱擁輕撫，但她分辨不到這期待是源自於激蕩的心智，還是敏感的肌膚。片刻之中，李傲似乎竟能夠接收到她熱望的心靈感應，已經開始輕輕地揉按著她敏感瘙癢的胸脯。

　　她，只顧盯著窗外，看著飛船在遠離海洋大廈……徐徐騰空高昇，高得令她心慌驚訝……

　　她驚訝，她心慌……感覺著他按摩著她的胸脯，感覺得緊張……也感覺著他按摩著她大腿中間敏感的部位，感覺得激蕩……他撫摸著的手，令敏感的她和敏感的部位，都感受著迷惑和熱燙。熱燙得心慌……

　　「是『迷域51』？」……

　　「不。是那敏感的鯊魚鼻……」

　　一幕幕的現實都像夢，影影綽綽，迷離交錯。早前經歷的情景再記憶重現，陸離斑駁，夢和現實都曾經經歷過。一切都在重播，一切都那樣陶醉，生動活潑。她愉快激動地對著他笑笑，想說的話實在太多。她閉上看著風景的眼睛，她感覺著他那令她熱血沸騰的撫摸。這沸騰的熱血令她情不自禁地浩嘆作聲——浩嘆身體上感覺那熱烘的撫摸……那撫摸，簡直，似火。

　　感嘆出聲的小香港被傳來的一陣聲浪煩擾，是那些與音樂背道而馳的笑，是那種吸過大麻的爽朗持續的笑。這笑，令陶醉的她意會到，飛馳著的「機艙」中，還有著別的一些客人，也在聚會閒聊。在這光亮的飛船

裡，吵吵鬧鬧，毛毛和克萊頓都在看著他們倆，也是偷偷地笑。這笑，讓她感到一陣尷尬的衝擊，尷尬不少！尷尬這一切竟不知不覺要暴露在眾目睽睽的審視中，好像是惡搞。那笑，讓她似乎意識到，陶醉的興奮與害羞的尷尬，有著明顯的不協調……

眾目睽睽的審視？她在意！她趕忙按著李傲在她胸脯和兩腿之間的手，心跳忐忑，難以把持。此刻此時，李傲還是緊緊地抱著她，緊緊地按撫著她，不太在乎，不在乎得肆意。有點猶疑，她試圖用力，挪動一下那被抱緊的身體。她要看清楚，還有誰會在這刺眼的光亮中，無禮放肆，大膽窺視……

她睜大眼睛，睜大了的眼睛看到的不是光亮，也不是光亮的飛船。

眼前的四週卻仍然是一片暗淡。

那光亮原來只是在夢裡。這漆黑才是現實。

這是飛船，心亂——夢與現實曾經在意識中逆轉倒換……

漆黑現實中的李傲的影像，還是掛在她的眼角上。

暗暗的環境，令她稍稍安心。她輕輕，閉上眼睛，去感覺被撫摸著的一顆快樂的心。

同時，她臉上擠出了兩個甜甜的酒窩，她要用笑容讓李傲知道怎樣做——她喜歡被他撫摸。

漆黑的現實中她看到天花板的點點星光。

黑暗，她的心在燃燒得火燙。黑暗，被燃燒得發光。

他的按摩，令她搔癢的肌膚恍惚變得火燒。她試著，再抱緊一下李傲——他按摩的火燒，她其實想要……

他也順意回應小香港這熱切的意向，把她抱緊不放，讓他的手在漆黑中越發不羈，越發奔放……令得她整個身體都變得異常烘熱——這熱，令她產生慾望……期待著那緊扣的衣衫，可以稍稍鬆懈開敞……他也似乎感應到她的願望，順意伸手就幫了這個忙……

頓時，她感覺到胸脯一陣清爽涼快，涼快中，再加進了李傲那手的熱烘。她感覺著那在按摩的手在移動，她聽著她急促的心跳——跳得轟轟隆隆。她去安撫激起心跳的手，那手的熱烘，令她心動……咕咚、咕咚……

心……跳動……越來越激烈的跳動……

一陣又一陣的衝擊,心潮在翻涌……

心,在激烈地敲動,情緒,在激動,慾望,試圖放縱……

心跳,快得好像不能把持!慾望,好像不能抑制!這激烈的緊張,令她好像喘不過氣!

需要喘氣的自由,有點難以忍受。她登時抓起他揉按在她身體上的雙手,提起放近她要張開呼吸的口,興奮地、感激地熱吻著他那雙手——那雙令她如此熱切興奮的手。

她在熱吻著他的手,那手緊貼著燙熱的口……是這雙熱烘的手……可又感覺到另外一雙手……那雙仍然活動著的手……卻仍在她的胸脯上、兩腿間探索週遊……

心跳不斷。電擊般的興奮,擾心般的迷亂。

心亂,心亂一團。

這些手……?

四隻手……?

一陣憂愁,揪心的顫抖——她抓著和吻著的竟然不是李傲的手!

那手……誰的手……?

沒有手!

沒有手?

我的手?

她的意識,跟隨著這個顫栗的思疑,回到她的腦際。她有一個意識——她的手還在她的身邊,但可以揮動高舉的手卻是在夢裡。

現實中沒有火熱吁呼,只有冰冷的身軀,那是被K麻醉得癱瘓冰冷的身軀。

現實與夢幻,都在變幻持續,來來去去……

憧憬著溫馨的奇遇,卻經驗著揪心的慨嘆和擾心的唏噓。

她勉強張開小小的眼縫,又意識到連漆黑原來也都只是夢。

她遲呆的目光,盯著的現實是幽暗的房。沒有她擁抱著的李傲——這現實不一樣!她眼角上,懸掛著的那副臉孔肥肥胖胖,胖得實在像豬一般。這沒有火熱和擁抱的現實,令她感到可惜與惘然,全身像是打著寒戰……

她驚詫自己不由自主地從一個現實跌落進另一個現實。但一個個的現實,又總都只是夢境一樣的扑朔迷離。

她重新閉上眼睛——那眼睛沉重,那視野朦朧。試圖重溫那夢中的漆黑和熱烘,因為這現實——她全然搞不懂。

她知覺出夢裡的兩隻手還放在她的身體上,還游戈按捏在她敏感的部位上,肆無忌憚……

夢,好像還是在現實中。

她再睜眼察看四週——現實裡確確實實有著豬頭,現實裡也有在她身體上活動著的手,那些手?是這豬頭的手!

豬頭?手?

不是自己的手。

不是李傲的手。

討厭的頭!討厭的手!

她想動。她要動。她要動的慾望被抑制在掌控中——被那豬頭撫摸著的她的身體麻木冷凍,不能挪動。

這撫摸其實差強人意,絕沒有快樂和舒適。

她想叫喊。她要叫喊。但她卻聽不到自己的聲音,她叫喊不出聲音。一陣陣刺心的震顫,開始擒攫著她全身的神經。

她嘗試合起眼睛,以便期望這一切都只是在夢裡,但身體上正體驗著的騷擾告訴她——這是現實。她意圖再走進夢境裡,籍此可以逃避這個頓然令她不知所措的現實。但意識,越來越清晰,讓她知道——現實得真實,真實得確鑿無疑……

她想逃避現實,規避那種騷擾引起的創痛,可都是徒勞無功——她再不能打盹作夢,對現實的知覺越發沉痛。

閉著眼睛的她,感覺到害怕——忍受著屈辱和羞恥的巨烈的衝壓。

她,感到憤恨,感到無助,感到羞辱,感到恐懼……

那撼動的恐懼,揮之不去!

一切似乎從來沒有過的陌生而強烈的情緒,在她的身體內醞釀、發酵、積聚……

這些激烈的忿懣惱怒，焚燒著她的肉體、感官、神經、肌膚……令她暫時痲痺的四肢，感覺出熱血、體能和力氣的霍然回注。

她的意識開始變得明確。她的意識可以專注。

包圍著她的環境氣氛，在她越發清醒的知覺中，逐漸轉化為令人驚嚇的詭異陌生。

這裡充斥著的並非是具有『狂喜』藥效那種心交細語的輕聲飄渺，這裡充斥著的是一片猜拳對飲的呼喊狂叫。這裡也根本沒有大麻的那種輕快開懷、連續不斷的朗朗發笑，而是陣陣酒精毒害著神志所激發出的那種放縱狂亂的獰笑──笑得霸氣、笑得驕傲。

她感覺到──手就在那裡，有微弱的氣力。她要推開──不屬於她身體的東西。她發覺她的雙手居然可以被挪移，接觸到那在侵佔著她身體的東西。她試著推推，但推也推不離──那些東西，竟是那樣的刻意，附貼著她的身體。

她抓著它們，沒有足夠的力氣，但有倔強的堅持。

在這片刻裡，她知覺到那屬於豬類的手，手的肆意進逼，侮辱她的靈魂和肉體……她有堅定的意識──那是要制止這凌辱的傷害、這無恥的攻擊……她體會著自己的勇氣，體會著固執──體會著反抗的堅持所凝聚的力。她集中著自己的意志，她要釋放這壓抑著的衝擊，她要奮力，她奮力地再作一個又一個的嘗試……再嘗試……

要釋放、要燃燒的憤慨──這無賴，竟敢為非作歹！？實在不可以忍耐──要爆發的憤慨！不能放棄，不能失敗！這是不能忍受的傷害！她──用決心、意志、力氣──她奮力，竟然把那攻擊她身體的手一下推開！

但是，被推開了的東西，也顯示出再要進犯的執意，而且冒犯得更加放肆，更加蓄意。

即刻，一陣死樣的冰冷，像電擊般擒捉她的全身──是意會出侵犯的刻意所引起的驚顫的冰冷。

那冰冷，開始翻滾，開始沸騰！

劇烈焚燒的怒火，一陣接著一陣，烘烤起她的全身！她對這蔑視她反感的那種冷酷的敵意──充滿了憎恨。

憎恨，心急如焚。憎恨，心燒怒忿。

憎恨在心內醞釀、在激漲，憎恨消滅了惆悵、轉化成力量——蘊蓄爆破的能量！

這憎恨的力量，讓她堅持不懈，令她脆弱的身體感覺像一隻薄脆的玻璃器皿，頓時爆碎分解。而身體裡的神經又像玻璃那樣破裂，再被這憤慨的熱火燒成熔岩，瞬間重新凝聚整合，烘燒得激烈，激烈得只顧毀滅！爆炸性的毀滅！

醞釀回注著氣力的她，滿腔怒仇，再抓按住那雙令她痛苦羞憤的手。

這時，她睜開她的眼睛，她發覺眼睛竟可以被轉動。轉動的眼睛看著的一切，都令她傷痛！

她直直地從墨鏡的後面，怒目死瞪著眼前的這個形象——這有著已經變得清晰明確的輪廓的形象，這形象似豬一樣的胖，像豬一樣的淫蕩。她厭惡痛恨這嘴臉——這嘴臉是動物禽獸一般，她厭惡痛恨那猙獰的痴笑——痴笑放肆在豬臉上！

她抓緊這醜豬的手，她死盯這醜豬的頭。

她的內心在激蕩，她希望著她的朋友來幫忙。但週圍的人都無心關注，就是不理不看。他們都只顧在嬉鬧，他們都只顧在癲狂。

她憤恨，她發瘋！她憤恨著這明目張膽的侵襲，她憤恨著這侵襲竟然就發生在眾目睽睽的視察中。她憤恨著要忍受這視察的殘酷煎熬，憤恨要忍受這侵犯的羞辱和苦痛！她心潮洶湧澎湃，她決意再等待。

她抓住這臭豬的手，她越抓越緊，抓出了恨仇。

她盯著這豬樣的頭，這頭發臭，是禽獸——比禽獸更醜陋。

她抓出全身的氣力，她抓得全身發抖。

她盯得眼光發電，誓要燒灼出承擔她怒憤的定點。

她震顫的身體快要爆炸——憤慨萬千，衝擊著極限！

她熾烈的視線，已經鎖定了攻擊的落點。

突然，她咬緊雙脣，閉上眼睛——不管什麼人性獸性，要激發自己去拼命！

復仇的憤慨，壓抑得厲害！在等待，要毀滅這無賴！要蓄勢攻擊，再壓抑著去等待……

等待……再等待！

等待……再等待！

突然，她再猛然把眼睛瞪開——你！嘗嘗我的厲害——！

她瞪著眼睛，把豬玀的手抓緊……

瞬間把抓緊的手從身上推開，抓著豬玀不知所措的手，借力站了起來，再奮力往外推甩，手掌上集中了全身的力氣和憤慨，以迅雷不及掩耳的飛快，對準沙發上那堆豬禽的污穢——那醜陋的豬頭，狠狠地一巴掌打了下來……

「操你！」她聽到了她自己尖叫的聲音，響亮震撼得她自己都吃驚……

她打下去的手感到沉重的撞擊，她看到了自己打下來的手，手揮過去不見了那淫穢的豬頭！

瞬間，時空裡的一切都被凍結靜止，周遭好像沒有空氣……

在這靜止和凍結的時空中，小香港意識出這裡並沒有她的朋友，這裡也不像是她的房間。她意識到門——門就在那邊。

這令人窒息的瞬間過去之後，她已向著那門奔跑過去。她推開所有擋著她的東西，推開所有擋著她的人，不顧一切地往前跑去，無法抗拒——門被撞開，她衝了出去！

她痛苦、她要哭！但要逃避追捕，她只能叫喊，拼命地高呼！

剛衝出了那道門，拼命地叫喊，拼命地跑步！可馬上，她撞上一堆東西，是撞上一個男人的胸脯！是一個醜陋的男人，這男人把她緊緊抓住！

失望、驚慌、恐怖！

立馬，驚恐的她，意會到後面的豬頭正向她衝撲過來——

他罵……他抓……他要打！

她，拼命地掙扎！被她撞上的那個醜男人，卻緊緊地抓住了她！

她，頓時感覺全身上下，經歷一陣擊心觸電般的害怕……

啊——！！！

<35> 錯覺驚慌

醒覺小香港　倉惶奪門奮逃命

義氣１４Ｋ　奮勇擋殺顯真情

喪心病狂的豬頭從房間衝了出來，後面還跟著一個馬臉。

「打死這隻臭雞！」

小香港聽到後面衝出的男人一陣陣狂叫。叫聲充滿了要仇殺的狂怒情緒，在美國長大的小香港從來沒有聽到過這樣兇惡的嘶叫──禽獸般的嘶叫。這聲音令她感到恐懼和顫栗。她不顧一切，拼命要從緊緊抓住她的那個男人那裡掙脫出來。

但那個男人卻有巨大的力氣，把她牢牢抓住。

立刻，驚慌失措的她知道，毫無疑問，她的手臂和上身，都被那個男人緊緊地控制著！瞬間，頑強不屈的她卻也意識到，似乎僥倖，她的下身竟然還有些活動的空間！劇烈的求生意欲夾雜著熾烈的恐慌令她的感覺、思辯、反應都出奇的迅猛直接。只是剎那間，她已經是在歇斯底里地尖叫著、掙扎著，並同時用腳的各個部位不斷地向這個抓住她的男人踹擊過去。瘋狂的小香港意會到她的膝蓋、腳尖、腳跟通通都重重地打在那個人身上的某些部位，但是瘋狂中的她，卻感覺不到強烈的撞擊所造成的任何效果，也感覺不到那個人有稍稍移動和退卻的意思。於是，小香港便繼續不斷她那發狂的高叫、踩踢，直至她突然驚恐地意識到：一直在猛烈掙扎抨擊的她，已經沒有再被那個人抓住！恐懼中，小香港感覺到放開了她的那個人還站在她的身邊，而放開了她的那個人的手已經擺置在她的臉前。

瞬間，小香港的全身已經被一種近似電擊般強烈的顫栗震懾所佔擾

著——那剛剛承受得住她無數瘋狂重力踹擊的這個強悍壯實的男人所鬆開了的手，馬上就會帶著無情的報復和巨大的力量重擊在她的臉上、身上！

「啊——啊！」

她再歇斯底里地尖叫起來，並同時本能地迅速用雙手抱護著頭，等待著這個男人的重拳抨擊。

絕望地，她在等待致命的打擊。意外地，這男人的拳頭沒有打下來。猛力地，她被推到旁邊的一堆東西上。慌忙地，她立刻抬頭看看這堆撞上了的東西——模模糊糊地，看到那東西卻是一團肥胖的肉體。肥豬的肉體！？不是，是肥彭的身體！疑惑不解地，她再迅速回頭看看——原來剛剛曾經死命抓住她不放的那個醜陋的男人——竟然卻是她的香港朋友14K。

14K這時邊伸手向前攔住從房間衝出來、咆哮著正要扑向小香港的豬頭和馬臉，邊連番追問：「喂！喂！——喂！！什麼事？！什麼事？！」

「打死這隻臭雞！她打人！」豬頭胖子氣急敗壞地狂叫著。

美國人常常把可愛的小女孩稱作——「小雞」，而中國人卻喜歡把他們鄙視的妓女稱為——「雞」。而且，中國人的嗅覺往往容易被強烈的主觀情緒操控影響，每每在他們極端憎惡的東西前能夠知覺出的就只有是臭味，罵起來什麼都要加個臭字。所以，不讓他們稱心滿意的女人往往被罵為——「臭雞」。當然，辱罵女人為臭雞的那些中國人，罵著的時候，只是要表示他們厭惡鄙視低等動物的強烈的高傲情操，而從來不會掩飾他們喜好踐躪「臭雞」的更加劇烈的低俗性慾。

「『臭雞』？誰？」14K轉身看著小香港，滿臉困惑。

「他非禮我！」『臭雞』在憤怒地叫嚷。

「非禮你老母！一巴打死你這隻臭雞！」豬頭後面身材高大的馬臉揮舞著他的雙手，瘋狂地嘶叫著，他顯得比豬頭更加凶猛惡毒，而他瘋狂的情緒足以令周圍在場所有的人都相信他要把「臭雞」一巴掌就打死的決絕意向。

14K清楚地感受到馬臉大漢的兇狠和「臭雞」被砸死的危機，迅速伸手擋住叫嚷著往前衝擠過來的馬臉。

馬臉只顧盯著「臭雞」，邊推著14K，邊向「臭雞」呼喝道：「你敢打人？！」

「她打你？」14K用身體擋住馬臉，百思不解地問。

「那隻臭扑街打我兄弟！」馬臉盯著「臭扑街」嚎咷嘶叫。

「兄弟，有事慢慢講。」14K看看馬臉那個被「臭扑街」打過的兄弟：那豬頭本來天生就腫脹，但臉上有明顯清晰的巴掌印，確確鑿鑿證明有被人打過，而且似乎打得相當的盡情豪爽。

「她動手打我！」豬頭聲嘶力竭地叫嚷，一邊舉手撫摸著他紅腫的臉頰。

14K用習慣的斜視，再打量一下這被打的豬頭的一副淫相，心領神會它為何要挨揍，便張開他的大嘴巴，似乎有話要講，又好像要笑，但馬上又緊合雙脣，好像意會到他那似笑非笑的模樣定會讓對方錯覺誤會，即刻再換出了一副較嚴肅節制的表情說道：「不會吧？」接著，再把目光轉移向小香港，似乎示意要讓她來加以表白否認。

「他摸我！他搞我！他非禮我！他，他……」美國姑娘小香港像失了理性一樣叫嚷不斷，還狠狠地罵出──「操你！」。

小香港罵得兇狠，香港華人14K都打了個冷戰──這一向斯文說笑的美國小女孩，怎麼也會這麼兇？他定神看清楚，這「操你」的「你」幸好衝著的不是他自己。

「你自己跑進我們房間來玩，你自己願意玩，你玩……你吃得鹹魚就要抵得渴！敢講這麼多廢話，死扑街！」豬頭胖子大概心知肚明，不想讓大家聽清楚「死扑街」的申辯，也立刻變得惱羞成怒，大聲地不斷叫喊。

「打死她老母！還講那麼多！」馬臉大漢的情緒越來越激漲，再沒有耐性去與「臭雞」糾纏，卻開始要找出她的祖宗十八代。他怒火遮眼，嘴裡說著要打死「臭雞的老母」，舉拳卻只顧對著老母雞的稚囡小雞強衝亂撞過去，居然把站在他前面的14K當作隱形戰鬥機一樣，視而不見。

被視作隱形的14K迅即把他一下扯住──「哎！」，又儘量客氣平和地說：「有事慢慢講，慢慢講嘛。」

「講你老母！」怒火中燒的馬臉恍惚剛剛才發現14K的存在，找不著臭雞的老母，當下大發雷霆，便順勢燒及這個多管閑事的男人的老母來洩憤。可是定眼一看，才頓然發現他要糟蹋的那老母的兒子卻相當其貌不祥，一派並非善男信女的臉相，便滿臉狐疑地打量起14K，先無奈把語氣稍稍約束一下，說：「你是誰啊？你跟誰的呀？」

香港江湖中人的價值輕重往往只與他們跟隨的大佬的名份背景有關。通常有這樣的江湖習慣，不在乎對方是誰，而在意對方後面的老大是誰，以便要血口噴人、大打出手的兵荒馬亂的狀態發生之前，衡量清楚：敢打不敢打——誰是老大？當真不當真——何方神聖？摸清來人的底細——擔當得起？

「我是這小妹的兄長，」14K用眼瞄了瞄小香港。14K沒亮出背後老大的名堂，甚至沒有攤出幫派的名號，只是再對著馬臉似笑非笑地說：「萬事以和為貴，不妥講到妥，以和為貴，以講為妥……」14K邊說著邊推推揉揉地把豬頭、馬臉擠向他們的房間。同時也示意一直默不作聲地站在旁邊攙扶照顧著小香港的肥彭，把她先帶回房間去。

片刻之中，儘管馬臉氣怒發瘋，欲動卻未敢妄動——《水滸》味濃，澤潭起風。飛沙走石，煙雨朦朧。峭壁山峰？鼠洞蛇叢？來龍去脈，莫測難懂。打虎武松？教頭林沖？

馬臉這時再留神看看，才留意到，他們面前不單只有這個古靈精怪的「孫悟空」在擋路，那邊還有一個緘默無聲、深不可測的「豬八戒」肥佬在怒目相向。牛頭、馬臉這下竟遇上了悟空、八戒，頓似身陷《大話西遊》的迷途逆境，當即錯愕狐疑，愣住一下，不敢莽動，無可奈何之下便極不情願地一邊退回房內，一邊高聲斥罵：「講就講！講完再來操你這隻臭雞！」

將要被操的臭雞本來還強作容顏，振振有詞，這時剛轉身卻已似淚濕滿臉。肥彭扶著她推開旁邊的一扇鑲嵌著『B-2隱形轟炸機』標牌的門。

又一架隱形轟炸機？小香港趕忙轉頭再看看14K與豬頭馬臉他們走進了的那道門，上面的標誌刻著『F-117隱形戰鬥機』。

天啊！一道恐慌的顫栗閃擾著小香港的全身：原來她早前稀里糊塗錯進了隔鄰的房間！

<36> 中西差異

迷茫克萊頓　被當白痴生怒氣

自負中國人　怪誕荒唐西遊記

　　聽到門外傳來一陣陣吵鬧聲，克萊頓正要站起來走出去查看，便一下子看到肥彭攙扶著小香港走了進來。

　　克萊頓一見到小香港，喜形於色，忙問：「嘿，去哪裡玩了？玩了這麼久？現在才回來？」一個一個的問題，卻沒有一個答案。克萊頓問完，隨即已察覺到，小香港的神色不太對勁！他自己的神情，也立即凝重起來，盯著小香港，便繼續發問：「發生什麼事？外邊，剛才，怎麼這麼嘈吵？」

　　「他！非禮我！」小香港看也不看，大聲叫嚷。克萊頓這時才驚訝地看到——她原來已經滿臉是淚痕與憤怒，哽咽作聲。

　　「他？非禮你？誰——？」克萊頓滿臉狐疑，馬上轉眼看著她身旁的肥彭。胖胖的這個人，卻沒有正視克萊頓審視著的眼光，好像要迴避著什麼似的。克萊頓便立即意覺到，小香港剛走進來的時候，黑口黑臉，直直往前瞪著眼，半點也沒有理睬過攙持著她的肥彭！這，也是疑雲重重，便執意追問：「他——？」

　　看著港人肥彭的美國克萊頓，向「她」，問著那個「他」，當即就發現，那個「他」的肥彭，這時竟突然變得怒形於色，充滿了強烈的敵意，死瞪著他，目光再沒有一點逃避。這敵意，有著嚴厲，有著冷酷。這嚴厲而冷酷的敵意似乎提醒了他——非禮了女人的男人，應該會有多一點的詭秘，多一點的惶恐，多一點的興奮。而這個胖胖叫「肥彭」的傢伙，

有的只是冷酷，有的只是嚴肅……這香港肥佬，本來也就不太像是會嗜好偷雞摸狗、胡作非為之類。那早前的整個晚上，這香港肥佬讓香港靚妹坐在他的旁邊，倒既沒有嘻哈過，也沒有興奮過，反而是美國克萊頓與美國毛毛，和應該屬於這肥佬的香港靚妹，這三個人，倒玩得熱血沸騰；香港肥佬自己，就一直是這樣冰冰冷冷，麻木不仁。腦海裡片刻閃現過肥彭的形象，克萊頓當下就估算得出：這肥佬，不像會是那個正被美國姑娘小香港所指控的好色匪類。再則，從肥彭目前如此強烈的敵視中，克萊頓可以感覺到肥彭的眼光中的火燒——已經被他這隨意的疑問的冤枉所引起的怒火，這火燒得熾烈。克萊頓趕忙閃避肥彭這直眉瞪眼，好像懼怕被他的怒目燙傷一樣，刻意地轉頭對著小香港，繼續追問：「誰？誰非禮你？」

小香港這時，由肥彭扶著，在沙發上坐下，抑制著顫動的抽噎，滔滔不絕地開始申訴，叫嚷：「是隔房那幫爛仔！是那幫香港爛仔！他們非禮我！他們搞我！我，我要揍他們！我要叫李傲回來！我要叫保安！我要叫警察！……」

隔房？那間『隱形戰鬥機』貴賓房？克萊頓立刻被小香港高昂激烈的情緒和「要這、要那」的叫喊搞得不知所措。「隔房的爛仔搞她？」克萊頓渾身顫栗，再看看麻木不仁的肥彭，肥彭繼續地「麻木不仁」。

「真的？真的？這……這是真的？」克萊頓看著小香港，瞠目結舌，問得驚慌，再轉向看看肥彭，意圖從肥彭臉上尋找出某種啟發。而這時的肥彭，只顧留心看著不斷喊鬧著要東、要西的小香港，臉上並沒有絲毫具有啟發意義的表示。當然，克萊頓有印象，這肥佬在這之前的整個晚上的時刻裡，似乎也從來對著任何人、任何事，都未有過任何有啟發性的表示。

誠然，不否定也意味著肯定。這，克萊頓倒是明白。

「真的？真的？」克萊頓自言自語地重複著，一派惘然，問非似問。固然，他看著小香港的狀態，感覺著肥彭的緘默，便知道這一切都真，而且真得無庸置疑。

「真！」有人搭話！？——誰？不是肥彭！

說起話來的，是毛毛，他的眼睛，還是閉著的。

「真，真，真……」他們身旁的毛毛，此時仍在他那非常人的層次裡遨翔漫游，聽到他平常最熟悉的、他的信仰的「三字真言」中的一個可以倒背如流的聲音字詞，他的神經意識感覺到被肆意挑動，也不經意地開始喃喃自語，猶如痴人說夢。

這「真」的插曲，倒來得彆扭尷尬，加劇了克萊頓的驚慌。

忍耐一下！驚慌中的他，提醒自己。

「忍耐一下！」驚慌著的他，竟然把想提醒自己的話，也漏嘴喊叫了出來！

肥彭聽到這叫聲，轉頭看看克萊頓，見他失神地盯著前面坐著的小香港，以為他是在勸告激動的小香港，也不在意。

「你先忍耐忍耐吧！」看著小香港的克萊頓，被肥彭看得渾身不自在，便勉強裝出是要安撫小香港，繼續說著：「你忍耐一下，我……我去找李傲……」

「忍……」誰知道說完「真」的毛毛又聽到了「忍」，「三字真言──『真和忍』？」神經又一道牽動，跟著又說。

慌亂、尷尬、羞愧的克萊頓，倒「忍」得夠辛苦。心中懊惱，這毛毛被他帶著去吸毒夢遊，卻在這麻煩當頭，還是樂遊不返……

「忍，忍，忍。真，善，忍……」毛毛還是自言自語，說起他師傅教會他那信仰中最珍貴的寶貝三字真言──「真善忍」。

還忍！？克萊頓已經快要「忍無可忍」！他心想，身邊這美國毛毛的確生不逢時，竟然在這令人焦灼不安的時刻，還要糊裡糊塗、不斷打岔，明明是要令他難堪！於是，他便使勁用手肘重重地打了旁邊的毛毛一下，意圖讓他閉嘴收聲。克萊頓這一打，打得有力。克萊頓打這一下的衝撞力相當的強烈，震動到毛毛身邊緊貼著的香港小妹，小妹立即被震得半醒，驚愕不已，四處張望：「什……什麼？什麼？」

「什麼什麼的？！『真善忍』要搞希特勒！希特勒要搞『真善忍』啦！」克萊頓沒有好氣地嚷嚷，他記得這香港小妹，剛才曾經玩得開心，問過希特勒是誰，還說要搞希特勒，便有心要做起正人君子來，對她和毛毛都要呵斥一番：「嘿！你們倆都該醒醒啦！」他似乎從肥彭的臉色上，察覺到這在房裡搞希特勒和搞『真善忍』的人和事，都跟克萊頓他自己有關，甚至小香港在外面被別人搞的事，也多多少少跟克萊頓他有關，他心裡感覺十分的不好受。

玩藥玩得出神的這位香港小妹，用獃滯的眼光直直地盯著這隻美國禿鷹，分不清他是誰、聽不清他在叫喊著什麼。

「我，我去叫李傲……」克萊頓定神看著小香港，想從她的反應中確

認──到底哪一件事才是她諸多需要中的首要選擇。

「我，要報警！」小香港的選擇似乎堅定明確。

「好！好！好！報警！我報警！」克萊頓不敢怠慢，也不需多問，從小香港的語氣表情裡，他清楚地意識到事態的嚴重性。他迅即拿起神態還是迷糊不清的香港小妹那放在玻璃酒檯上的手提電話，急急忙忙地按著號碼，然後貼在耳邊，作勢聆聽，一本正經。

一直木然地察看著克萊頓在不斷忙碌折騰的港人肥彭，這時卻仍然漠然置之，只是用挑釁和責難的口吻、加著點不冷不熱的態度，責問道：「你，你要搞什麼？」

我？我搞什麼？！你，你竟要挑釁我「搞什麼」？！克萊頓這時心急如焚，看著肥佬便想發狂：搞什麼？！你緊張我搞什麼？！緊張什麼？！我搞著你女人的電話，沒搞上你的女人！「搞什麼」難道不已經是一清二楚嗎？你，這傢伙，我以為你只是啞巴，原來你也是瞎子！

克萊頓心裡在罵，也真想開口罵，但就是不敢罵。

「我……撥……撥911！撥911，叫……叫警察！」克萊頓高叫出聲──而且叫得儘量的急促和緊張，因為叫警察通常都是在非常的狀態，那狀態是需要有這樣的急促和緊張。

「撥911？喂，鬼佬大人，這裡是香港。」肥彭面無表情，語帶嘲諷。

這裡是香港！克萊頓登時顯得更加驚惶失措。沒人會知道，這額外的緊張是來自於醒悟到這裡是香港而不是美國，還是驚訝地發現這從來只沉默不語的肥佬居然竟會連番作聲，甚至竟會對克萊頓他肆意冷嘲熱諷。

「要，要報警！」克萊頓試圖用他緊張的聲音去激動這個好像半死不活、上氣不接下氣的肥佬。

「等14K回來再說。」肥佬沒有被激動到，還是那樣的半死不活。

「為什麼？」克萊頓有挫折感，也顯得不耐煩，他想著追究的並不是「為什麼要等14K回來？」而是「為什麼現在突然由得你來發號施令？」

不過，當即，他們不再需要搞清「為什麼」了──

「呼！」門登時被撞開，一個男人匆匆走了進來……

港人14K急急忙忙地走進來，神色凝重，失缺了慣常的嬉皮笑臉。他愁容滿臉，先讓大家看著他，一言不語地坐進與肥彭、克萊頓他們面面相

對的沙發上；然後，一邊用眼角審察著這時稍稍回復一點平靜、靠著沙發低頭不語的小香港，一邊面對肥彭開始講述在鄰房與牛頭馬臉之流交涉的狀況。

「那幫扑街不肯收手，想玩嘢，要玩大嘢。」14K對著肥彭講，講得嚴肅認真。克萊頓不明白「玩大嘢」這類廣東方言的意思，更不明白「要玩大嘢」的那幫「扑街」為何可以讓向來玩世不恭的14K居然變得這樣愁眉不展。

玩？

「誰要玩？」克萊頓問得緊張，緊張得正像擔心有人又要「玩」他的K粉一樣。

聽到克萊頓的發問，14K眼角的視線，隨即從小香港那裡，轉移到克萊頓這邊來，儘管他的頭，仍然還是向著肥彭：「那幫扑街嚷著要召大佬，嚷著要過來打殘小香港。」

「扑街」和「大佬」這些詞語，對美國克萊頓來說，沒有什麼震撼，似懂非懂，但聽到要「打殘」他的美國朋友小香港，他既聽得明白又聽到震撼，即刻全身一陣寒噤，「誰要打？誰要打？」他緊張地追問。

沒人回應。

「哪裡的人？」肥彭問，問得心平氣靜。

「操——」14K輕蔑地開始發泄。不久才聽完14K陳說中國人要把老母扯進去才算是真正罵人的理論的克萊頓，這時等待著14K一併「操」喊出對方的老母來。

可惜，老母沒有被喊叫出來。「操」完了的14K，只是接著平平地繼續說：「那幫爛樣是自家人。」

爛樣是自家人！

自家人？！14K的自家人？克萊頓留神打量著講「爛樣是自家人」的14K，心想：這14K那歪斜古怪的臉相倒真的有點「爛樣」的特色，這個「爛樣」與那幫「爛樣」是「一家人」，也不足為奇。但要打人的「爛樣」、「搞」了小香港的「爛樣」，卻竟又會是14K的「自家人」？不能理解！克萊頓心慌意亂。

「那隻肥豬是『432草鞋』，那隻瘦猴是『426紅棍』。」14K繼續講。

克萊頓這時注視著14K那斜向盯著他的眼光，琢磨著14K那屬於動物一族的「自家人」：「豬？猴？」他十分迷惑；「跟鞋、棍有關的豬、猴？」更加困擾；432？426？是雜物店還是動物園？——萬分懊惱。

克萊頓感覺著14K斜視盯緊著他的目光，在自己一片茫無頭緒之中，他把這凝視理解成是要邀請他發問的意思，於是便鼓足勇氣向14K問道：「什麼『426紅棍』？像『007占士邦』似的？」

「『007占士邦』？白痴！」罵出口的14K，這時才終於把頭從對著肥彭的方向，移轉向這大惑不解的美國人，他的臉面「改邪歸正」、追隨了他的視線的正確方向，沒有好氣地說：「『432草鞋』和『426紅棍』，是華人三合會裡的職稱。『紅棍』負責刑法——打打殺殺；『草鞋』負責招募新丁——逼良為娼。明白嗎？007！白痴！」

又「打打殺殺」又「逼良為娼」？打殺的娼妓？不明白。美國的白痴聽了，更加一頭霧水，真感覺越來越愚痴。

「『紅棍』是你們的『海軍陸戰隊』，『草鞋』是你們的『陸軍征募部』，明不明白？！」華人14K看著這白痴的美國人竟然那樣地白痴下去，更沒有好氣地瞪眼嚷嚷。

啊！明白！在美國當過兵的克萊頓，這下似乎當即茅塞頓開。「陸軍海軍」的事，白痴都可以明白！

片刻之間，克萊頓似乎想得挺多：意識飄離的片刻，思維似乎有這樣的想法……

美國的軍隊簡單，美國不像共產國家喜好軍事巡遊，沒有聲勢威嚴的兵操表演……克萊頓有這樣的印象：當兵前，見到的軍人總是那些穿得整整齊齊、和藹可親的征募官——他們對你笑一笑，讓你填個表，就簡簡單單地讓你當兵去；當兵後的克萊頓，既錯過越戰的砲火，也沒撞上阿富汗的硝煙，簡簡單單，平平安安。就算退役後的他，看了美國出戰阿富汗和伊拉克的戰役紀錄片，美國的戰士也像似沒有遇上多少複雜挑戰，背著個背包行行走走，輕鬆得像似去露營週遊，然後在野外旅行似的跑跑走走中，就輕易地跑下了一個又一個的國家……倒是美國毛毛帶克萊頓去中國大陸才讓他開了眼界——毛毛帶他看了套中國解放軍打仗的故事影片，那些解放軍都很英勇無懼，「衝啊！殺啊！」殺聲震天！喊聲比炮聲大，迎著砲火就衝呀衝，敵人的子彈炮彈全沒用！受傷倒下，還說這說那，沒有痛苦也沒有害怕。令人生畏，令人敬佩……

美國陸戰隊不是解放軍，克萊頓覺得可以明白。似乎明白了正開始沉思的克萊頓，卻又從14K挑釁的眼光中看出自己的新問題，突然又再疑惑了起來：三合會？黑社會？「豬馬棍鞋」的海軍陸戰隊？只聽說過中國的太陽特別紅，原來中國連黑社會都特別黑？為何中國人的黑社會竟黑得如此的深奧，深奧得有如軍隊的模式一樣——『海軍陸戰隊』、『陸軍征募部』？剛開始明白了點的美國克萊頓，這時又是不明不白。他，想問。但他，憂心，問問就要被斥作白痴，還是不敢問。他只是心裡在盤算：「中國據說有五千年的文明歷史，這幾千年的文明裡確實會有著很多不為人知的內涵，也真是奧妙無窮。可是怎麼這五千年的文化結晶中，又總會有諸多克萊頓他這個美國年青人所不能理解的東西⋯⋯這「紅棍」呀，這「草鞋」呀，這「豬」呀「猴」呀⋯⋯⋯嘿！等一等！等一等！豬、猴？！這數千年的內涵，怎麼在此刻又都跟動物雜貨之類息息相關？是《西遊記》？還是《水滸傳》？」

真的要問。他的確想要再問問。

不能問！問不得體，又變白痴！不甘做白痴的白人克萊頓，看著貌似深諳文明史實的14K把他那慣常歪斜的目光轉移到肥彭那邊，而且那臉上對白痴的輕蔑神情也漸漸消失，這才稍稍鬆了口氣。這中國人的事——自己真的白痴？美國克萊頓想想，14K這香港人，也像個演出《功夫》電影片的港人周星馳，有才又有智，部部電影演得令人發笑又令人痛哭流涕，既看到中國花樣的文明又看到中國心酸的歷史⋯⋯

「你，覺得如何？」這回，輪到14K平淡地向著肥彭發問。

覺得如何？！問得平淡，平淡得仿如克萊頓他自己看著吸了毒的同道中人好奇地發問一句「感覺如何？」一樣的平淡親切，好像僅為分享穿梭不同空間的感覺時一樣的閑情逸致、漫不經心。

還問「感覺」？克萊頓多了點心急，多了點委屈。

他也跟著看看，看那肥彭的感覺。。

被問候「感覺」的肥彭，卻竟然還是悶聲不響，好像沒有感覺，也好像半死不活得根本不知道要如何去感覺。

嘿！這些中國人真是令人費解：這邊一個女人被污辱，那邊海軍陸戰隊快要打過來、要打殘我們！這兩個中國人，還在慢條斯理地談論感覺？而這肥佬，卻連感覺都沒有，連感覺都談不上！

沒有感覺的是他們。

有感覺的是克萊頓。

他感覺到——大難臨頭。他感覺到——沒有感覺的煎熬。他感覺到——大家的沉默令他窒息。他感覺到——要雷厲風行、果斷應變，他感覺到——不能坐以待斃。他感覺到——14K的視線雖然已經移注肥佬那邊，但14K的「爛樣」卻仍然是莫名其妙地與他「面對面」。他感覺不出自己真實的感覺。他想著只是去感覺。這時，他突然感覺出思緒的一絲真確，他巴不得在這令人凍結窒息的寂靜中有勇氣去提示一下14K：快點把你那具有古怪模樣的頭一併跟隨著你那尖銳刁滑的目光轉向肥彭，請你把你的腦瓜調整對著你的視線，以免你歪曲的臉膛上系著歪曲的視線，這些不明朗的臉向和不明確的視線令人難讀費解，以為你邀請我去發問，因我的發問又被你無辜誤當白痴！他期望著，他期望得強烈。但是他的期望缺乏心靈感應力，缺乏改變14K臉向的能力，他也缺乏作聲抱怨的勇氣。

沉默，在令人難受地延續下去。

美國克萊頓這下開始懷疑，他懷疑自己，懷疑自己的白痴。

真正的白痴並非自己。

真正的白痴，是這兩個自命不凡的中國人！他們儘管可能有源遠流長的文明歷史，他們卻既極端缺乏現代社會的生活常識，又缺乏現代文明的普世價值！

一向熱衷東方文化的美國克萊頓，勤練中國功夫之餘，也曾覽閱一些中國古典名著——當然一向讀來只是浮淺粗泛，似懂非懂，亦多少有點印象。在他對中國文化和中國古典文學都是同樣膚淺的認識裡，他感覺到眼前的現實有如時光倒流，迴轉置陷於一個莫名其妙的古典藝術文學的世紀環境中：身邊坐著一個被辱的小香港哭哭啼啼，恰似《紅樓夢》的無助悲情；瘦猴肥豬一類狐朋狗黨恍惚是《西遊記》的豬猴怪獸；紅棍草鞋的野蠻妄為十足《水滸傳》的山賊作亂；而這兩個中國人只會私下密謀斟酌，又像《三國演義》一般地在大肆奢談著戰亂謀略。這令人莫名痛苦的現實，在他對中國文化的浮淺的認識中總挑剔出絲絲的聯想……

美國白人克萊頓看看無助地似在低頭啜泣的美國香港妹小香港，再看看那位他愛莫能助的美國華人毛毛，想著毛毛所熱衷的「真善忍」，確信自己並不是這些被動而又自恃的中國人，他才不要信奉那些中國人的信仰！他不信仰什麼「真善忍」！他才「真」真不「善」於這樣的一忍再

「忍」！他真的忍無可忍！他，於是他再次鼓足勇氣，決心要把常識，展示給這些自以為是的白痴！

「報警吧！」克萊頓震顫地叫嚷出聲，希望常識一定可以克脅虛妄。

虛妄依然繼續，希望卻是落空。這時，沒人理會他。

白痴們竟然對他處心積慮地展現出來的常識也視若無睹、充耳不聞？是你們居然沒有聽到我的吶喊？還是我竟然緊張得沒有喊出聲來？

「報警吧！」

情迷意亂的他，於是又再次高聲吶喊。報警吧——！

這下，他確信大家都聽到了他的叫喊，因為他喊得瘋狂，自己好像還聽到吶喊的回響，連他都被自己那尖聲怪叫弄至驚愕震撼。喊得顫動和喊出震動的都是他，但是無動于衷的是別人。別人，還是毫無反應，存心要顯示叫喊的他，和他的叫喊，都毫無作為。被忽視的他，更為著被忽視的他的叫嚷，而感到難受！感受著，一陣陣切心的焦躁和強烈的困窘。

一陣子後，14K才不經意地向克萊頓瞄了瞄，再看看肥彭，似乎是談完感覺、要開口說話的時候了。

「叫鹹豬手吧。」感覺不出東西來的肥彭，終於認認真真地講。

叫——鹹豬手？！中國菜？！又來動物一族？！《西遊記》再續？！這肥佬，叫隻豬手竟都要叫得如此深思熟慮？真會開玩笑！克萊頓，又是一陣切心之痛。

14K從口袋裡拿出手機，撥通電話，大概開始跟哪一個可以救命的餐廳老闆訂叫一道美味的「鹹豬手」！

正講沒幾句，門「砰」地一聲又被重重踢開！一幫人殺氣騰騰地衝進來！來人真的狀似《水滸傳》裡那些作亂的山賊之輩，克萊頓即時又大驚失色。

＜37＞黑道霸氣

見識黑社會　美國總統嘆厲害

出頭１４Ｋ　老母被辱苦當災

踢開門衝進來的，先是幾個金毛「爛樣」，接著便是豬頭、馬臉。

看到這幾個一頭金黃染髮的「爛樣」，看著跟在後面那兩個兇相畢露的肥豬、瘦猴，克萊頓當即意識到，這幫人，便是14K所描繪要打殘小香港的「自家人」。一向自認深諳中國功夫的美國克萊頓，當下大驚失色，一躍而起，瞬即雙拳架空，枕截胸前，再半蹲側身，扎穩馬步，實行擺設一款似模似樣的李小龍截拳道樁式：似乎一下就虛擬出一盤『007』對『426』的陣勢。

旁邊的肥彭見狀，卻一反他那「慢條斯理」的「常態」，即刻施展一招兵貴神速，一手就把『007』克萊頓扯回沙發上，一點都不留情面。香港胖子肥彭確實擔心，這個看來被武俠片中功夫神話熏陶過多的美國人，會情緒失控，下一招便會接著使出李小龍的經典名作——邊咦呀嚎叫，邊招手挑釁逗弄對方，然後再像猴子般四處蹦蹦跳跳——那就慘了！當真會一發不可收拾！

「不要玩野！」

坐著的肥彭，一邊繼續抓著克萊頓的手臂，一邊仍然只顧凝視著衝進來的那幫大漢，用沉重壓抑著的聲調警告白人克萊頓。

看著這時已經站起來向金毛一伙迎了上去的港人14K，絕無心情「玩野」的克萊頓，意圖要抽手掙脫肥彭的抓控。肥彭不但沒有鬆手，兼且聲

色俱厲地叫道：

「睇住你身邊的朋友！」

「睇住」，是廣東話，是「看住」的意思。

克萊頓明白這意思，因為以前與朋友毛毛第一次從美國來香港的時候，毛毛就教會了他第一句常常要使用的廣東話——「睇女仔」。

被命令看顧著朋友的美國克萊頓，轉頭看看身邊的小香港和毛毛，心慌意亂。再看看衝進來的金毛一眾，感覺他們比海軍陸戰隊更加令他驚慌。他急忙想著要在腦子裡憶記自己學過的功夫武術，但這時腦海裡想得出的，只會是一片空白。想著的是，要採取果敢的行動，感到的卻是，自己被肥彭抓緊的手臂的顫抖，能做到的，也只是拼命地呼吸。他，不明白，為什麼他的潛意識，在慫恿著他去勇敢決斷，而他的主觀意識，卻命令他不能動彈。他也不明白，他的心跳很急速，他的思維卻被冷卻。靜止的思維中，跳躍著一些印象——關於《臥虎藏龍》的周潤發和關於《功夫》中的周星馳的印象。這些印象，都慫恿著他，去勇敢地面對挑戰，都挑動著一些以為曾經熟悉的「俠義勇為」、「鋤強扶弱」的俠客豪情。但在凍結了的思維中，他不知道什麼是俠客、什麼是豪情。空洞的腦瓜裡，只有簡單的直覺——這殺出海軍陸戰隊的兵荒馬亂情勢中，他知覺到他的確無力仿傚《臥虎藏龍》的周潤發去「俠義勇為」，也不敢像《功夫》中的周星馳那樣盡情玩弄「鋤強」的把戲。或者，微弱而顫抖的知覺中，只有勉強夠膽試試「扶弱」的小意思⋯⋯於是，他用慢慢而堅持的手法，去讓肥彭了解他已經再沒有跳躍起來的衝動，以便擺脫了肥彭對他的抓控，接著伸手去按護著坐在身邊的美國女孩小香港，也順勢推了推一直仍狀似在打坐練功而魂遊四海的美國毛毛。

「飲杯慢慢講，飲杯慢慢講⋯⋯」14K向著一眾金猴笑臉相迎。

金毛後面的馬臉，走上前，撥開幾個金毛，怒氣沖沖地對著14K大聲呼喝：「飲你老母！」

聽到對方叫出14K的老母，克萊頓心頭一陣冷酷緊張，開始領略到何謂14K所說的「玩真野」的滋味。這「真」，卻真得令他心寒。同時，他也意會到，這骨架高大但形容枯槁的人，就像一隻猴子，一定是14K所講的黑幫「瘦猴426紅棍」；而後面跟著的肥頭大耳，必定是黑幫「肥豬432草鞋」。他一下子已見識到14K所解述的海軍、陸軍，個個的確面目可憎、殺氣騰騰。

飲你老母?克萊頓腦裡回響著馬臉的話,身體覺得麻木冰冷。

「飲杯再講啦。」14K恍惚沒有老母,仍然笑容可掬,不擔心老母被窮兇極惡的馬臉紅棍一飲而下。

「飲你媽個屍!」紅棍怒號聲嘶。

「不要勞氣。有話慢慢講。」不勞氣的14K,真的慢慢地講,他老媽可能沒有屍。

「慢慢講你老母!」紅棍繼續謾罵。

句句,都衝著14K的老母!美國克萊頓,渾身感覺到恐懼。恐懼中也多了些輕蔑:這中國人的馬臉怪獸,怎麼這麼執著?他對14K的老母,竟如此情有獨衷?飲的是14K的老母?講的也是14K的老母?美國克萊頓緊張地盯著這個瘋狂的中國人,既十分驚恐懼畏,又不禁嗤之以鼻,心想:五十來歲的華人14K,就算他真的還有「老母」,那當得起他老母的「她」,也並非再是豆蔻年華,青春不再、敗柳殘花!為何這個黑道紅棍總對「她」興趣盎然?總堅持不懈地追逐著這一個七、八十歲而素未謀面的老婦人不放?美國克萊頓不明白,這十幾億中國人的堂堂大國裡,就那麼缺乏年青一點的女人?

「你老母!快點叫死八婆出來認錯!」黑幫紅棍,繼續叫囂。

克萊頓沒聽清他叫囂的是14K的老母,還是「死八婆」。被罵為「死八婆」的青春玉女小香港,卻聽得清楚,這時聽了被罵為「死八婆」,就怒火燃燒,蠢蠢欲動。克萊頓趕忙按住她,頻頻呵護安撫。

「認『錯』?都得先搞清楚是誰的『錯』。」14K這時的笑容,略略收斂。

「我搞清楚你老母!」紅棍對著14K直眉瞪眼,瘋狂叫囂:「我操你老母!」

「搞清楚你老母」?克萊頓聽了想笑——「老母」不是含情脈脈、虛情假意的少女,態度一定直截了當、皺紋起伏、霜痕斑斑,不是都一目瞭然?還有什麼需要費心去「搞清楚」的?

想笑的克萊頓,不敢笑——紅棍那句「操你老母」罵得認真,不是開玩笑。

看著這個叫囂要操14K老母的紅棍,叫完了還蓄意地用挑釁的眼光死

155

死盯著14K，克萊頓覺得紅棍的態度極端惡劣，而神情亦嚴肅認真，並非僅僅是隨意出口傷人、鬧著玩玩而已。紅棍罵得堅定，毫不含糊，克萊頓擔心，當刻倘若14K的老母在場，紅棍真有可能衝上去就——「操」！美國克萊頓因此更加難以理解：樣貌古怪醜陋的14K的老母絕不可能是國色天姿、花容月貌，紅棍倒一意孤行地對她這個七、八十歲的老婦人要這要那、情真意切？中國居然有人會如此偏執狂妄和兇狠野性？簡直就是野蠻瘋癲、飢不擇食。

「滾開！叫那忽得妹出來！」馬臉紅棍邊高聲喊叫，邊舉手發力推撞面前站著的14K。14K一腿稍稍拖後半步，迅速提手由上環盤截下，撥開了紅棍推來的手腕，並即刻以雙手輕按著紅棍的雙手手肘——作狀好像只是要求和扶按，實質是要制約他的狂動妄為。接著，14K並再次連聲呼喚：

「以和為貴，以和為貴……」

「你老母滾開！」紅棍指著14K的鼻子，卻斥喝14K的老母——滾開！

14K的老母被紅棍「幹」，還被紅棍「趕」？14K的老母至今還未出現過，怎樣去「滾」？美國克萊頓百思不解。

「叫忽得妹站出來當面講清楚！」紅棍再大聲叫喝。

這叫聲，頓時吵醒正一直還在「忽得」得過癮的「忽得靚妹」。這香港靚妹，睡眼惺忪，四處張望，以為被喊叫的，是她自己。當她察覺四週正劍拔弩張，在香港旺角、油麻地區那樣一個殺戮戰場中打滾長大的香港靚妹，馬上驚慌醒覺——如此沙場滾滾，定會殺錯良民——隨時都會無辜當災。她便拚命地搖動旁邊美國毛毛的手臂，企求搖醒他來當作自己的「擋箭牌」。毛毛張眼看看靚妹，以為她又有所求，慾望上心口，當然滿心歡喜，伸手就想探進口袋中搜尋那K粉子彈，隨即才到四週殺氣騰騰，如夢初醒，驚慌失措，以為共產黨這時已經殺到他那非常人的高層次、要找他這個法輪功算賬。醒覺的毛毛慌忙連聲追問：「什，什，什麼事？什麼事？」邊與靚妹瑟縮一團，慌亂之刻，倒似反過來要把靚妹當作是他自己的「擋箭牌」一樣。

「我替她大佬做事，她有事我承擔。」港人14K的笑臉，開始變得似笑非笑。

「替她大佬做你老母！」紅棍罵得更加激烈。

中國人這樣扭曲的關係和要求，美國克萊頓更加聽都聽不明白。

「她大佬──」華人14K還想繼續申訴。

「你老母是她的大佬自己都沒面子給！」紅棍邊罵著邊使勁要推開14K。

「你老母」是女人，「她大佬」是男人，女人的「你老母」，竟然是男人的「她大佬」？黑幫紅棍瘋得「男女不分」，美國克萊頓腦海裡即刻閃現曾經常聽到而從來不能明白的共產黨罵人民的行話──「你亂搞男女關係」！聽說，當初，共產黨對所有未經他們批准而擅自約會的男女，都一概定性加罪為──「亂搞男女關係」，可以被無情批判，也可以被關進監牢。克萊頓原來不懂，「男和女」之間的關係，不都只是「性愛的關係」？怎麼會有「正搞」和「亂搞」的「關係」？他現在才明白，原來在中國人的土地上，那「男女關係」，真的可以亂搞一通，隨時隨地都可以搞得不明不白！

紅棍用力甩脫14K扶按著他手肘的雙手，突然出其不意地用雙掌大力擊撞在14K的胸上──「滾爛開！」

中國人講求面子，而這個被紅棍不給面子的14K的臉皮夠厚，既無意服從這「滾爛開！」的命令，更無意閃避這雙掌直擊。結果，這衝擊來得相當的猛烈，把14K原來前後分站的工字馬步也衝退了一尺之多。但他剛剛雙腳墜地，便馬上拖步立穩，既未有失足跌倒，也未有再讓步退後。

「喂！兄弟！自己一家人，何必動氣？」正露齒苦笑的14K，語調雖然平板，卻已經約略提高了一點聲量，不像真的是在訴說一家之親，倒異乎尋常地突然顯得有點動氣──他本來由他那張歪臉和他那大嘴巴所營造的招牌的「似笑非笑」的嘲弄模樣，仿如已經變成了一幅「欲哭無淚」的痛苦模樣。

港人14K的臉，是變黑了。但黑幫紅棍的路，還是被他擋著。

黑幫豬頭草鞋與幾個爛樣金毛，就要一擁而上，幫著紅棍大佬去清除擋路的14K。美國克萊頓眼看華人肥彭仍然坐視不理，再也憋不住氣，又一躍而起。故然，他身處這個混亂境界，未必躍起之前就已經當機立斷：挺身躍起到底是要去幫著14K與這些華人黑幫比試拳腳，還是戰局已開，他見勢不妙，躍起就要溜之大吉，他的意向當時相當的曖昧。

美國克萊頓跳起後，只經歷了片刻的猶豫不決，便察覺已經錯失良機──門「砰」的一聲又再被撞開，瞬間衝進一班大漢，怒嚎叫嚷。白人克萊頓，當即被嚇得獃若木雞，不敢動彈──如此人多勢眾，意遁惜無逃

路,欲戰又必無生機!頓失「逃路」、「生機」的他,這下感覺大難臨頭,驚恐中深悔當初未有執意堅持報警,或者悔恨早年中國武術學藝不精,未有練就出周潤發、周星馳式的功夫真傳,不然此刻身陷於中國人重重包圍中的他,便可以使出中國人的獨傳秘笈——絕世輕功,飛天遁地,逃之夭夭。

<38> 劍拔弩張
黑道賊豬猴　兇狠喊打肆召馬
藍帽14K　奮力調兵忙招架

「咪唏！咪唏！咪亂黎！咪亂黎！」——別動！別動！別亂來！別亂來！

衝進來的那幫漢子，用廣東話在大聲呼喝。

「黎啦——！」原來坐著一直無動于衷的肥彭，這時看著衝進來的人，也突然出聲叫喊。肥胖的他，整個晚上都好像無所事事、慢條斯理的樣子，現在竟然在一片喝令著「別動」的呼喊聲中，卻反應神速，既一反常態、又「二反喝令」，即刻肆意「蠢動」了起來，邊一躍而起，邊一下向著14K就高聲呼喊示警。

「黎啦——！」

肥彭的表達，太過簡短濃縮，神不守舍的克萊頓，在兩個字的後面聽出了——「糟！」的意味來。

原來已經顯得一派迷惘的美國白人克萊頓，現在又再一陣的慌張——瞬間中他能看到的是，原來對任何狀況都熟視無睹、漠不關心的肥佬，這時也竟然要為這批新殺到的人馬即刻動身迎戰；瞬間中他能理解的是，情況的危急是那樣的顯而易見、是那樣的非同小可！正站得心神慌亂的他，瞬間中能夠做的是——即刻本能地扎馬擺款，亮出武術的防禦架式，以示——嚴陣以待。誰知道，站在他身旁的肥佬，說時遲、那時快，閃電式一手，就狠狠地把他往後撥跌回沙發上！一邊只顧目不轉睛地盯著進來的那幫人，一邊再出言警告克萊頓：

「坐低！咪玩野！」——坐下，別玩！

也許，對於肥彭來說，喜歡賣弄中國功夫那玩意兒的這個外國佬的「防禦」架式，太具有「攻擊」性和挑釁性。

別玩？玩什麼的呀？我哪是在玩的呀？！不被嚇死已經是大命，還玩？克萊頓的內心，當然是在大呼冤枉。

不准克萊頓「玩野」的肥佬，他自己倒像是「玩」得相當地投入，他全神貫注地站在那裡動也不動，似要靜觀事變，蓄勢待發。

克萊頓焦急，這胖子——像美國胖子那樣胖的中國胖子，什麼都慢，胖得像小山，煩不煩？剛才才有點新氣象——動作多多。可是現在又返回常態——默默磨磨。

被肥彭一下推跌回沙發上的克萊頓，確實有很多看不慣，內心也諸多的抱怨，坐在沙發上的他，實在心有不甘。可是，在中國人的地方，他記得，自己不久前，被三番五次地斥責為「白痴」，倒也是，慎重起見，先看看再說為妙。審視著肥彭剛警告14K留神已經「來啦！」了的那幫衝門而入的大漢，既然印象中覺得連一向從容淡定的肥彭都要呼喊出「來啦——操！」或者「來啦——糟！」之類的擔憂，克萊頓意圖要搞清楚那幫人是何方神聖。於是，定定神，留意看看：衝進來的五、六個漢子，個個西裝制服，舉動迅速嚴整，表現訓練有素，神情端莊嚴肅……隨意看看，都看得出來，這幫人，與早前進犯的那班「爛樣金毛」，反差甚大，兩路人馬，看來非親非故，天壤之別。瞬間，克萊頓腦海裡浮現出一個新疑問：難道，這些才真正是，早前曾經被14K繪聲繪色地吹噓過的，那類與黑社會同形同影的打手——「海軍陸戰隊」？瞬間，看著想著的克萊頓，正在疑惑之際，驟然又看到，跟隨在那幫人後面匆匆走進來、同樣穿著西裝革履的一個人——藍帽子。

他？藍帽子？克萊頓感到意外。意外的感覺中，他又好像恍然大悟：「來啦！」的這班大漢，竟然是保安頭藍帽子的手下！看來，肥彭早前示意14K電召的那隻「鹹豬手」，並非是他想入非非的那一道美食，指的卻是這個保安頭。藍帽子？「鹹豬手」？當然，一下猛然覺醒了的克萊頓，一貫自恃有超凡出眾的領悟力，迅即便把藍帽子這個怪異的「鹹豬手」的叫法，與藍帽子以前出手戲弄菲律賓妓女「鳳姐」的故事，聯想到一起。處處留心華人趣聞軼事的鬼佬克萊頓，這時也依稀記得：富于想象力的香港人，總喜歡把「熱愛女色肉慾」與「嗜好鹹味醬料」混為一談——色情

的東西都「鹹」,「鹹蟲」指的便是「色狼」。

　　鹹豬手藍帽子——「來啦」?醒悟中的克萊頓又恍惚意識到,原來肥彭那「來啦!」的喊叫中,帶著些「好!」而不是「糟!」的意味!肥彭剎那間跳起來的原因,並非是驚魂失魄的「恐慌」,而是因為達成了那急切的等待的「希望」!

　　「咪玩嘢!」鹹豬手藍帽子,對著在場眾人大聲呼喝道。然後再轉身對著三、四個金毛匪類,疾言厲色:「你地啲爛樣!爛出去!」——你們這些爛相的!滾出去!

　　心思一度飄忽遊離于「鳳姐」與「鹹豬手」之遐想的克萊頓,當即也被藍帽子的那種劈頭蓋臉的吆喝聲,打回現實。他過去只聽說,藍帽子慣常對女人毛手毛腳,業餘嗜好的,純屬偷雞摸狗的小意思,不是大奸大惡,而且剛才在房內,克萊頓還領略到藍帽子對各人那種和顏悅色、彬彬有禮、招呼週到的性情品格……萬萬沒想到,這個文質彬彬的保安頭,又竟可以瞬間變得如此威嚴神武、凶神惡煞。驚詫中的克萊頓,瞬間對華人世界,又有了一些新體會——臉變得夠快、夠徹底!難怪中國傳統戲劇裡,早有「變臉」這種特技絕招——瞬刻即可「翻臉」變異,快速了當,技驚四座,堪稱當今世上華人演藝領域中令人咄咄稱奇的一絕。

　　翻臉,是華人的一絕!

　　被藍帽子斥罵「爛樣爛出去!」的爛樣金毛們,好像不敢完全漠視怒發聲威的這個駐場保安頭。他們先是,看看這個黑幫大佬瘦猴紅棍,似乎是意圖要接收應如何行動的指令。不過,他們馬上發覺,紅棍這時正忙著用手提電話叫喊呼話,氣怒和忙碌,沒空理會他們。他們只好接著又轉頭再去看看那個黑幫大佬豬頭草鞋,而草鞋這時卻悶聲不響、獸頭獸腦,一派無可奉告的樣子,顯然越發豬頭豬腦、不置可否——恍若是被藍帽子所帶領的這一眾保安的聲威陣勢,所驚嚇震懾,可以見到的只是一副畏怯和木訥的形態。左顧右盼的金毛們,頓時不知所以,亦只好悻悻然地,開始向著房門那邊走過去。

　　藍帽子即刻揚揚手,示意他的助手開門,讓金毛一伙走出去。一個保安助手,快速走了過去,把門打開,然後站立在門旁,用他的腳,頂住開敞著的門,讓門保持著繼續開啟的狀態,讓金毛們從他身邊走出長廊過道。另外的保安助手,也瞬即把房間裡面所有的音樂關掉,並且調亮了房裡所有的燈光。

大概沒有人會知道，甚至連克萊頓他自己也缺乏意識，一直坐著發獃的他，到底是看得緊張、還是想得迷茫？反正，原來的他，一直都是在坐著出神。只是到了這時刻，盯著走動著的人影，感受著光亮了的燈照。他好像，被流動的人氣和磁場，攝吸所帶動著；也好像，被變得明亮的燈光，燃點出一點生氣。他這時，開始有了點動靜，他的寂靜的注視，跟隨著走出去的那伙金毛兇漢，坐著的他慢慢地轉身，從保持著開啟狀態的房門，向過道外面張望出去。這時，他發現，出乎意料，門外邊原來也站立了為數眾多、身穿一式制服的保安大漢，他們神色嚴峻。他們個個都正在忙忙碌碌：有的對著手中的對講機，高聲呼喊；有的向著掛在臉前的小麥克風，竊竊私語；有的急步通風報訊，有的揮手疏散人群，更有的簡簡單單地盯視著走出去的金毛漢子、互相交流著敵意的眼光，恍惚眼光敵視的力氣，可以確斷征戰的勝負一樣……氣氛緊張，一片混亂。剛剛感覺過藍帽子的威勢，和眼見著金毛漢子的退卻，似乎曾經喘不過氣的克萊頓，以為可以呼吸一下新鮮空氣，這下盯視著外面的亂象，又似乎知覺到，那一下抽吸出來的只有是壓力和火氣。缺氧的空氣充滿著敵意，這令人窒息的呼吸卻讓克萊頓產生怪異的心思——不著邊際的心思——心思中浮現出一本古典文學《三國演義》：門邊站了的保安刻意地讓房門保持著開啟打通的狀態，房間內外情勢便是清清楚楚、一目瞭然；房間裡的瘦猴紅棍在忙著電召兵馬——「班馬」，房間外的保安也在急著「班馬」備戰；房間裡沉默不語的藍帽子，刻意盯視著走來走去的瘦猴紅棍；房間外啞口無言的金毛，惡意瞪視著東奔西跑的高大保安；房間裡，東張西望的肥豬草鞋，好像在盤算著是否隨時奔逃出去；房間外，左顧右盼的彪形保安，好像已經有著明確的意向一下就可以衝殺進來。房外的金毛，留意著房裡的瘦猴的動靜；房外的保安，也等待著房內藍帽子的指令……裡裡外外，未雨綢繆，出謀劃策，密鑼緊鼓，劍拔弩張——大有隨時爆發衝突、瞬間裡應外合的情勢。對於從美國過來、而又曾縱覽中國古典文學的克萊頓，神情恍惚的觀察，觸發了他的奇異的心思，怪畸的心思飽含著扭曲的意義，扭曲的力量模糊了時代的界線，沒有界線的周遭，頓時似乎充滿了有如《三國演義》裡描述諸侯爭戰中的那種調兵遣將、戰況一觸即發之緊張危急的劇情氣氛。

藍帽子這時走近剛剛放下了電話的紅棍，轉換了較溫和節制的語氣問道：「區區小事，就要電召大佬？」

讀中文一向有點心得的鬼佬克萊頓，剛剛浮想聯翩，腦海中有中文的成語名詞，也有古典文學的故事……這時，難受的沉寂中發出驚夢的話語，雖然聲音柔和，他卻聽出震撼、聽得震顫。聽明白藍帽子是在說——

區區一點小事，怎麼要打電話去驚動幫派大佬？

「區區小事」？非禮打人的事，還是區區小事？思緒還翩躚在中國古典文學的模式中的克萊頓，有點詫異，中國人的氣量真是——「宰相肚裡能撐船」！寬宏大量的呀！克萊頓佩服不已。

紅棍倒是心胸狹隘一點，沒宰相的氣度，肚子也撐不了船，對著藍帽子，揮了揮手中的電話，高聲嘶叫：「佢地唔我嘀靚！」——他們動手打了我的小弟！

藍帽子順著紅棍手中電話的揮向，轉頭看看紅棍所指著的他的豬頭兄弟，在光亮的燈光照射下，草鞋臉頰上被打的巴掌印紅腫清楚，確實被「唔」得——「動」得厲害。他便再轉頭，看看紅棍所講的那些「唔」了他兄弟的「佢地」的——「他們」。

「他們」中的香港華人14K，這時不再對黑幫紅棍稱兄道弟，一於直言不諱：「你嘀靚搞我地條女在先，條數點計啊？」——你的小弟先動手搞了我們的女人，這筆賬又得怎樣去算的啊？他講完停了停，恍惚記起了他剛才整天掛在嘴邊的那句「萬事以和為貴」的做人原則，便稍稍約束了一下，再用緩和了一點的語氣繼續說：「我可以為我條女那一巴掌賠罪道歉，來，賠罪了，罰酒賠罪啦！」

這，克萊頓知道，據說，中國人得罪了對方，自己罰自己一杯烈酒，算是很誠懇認真的賠罪道歉。

「你條爛樣都講得好笑！」紅棍向14K吆喝道。紅棍斥責14K的提議荒唐可笑，但他自己卻並沒有笑。

好笑？克萊頓也沒有看到誰在此時此刻還笑得出來。他這時留意到，14K再沒有像早前那樣，親切地稱呼美國姑娘小香港為他的妹妹，或是他老闆的妹妹，而只是女流「一條」。而爛樣一族的瘦猴紅棍，這時也把14K同樣稱為「爛樣一條」。「條」來「條」往，旗鼓相當；「爛樣」來「爛樣」去，認親認戚好風趣——十足影星周星馳在電影《審死官》裡的「廢柴對廢柴」、新娘買花戴，門當又戶對、大家一樣High！

都說中國人深奧，克萊頓這下又多了點嘆服——同一個人的稱謂，因著環境、時間、狀態的變化，而變化無常，反映出雙方的情緒、態度和人格，都可因應著各自的陣容、處境和優勢的改變，而變化無常，隨時變來變去，隨地玩玩「變臉」那一套國粹絕招。

「你條友鹹濕在先……」——你那兄弟非禮在先……

爛樣14K仍想據理力爭。

但馬上，已被紅棍的叫罵所打斷：

「叫你條臭雞出來讓我們打番！」

紅棍叫囂著——叫你那條臭雞出來讓我們懲罰補償！紅棍手中握著的電話，也在空中龍騰飛舞。

看著瘋狂飛舞的電話，看著飛舞電話所展示出的激烈怒火，大家擔心那條「臭雞」這時如果不幸膽敢出來讓他「打番」，定會當下被打殘無疑！克萊頓，為此而心驚膽戰。

「你條友有毋搞錯？好男不與女鬥。毋理由同條女計較。」14K儘量壓抑著聲線，語氣平和，雖亦略略帶點不屑的神情——你這條小人物有沒有搞錯了呀？好男人不會與小女人相爭相鬥，沒有理由要同那條小女人斤斤計較。

定是搞錯也毫不在乎的紅棍，更無心當14K標榜的那種不與女鬥的「好男」，他誓要與他的「臭雞」鬥到底：「叫臭雞過來讓我們打番再講！」——把臭雞交出來讓我們毆打補償了再說！

「先打」？然後還要「講」？打完再談？打完還要談？中國人真有道行！克萊頓，又再迷茫。

「挑！你條爛樣喪的！」14K這時也開始不再示弱，把對手也「操」作「喪的爛樣」。

14K一直淡定忍耐，這時卻「操」起對方來，這「挑」，把克萊頓「挑」醒，「挑」得震驚！

14K繼續爭辯，說：「條女忽得，有眼你睇，你大人不計小人過。」——那條小女吸毒忽得，你是看得清清楚楚的，你大人大量，不應該計較小人的過失。

小香港玩藥迷迷糊糊，被人非禮侮辱，還有過失？克萊頓，不懂得中國人的邏輯。

「大你條扑街個老母！」紅棍不當14K推崇的「大人」，咒罵起14K「扑街」來，又再波及到14K的老母，越來越粗野激烈，「喪」得相當可觀。

「叫臭雞出來！屌你老母！」紅棍有興趣的只是「臭雞」與14K的「老母」。

美國克萊頓不明白，「臭雞」出來怎麼去「屌你老母」？「臭雞」和14K的「老母」，都是女人，怎麼個「屌」法？天啊！這裡的中國人，真的那麼喜好——「亂搞男女關係」！

美國克萊頓聽說，中國人一向是世界上對父母最講孝道的人。這當下，14K的老母被紅棍這樣肆意侮辱？克萊頓便以為，14K定然要為他母親被踩躪了的名譽而大打出手、以示孝道。誰知道，14K聽了，卻沒生火氣，嚴肅的臉上，用歪斜的嘴巴，憋出了一個笑容來——是一閃而過的痴笑，笑出勝利者般的嫣然得意。事出突然，克萊頓當然覺得，甚為蹊蹺。

14K克制了一下他自己這種習慣性的皮笑肉不笑，然後一板正經地反屑相譏：「屌我老母？——我老母已經化了灰好幾十年，你有興趣的話就悉隨尊便。屌我老母？清明拜山買把花，脫了褲子找我媽。罵我「扑街」？如果『扑街』就能解決麻煩，那也就乾淨利落、簡單了事了啦。哈。」14K說得眉飛色舞，得意洋洋。但他並沒有指明，由誰去「扑街」，去解決眼前這個「麻煩」會比較簡單利落——是要14K他自己、還是要紅棍他們——去「扑街」？

14K講完，再看看粗人道友一般的黑幫紅棍，深知紅棍并非像14K他自己那樣，會熟諳邏輯推理，此際只顧粗言穢語的紅棍，也不會有同樣的文采詩意，絕對有可能對14K他的燈謎妄語一竅不通。於是，14K只好勉為其難，轉換一下語氣話題，繼續克制著點，說：「條忽得妹錯手傷人，我賠罪，我受你一巴。大家和氣生財。」

14K提議讓紅棍打他一巴掌，以作賠罪補償？克萊頓這下也明白，中國人據說注重面子，臉上被人打一巴掌，是極大的羞辱！男人大丈夫，大庭廣眾中，挨上狠狠的一巴掌，父老兒女，都面目無光！親朋好友，也會羞恨不已、顏面掃地！

「打你一巴？」

問的是紅棍。問得，輕柔疑惑。

14K無私奉獻的提議，來得意外突然，紅棍似乎因此，頓然一下，喜出望外——他思忖著「這處處擋駕的14K，當然想打！當然要打！」故此，紅棍隨即，定神打量了一下這個毛遂自薦的14K，和他那歪斜怪誕的臉相，恍若探索著——如果發狠一巴可打著的落點和可打出的痛快。不過，可能馬上已經算計得出新結論：這14K這樣的怪模樣，打與不打，

結果將是毫無分別！哪可以與蹧蹋玉潔冰清的少女臉龐那種過癮快慰，相提並論？！想通了的紅棍，於是接著便叫喊道：

「你條爛樣喪戀的！打你？你當我是白痴呀？哪有這麼簡單！」

聽了，14K臉上的笑容，也頓然全部消失了。

14K他，勃然生怒，忍無可忍，也還以顏色：

「當你是白痴？把你當是白痴？那有這麼簡單！你絕對是確確實實、不折不扣、空前絕後的大白痴！被一個小女孩打了一巴掌，就要打她一巴掌來賠罪補償？你那豬頭兄弟摸了玩了我的小妹，那我們是不是也要你那豬八戒先滾出來，讓我小妹去摸摸抓抓、非禮一番才可以算數？！你真白痴！屌——！」

果真，14K並不喪戀。聽到如此甘願犧牲色相，也竟被貶斥為過於「簡單」，真像受了奇恥大辱似的，立刻變得怒不可竭，臉紅耳赤。只恨他，從來沒有出語操過別人的老媽，不然黑幫紅棍的老媽，這下定然災難深重。

看著當下有點不知所措的紅棍，14K再咄咄逼人：

「你這個白痴現在到底想怎樣？！」

發怒的14K，誓要紅棍知道，他自己本來就已經是不折不扣的白痴！

爛樣對著爛樣發惡，的確有幾分分量，特別當大家都只剩爛樣一條、再別無顧忌的時候。周星馳的「廢柴對廢柴」，產生著空前絕後的物理效應。紅棍此刻惱火的不再是「臭雞」，他真想當即便與14K以拳腳來論斷「誰是白痴」這爭辯！只礙於，眾多保安在場，無奈好漢不吃眼前虧，便暫時不屑糾纏追究，稍微克制忍耐一點，嚷道：

「屌——！等大佬來了再說！」

糟！——白人克萊頓意識到，屌來屌去的中國人，馬上就要打起來！等幫派大佬殺到，還有什麼可以「再說」的呢！？他即時，又被「操」醒，又是震驚！

保安頭藍帽子，既然此際聽著老友14K與黑道紅棍爭論的一來一往，已經清楚瞭解事故的來龍去脈，便再也沉不住氣，衝前用手裡拿著的對講機直指紅棍的馬鼻，怒目相向：

「大佬黎咗又點樣？！呢度我睇場！我是呢度嘅大佬！你癲喪嘅？！你條扑街！夠膽就響呢度玩嘢！夠膽玩下試試？爛樣！屌——！」

<39> 心靈感應

李傲小香港　靈犀一點心相傳
黑幫紅衛兵　鬥狼對陣兵馬亂

　　李傲站在『夢幻境界』舞廳裡的舞池邊。舞池裡，那班原來跟隨著14K從『B-2 隱形轟炸機』客房裡走出來跳舞的男男女女，還在跳得興奮火熱。之前，李傲惦念著他的女朋友小香港，讓要回房間去的肥彭和14K順便去幫著找找小香港，自己在舞池那邊，等得焦急。

　　「不要走開，等我回來。」小香港與靚妹走出舞池的時候這樣叮囑過他。

　　「我找你就會像母象那樣發力頓腳，你收風就要馬上來看我。」小香港曾常常這樣開玩笑。「嘿！你那是招惹麻煩。母象頓腳是發情呼喚，方圓幾十里的雄象感應到都會蜂擁而來，那簡直就是引狼入室。」李傲也曾這樣開著玩笑來回應。「那多好玩啊！」小香港會常常輕快調皮地說。

　　是的，他喜歡與小香港拿各種各樣的動物來開玩笑。

　　好玩？小香港確實喜歡玩。但她現在總該不會也是在鬧著玩吧？

　　李傲這時巴不得她能發力頓頓腿，或者至少發出大象的那種低聲納呼喚，讓他心靈感應出她現在的去向。她去哪了？怎麼這麼久還沒有回來？遐想，焦急，等待⋯⋯想著、想著，李傲真的竟然下意識地頓了頓他的腿──但他不是要模仿大象，也不是在發情呼喚，他只是要發洩等得不耐煩的焦慮。

　　舞廳正在放播著的是曾經風行一時的勁爆中文金曲《中國力量》唱片

裡的歌曲《對面的女孩看過來》。場內的舞者想象著女孩看過來的目光熱流，在雀躍歡騰。

李傲也希望，能夠意外地在場內的某個角落裡發現小香港正在歡天喜地地看過來。

三面高掛在舞池上方的巨型影像屏幕，正在放映著美國電腦動畫片《通往心眼之門》這一部超現實世界的影片畫面。一個金屬鐵甲飛人，在高樓大廈之間穿梭飛馳，然後閃入未來世界的時光隧道，敲開那道心眼大閘，飄出閘門，再瞬間騰空翱翔。

李傲巴不得可以像鐵甲飛人那樣高飄遨遊，找出小香港。

舞廳接著播放出《中國力量》裡下一首的《每天，每天，我在等你》。舞客興奮地跟著歌曲就高聲疾呼，好像每個人都有美女帥哥可予等待。

歌中一個男性的聲音在申訴：

「Every day，every day，我在等你。你說過，你說過要在一起。

Every day，every day，你不在意，難道你把我忘記？」

把我忘記？我在等你，快點回來。李傲心裡也在呼喚。

屏幕上的畫面此時展現著兩手交合蛻變出一隻長頸鹿的電腦繪製圖案。

李傲覺得他自己也恍惚等長了頸項，猶如畫中的長頸鹿一般。「我等一下一定要告訴她！」他這樣叮囑自己。

《中國力量》唱碟又放送出下一首歌《算了，算了吧！》

場內震耳欲聾的音響又激蕩著一個男性愁苦的怨訴：

「你滿臉委屈是在騙我吧？哭著鬧著吧？

你算了，算了吧！」

她委屈？她在哭？算了吧？委屈得要哭的是等了這麼久的我——李傲想著感到好笑。你哭著鬧著吧！？

李傲注視著這些電腦畫面，留意著歌詞的內容，越等越心情焦躁。

《通往心眼之門》的動畫片裡，接著再出現了一群群裸體機器人，在奔跑，在揮手，在交錯行進，然後從旋轉的平臺中心，排行列隊，一個跟著一個，不斷往外出走離去，然後迅速消失不見。

算了吧！不要等啦！走出去找找吧！動畫影片和歌曲的內容，都好像

在顯示著這樣的一個訊息。李傲抗拒著這個訊息,但這訊息在他的腦際中迴旋衝擊。李傲閉起眼睛,意圖以一刻的靜心冥想來克服他被攪擾著的心緒。

他,這時,或者,只是,閉著眼,想著去,體會一下,偶爾會出現的心靈感應。

真巧,剛進入靜心冥想的片刻裡,李傲陡然聽到,駐場DJ已經在換播出時下流行的《2004　亞洲之最》中文大碟裡的歌曲,而且恰恰就是那歌碟裡小香港最喜歡的那首《你怎麼捨得我難過》。李傲心情一陣緊張,因為這歌,與之前的幾首截然不同,不再是像李傲自己的那種男性聲音的哀怨,而是換了一個清脆高亢並帶著哭訴悲情的女高音,聽著,像似小香港的痛苦哭泣:

「對你的思念是一天又一天,孤單的我還是沒有改變……

親愛的你,好想再見你一面……」

這像似心靈感應,這像似預感應驗。

她在想我?她想見我?

這恍惚是李傲的冥想召喚出來的訊息,而這訊息隱約蘊藏著一種沉重壓抑的感覺,是一種不祥的預感。她要跟我說話?她要說的是什麼?李傲再靜心聽下去:

「你的心到底在想什麼?為什麼留下這個結局讓我承受?

最愛你的人是我,你怎麼捨得我難過?」

你在難過?糟!他再也按捺不住了。

「我要去找她!」李傲睜開眼睛,定下意向,走出舞場。

從『夢幻境界』舞廳走出來,剛剛踏進『迷域51』夜總會進場前廳大堂的李傲,便差點被正在走動衝撞的一些人推倒。身邊的人,突然向著不同的方向奔走躲避。進門大閘那邊,傳來哄鬧騷動的聲音。十幾二十個保安,拼盡全力,在攔截一些正使勁地從門外擠進來的彪形大漢。

起初,看著入閘門口的激烈推撞,美國李傲懷疑,那只不過是一些不願意購買門票的香港爛仔,企圖衝門而入。怎奈,留神看看,那些哄鬧著的染髮金毛漢子,從電梯、電動扶梯、甚至走火後梯,不斷地涌現出來,強行擠逼衝過裝有金屬探測器的夜總會大閘,轟轟隆隆、吵吵鬧鬧,足有

數十人之眾，而且個個聲色俱厲，兇神惡煞⋯⋯看清楚了，大體可以立即覺察出來——他們並非只是嬉戲胡鬧的烏合之眾，並不會只是為了省下區區一張門票的錢，企圖蒙混過關。而且，觸動了的金屬探測器的警鐘，這時也正在不斷地怒嚎轟鳴，明顯警示著，擾擾攘攘的他們當中，夾雜了一些私攜鐵器、圖謀不軌的歹徒，情勢看來十分異乎尋常。這時，衝破夜總會大閘前的保安第一道攔截防線的歹徒，先徑直衝向進門通道左邊那邊的舞池大廳。瞬即，歹徒前方、通道盡頭、舞廳那邊，紛紛湧現出一群補防擋路的保安，在走道通往進入舞池大廳進口的一道大門前，一邊聲嘶力竭地叫嚷，一邊拼死拼活地推擋著衝向他們的金毛大漢，急急忙忙地要把大門關上，以阻止這幫金毛大漢衝進舞池大廳裡，試圖以在舞廳進道處這種強行封門堵截的方法，去避免這些歹徒衝進舞池驚嚇擾亂正在載歌載舞的舞客。只見，通道舞池進門的前面，金毛和保安，推推擋擋，前前後後，進進退退，爭持鬥力，各不相讓。舞池大門，開開闔闔，張張掩掩。

　　人多勢眾、橫衝直撞的金毛們，一度似乎可以逼退擋路的保安一衝而入。情勢告急，大有洪水猛獸一下破堤塌壩的勢態，後果不堪設想！惶恐不安地注視著這狀況的李傲和其他在場的旁觀者，正憂心忡忡，須臾之間，又見峰迴路轉——但見金毛中帶頭衝擊的一個赤膊紋身大漢用手提電話呼喊了片刻、吆喝吆喝之後，突然指揮金毛大眾，改道轉向，向著通道上的相反方向那邊的貴賓房區衝湧了過去。這一幫歹徒，剛才對著舞池大廳，擠壓打砸，烈焰火花，劈劈啪啪，頃刻過後，卻調轉槍頭、追殺新仇？糊裡糊塗的忽得道友，不以為然，以為只是有人在戲鬧搞笑——盲頭蒼蠅胡亂闖，東遊未了往西逛。清醒警覺的熱血舞客，思疑擔憂，覺得歹徒在聲東擊西——孫子兵法晃一幌，東門未破闖西關。

　　無論如何，看著此情此景，也許再沒有人，還會真的認為，這些東奔西串的金毛大漢，只是來尋歡跳舞的了。

　　黑社會來砸場了！

　　黑幫砸場了！——李傲的全身隨著這個意識感受一陣擾心的震顫！

　　「儘快通知14K去找她，不能被堵塞在這裡！」李傲心裡想著女友小香港，擔心著她，便夾雜在金毛一眾之中，往正在推擠攔截的保安那邊拼力排擠逼迫過去。保安們看著這個長相與眾不同、貌似《Matrix》裡的電影明星 Neo 的混血半唐番，聽著他用英文在嘰哩咕嚕，焦急懇求，真偽莫辨，不明就裡，亦只好對他網開一面，讓他擠了出去。

慶幸能夠擠出保安重圍的李傲，剛一踏進『新郎湖畔』貴賓房區，便又一頭撞上從貴賓房區過道盡頭那一端衝殺出來的另一班青少年。李傲一下驚慌，擔心又要被堵塞住而不能返回自己的貴賓房。驚疑之際，已經見到這班中學生模樣的青少年在他旁邊一一擦肩而過，既沒有為難他，也沒有騷擾別人，只是徑直以急步跑向李傲他身後邊那保安與金毛正混戰一團的夜總會進門大堂。他們個個穿著雷同的襯衫西褲，手臂上各自都系上一個以示辨認的黃色臂章，穿著打扮，儼如大陸文革年代的學生紅衛兵。他們的態度神情都是一樣的沉默、專注、認真，但同時又是一樣的稚氣、執著、驚惶。他們個個奔跑得整齊決斷，步伐一致，像出操中紀律嚴明的小兵小將。

他們是這裡看場的紅衛兵小將？李傲與身旁幾個看得目瞪口呆的舞客，好像都在如此揣測推斷。

這時美國台灣仔李傲記得，華人地區的夜場，都有一套特別規矩，受薪員工的編製中，既有斯文得體穿制服的保安坐鎮——專門侍候來玩樂的客人；也有好勇鬥狠穿便服的黑幫壓場——專門招待外來砸場打架、尋釁鬧事的其他幫派份子。

看著這些看場少年，看著他們那種猶如紅衛兵式的既盲目狂熱、忠勇好鬥、又愚昧痴稚的氣質，除非已經是爛醉如泥或嗑藥「忽得」了的夢者，在場所有的人大概都不會忘記和輕視當年紅衛兵的輝煌耀眼的戰鬥力：因為紅衛兵小將從來都不怕死，更加從來不怕看著別人去死。當年大陸共產黨培養出來的紅衛兵，把堂堂一個大國鬧得天翻地覆。共軍元帥彭德懷曾帶領百萬雄師過大江，把美國支持的國民黨蔣介石打得落花流水而敗退台灣，後來他又帶領百萬大軍與美國打韓戰，把美軍統帥麥卡阿塞打得驚惶失措，一下就把原來勢如破竹的美軍推回三八線上。彭德懷這樣的一個共黨開國以來一直被歌功頌德、被崇拜為戰無不勝的戰神元帥，真可謂隨時令敵人聞風喪膽。可是用毛澤東思想武裝起來的一代小兵，除了對毛神叩仰鼻息之外，對任何權威都嗤之以鼻。喜歡自稱自己特別孝敬長輩的中國小兵，先一躍而起，把自己的父老長輩鬥個半死。然後，這些熱血沸騰的紅衛兵，竟可以把那位戰勛彪炳的堂堂軍隊元帥也當眾活活打死，又把意圖搞好民生經濟的中共國家主席劉少奇也活活折磨至死，再把上百萬的共幹老將打得死去活來，砸爛文物財產數不勝數。正所謂，亡命娃娃遇上愛命老兵，朝陽照殘星，少壯欺老命，磚瓦碎花瓶，勝敗一刻定！紅衛兵不需要槍炮坦克，只需要一個像毛澤東那樣英明偉大的舵手，讓舵手

躺臥在堆滿史書文典的龍床上，輕鬆寫意地吟詩誦詞、彈指輕點，小兵就會用自己的雙手拳頭，造就出驚天動地的破壞力和殺傷力，舉世震驚，令人對中國青春少年望而生畏、刮目相看。香港回歸大陸前的香港電影，只塑造出香港一班追求黑社會個人英雄主義的古惑仔，無知的香港新一代影迷粉絲，迷戀得神魂顛倒，經過文革洗禮而見識過紅衛兵的燒殺搶掠的有識之士，卻不當一回事，以為那些爭鳴鬥艷的古惑仔，充其量只不過是一些亡命胡鬧的散兵游勇。眼下這些雄赳赳、氣昂昂的「紅衛兵」一眾，志氣、傲氣、殺氣都的確令人為之側目。

　　驚愕的李傲當即四處張望，恍如要找出這班紅衛兵的舵手來——「舵手」卻宛如就是那些穿插奔忙的保安。看了跑過去後即肅然挺立在前邊列陣佈防的紅衛兵小將，以及在奔馳叫嚷、猶如正在發號施令的一眾保安，李傲剛一轉過頭來便驚訝地遠遠瞥見他的『B-2隱形轟炸機』房前附近人頭擠擁，喧鬧擾攘。再往前多走幾步，他便赫然撞上了正從房裡匆匆奪門而出的美國好友克萊頓。

　　「正要找你！」克萊頓上氣不接下氣地嚷著。

　　「發生什麼事？」李傲驚恐地追問。

　　「是小香港！」

<40> 刀槍血光

黑道劈大刀　　張牙舞爪殺瘋狂

肥彭拔手槍　　霹靂壓場見血光

『B-2隱形轟炸機』貴賓房內，保安頭藍帽子對著紅棍舉起手中的對講機，隨著他高聲叫喊的情緒和節奏在高低揮舞：「你癲喪的！你『搬馬』未必有用！你『晒馬』未必夠我多！『開片』你絕對毋『著數』！」

懂點廣東話的李傲聽明白了，藍帽子所講的「搬馬」是「召喚打手」的意思，而「晒馬」是「展示打手」的意思，「開片毋著數」則是「開打沒有優勢得著」的意思。華人幫會素來有共同商定戰場地點、由雙方各自以展示人數實力來論斷勝負的傳統，展現一種「人多好辦事、蟻多可自恃」的架勢。不過，這種怪異的「文鬥」程序，通常都只能以「武鬥」的「開片」——「開打」而告終。

「等著瞧！」紅棍一副不屑一顧的樣子。

等著瞧？瞧甚麼？白人克萊頓心亂如麻。

這中國人的地方，這人多起鬨的貴賓房，他美國製造的心，總是那麼亂。

外面這時一陣騷動，紅棍馬上急不可耐地轉頭往進門那邊看過去，臉上隨即煥發一道閃耀的容光，恍如他就是一直要迫使著自己、恐嚇著對方去等待這舉足輕重的「一瞧」似的。剛從外面走回來的李傲，好奇想弄明白紅棍對大家提出「等著瞧」的這個挑戰，也馬上本能地往門口那邊「瞧」了過去——哎，一瞧瞧到的，正是那個原來在大堂帶領一眾金毛向著保安人員橫衝直撞的紋身大漢。

「邊個唔我嘀靚！」紋身大漢在一班前呼後擁的金毛一眾推推撞撞的護持中衝了進來，並怒號聲嘶。李傲明白他在嘶喊一句──「誰動了我的小弟！」

「大佬！是這班爛樣不給面子！」紅棍看到「大佬」紋身出現，便即刻變臉，誓要先聲奪人。

「大佬？」李傲剛剛才從克萊頓那裡聽到，由隔壁『F-117隱形戰鬥機』貴賓房跑過來鬧事的，是黑幫中的426紅棍和432草鞋，「他們的老大？這紋身大漢是紅棍的大佬──是438龍頭老大？」李傲驚愕不已。

「膽敢不給面子！」紋身咆哮。

誰敢？！克萊頓不敢！他早聽說，中國人的面子比自己的命還貴重，哪敢？！

「老紋哥，」藍帽子好像夠膽──他敢，他一下迎了上去，說：「係你嘀靚玩串個場！」──是你的小弟在這場裡鬧事搗亂！

肥豬草鞋這時，指著李傲身邊的小香港，馬上哀聲投訴：「係死靚妹唔手先！」──是該死的小妹先動手打人！

「等運到呀？！摑死她！」紋身怒火中燒，責難他們竟然左等右等都還不大打出手──堂堂黑道中人，怎麼打人都要撐日子、等運氣？

「摑她！打她！」幾個金毛惡漢跟著就起鬨。

「咪唔！咪唔！」──別動！別動！藍帽子立刻對著他們再高聲喝止，並接著向外邊叫喊一聲：「睇場！」

話音剛落，貴賓房外，長廊過道中，本來列陣「晒馬」的數十個紅衛兵小將，馬上起動奔跑，集中在『B-2』和『F-117』房前一帶，個個繃緊臉孔，像是整裝待命。

「摑死她！」紋身肆意催促紅棍動手打人，他情緒相當火爆，言辭簡捷鏗鏘，好像只有暴力發洩才能直接表達他的意思似的。

摑──都可以把人「摑死」？美國克萊頓茫然。

「你夠膽唔？！」──你敢動？！藍帽子再高聲嘶喊。

這時的小香港，也被這些對她聲聲喊打的叫罵聲燒得火熱，再也按捺不住，突然奮力掙脫李傲的按扶，從沙發上一躍而起，怒嚎號叫：「是他搞我！」──是他非禮了我！

「是他搞我！」

她叫得理直氣壯，義正詞嚴。她大概以為嚎咷悲訴可以喚醒對方的一點良知。

「搞你犯法呀？！搞你要擇日子呀？！」紅棍振振有辭，一句接一句地大聲質問。他似也喪盡天良，心中沒有皇法，無需擇日就可以隨心所欲、胡作非為。

「搞」女人不犯法？美國克萊頓苦惱。

「跪下認錯！」紋身大漢只善於呼喝命令，無心與小香港玩瘦猴紅棍那種低能的問答遊戲。他沒有問題，也不需要答案，他只顧發號施令。

「我沒有錯！不跪！」素來習慣吃軟不吃硬的小香港不再示弱。

有錯就要跪？美國克萊頓不解！

「不跪打死她！」豬頭趕忙幫腔，巴不得有人為他打死這個狠狠地摑了他一巴掌的「臭雞」，擔心萬一這「臭雞」就此一跪了事，他倒心有不甘。

不跪——就要被打死？美國克萊頓驚慌！

「Depp！」

小香港一看見這個非禮了她、卻還竟敢發難作惡的豬頭，當然怒不可遏，習慣性就衝口罵出，罵得文雅節制。可馬上又醒悟到，她這習慣性的特別罵人方式，那參照她的明星偶像強尼・戴普——「Johnny Depp」的內心咒罵言語，儘管順口、也夠創意，可此地此景，實在太斯文禮貌、太軟弱無力、太輕易便宜了這個恬不知恥的豬玀，她再立刻改口，重重罵出：「操你！」罵得簡單明瞭，直接有力。

「操你——」罵的是小香港。

「媽媽！」——搭嘴附和的是克萊頓！

坐在肥彭身旁的克萊頓，極端憤恨豬頭的所為，這時他記得，香港華人14K的諄諄教誨：在華人社會裡，「操」人要直接「操」對方的娘親才算是真正的罵人情操！他便衝口而出，補上一句，在一旁推波助瀾、扇風點火——

「操他的媽媽！」

克萊頓高聲叫喊。

「不要搭嘴！」坐在克萊頓旁邊的肥彭順勢即刻用手肘猛力撞擊了他一下，以免他得意忘形，火上加油。

「操你媽！操你媽的臭豬！操你媽的媽媽！」

火上就是加滿了油！——美國小妹小香港卻已經早被燒得火烈，受到克萊頓的這一個啟發提示，破口就罵，竟然罵得像個不折不扣的中國人！

「跪下認錯！讓他打番！」——跪下讓他抽打一頓作為補償！黑幫紅棍指著被罵得狗血淋頭的草鞋豬頭，看著這罵得像個李小龍師妹的「唐山大姐」，企圖幫腔脅迫小香港就範。

「跪你媽的！——」美國姑娘小香港卻一轉臉就向著這瘦猴紅棍也叫罵不停：

「我不是你媽的中國人！我沒有跪你媽的習慣！」

她情緒失控，句句都衝著他媽媽。一向斯文可愛的小香港，被這情勢燒得如此怒不可遏，早把她常用的那句模仿華人「操媽媽」的輕描淡寫地罵人的「EMINEM 找媽媽」也拋諸九霄雲外。

「摑她！」紋身大佬插了進來，再次喝令道。

「摑你——」

小香港發狠，不知好歹，對紋身大佬也一視同仁，一轉身衝著他的媽也就要破口大罵，卻一下已經被李傲用力扯住，以免她把草鞋、紅棍的老媽罵完之後，又把這特別火爆兇惡的黑幫龍頭大佬的老媽也都一併叫罵出來。心想這紋身惡漢，火爆兇狠，不像是人！連保安頭藍帽子都對他低聲下氣，燒到他老母頭上，真沒法收場！白人克萊頓這時也立刻彈跳躍起，伸手就把美國姑娘拉回沙發上。克萊頓也驚慌——他原來只是提醒小香港去罵肥豬的媽媽，想不到小香港卻把所有黑幫頭的媽媽都要通通罵完！吃驚的他，也一下估算不出，這意外的殺傷力究竟有多大？後果究竟有多可怕？他覺得，還是先抑制一下小香港的失控的怒火、失控的「媽媽」為妙。他倒是不明白，為何突然之間，好像再沒有人要出來為這叫罵不停的小香港幫腔講話？連本來句句與紅棍針鋒相對的藍帽子和14K，現在在黑幫紋身大漢的面前，竟然瞬間都變得如此靜默不語、不聲不響？美國克萊頓不明白，剛才不久才聽到香港華人14K教訓紅棍說：「好男不與女鬥」，怎麼原來華人還有這一招——「好男不幫女鬥」？又是哀愁！

「上架鏟！」

眼看著一觸即發的情態，變得沉默寡言的藍帽子突然再向房外喝令一聲。

房內沒有人能聽清楚他喊叫的這句廣東話，卻只看到門外擠逼靠攏著的紅衛兵看場，聽令後立即向著他們原來最初跑出來的過道盡頭那邊，又迅速快步整齊地跑了回去，瞬間便消失得無影無蹤。而過道另一端靠近進門大堂那邊，本來被以紅衛兵作後盾的保安人員擋住的數十個金毛大漢，這時也開始推推撞撞，肆無忌憚。保安的防線，失缺了小兵兵團的助陣，隨時有被金毛大漢衝垮的可能，形勢越發逼迫危險。

喜好中國文化的美國白人克萊頓，瞭解崇尚《孫子兵法》的中國人主張「兵以詐立」，也本能地盤算計量一下這中華國粹中的奧妙「詐」術，想想算算，卻還是相當的迷茫——看著大敵當前小將衛兵卻急撤無蹤，快得有如《孫子兵法》〈軍爭篇〉中的「其疾如風」。可惜，這「疾風」並非刮向敵陣，卻像似「寒戰一陣風，消失無影蹤」！克萊頓繼續考經究典，心裡納悶，難道這情節又會是〈行軍篇〉中的「兵非貴多也」？還是毛澤東《論持久戰》中的「敵進我退」？誰錯誰對？

「我跪！」

跪——！跪！誰跪——？克萊頓的思緒被打斷。

「我跪！我替她跪！我替她認錯！」李傲這時放開了小香港，連續不斷地叫嚷著：「我跪！我受你打一巴掌！我跪！我為她跪！」早前才不認自己是中國人的美國台灣仔李傲，這時卻有心要替美國的小香港當起中國人來。

「你跪？！你做嫁娘啊？！你受得起咩？！」—— 你幫人出頭？你扛得起嗎？紅棍盯著李傲叱喝質問道。他看著這個「混血雜種」，不用細問就可以猜出他跟那個「混血癲雞」有著特殊關係，他們倆同樣看似既是帥哥美女，又是鬼頭鬼腦，非人非鬼的。

「不要！」混血癲雞發狠嘶喊，當即便以激烈的情懷去證明了他們倆果然情同手足，心心相印，也證明了這男人要為她代罪受罰的充足理據。

「我受你一巴！我跪！」李傲焦急地重複道，他願挨打，他要下跪——好像急著要替小香港做起她那個「你媽的中國人」那樣。

這時克萊頓留意到，剛剛突然莫名其妙地匆匆跑走了的那班看場小將，現在又再同樣莫名其妙地快速跑了回來，而且當中有六、七個小將，

更靜悄悄地溜進房來，雙手都收放在背後，靠著牆壁肅然站立，既秩序井然，又相當禮貌斯文。只是他們個個神色嚴峻，臉色鐵青。克萊頓便又以《孫子兵法》〈軍爭篇〉中的「其徐如林，不動如山」來解讀。但馬上，他又記起不久前14K才用來戲弄過小香港的《孫子兵法》〈九地篇〉中的那句「是故始如處女，敵人開戶」。他觸心感慨，難道這班看似弱不禁風、靜肅如林的小兵，卻又是要用來騙敵開門的那些「處女」？

「我受你一巴！」李傲再對豬頭草鞋重複嚷嚷，嚷得真切，近乎哀求。

站在一旁已經變得異常瘋癲的馬臉紅棍，這時沒等草鞋回應李傲，便瞪著血紅的眼睛，一下把手裡握著的手機向李傲用力擲了過去，同時衝前指著李傲喝罵道：

「操你媽的屄！你是男人就受我兩巴！」

兩巴？李傲說的是一巴——男人就要受兩巴？男女不平等？克萊頓不解。

紅棍的手機打在李傲的胸上，彈出跌落地下。李傲不單是男人，長相有如電影《Matrix》男主角尼奧的他，既像尼奧般英俊瀟灑，更像尼奧般自負剛強，這時被紅棍的手機擊中胸脯也不當若無其事。克萊頓覺得李傲甚至也神似剛才挑釁紅棍的14K，仿佛他媽也已經化了灰好幾十年似的，對媽媽那東西被紅棍惡毒羞辱也一概無動于衷。

李傲只顧瞪著紅棍，壓抑著滿腔怒憤，堅定不移地說：「好！就受你兩巴掌！」——就要做個男子漢給你看看！

「兩巴你媽的屄！」沒等李傲講完，也沒有理會他是否會跪下，紅棍早已經罵著就衝向前一巴掌狠狠地抽打在李傲的臉上！

李傲頭上的長髮頓時被打得飛跳四散。

要打的是媽的那東西，怎麼被打的卻是李傲？克萊頓震驚。

「你媽的屄！敢當嫁娘！」紅棍說著又反手再用盡全力打了一巴掌，有如迅雷不及掩耳。

美國克萊頓腦海裡一片空白，沒聽清楚那媽的東西究竟犯了什麼錯，就看著紅棍又一巴掌重擊在李傲的臉上。克萊頓這時只顧用雙手用力按壓著小香港的肩膀，卻同時意識到自己的雙腳在劇烈地顫抖，顫抖得無法被壓制。

「不要——！」

小香港尖聲呼叫，拼死拼活地掙扎著要站起來，但卻被克萊頓緊緊按住不放——這兩巴掌要不要打都是已經打完了，要不要挨也是已經挨過了，大家都巴不得就此可以了結算數，事過境遷。

李傲站著一動不動，閉緊他的眼睛，咬緊他的嘴唇。畢竟，這重重打下來的兩個巴掌，在肉體和自尊上，都造成難以忽略的創傷，他在苦苦忍受著這熬煎熾烈的傷痛。

片刻的死寂！時間好像停滯！空氣好像缺失！大家好像不能呼吸！好像都緊張地注視著發生的情況，好像也期待災難就此過去……

可是，大家注意著的紅棍卻得勢不饒人，舉起手又要再打。

「喂！喂！已經兩巴掌了！」白人克萊頓當即大聲喊叫，好像忍無可忍，也像恐懼萬分。只是喊完了話才意識到自己渾身發震——華人的地方、惡霸的面前，自己怎麼敢去失控作聲？

有恃無恐的紅棍對呼喊卻充耳不聞，只顧撐眉突眼，張牙舞爪，似騰龍吐焰，當真十足是一個龍的傳人：「今天就打死你媽的爛臭屄！」他邊罵著最不堪入耳的惡毒言詞，邊再一巴掌重重狠狠地打在閉上了眼睛的李傲的臉龐上。

被打的李傲馬上張開眼睛，直直瞪著紅棍，一手摸著那被第三巴掌打中的左邊臉頰，臉上充滿了驚訝、怒火、憤恨。他儼如在責問：「你罵的是我媽，打的卻是我？！」一切竟然都發生得這麼迅速、這麼意外、這麼沉痛，李傲一下子還不能完全反應過來。

「打死你媽的爛臭……」紅棍只顧一邊口口聲聲對爛臭的東西喊打喊殺，一邊對準端莊清秀的李傲的左臉頰又再繼續狠狠地一巴掌打過來。盯著紅棍的李傲，這時稍稍下蹲擺個「麒麟虛馬」，用他摸著臉的左手，迅速向上一揚，作出了猶如太極拳裡「野馬分鬃」般的一晃虛招，把紅棍右手打來的第四個巴掌一下擋住，隨即雙掌下沉攔置胸前，再作出一式「手抱琵琶」來防備紅棍的再次肆意攻擊。當紅棍企圖再發狂揮拳施襲時，李傲早已經上馬躍步，右手盤旋撐舉，剛作了一款「白鶴亮翅」後，便瞬間盤手沉落、集力蓄勢，向著紅棍那敞露著的胸門發力以一下太極拳的「卷肱推掌」狠狠地打了過去！

「操！說好只是兩巴掌！」李傲嘴裡一邊罵著，一邊看著紅棍被他打得

跟蹌後退幾步，絆著身後的短凳、酒檯，失去了重心，跌落在酒檯後的一個玻璃燈檯的玻璃檯面上！

「砰！」的一聲，燈檯上的玻璃被壓得粉碎！

此刻站在李傲後面已備戰良久的豬頭草鞋，見狀立刻衝前舉腳踢向李傲。但被14K罵著一手推開：「規矩只能單挑隻抽，一個打一個！」被推開的豬頭從來沒有把這個嘻皮笑臉的14K放在眼裡，哪顧得甚麼規矩不規矩？回過頭來，衝著14K就發狠一腳踢了過去，卻早已被14K先發制人，一下空手道招式側身迴旋勾踢，一腿打在豬頭臉上，嘴裡還叫嚷著：「竟敢幫拖？！」──竟敢幫手？毫無防備的豬頭草鞋實在不堪一擊，當即叫出「哇──！」的一聲，迅速用雙手抱住被踢中的豬頭，豬般地嚎咷大叫，痛苦莫名。

本來聲聲喊打的大佬紋身，此刻看著突然爆發的打鬥和出乎意料的激突戰況，像其他一眾金毛爛樣一樣，片刻之中，不知所措，愣著發獃。當草鞋接著把手從捂著的臉上拿開時，只見那豬頭已經血流披臉。這時的紋身大佬才如夢初醒，大叫一聲：「打死他們！」

看著正蜂擁而上的金毛惡漢，保安頭藍帽子也隨即大喊一聲：「上！」

克萊頓看到原來站在一旁肅立待命、靜若處女的紅衛兵一眾，聽命後霎時間從各自背後拖出收藏著的人手一支足有三尺長的水管鐵棒，一邊喊叫著：「咪唔！咪唔！」一邊迎了上去。情勢一下就又演變出了〈軍爭篇〉中的「侵掠如火，動如雷霆」來！

外面的紅衛兵也抽出水管鐵棒，向著已經衝破過道遠處保安防線的幾十個金毛大漢衝了過去，大有「後如脫兔，敵不及拒」之勢。中華「孫子」的這些「處女脫兔」，瞬即令美國人克萊頓眼界大開，勇氣激增。

「咪唔！咪唔！」處女脫兔在喊叫。

「打死他們！打死他們！」金毛禽獸在嘶喊。

房內外，頓時殺聲震天。只見房內的金毛，拿起酒瓶、酒杯、冰桶、碟盤、短凳和任何其他拿得動的東西，拼命揮、打、扔、砸，一時間那叫聲、罵聲、玻璃破碎聲轟然四起，烽煙滾滾，兵荒馬亂。

李傲揮出太極拳的「左右攬雀尾」、「轉身搬攔錘」；而14K就使出空手道的前踢、側踢、迴旋陀螺大勾踢。他們倆奮力揮拳劈腿，各自使出經多年錘煉的武術功架招式，與看場小將一起阻擋住衝前喊殺的金毛大

漢。毛毛與克萊頓也立刻躍身彈起，匆匆把小香港和靚妹拖往房間後部的『駕駛艙』那邊去躲避逃難。一直無所事事的肥彭，這時也跟著走了過去，站在克萊頓後面，幫忙看顧著那兩個已被嚇得花容失色的港美靚女。

紋身大漢有見於紅衛兵手中揮舞鐵管抗拒，致使他那些只是拿起雜物亂扔、亂砸的小弟無從入手，打得火爆激烈的他便就突然叫出──「劈死他們！」

「砍死他們！」──在這一聲令下，混亂中馬上有幾個金毛大漢，突然衝脫紅衛兵的糾纏，迅速從腰間各自拔出收藏著的兩尺長的鋒利牛肉刀，向著毛毛、小香港這邊就衝砍過來！

藍帽子見狀便立即大聲叫喊：「敢出架鏟？！劈他們！」──膽敢拿出利器？砍劈他們！

「劈他們！」──本來只是舉著鐵管作勢攔截阻嚇的紅衛兵小將們，在這一聲令下，揮起鐵管向著持刀大漢便劈頭蓋臉地打下去。當即就有一個刀手金毛，被三個紅衛兵圍攻打倒地上。

另外兩個刀手貌似金獅、金豹，劈開阻截，狂奔亂闖，直向毛毛、克萊頓撲來，後面三四個紅衛兵，也叫喊著緊緊急追不放。正作勢負隅頑抗的毛毛和克萊頓，盯著衝過來的金毛手上揮舞的牛肉刀，既像似已被嚇得魂不附體、獣若木雞，又像似要誓死無懼、扎馬迎戰，反正當下他們都定立不動、手足無措。衝前的一個金毛雄獅，對著前邊拿起一個酒水鐵盤意圖抵抗的白人克萊頓就振臂揮刀。

眼看大刀就要向著這個正狀似要螳臂擋車的克萊頓砍將下來，情景觸目驚心，他後邊站著的兩個少女，當即都被嚇得魂飛魄散，同時「啊──！」的一聲失聲驚叫，叫得淒厲慘烈！

「啊──啊！！！」

只見擎臂舉刀的金獅似被這女孩子的尖叫聲一時嚇住，定睛看清他們刀下的原來是個白人鬼佬，正所謂人鬼殊途，陰陽隔別，猶豫一下，揮刀轉向，對著鬼佬旁邊的華人毛毛砍劈下去！從來事事淡然處之、漠不關心的肥彭這時卻反應神速，衝上半步，奮力一腳把毫無反應的毛毛踹開，對著這隻一刀劈空的金獅，和那隻已揮刀撲至的金豹，大喝一聲：「咪唏──！」聲大如雷，震天動地！

「咪唏──！」──別動！

喊話的是肥彭？克萊頓震驚！──他震驚的不是肥彭喊出那如雷貫耳

的喊叫,而是這一晚都沒多說兩句話的肥彭也竟然會喊叫——那真是晴天霹靂!令人震驚!

肥彭這叫聲,雖然相當意外出眾,聲嘶力竭,但在場的人,個個心知肚明,黑幫金毛一夥,正殺得天昏地暗、日月無光,這叫嚷聲應當毫無實質意義,絕無任何阻嚇作用。大家都驚恐地看著這自命是「魔術大師」的肥彭正在金獅、金豹的刀下準備慷慨就義的痴愚妄為。看得心驚肉跳!

「睇住!CID!」肥彭再疾聲高呼!

這短短的叫聲,卻真產生著意想不到的巨大魔術效應。不懂何為「CID」的克萊頓,只聽到肥彭這一聲「睇住」,竟就讓獅、豹頭上揮舞著的兩把兩尺剁牛大刀,即刻停滯不動,猶如被冷卻空中!只見他們都呆呆地就此聽從肥彭的命令,只顧直直「睇住」——看住——著這個肥形俗貌的肥佬,霎時間動彈不得!

這一向百無聊賴的肥佬,倒真的一鳴驚人!他喊叫的魔術效應,更令全場的劇烈打鬥瞬刻偃旗息鼓,大家當即都紛紛轉頭盯看著他,不敢輕舉妄動。

「睇住」?看什麼?肥佬有什麼好看?

這時身處肥彭後面的克萊頓,留意一下,金毛們「看住」的,並不是這個肥胖形碩的「魔術大師」,倒卻是看住「魔術師」那伸展出的小小一臂單肢。那他,那手,難道是手裡拿著能神通仙靈的魔術棒?克萊頓再稍移半步,決心看個清楚。卻還是沒有看到一目瞭然、悉心企盼的魔術大棒!克萊頓只看見肥彭手上擎著的,竟然只是小小的一塊東西——

——那小小的東西!?

再看真一眼,那東西——原來是一柄黝黑手槍!

那槍——令殺出眼血的獅、豹頓然冷卻冰封、不能動彈!

手槍?只是小小的手槍?美國白人在美國見慣了平民手中大支的散彈槍、機關槍,對手槍沒有一點恐慌,怎麼喊打喊殺的勇敢中國人,對這手槍——玩具一樣——這麼敬仰?

持刀金毛獅、豹各人在這一刻的猶豫不決的冷卻當中,手上的牛肉長刀都已被紅衛兵用水管鐵棒紛紛打落地上。

「咪唷!CID!」

肥彭再吆喝一聲。同樣停了手正四處看顧的李傲,這時告訴克萊頓:

「ＣＩＤ」是「香港警察罪案調查科」。

「差人呀！響炮呀！」

不知誰這時也在門外驚叫了一句意思是——「警察啊！開槍啦！」的廣東話，貴賓房外邊的衝突因此驟然停頓下來。大家面面相覷、莫識何許。

紋身大佬原來打得兇性大發，金睛火眼。這時怒火填膺，衝過來要看個究竟。

「噤齷齪？！居然出皇氣？！」——這麼骯髒？！居然出動皇家警察？！紋身瞪著「皇氣」，怒號不平。華人黑幫，為非作歹，但常常又以為打架行兇都要乾淨得體，有型有式、有規有矩。恍若，生死大事、害民之勾當，只是粗茶白飯，既是要按部就班、又是與政府警察毫不相關。

「皇氣響度成晚！你盲㗎？！」——警察在這裡已經整個晚上，你瞎了眼嗎？！肥彭疾言厲色。

「屌！」——操！紋身堆出滿臉不屑的神態，「我外面有幾十條靚，你響炮最多喇低六條，你行得出去咩？！」——我外面有幾十個小弟，你開槍頂多只能打倒六個人，你能走得出去嗎？！紋身在癲狂叫囂。

「屌！」肥彭也操他，「你夠膽唔，我就六粒都餵晒比你！」——你敢動一動，我就把六顆子彈都全部打在你的身上！

「爛樣紋！」這時保安頭藍帽子也呼喝道：「我這裡保安大漢就已幾十人，看場小兵也好幾十人，個個碌棍都長過你們那幾支爛鐵，撥個輪又大把差佬來，你又行得出去咩？！」藍帽子也提醒紋身他只要隨時打個電話——「撥個輪」，就可以叫大幫警察來。他倒是好像從來都沒有把在場的老友肥彭，也當作是警察似的。儘管藍帽子刻意強調他的「保安大漢」，故意輕描他的「看場小兵」，但是這時，在場的所有的人都會深深明白，藍帽子的「看場小兵」遠比他的「保安大漢」有用得多、凶猛得多。驚魂未定的美國白人克萊頓，看著地下那幾把寒光閃閃而卻又被藍帽子戲謔為「區區幾支爛鐵」的兩尺牛肉刀，仍然心驚膽戰，他不禁心想：中國人真的是膽識過人、英勇無懼、視死如歸！

「香港還是法治之區，還輪不到你們亂來！」肥彭對著鬧事的金毛爛樣「還」這「還」那，「還」得認真著力，觀點語氣，側重明確。但「還」這「還」那之情態，卻又相當耐人尋味，讓人感受到有恐「朝不保夕」、「變天在即」的意味。美國克萊頓以前也常常聽到別人強調香港是「法治」之

區,是與要回歸過去的中國大陸那「人治」的環境畫出界線,以資識別。看著眼下這個刀光劍影、打得稀裡爛燦的「法治之區」,和那些亂七八糟的金毛爛樣,克萊頓覺得中國人講話奧妙深睿,常常都發人深省、暗藏玄虛、曲折妙趣,並非是像他這個鬼佬一般的直腸直肚。

　　黑幫大佬紋身看著受傷的紅棍、草鞋,看著幾個被制控繳械的金毛小弟,猶豫一下,正想要繼續爭辯發難,但這時門外遠處已經傳來他的小弟們一聲聲「阿公!阿公!」的叫喊聲,他再愣了一下,瞬即轉身向門口看過去,頓時驚愕失魂,神情厄困……

<41> 法治香港

紋身惡大佬　怨氣泄憤逞囂張
老柴大龍頭　氣急敗壞來踩場

　　隨著一片「阿公！阿公！」的喊叫聲走進來的是一個中年男人，戴著金絲眼鏡，穿著耀眼的紅色西裝，頸項掛著一條粗長超重金鏈，有如美國繞舌歌手「閃鑽一族」那樣，珠光寶氣。他看上去還算年輕力壯，而且貌似精明強幹，神采飛揚，絕對不像通常口口聲聲被叫喊著「阿公、阿公」的那種應該已經是年邁老殘的模樣。

　　黑幫老大紋身看著這個火紅得像疾風野火般颷進來的人，好像既覺得驚訝，又非常陌生，並沒有即時向他打招呼。

　　「老闆。」保安頭藍帽子向著金閃紅裝的男人點點頭，低聲稱呼道。

　　阿公？老闆？藍帽子保安頭的老闆竟然是這位青春煥發的「阿公」？——美國克萊頓疑惑不解。

　　「老闆」先向藍帽子點點頭，然後對著便衣警探肥彭平心靜氣地說：「阿彭，收番支炮。」—— 把槍收起來。說得簡單利落、不冷不熱、不慍不火，嚴如烈焰上下著冰雹似的，不像是夜總會一個老闆正在懇請進來巡查的警員多多寬容關照，而倒像似手下有大隊人馬的警務處長向著下屬警員發佈命令和吩咐工作一般。

　　哪會有這樣既青春烈火、又心平氣和的「阿公」？——克萊頓頓時感到相當困擾。

　　肥彭迅即一邊把槍收回腰間，一邊指著紋身吆喝怒斥：「這裡還未輪

到你囂張!」——又是「還」得鏗鏘有力!

克萊頓倒是聽出弦外之音、那隨時會變天的意味,令人焦慮擔心。

「阿公!阿公!阿公!阿公!」突然間房內的呼喊聲此起彼伏。

阿公?——火紅金光的「阿公」不是早就站在大家面前?怎麼這才來呼叫阿公?是誰會這樣的反應遲鈍?

困惑的克萊頓,這時才突然留意到,跟著快馬急步、青春火熱的「老闆」的身後,還有姍姍來遲的另一個瘦骨如柴、穿著毫不顯眼的深藍色唐裝服式的老人。這人的穿著、舉止、樣貌,好像與「老闆」明顯地不一樣,倒是神情卻是差不多,同樣是那樣冷漠、慍怒。黑幫一夥的金毛獅豹、紅棍、草鞋,甚至紋身大佬都連忙向著這個剛踏進門來的老人,客氣招呼。

猶如在千呼萬喚中被躬敬出來的這個「阿公」,卻沒有「老闆」的烈火金光,他臉色慘白,充滿怒容,沒有理睬眾人的捧場叩問,只是片刻中往四處環顧一下,然後,氣衝牛斗地對著紋身嚷道:「紋仔!你癲佐啊?!玩咩嘢玩到噤大?!」——你瘋了嗎?玩什麼玩得這麼大?!

「紋仔」啞口無言,恰似癲喪模樣,倒是紅棍與草鞋爭著想要搭話:「阿公……阿公………」地叫個不停。

「紋仔!叫你嘀靚收聲!」——叫你的小弟閉嘴!瘦骨如柴的阿公呼呼喝喝,倒中氣十足。他看也不看紅棍、草鞋兩人一眼,便打斷他們倆的呼叫,同時只顧掃視著房內被打爛的玻璃酒檯、雜物,和滿地的玻璃碎片。好像,對於老氣橫秋的他,地上四散的死寂的玻璃碎片,比地上站著在叫嚷的紅棍、草鞋,更吸引他的留意觀看,玻璃碎片的叫喊訴苦聲更加響亮有力。

這時李傲告訴克萊頓,「阿公」是黑社會輩份最高的坐館489龍頭老大,是黑幫大佬432草鞋、426紅棍、甚至438「二路元帥」紋身的頂頭上司,又稱「大路元帥」,是一家之主。西方來的克萊頓對眼前這狀況倒似相當領會,他印象中的東方社會都尊崇那些年事已高、所謂「年高德劭」的當家人,往往位高權重的人看上去都已經風燭殘年、行將就木。他以前在電視新聞中也看到過,毛澤東臨終前會見巴基斯坦總理時那種「垂涎欲滴」的老態龍鐘、正所謂是「蓬頭歷齒」的模樣,還有台灣老邁病殘的國民黨代表被護士以輪椅病床推出國會大堂間政國事的淒厲落魄的情景,種種樣樣的陳年舊事,還都仍然記憶猶新、歷歷在目、難以忘懷。

看著這個簡直瘡痍滿目的殺戮戰場，老柴阿公怒形于色，舉起手中的煙斗狂抽幾下，轉頭看了看火熱一身的夜場老闆，然後儘量壓抑著滿腔怒火，用沉重而緩慢的語氣，對紋身說：「這個場是我們自己的，大家又都是同門兄弟。興師動眾，為區區一隻醜八怪搞噉大鑊？！」——只為小小一個醜女人而闖這麼大禍？！

老柴顯然消息靈通，早已知道發生了什麼事，了解為何會鬧至如此境況。他講著便環視四週，儼如在悉心搜尋著他心目中的那一隻區區「醜八怪」。他打量了一下李傲身邊的小香港和與毛毛瑟縮一起的靚妹，宛如因為沒有看到他心中想象著的那隻「醜八怪」，神情顯得略略有點惘然錯愕。

「係嗰隻臭雞唔手打人！」——「是那一隻臭雞動手打人！」惡棍豬頭憋不住氣，指著靚麗的美國姑娘小香港，作聲護罵，意圖以先聲奪人的申辯，塑造出一個既強悍又該打的「醜八怪」。

「收聲！」老柴盯著那兩個漂亮的「醜八怪」，衝著這申辯聲便再呵斥一聲。然後轉身，再對著紋身訓喝道：「你唔識點教你嘀靚咩？！毋大毋細！講耶穌，去教堂！」——你不懂怎樣教訓你的小弟嗎？不分尊卑老少！講東講西講耶穌，不如去教堂講道去！

說完，他停了一下，再抽了一口煙斗，不等紋身回應，繼續喝令道：「叫你嘀靚返屋企！」——叫你的小弟回家去！

當即，紅棍、草鞋，只顧對著紋身大佬，茫無頭緒，面面相覷。

「返屋企！」老柴再喝令一聲，斬釘截鐵！

紋身的身體馬上抽搐一下，打個冷戰，似乎感受到從空間之中傳遞了過去的老柴呼喝聲中的特有力氣。他便隨即向紅棍、草鞋打了個眼色，示意他們先帶隊離開。

「屌！」

紅棍沒去在意感受老柴訓令的威力，卻刻意地只顧盯著向他打眼色示意的紋身噴口罵出——「屌」，並迅即從地上撿起他擲掉了的手機電話，向著房門那邊惱怒氣衝地走了過去。他喊出的一聲「操！」好像沒有指定誰作為被「操」的目標，但在場的人都看得清清楚楚：他要「操」的那個人，顯然並不會是他當時正盯著的那位紋身大佬，因為這時的紋身的臉上的嘴角邊，竟然抿出了一個顯現出認許和得意的笑容。

德高望重的老柴，當即好像也感受到紅棍「操」出的火花熱力，氣惱

慍怒，只顧繼續緊緊盯著紋身，馬上鑿鑿嚴辭地補上一句：「你看看，你看看！目無尊長的！好好教教他們！」但紋身也只顧裝聾扮啞，仿如他從來除了發號施令、喊打喊殺以外，別無長物。

紅棍走過14K身邊時，盯著他低聲叫罵道：「你隻扑街爛樣，我一定找你算眼！」然後與草鞋、和其他一眾小弟一齊，憤憤然地走了出去。李傲也聽到了紅棍喊的話，便留意看著「扑街爛樣」14K，只見他這時用習慣的斜視的眼光，不以為然地盯著正走出去的紅棍、草鞋，大嘴巴旁的肌肉又抽搐出似笑非笑的怪樣子來。李傲再轉眼看看牆壁上的兩排電視屏幕上的畫面，看到『迷域51』裡兩個舞場的鐳射燈還是繼續不停、千變萬化地照射閃耀著。一陣陣閃光之中的醉者舞客，還是繼續搖身晃體，好像什麼事故都沒有發生過似的。只是，這房外聚集著的人群，正在開始匆忙疏散，還有點哄哄嚷嚷。

這時，熾烈火紅的夜場老闆，從金絲眼鏡後面向藍帽子也打了個眼色，保安頭藍帽子對著紅衛兵小將們也叫了聲：──「收隊！」

只見小將他們，馬上把手中的水管鐵棒，從衣領插進衣身褲腰中，收藏起來，摘下衣袖上的黃色臂章，迅速以小步奔跑出去，聯合外面的小將一眾，收隊撤離，瞬刻前還是沸沸揚揚，刹那間又已經是銷聲匿跡……

看著這些秩序井然的小將衛兵，美國克萊頓深深為之嘆服，在腦海裡總是想著他的「處女脫兔」，便在腦海裡又重溫了一遍他熟讀了的《孫子兵法》中的這一段：「始如處女，敵人開戶，後如脫兔，敵不可拒。」拜師孫子，以處女詐誘，脫兔拒敵，啊！──中國小兵實在可畏！

唐裝老柴這時拿著煙斗，只顧拼命抽吸。等到所有金毛、保安、紅衛兵看場都一一走出門外，他再冥思苦想片刻，之後，轉過身來，對著紋身，以按捺著的語氣，說：「你們有事應該在外面擺平，沒有理由在這裡搞事。」

裝聾扮啞的紋身這時終於開腔，指著14K憤憤不平地叫囂：「是這條爛樣唃手先！」──是這條爛樣的先動手！

爛樣14K這時卻只顧看著天花板，慣常地抽抽嘴角的肌肉，一派冷酷不屑的樣子。

聽了紋身對14K的投訴，老柴把看著紋身的眼光轉向14K，好像若有所思地打量了他一番，然後再把目光緩緩掃射到美國姑娘小香港和香港小妹靚妹那邊，注視著她們，慢條斯理地說：「我，不在乎你在外邊，把這些惹事生非的臭雞，通通劈死。」他說得鏗鏘有力、有板有眼，真似「通

通劈死」都毫不在乎。只是有心人克萊頓留意到，這不慍不火的老柴，已經修改了他原來稱呼她們的「醜八怪」，而把她們冠冕為「雞」——「妓女」，便琢磨著這老傢伙的心思，仿佛這世界上，不醜的女人定然只會當「雞」無疑似的。

老柴再慢慢轉頭向著14K，細心端詳著他，好像要看個究竟，同時喃喃自語的，「劈死她們我不管⋯⋯」

克萊頓聽著相當緊張——按推理斷定：老柴的下一句話便會接著說，「劈死這其貌不揚14K的話，我會更高興歡暢」！

心焦如焚的克萊頓盯著老柴，看他慢條斯理地把要說的話一字一板地吐出來：「不過⋯⋯不過，他，他是我的細姪，邊個都吾啃得⋯⋯」——誰都不能動⋯⋯

誰都不能動？！

14K是這老柴的姪兒？克萊頓感到相當詫異！真想就像早前從電視畫面上看到過的台灣總統選舉落敗時的連戰和宋楚瑜他們那樣，連聲抱怨——「疑雲重重，疑雲重重⋯⋯」。當然，老態龍鐘的老柴，與這個老當益壯的14K，論年齡是可以充當叔姪之輩。但驟眼看去，這個衣飾嚴整得體的阿公，與那個不修邊幅的14K，無論衣著或是樣貌，都大相徑庭，實在難以想象，他們此間竟可以共聚親緣。

阿公的眼光放過了他的「細姪」，再緩緩巡視四週一遍，轉身對著夜場老闆，以審視的神情說道：「呢單野⋯⋯」——這一件事⋯⋯他停頓了片刻，眼神好似在玩味著這夜場老闆脖子上那閃光四射的金鏈——那金鏈的光輝在噴紅烘熱的西裝茄克的襯托中顯得格外耀眼醒目。「⋯⋯呢單野⋯⋯」他一下好像還找不出答案，眼光剛放過這個老闆，和老闆那火紅與金光，卻即刻有了結論：「呢單野，由他們兩個人自己去拆掂。」——這事件讓他們倆自己去談妥解決。

留意著老柴一舉一動的白人克萊頓，也注意到老柴原來一直看著夜場老闆那條閃爍輝耀的金鏈，他一下捉摸不到，這老柴有興趣的「那單野」，到底是指那脖子上的金光閃閃的東西，還是撒滿一地那凌亂破碎的東西。

這時的紋身，盯著14K，對14K無緣無故被捅出與他自己的龍頭老大的特殊關係，有點驚愕。

14K意識到紋身的眼光，隨即掉頭，走往貴賓房深處那邊，從靠牆的一張竟然會躲過了戰火劫難的酒檯上，拿了兩隻杯，斟了兩杯酒，然後走

回來，上前走近紋身，一邊說著：「我早就叫你嘀靚飲酒搞掂算啦！」一邊把酒遞到紋身的面前。

沒錯，克萊頓在想，這14K之前是提議過要用敬酒來「搞掂」——「解決」了事，可是被黑幫紅棍當場臭罵是白痴！克萊頓這時留意看看紋身大漢的反應。

只見，紋身這時，突然扭頭一邊，故意把目光避開，對站在面前的14K，裝作視而不見。

但14K似乎也撐持著他那一貫招牌式的特厚臉皮，那像似「Cho-blam」坦克鋼甲板那超厚的臉皮，站在紋身身旁，就是刻意目不轉睛地死盯著他，並且繼續認認真真地說：「來，就算我向大佬你賠罪。一切包在我身上。」說完便把一隻手上的一杯酒全部一下都倒進口裡，一飲而盡，然後翻起杯底，擎持在紋身面前，稍稍再舉高一下盛滿酒的另一隻杯，說一聲：「大佬，我賠罪！請！」

「大佬」——？又是兄弟？克萊頓不理解。

紋身大佬，還是把頭扭向一邊，滿臉怒容，一動不動。

「紋仔——」阿公平心靜氣地提示道。

14K也執著地高擎著要遞給紋身的那杯酒，堅持不放。

「紋仔！」阿公有點火氣，聲音還算平靜。

「請！」14K再執意堅持。

紋身這時不單忍受著站在他面前的14K那道刁鑽古怪的斜歪眼光的肆意挑釁，同時也忍受著阿公和房內各人對他緊盯不放的那些目光的烘熱煎熬，越來越焦躁不安，越來越把持不定。14K畸形怪誕的眼光，和眼光裡那唐突冒昧得刻意倔強，好像燒烘的尖刀，讓冷傲的冰塊融化破碎⋯⋯

阿公的呼吸，好像越來越沉重。眼光，好像越來越熱火。

「紋仔！」

突然，紋身轉頭盯了14K一眼，看了看14K手上那杯酒，再遲疑猶滯了一下，然後迅速從14K手上一把奪過了酒杯，也一飲而盡！

接著，他隨手把空杯子狠狠地扔在地上，再狠狠地瞪了14K一眼，在眾目睽睽之下，悻悻然地走了出去。

<42> 慟泣創痛

家中小香港　　滴淚哭泣訴悲慟
海灘小巴黎　　惆悵抑鬱作惡夢

　　港島半山，寶雲閣的主人套房裡，精神和軀體都極端疲憊不堪的小香港，默默不語。她橫坐在低矮但佔據整個房長的外延窗臺上，仍然掛在臉上的墨色眼鏡，遮蓋著後面眼眶裡的淚花。她刻意把頭扭向左邊窗外，似乎在看著窗外閃耀的夜色燈光。她不想讓站在窗臺前靠近她身邊的李傲，看到她眼睛上因哭泣而留下的淚痕。

　　此時此刻，小香港思潮翻滾，心緒動蕩難以平復。剛剛發生過的事端，那些斷斷續續的記憶，令她的情緒像過山車一樣，急劇地上下衝跌翻轉。

　　想到被那幫黑道人物的肆意侮辱，她覺得她想大聲哭泣……

　　想到發生在她面前的暴力打鬥，她覺得她會渾身要顫抖……

　　想到她從來沒有讓人這樣欺負過她，她覺得她要發狂報復……

　　想到李傲竟為了她無端挨打，她更加覺得她內心悲苦哀傷……

　　但其實，她卻同時又恍若什麼都想不到，什麼也講不出，什麼亦做不了。

　　也是同樣默默無言的李傲，站在小香港的身旁，雙手緊緊地搭扶著她的肩膀，用柔和但實在的撫按來安慰著她。

　　她，看著窗外。看著遠處灣仔區海邊上空仍然搖曳不停的探照燈，亦看到激光鐳射，仍然在深沉的夜幕上，打出『迷域51』的字樣，閃爍光亮。

　　從灣仔區那個迪士高出來，回到半山區的家裡，總共才用了不到二十

分鐘的時間。但小香港，對這段時間裡所發生的事情的記憶，卻相當模糊不清。當時的印象，就像錄影機的快速過帶一樣：所經驗的事和物，在迅速跳躍地轉動奔馳，知覺意識到的只是些毫不連貫、支離破碎的片段影像。

在這些片段影像裡，有保安頭藍帽子緊張的呼呼喝喝，有保安人員吵鬧的擠擠擁擁，有君悅酒店富麗堂皇的樓下大堂裡的一些忙碌戒備的軍裝警員，有門外冷風夜色中肅然待發的警車閃光，有14K在奔走叫喚酒店客用特長房車，有你推我撞地擠進車裡的各種的情景……當關上車門窗戶後，似乎讓人才剛剛感覺出稍稍安頓的一刻，車裡四處立即又響起手機鈴聲，夾雜著那些講地址、問方向、喊朋友、說事故、表關懷、慶脫難、訴幽憤、罵別人等等的喧鬧聲，吵嚷不停……房車在這些嘩然騷動中，迅速駛離海旁區、拐進夏愨道、轉上紅棉道天橋、爬上半山陡坡的寶雲道……左轉右拐，回到了地處半山寶雲道11號的這棟二十多層樓高的豪宅大廈。這整個旅程，好像只是發生在片刻之中，而這片刻的旅程，又像是煎熬痛苦的漫長的持續不斷。儘管這些片段只是毫無條理而且模糊含混，但她的印象中卻有一個知覺顯得特別清楚明確：在這些痛苦折磨的時刻裡，在這些時刻的迷迷糊糊裡，她感覺著李傲總是在她的身旁，也感覺著李傲的雙手總是放在她的肩膀上，一個個寒戰總出現在她身上……

直至走進這二十三樓B座的兩千尺大的豪華單位時，她才開始呼吸到一種感覺比較溫暖和安全的氣息。略略鬆弛的神經，讓她的意識變得清楚，開始知覺到一直被壓抑忽略的疲困、驚恐、沮喪。踏進屋裡之後，她什麼都不想再理會──不想理會跟著回來這屋子的是「誰和誰」。她在李傲的攙扶下，徑直走進了主人套房，既不想看到「誰和誰」，也不想「誰和誰」看到她。

這棟聳立在港島半山的寶雲閣，面海方向的每一個窗戶，都可以俯瞰山下中環、灣仔的城市風光，小香港所住的高層單位，甚至可以欣賞到部分的美麗海景。但現在，小香港再沒有心情去觀賞這扣人心弦的燈光夜景，她只是沉默地盯著那幾道光柱，盯著顫動噴射在夜空黑幕中那『迷域51』的激光標記，試圖在混沌的腦海裡，尋覓某些邏輯要素，足以讓她自己有可能記得、明白和理解剛剛在那光柱下的迪士高裡發生過的事情。然而，她這時卻沒有清晰的印象，沒有理性的分辨，沒有集中的思考。

睡房裡，只開著房頂上調暗了的入牆射燈。包圍著她的謐靜黝暗的氣氛，和來自緊貼她身旁那李傲身體的溫暖，一直使她感受著一種舒適安坦的扶持和簇擁……

時間,在一分一秒地延續,沒有頭緒、沒有意思地在延續。漸漸地,身處在這幽暗和寂靜裡的她,雖然戴著墨鏡,還是感覺到外面輝耀的城市夜景逐漸顯得過於囂狂,閃爍的光亮刺激著她疲倦的眼睛。燦爛的閃耀演化出滋擾的哄鬧,隱隱約約有一種騷擾、刺激、挑釁的味道。面對著窗外的耀眼輝光,身後的沉寂與黑暗好像是強烈的空虛,缺乏撐托和牽引的力量,好像慢慢抵擋不住外面那些閃光熱烘的壓迫和衝擊,她的心內,猶如滋生出一種令她恐懼會被窗外的閃光吮吸吞噬進去的感覺。

「放點音樂吧。」小香港沒有扭轉頭,直直瞪著窗外,輕輕地要求。

李傲好像自然而然就體會到小香港的需要:他馬上默默無言地轉身走到床邊,在床頭的電子調控板上先調亮了一點房間的燈光。然後,他再按動了另一個鍵鈕,只見與床尾處緊連在一起的一個木制長櫃裡,從稍高於床高的櫃頂上,徐徐升出了隱藏在裡面的一個影音櫥櫃,內裡裝有一個薄身電視機和兩邊各安置著的一個影碟插架。李傲走過去,從櫃裡挑了一隻CD唱碟,放進電視機下面安設著的音響系統裡。接著,他先開亮電視機,把電視的聲音關掉,然後走近床頭,再把房頂的射燈全部關掉。因新增添了電視屏幕上那撼動不休的皓白熒光,改變了原來由微弱的射燈燈光造成房間的昏暗幽黑的狀態,這時的房內,頓時光亮了許多。而且,閃爍抖動的電視畫面,更加為原來沉寂的空間,帶進了熱鬧的動感和生氣。這閃爍的動感和生氣,為看著窗外的小香港,造成一種奇妙的像似從背後發生著的承托和扶持的感覺。不久,音響系統裡開始傳播出 *Trance Party 2* 唱片裡的歌舞音樂。這是李傲與小香港在一起時,最常聽的英文CD唱碟。音響接著放送出一個高昂激發的女高音,唱出碟中第一首名叫《天堂》的歌曲。

這優美的音樂歌聲,令到小香港有所感觸,她靜靜地用手抓了抓李傲那按撫在她肩膀上的手,對著窗戶外輕輕說了聲:「謝謝。」

聽到這樣的歌聲——「當你在這裡輕躺在我的臂膀,難以置信原來我們是在天堂」,這時,李傲慢慢用他的雙手圍繞起小香港的臂膀,輕柔地把她擁抱住。小香港也輕輕把手放在李傲的手背上,恍惚是對李傲的體貼有所感動。當歌聲唱到——「無論幸福或患難,我都站在你身旁」,小香港閉上她的眼睛,緊緊地抓住了李傲的臂膀。接著,她低下頭,開始抑制不住身體的微微顫動。李傲感覺到,小香港正在傷心地哽咽抽噎。這熟悉的歌詞,令她思潮澎湃,她為『迷域51』迪士高裡的恐怖經歷而悲切哭泣,也為李傲在她最危險急迫的那種「患難」的時刻,不單站在她的「身旁」、更義無反顧地為她挺身而出而百感交集。

李傲沉默不語，只顧靜靜地觀察著她，繼續讓她以不受約束的抽噎去發洩和舒緩受挫傷抑鬱的情感。

　　小香港沉垂的頭在劇烈地上下抖動，眼淚和鼻水不知不覺灑落在她的大腿上，一直到歌星唱出下一首的歌曲《有些事》：

　　　我不願意說我對不起，因為我知道沒有錯事；
　　　不要害怕也不需擔心，因為我對你盡心盡意。

　　李傲這時緊緊地抱住了小香港，好像是要撫慰勸解她，也好像是要示意那歌詞也表達了他要對她說的話語一般——錯並不在你，你再也用不著害怕、擔心。

　　女歌星繼續唱出下一句：

　　　抱我在你的臂膀，抱緊千萬不要放；
　　　抱我在你的臂膀，因為我要你這樣。

　　小香港稍稍用力在李傲的臂膀上按摸著，好像這歌詞正反映出她的心聲和希冀一樣。在戰慄中啜泣的小香港，仍然閉著眼睛，感覺著從李傲的擁抱中傳遞過來的默默無言的支持、關懷和體諒。

　　在歌聲那激動的悲苦怨訴中，小香港一下子把本來積壓在內心所有的驚惶、憤恨、內疚、自憐等等錯綜紛繁的情緒，盡情地跟隨著眼淚發洩出來……

　　經過了一陣疾風暴雨般的哭泣之後，小香港的心緒似乎開始慢慢平靜了下來。她繼續關閉著她的眼睛，有意鬆懈剛剛經過劇烈的情緒衝擊而變得更加疲勞的神經。這時，她開始聆聽到的是一首純音樂而沒有歌聲的《復活》。不久，《復活》裡緊湊輕快的節拍，清脆響亮的「嘀嘟、嘀嘟、嘀嘟」聲，夾雜攪拌著迴旋環繞的電子振音，仿佛在小香港的腦海裡譜劃出一幅燈光閃爍、大海浪濤的畫面。音樂背景裡，那種模糊不清的電波磁振配音，讓人覺得有外星人在低聲細語，好像讓人看到一艘環燈閃耀的飛船，在波濤中開始旋轉，然後冉冉升空。小香港微微張開一點點眼縫，卻驚訝地發現，從窗戶俯瞰出去所看到的大廈燈色，正在閃閃躍動，這時置身在大幅玻璃窗戶的窗臺上，竟然猶如置身於一隻飄浮的飛船中，好像感覺到她的飛船隨著這音樂的浪潮，在緩緩騰空飄蕩。這是一種多麼熟悉神秘、多麼顛栗刺激的感覺。這是小香港認為是幻覺的那種感覺，這

幻覺在『迷域51』迪士高的貴賓房裡曾經出現過，這幻覺曾經讓她感到迷醉和驚嘆。這幻覺，令這似飛船的房間，和房間外面的一切，都在搖搖晃晃，都在飄蕩……

她不明白，為甚麼她又會看到這奇異的幻覺。她也不想讓李傲知道，她這時對這幻覺有著一種思念、一種嚮往。

忽然，有人敲了敲他們虛掩著的房門。接著，她聽到14K在她背後低聲地對李傲說，他已經給小香港在大陸的哥哥大上海打了個電話，告訴了他剛剛在『迷域51』迪士高裡發生的事故，據說，大上海很關心小香港，想要現在就跟她在電話裡講幾句話，以便安慰安慰她。

目不轉睛地看著窗外的小香港只是輕輕地搖了搖頭，沒有搭話。此時此刻的她，既不願意做任何無謂的解釋，也不需要聽那些客氣的安慰，更不想去回憶那剛經歷過的暴力的衝突。

她只想安安靜靜，只想在安靜中，重溫那飄忽的幻覺。這幻覺，令她的心在劇烈抨擊。這抨擊，在意識中有過熟識的記憶……

李傲於是跟著14K走了出去，替她跟大上海在電話裡講了一陣子。當他從客廳再走回房間的時候，李傲發現小香港已經從大理石窗臺上下來了，而且已經躺坐在床上，盯著霍霍閃熠的電視屏幕，入迷發愣。李傲走到窗臺前，面對著小香港坐下，並一邊觀察著她。但李傲這時也分辨不出，究竟她是在聽音樂、看電視、還是只是想事情想得出神入化。他甚至看不清楚，她那雙躲藏在墨鏡後面的眼睛，是張開著還是閉合著。

過了一陣子，小香港突然轉頭，告訴李傲，她感覺有點累，她想要閉目休息一下。她叮囑李傲，不要改變這環境裡的一切，不需要關掉音樂，不需要關掉電視，甚至也不需要拿下她臉上的墨鏡。她只是要求李傲，替她把音樂倒回去第三首的《復活》，而且要調高環聲音響的音量。她說，她，想在進入睡夢前，再好好地聽一次這曲子的優美旋律。

她的內心，對經驗著的某種感覺，有一種潛意識的本能，一種傾向性的隱伏深藏的追求，她期待這感覺所引起她心動的模式被保持著。所以，她希望這意外地引起她一種思念的環境條件能維持著，讓她的心靈的擾動繼續延續著……

李傲按照她的提示，替她調好音樂，告訴她，她身體裡的藥物可能還沒有完全被吸收消化掉，會刺激她的胃，讓她難受，還告訴她，他會為她煮點麵條作夜宵，因為這時已經是接近午夜時間，食物會中和一下胃裡的胃

酸，減少藥物作用，讓胃感覺舒服一點。李傲走出去時順手把房門關上。

那沒有吸收消化的東西……？在刺激她的胃讓她難受……？那些東西，其實，在刺激著她的意識，讓她想入非非……

「嘀嘟，嘟嘟……嘀嘟，嘟嘟……」

《復活》輕快迷幻的旋律，讓她暫時走出傷痛和迷茫混沌的心緒，讓她稍微甩脫在『隱形戰鬥機』貴賓房裡蒙受屈辱所造成的陰影，淡薄在『隱形轟炸機』房裡經歷過暴力衝突的印象，再不知不覺地把她帶進『夢幻境界』那個舞場裡，讓她似乎看到沉迷的舞客，似乎又看到無休無止的搖身擺舞的海馬柔情……

「嘀嘟，嘟嘟……嘀嘟，嘟嘟……」

環聲音響系統迴旋激蕩著電子琴奏打出那清脆響亮有如向四處噴射的吱吱呱呱聲，在她的腦海裡編造出『迷域51』迪士高舞場噴涌瀰漫的煙雲，煙霧中仿佛看到『夢幻境界』舞池上的盤旋燈架，像飛船般閃爍、旋轉、搖擺、升降……

「嘀嘟，嘟嘟……嘀嘟，嘟嘟……」

海浪，波濤，飛船…… 她的意識追隨著它們，它們把她帶進了夢境……

光芒驟然跌進了黑暗。

黑暗頓然呈現刀光閃閃。

她驚叫。

她看到豬頭。

她打過去。

但她胸脯上，兩腿間，卻都有按著的手，不是她自己的手。

她抖身掙扎，但手還是按在她身體上……

「達豪美」亞馬遜戰婦在瘋狂地奔跑……揮刀砍割了身上的乳房……轉頭咬住一個欺侮她的男人的喉嚨。被咬住的……是個穿軍服的法國士兵。

士兵的白人模樣轉變出克萊頓的臉像，他遞過來裝有K粉的塑膠容器子彈。

吸了K粉的小香港感覺到前面有一個小女孩，也看到模模糊糊之中有

另外的一個女人。是一個小女孩在海邊看著漸漸走過來的一個女人。

小香港的腦海裡迴響著一陣陣虛無縹緲的話語：

> 自從我迷茫喪失奇思幻想，
> 我看到的臉孔都冷若冰霜，
> 我碰著的東西都蒼白無光。

話語……海灘……小孩……女人……

女人。那是一個蒼白的中國女人，她週遭的一切也蒼白冰冷。她漸漸向小女孩接近，又緩緩向小女孩伸手致意。感覺到小女孩有點遲疑。遲疑之後小女孩伸手過去，要抓那隻伸過來的手。但碰不到對方的手。伸出手的女人卻突然掉頭就走，走向雨霧海濤，一陣離別的哀愁……

她盯著那女人，她困惑不解，她哀愁感傷。她聽到的聲音清楚響亮：

> 自從你把愛帶走我心創傷，
> 仿如溪水淹沒在海濤波浪，
> 我永恆地迷失了目標方向。

她感覺到創傷，她看著波浪，她沒有方向。那女人，慢慢，慢慢……走進了海浪……

「不——不要再見！」——她看著這揮手像似在告別的女人漸漸遠去的身影，她孩童的心智無法理解，她純稚的心在創傷疼痛，她迷糊的眼睛淚如雨下。

「為什麼你要把愛帶走？為什麼你要捨我而去？為什麼要再見？」

她熱淚盈眶。

她悲哭出聲，淚濕臉龐。

那女人消失在水霧中央……

回應她的只是同一個聲音，仍然響亮而重複不斷：

「有時再見的一聲比鼓更響……有時再見的一聲比鼓更響……」

再見……

鼓響……

她更加悲苦傷痛……更加淚如泉湧……

有人替她擦眼淚……

有人在叫喚……

「巴黎……巴黎……」

再見？鼓響？巴黎？

「巴黎……巴黎……」

巴黎？法國？希爾頓？我……？

那是李傲叫我的名字……巴黎。

小香港慢慢張開淚濕的眼睛：在叫她和給她擦眼淚的是李傲。

「你怎麼啦？你還好吧？」李傲拿開她眼前的墨鏡，凝視著她疑惑地問。

「還好。什麼事？」小香港感到茫無頭緒。

「你在流眼淚。」

「眼淚？是嗎？」她不記得夢裡的情節，下意識地舉手擦擦眼睛。

「有時再見的一聲比鼓更響……有時再見的一聲比鼓更響……」

夢裡的女高音還在房間裡縈繞迴旋。

啊！是那首《再見的聲音》。小香港這時意會到，房裡還在放送著 *Trance Party 2* 裡的歌曲。而這首《再見的聲音》迴蕩著令人揪心、心碎的情懷。讓心，震撼。

　　　　自從你把愛帶走我心創傷，仿如溪水淹沒在海濤波浪，
　　　　我永恆地迷失了目標方向。有時再見的一聲比鼓更響。

尖銳激昂的女高音還是在高哼重覆她在夢裡聽到的話語……

「吃麵吧。」李傲端上來一碗熱烘烘的麵條，「這唱碟好聽嗎？」

「好。你知道這是我喜歡的。」小香港在床上坐起來，邊接過李傲遞過來的那碗麵，邊回應。

「你知道嗎？我在『夢幻境界』舞場裡等你的時候，我聽到了《2004亞

洲之最》唱碟裡的歌。」李傲調亮了一點燈光，坐到床上小香港的身邊。

「那是你從中國買回來給我的唱碟，我也帶來香港了。」

「你猜猜，我在等你等得很焦急的時候，我聽到了裡面哪一首歌？」

「《早點分手》！」小香港不加思索便說。

「不！」李傲笑了：「不過猜的真接近。」

「那我知道！」小香港把嘴裡的麵條吞下，匆匆地回應。

「是哪一首？」

「《獨自去偷歡》！」她淘氣地說。

「哪有《獨自去偷歡》？那是《獨自去九龍》！」

「差不多啦，對嗎？」她邊吃邊說，蠻不在乎。

「不是。是《早點分手》的上一首。你最喜歡的。」

「噢，是那首《你老是令我難過》？」她臉上又露出笑容。

「嘿！嘿！是《你怎麼捨得我難過》。」

「哪你為什麼捨得我難過呢？」她轉頭看著身邊的李傲。

「捨得你難過？」李傲不明白。

「你都不來找我。」她盯著李傲。

「是你叫我在『夢幻境界』舞池裡等你的，是你說不能走開的呀。」李傲感到無辜。

「你什麼時候開始變得這麼聽話的呢？」她轉回頭去，繼續吃她的麵條。

「我等你等得好像一隻長頸鹿。」輪到李傲轉過頭去，好奇地打量著她。

「胡說八道。長頸鹿很有心。它的心功能比人大幾十倍，所以才能把血pump到頭上。你的頭沒有那麼高，想起我你的血就會從下面衝上去了。」小香港一語雙關，說得興致淋漓。

李傲會意地笑了笑。他這時看著小香港，略微感到安慰放心：她剛小睡了一陣，吃了點麵條，精神回注得這麼快，竟然變得生氣勃勃，跟剛剛回到家裡的時候那個她好像已經判若兩人。

「大上海又打過電話來，他跟14K和肥彭都講了話。」

「肥彭也來了嗎？」小香港這倒是問得蠻認真。

「是的，他帶了另一個CID來——是『反黑調查科』的警員。藍帽子與另外兩個保安在送我們回來後也留了下來，他們都在大廳裡閒聊。大家都很關心你。大上海跟14K和肥彭他們講過電話之後，還是覺得這裡暫時不太安全。他正在聯繫看看有什麼方法可以讓我們先上去大陸，或先過去澳門，避避風頭。他說這裡的事由他來擺平。」

「由他來擺平？他是解放軍還是黑社會？」小香港問得漫不經心。

「解放軍和黑社會？哈，他可兩樣都還不是——起碼就我現在所知而言。不過，他在大陸的生意搞得蠻大，據說有很多這樣那樣的關係。沒錯，我大陸的拍檔紅軍就說過——你哥哥像個黑社會——戴領帶的黑社會。」

小香港不加思索便說：「你的紅軍就像個解放軍，有解放軍，又有黑社會，那我們在大陸就是黑白兩道，道道亨通的啦！」

「別瞎扯啦，紅軍不像解放軍，」李傲解釋道：「他只是認識有軍方背景的人。他父親以前好像是共黨將軍之類的。」

「可惜你的台灣老爸不是國民黨，不然你就可以代表台灣去跟中共談統一了。」小香港說得譏誚頑皮。

「你好像說成中國與台灣只屬於這兩個政黨似的。」李傲不以為然。

「難道不就是這樣嗎？」小香港說得輕鬆隨意。

李傲也跟著小香港俏皮胡鬧了起來：「你應該說，可惜我不是在香港大搞中國貿易的國民黨前副總統連戰的兒子，不然我一定要我老爸去大陸跟共產黨親熱親熱——『搞搞愛國統一，做做買賣生意』。」

小香港好像若有所思地說：「中國人好像都很有生意頭腦，總是喜歡政商合一，互用互利。」接著，她突然把話題一轉，問道：「GUCCI 和 VERSACE 呢？」她關心的是毛毛和克萊頓。

「他們都在外面大廳。你洗個澡後有精神就出去跟他們打個招呼吧，他們剛才都在關心你，在問長問短的。」

「那你呢？」她問。

「我當然也會一齊出去看看他們呀。」

「看誰呀？我是說洗澡呀！看你的小巴黎！」小香港接著說：「哎，

聽那首《你老讓我難過》好嗎?」

　　李傲領會,她要聽的是——《你怎麼捨得我難過?》。

　　李傲用審視的眼光看了看她,走過去換放了《2004亞洲之最》這隻中文歌唱碟。音響系統接著衝擊出一種興奮、急速的音樂節拍。這隻中文歌歌碟裡有很多小香港喜歡的歌曲和覺得非常優美動聽的旋律。在《黃昏》一曲的一片女高音那種撩人心弦的激昂、憤懑、悲訴般的歌聲的伴倍中,李傲拖著小香港的手,推開對著窗戶另一邊的一扇半透明玻璃門,走進了主人套房裡寬大舒敞的浴室。

<43> 水灑情動

歌聲飄裊繞　情衷沐浴心潮湧
吃草長頸鹿　慾血望月頻蠢動

　　小香港和李傲，站在套房浴室黑色大理石裝設的淋浴間裡。水從頂板上安裝著的三個灑水噴頭灑落，像雨霧瀑布般澆灌在他們的頭上。而從淋浴間三面大理石牆壁上由上至下的三排水力按摩噴頭射出的水，就像外面另一個水力按摩池裡的噴水一樣，會以強力而頻密的水珠打在肌膚上，揉撫按摩著身體皮膚上下的神經感官。

　　浴室的窗戶，微開著，讓清涼透心的午夜山嶺空氣，飄進浴室裡，攪合著溫暖熱烘的蒸汽煙霧。噴灑的水珠，揉按著曾經疲累緊張的肌肉，喚醒本來昏昏入睡的神經。當深深呼吸一口涼快的山間氣息時，更能體會到皮膚上那種熱燙掃拂的舒適美妙。

　　浴室敞開的玻璃門，讓從睡房飄送進來的音樂，充斥彌漫整個浴室的空間。小香港喜歡的這隻《2004亞洲之最》的中文歌碟，歌集裡所有歌曲的節拍總是急速緊張，而這種激越的旋律，會激發熱切跳動的心，令血液沸騰。歌碟裡《黃昏》一曲中，一個自負不羈的男人呼叫著他要干干脆脆地與女友分手，以免自己傷上加傷，因為黃昏日落後，只需熬過黑暗冷漠，他便可以瀟灑地再試輝煌。但痴情淑女卻依依不捨，在高聲哀訴悲哭那產生在黃昏地平線上的「昏暗中烈日灼身、混亂中熱淚燒傷」的錯覺。

　　看著小香港美麗的軀體，李傲沒有錯覺，更不可能有那種揮別而去的瀟灑。

　　在水霧矇矓裡，隱隱約約可以看到小香港身體上的柔和暢順的線條，

圓滑流暢地勾畫出一個謙虛、溫和、保守但卻勻稱、充滿藝術美感和生命力量的體型。雖然小香港曾經在李傲面前自嘲地表示過，她上身缺乏了彭美拉的那副以美妙壯麗的人造藝術工程所造就的偉大和完美，而下身又缺乏了珍·露的那種激突火爆的力量。但李傲對小香港的身體體形所顯現的藝術美感，卻已經感到心滿意足。李傲對小香港說，他喜歡那種可以用一隻手去細撫輕摸一件藝術珍品的那種攪心愜意的感覺。他不幻想過於偉大沉重的東西，因為那常常令他聯想到武術練功時要用兩隻手才能搬動一個超重啞鈴的那種辛勞苦折的情景。而且，他也不想在刻意人工營造的「偉大」前，遭遇到想擁抱時要擔心手不夠長、或者擔心一不留神就撞壞了某個醫學藝術家的那件精心杰作的種種尷尬情景。畢竟，偉大的型號與偉大的重量只是農民對農產品的特別嗜好和理想。但成熟的農作物永遠不能抗拒大自然地心吸力的現實，遲早只能出現折服於「瓜熟落地」的原則的那種慘不忍睹的悲壯情景。

看著李傲那蘊藏健康活力的身軀，小香港倒似有像歌中描述的那種「昏暗中烈日灼身的錯覺」。李傲有影星 Keanu Reeves 的樣貌，也有他那種瀟灑自如的身材。他常常辯解說，練武術太極拳是要以柔制剛，並非要鋼筋鐵骨。他缺乏阿偌·舒華辛力加那種機器人的威武，因為他沒有像時興健身運動愛好者那樣去刻意練就一身剛勁超凡的肌肉，以免走起路來像大猩猩那樣有著移山搬石的那種誇張囂狂。但這倒也適合小香港那種喜愛追求藝術美感的錯覺，而不是那種迷戀荒郊野外裡猛獸出獵的奇思異想。李傲常常嘲弄說，現在的世界好像變成只有荒野和睡房，而肌肉橫生的軀體對這兩種環境都妙不可言。怎奈，這個世界除了需要用肉體去拼搏的荒野和臥房外，其實還有其他很多美好的境界。那些境界需要心、血和溫柔，不是肌肉和骨頭。

似乎在欣賞著水霧噴灑的小香港和李傲都沒有說話。當小香港沉浸在一些類似悠悠飄送著的歌曲裡面的那些「黃昏地平線上的錯覺」時，李傲的心也在怦怦跳動，他努力抵抗著一種肉慾的誘惑。他下意識地將臉抬高，讓水沖灑在眼帘上。他想著美，想著美的理論。他想著，美就是生命的節奏和動力。他想著，感受著……他感受著這節奏和動力又牽動了的陣陣的慾望。當聽到了那首小香港說成是《獨自去偷歡》的《獨自去Kow-loon》，他在這時水花四濺的臉上擠出了一點笑容，因為這時聽著歌詞，他才領會到小香港對這首歌的獨到心得。歌中描述一些「英國鬼、美國鬼」去了那個回歸前在天馬艦海軍碼頭旁的灣仔紅燈區，也是現在『迷域51』迪士高附近一帶的酒吧區，在那裡喝酒耍樂、溝女調情，而最終大家還一起上

床偷情脫光光。講的是去——「灣仔」，卻惟獨就是隻字沒有提到歌名所說的去——「九龍」，難怪小香港要把歌名改成是去——「偷歡」。

李傲喜歡下一首《天安門的鐘聲》。這首歌，是由如日方中的香港華人唱片騎師楊振龍 Jamaster A 創作混音，曾風靡一時，更加開始在歐洲、北美流行。楊振龍以中國樂器的古箏，混合西方時尚的『夢幻神迷』的音調模式，獨創出這種東方特色的『夢幻神迷』。據說，作者以這首《天安門的鐘聲》，表達中國人心向天安門這片位於中國首都中心地帶的土地和追求世界和平的情懷。李傲喜歡這首歌的旋律，也喜歡琢磨這首歌創作人的高深哲理，琢磨那種追求似非而是的邏輯思辯，因為李傲無法玩味出那種對於別人是那麼顯而易見的『和平鐘聲』。天安門本來沒有甚麼「鐘聲」，歌裡也沒有甚麼「和平」。這古箏敲打出急速奔騰的變異的鐘聲，拌雜著轟轟隆隆的低音重擊，讓李傲總是聽到戰馬鐵蹄的聲音。而間或插進的敲鼓短號，也似奏出陣陣戰鼓軍號，把人帶進一種既虛幻迷離、又緊張熾烈的戰鬥氣氛境界裡。李傲這時閉上他的眼睛，猶如是在思覺和玩味著這歌曲的音韻和意思。隨著這些振奮激蕩的節拍音曲，李傲的腦海裡呈現出一幕幕發生在天安門廣場的雄偉壯觀的畫面：文革年代，一片紅色旗海之中，無數中國年輕紅衛兵在熱淚盈眶，對著接見他們的神聖領袖毛澤東歡欣雀躍；萬馬奔騰的節拍中，又湧現出解放軍擎持著衝鋒槍在坦克裝甲車護衛下步入天安門廣場，聽到槍聲，看到火光，看到血流披面的學生，看到血泊中那死寂的眼睛……那是1989年6月4日在天安門前發生的流血事件……

李傲突然被一種無名的恐懼揪擾著，使勁地搖了搖頭，在從頭頂潑下的流水中，用手猛力打了自己的臉兩下，好像為著要清醒自己，要把那些血腥的印象從腦海裡拍掉趕走似的。

他這莫名其妙的舉動，把正在享受悠揚優美的曲調的小香港嚇了一跳，趕忙看著他，問道：「你怎麼啦？」

「沒——沒事！」李傲看著以疑問的眼神盯著他的小香港又補充說：「沒事了。我剛剛好像著了魔似的。」

「是我做錯了什麼嗎？」小香港一邊盯著剛剛張開了眼睛的李傲，一邊輕輕地撫摸著李傲的臉龐，臉龐上有好幾個曾經被猛力掌摑過的掌印。是李傲剛剛這自摑的舉動，讓她第一次留意到早前在迪士高裡李傲替她挨了三巴掌後留著的明確創傷。

我做錯了什麼？

「沒有。」李傲回應道。

「對不起。」小香港又內疚地說。

「嘿！不要說！不要說對不起！」李傲一下伸手緊緊抓住了她的雙手，嚴肅認真地盯著她：「那都不是你的錯！」顯然，李傲這時意會到，小香港正在審視著他臉上的傷痕。

小香港留神揣摩著李傲這嚴峻的目光。

「不要再提這些了。」李傲繼續看著小香港認真地說。

「不提了。那你還瞪著我幹嘛呀？你還要用你那Keanu的火熱眼光把我燒死嗎？」小香港淘氣地說，但她喜歡這種堅定不移的專注目光。

小香港頑皮的眼神和話語，令李傲的嚴肅緊張被化解，也隨即含笑挑逗地說：「我才不會去燒你的眼睛。」

不用問，小香港當然意會到他要「燒」那裡。因為此時李傲臉上那道Keanu式的堅定專注的眼光瞬間變得有如周星馳般的溫和頑皮，雙眼突然像流星那樣迅速從盯著小香港眼睛的天際太空跌落凡間大地，去搜尋大自然的山嶽溪水。

小香港瞬即感覺到了李傲那「搜尋」的熱力——那火燒的熱力。

「嘿！」小香港開心地發出抗議的警告。

這時唱碟突然已經唱出那首《你怎麼捨得我難過》。李傲一手把小香港拉近他的身邊，一邊輕輕地擁抱著她，一邊低聲在她耳邊說：「很奇妙，就是這首你喜歡的歌在迪士高裡讓我意會到要去找你的。」

「我一直很害怕，很想你回到我身邊。」

「哎，現在不要想這些了。」李傲說。

李傲抱緊小香港，他們的身體在噴灑的熱水的拍打下緊緊地貼在一起。小香港把頭枕在李傲的肩膀上，感覺著他扎實的肌膚上傳遞著的力量和脈搏。而李傲感覺著胸前那柔軟光滑的身體，感覺著風飄雨打中的起伏山脈、激蕩河流，他心跳在加速，血在奔流。

> 最愛你的人是我，你怎麼捨得我難過，
> 為你付出了這麼多，你卻沒有感動過。

《你怎麼捨得我難過》的高亢女聲在怨訴不平。

「你知道這不真實——」李傲說。

「不真實？是『捨得我難過』還是『你卻沒有感動過』？」

「我怎麼會捨得你難過呢？」

「那我倒不知道。但不真實的倒是我都沒有為你付出什麼，你卻感動得熱火。」

「你在說什麼？」李傲一下子還沒有跟得上小香港那奔放跳躍的思維。

「還在裝模作樣，你現在感動得讓你的長頸鹿都在充血啦！」

李傲再把她抱緊。

「長頸鹿？哪要讓它探頭吃樹葉嗎？」李傲嘲弄地盯著她問。

「聽天由命吧。」小香港打趣地說。

話音剛落，歌曲卻已經意外地突然轉換進下一首《早D分手》，一個女孩在叫嚷：

「好心早點放開我……」

小香港向上用手指指，示意李傲留意這「天意」。

「好心早點放開我……」

小香港對著李傲笑笑，好像示意：「天不幫你。」

「好心早點放開我……」《早D分手》裡的小女孩在調皮地唱著。小香港瞪大眼睛，滿臉淘氣地看著他。

「好心早點放開我……」女孩堅持不懈，樂此不疲地重複著。

「Okay，Okay，」李傲終於笑著放開了小香港，並且把雙手高高舉起在頭上，作出了一個投降的姿勢，「別吵！放開你啦！我們出去看看他們吧。」

一個電子變調的驕氣小孩的聲音在得意洋洋地開始唱述她如何作弄分手的興高彩烈。小香港與李傲這時的心情都隨著這段歡快興奮、頑皮稚氣的樂曲歌詞變得輕鬆起來。這優美動聽的旋律以一集熱鬧的交響曲去營造出嘉年華會式的節日氣氛。

＜44＞ 豪宅憶愁

溫情寶雲閣　父女情意顯關愛
殺戮天安門　愁雲慘霧計劃改

　　香港港島半山，一向是低密度高價豪華住宅區。二十多層樓高的寶雲閣，是獨立單棟、每層僅兩戶的大廈。它屹立在安謐的寶雲道上，背靠維多利亞山峰，面向山下從中環伸延向灣仔、銅鑼灣區由各式各樣的高樓大廈所構成的城市風光，向著遠處眺望，還隱約可以瞥見港灣美色。

　　小香港的父親科恩伯格，告訴小香港，他原來決定購買房子時，之所以會對寶雲閣這棟大廈情有獨衷，是因為這棟曾獲建築設計獎的大廈外形獨特，而且總令他聯想起他第一次從美國來到香港時所入住的半島大酒店。寶雲閣，既有半島酒店那種巍峨挺立的氣魄，又有近似半島酒店那樣的簡潔明瞭、莊重優美的輪廓；特別是寶雲閣頂層復式單位，有延續四層之高的通頂落地玻璃窗，與半島酒店新翼頂層的構造，十分神似。

　　這棟於1989年年初落成的寶雲閣，除了頂樓兩層共四個三千多呎的復式單位外，還有四十來個大約兩千呎的三睡房單位，裡面寬闊的起居廳，設有面向城市風景的落地玻璃窗，和連接陽臺的拉滑玻璃門。連接大廳前端的一個睡房，和一個主人套房，都有伸展全房長度的外延窗臺，可以飽覽山下無敵景致。而過道對面，另一個睡房的全長大窗，也與起居廳對面的飯廳的窗戶一樣，可以讓人坐在低矮的窗臺上，欣賞到綠草青蔥的山景。更難能可貴的是，這裡連廚房、廚房後面的佣人睡房、甚至三個浴室，都分別有同樣宜人的山景風光。

　　科恩伯格告訴小香港：當初，他用了大概七十萬美元，購買了這棟大

廈裡二十三樓B座的兩千呎單位,除了因為它,擁有優美絕倫的景色,還因為大廈裡的管理服務,和娛樂設施,相當完備。這裡,除了有二十四小時大廈範圍內的保安巡邏監控,住客私人會所裡也有健身室、壁球室,更有一個安設在高居臨下的大廈平臺上別致的三角形露天游泳池。

　　科恩伯格告訴小香港:他購買寶雲閣,是為了給小香港有一個可以讓她感受到愛的家。因為搬進去後,他可以每天下班便帶著她到寶雲道的緩跑徑散散步,或者在週末假期時,帶她步行去鄰近八公頃大、以石山溪水自然風光見稱的香港公園遊玩,那裡有東南亞最大的恆溫保暖花房。況且,附近還有好幾家國際學校,正適合已開始在小學讀書的她就近選校入讀。父親還告訴她一個秘密:他當時的公司就設在附近那棟六十四層樓高、有圓柱體外形和頂樓旋轉餐廳的『合和大廈』,從他的辦公室,可以直接看到寶雲閣這棟住宅大樓。他期待著常常從公司往家裡打電話給由傭人看顧著的小香港,他珍惜那種因此好像總是與她親密聯結在一起的感覺。

　　美國爸爸告訴小香港:他當初萬萬想不到,他卻原來等待不到可以與小香港搬進這個家的那一天。他當初也不知道,寶雲道另一端的緩跑徑那邊,原來還有一座姻緣石——那裡據說眾多善男信女上香供奉後便可以求夫得夫、求妻得妻、求子得子。而且,他當初更加不知道,原來在中國首都北京的頤和園裡,也有一個關係著中國人和外國人之間的歷史恩怨是非的『寶雲閣』。

　　爸爸告訴小香港:1989年年中,剛落成的寶雲閣大廈中的單位正在進行內部裝修,北京發生了學生運動。當時,香港市民,憂心忡忡地面對著香港「九七」回歸大陸的命運。幾十萬香港市民,為支持北京和大陸示威學生,上街遊行示威。以香港為家的美國人科恩伯格,也以觀察者的心態,參與了這期間在香港的每一次遊行。他說,他此舉,並不一定是認同大陸學生抗議政府貪污腐敗的政治訴求;而是他,同情學生表達意見的權利和關切香港人自己將來回歸後的人權和自由。不過,他個人認為,華人政府的政治歷史裡,通常如果不是苛政虐民,便難免貪污腐敗,惡習根深蒂固,非一朝一夕可以改變,更非學生的一下子激烈的訴求和激烈的行為就可以改變過來。而且,入世不深的年青學生,也許,只有滿腔熱情,思維直觀單純,在複雜的國際政治角力中,既缺乏對各種背景因素的了解,也欠缺對各方勢力的意識,容易被利用,成為背後老謀深算的各方勢力在角力中的政客們的政治鬥爭工具。但當解放軍在六月四日,以坦克車、衝鋒槍血腥鎮壓學生之後,科恩伯格他,便決定結束所有他在香港和大陸

的生意,馬上搬回美國去。他說,因為為著他對女兒小香港的愛,令他感覺著被屠殺的學生的父母們的痛苦悲傷,而日夜不能安枕。當時政局的急劇動盪,引起地產市場暴跌,他手上的大陸房產和香港的寶雲閣單位,都難以立即出售脫手。他,曾經在激烈衝動的情緒中,打算把寶雲閣低價變賣,打算還清銀行借貸後,把所剩餘款全數捐給支持救護落難學生的民運組織——「香港市民支援愛國民主運動聯合會」。無奈,因樓價持續暴跌,和時間匆促,而一時未能成事。再者,一直替科恩伯格做事並因此讓科恩伯格認識了他女兒的商業——小香港的外公——也極力規勸科恩伯格,主張應該為了小香港的將來保留下這個在香港的豪宅單位。既然,原來購買香港寶雲閣,是為了讓小香港在香港有一個家,當時也是因為小香港的原故,才沒有售賣捐出,後來科恩伯格便決定不再賣出香港寶雲閣,而要商業外公,把寶雲閣,在他離開香港後,為小香港在香港保存著,以便將來讓小香港回來香港的時候使用。安排妥當之後,在1989年的「六四事件」之後不到兩個月內,科恩伯格,便離開了將也要失去民主和自由的香港,帶著小香港,帶著無限的愁腸、無限的哀傷、無限的失望、無限的淚水和心酸,回到了有人情、有人性、有自由和有自由的人民的美國——他自己和小香港的家鄉,去定居和工作。

　　科恩伯格從此,再沒有踏足過中國大陸,甚至也再沒有去過香港。他從此,既沒有向小香港講起香港的寶雲閣,也沒有提到有關香港、大陸的人和事。沒有人告訴過小香港,為什麼爸爸沒有跟那個生下小香港的女人結婚,為什麼那個女人不來美國,又為什麼她從來連一個聯絡的電話都沒有。科恩伯格在小香港長大後,只告訴過她:關於她身世的疑問將來要由她自己去尋找答案。

　　第一個向小香港提到寶雲閣的,是幾年前從香港移居美國的外公商業。之前,小香港不知道她有一個媽媽在大陸;她也不知道,那個她父親偶爾提到在香港認識、叫商業的人,原來是她的外公。商業外公後來,告訴小香港:89年「六四事件」後,當時小香港的生母商馨,已經返回大陸照顧她的兒子大上海,而科恩伯格只好在離開前,匆匆把在大陸購買的兩棟當時分別價值約五萬美金的別墅過戶給小香港的媽媽,並協議好,大陸這兩棟別墅中的一棟,是要她保存著,讓小香港長大後有朝一日要回大陸時作為她居所之用。而原來由小香港的公公商業主管營運、位於港島柴灣工業區的一個電子工廠,就轉交給商業公公繼續經營,並讓商業公公入住在香港半山的寶雲閣。

來到美國的「外公」，告訴小香港，他住了「她的」寶雲閣已經十多年了，現在應該歸還給她了。並且說，他根據科恩伯格的意思，把原來連接大廳、飯廳的兩個睡房都拆掉了，擴充了客廳。他還開玩笑地對小香港說，他已經為從小就喜歡跳舞的小香港，把寶雲閣的單位改變成了一個「迪士高舞廳」。他說，這是她老爸的意思，因為據說，共產黨要收回香港時，曾聲言會保證香港人以後「馬照跑，舞照跳」——可以繼續地賭、繼續地嫖，而這些「賭」和「嫖」，畢竟都只是些兒童不宜的活動。因此，他老爸，不建議小香港以後長期定居在香港生兒育女。他還打趣地說：多一個舞池和少兩個睡房，在香港的現實環境中，顯得更加合情合理。

去年，科恩伯格的公司，在美國洛杉磯的 Renaissance 酒店開酒會，租了據說租金要數千美元一晚、有三千呎大的 Panorama 套房。那個酒店，由於緊連著奧斯卡頒獎典禮所演出的Kodak劇院，經常都有眾多好萊塢演員明星光顧，而那間有270度廣角全景視野的 Panorama 套間，更是明星開舞會、酒會的熱點。科恩伯格特意讓剛從大學畢業的小香港，帶著男朋友李傲，一起來「見識見識」，並讓她為公司酒會嘉賓表演彈奏鋼琴，增加派對歡樂的氣氛。當看到小香港很喜歡 Panorama 套間外的景色和室內裝潢的主題格調時，科恩伯格就把小香港引領到窗邊，對她說：「既然你這麼喜歡這裡的氣氛環境，你一定會更喜歡你香港的『家』。你從這窗戶向下看，會看到這酒店的一個扇形游泳池；香港那邊的寶雲閣，就有一個近似的三角形游泳池；這裡看到的，是優美宜人的洛杉磯景色；那邊看到的，是燦爛多姿的香港風光。」他然後帶著點幽默，向小香港說：「也許唯一不同的是：洛杉磯這裡，常常會，碰到很多明星帥哥。而香港那邊，通常會，撞來撞去的就只有你和你的李傲了。」他還告訴小香港，香港她的家，現在已經升值到差不多美元250萬。這250萬的房產，將來都會是「她」的。不過，他提醒小香港，不要高興得太早，因為他在將來很長的時間內，都不會讓她私自出售寶雲閣，因為那裡曾留給他非常難忘的記憶：有一天，可能是遙遠的一天，他會想要再回去看看。接著，他稍稍停了一下，變得更加神情凝重，用平淡而壓抑的語氣說：「你，要錢用，可以去大陸找『她』，她老早已經把你大陸的房子賣掉了，卻答應過還錢給你。大陸那兩棟別墅的房產早昇值了，那筆屬於你的錢，會是相當可觀！」

問「她」要錢？「她」欠了我的「錢」？小香港默默地思疑。小香港的爸爸，卻沒有解釋，那個欠小香港錢、又隨時都願意還錢的「她」，是誰。

小香港知道，爸爸絕少在言語中提到的那個「她」，是指那個小香港

不認識、懂事後從來也沒有叫過「媽媽」的女人。

在美國這樣一個富裕家庭中長大的小香港，一直自由自在，沒有受過貧苦的磨難，而且從來都是以她自己邊讀書、邊打散工去賺取零用錢，她對「錢」與「權力」之間的關係，沒有多少理解，也因此從來就不在乎錢。這次，決定要去中國，她根本不知道到底是為了「媽媽」的有錢，還是為了有錢的「媽媽」，因為她從來都沒有想過她有一個這樣、那樣的「媽媽」。她告訴別人：她去「中國」僅僅是因為對「它」感到好奇，或是高興近兩年才認識的她大陸那同母異父的哥哥大上海以往諸多的盛情款待，或是想陪著男朋友李傲到大陸去看看他在那邊的生意，或只僅僅是想與一班朋友們去那裡遊山玩水，或是……或是……

當然，沒有人，真正在意過，她的「這樣」、「那樣」的理由。

別人，總猜測，這個「她」，想著的，會是那個「她」……

<45> 美麗家園

香港寶雲閣　美國酒店相媲美
藝術賞弧形　圓圈銳角性感美

　　事實上，昨天小香港和李傲從美國飛到了香港之後，連他們自己都沒有再在意去大陸的這樣和那樣的理由。她對香港事事都感到好奇，而也許令她最好奇的是，要知道她香港的這個家是否除了沒有影星帥哥之外，就像父親所說的那樣，足可以媲美她與父親一起參加過派對的那家 Renaissance 酒店裡的 Panorama 套房。剛踏進寶雲閣的單位時，她就興致勃勃地告訴李傲：這裡最大的分別不是沒有帥哥，而是沒有她當時表演彈奏了一個晚上的大鋼琴。帥哥李傲笑著回應說，她的這兩個發現都顯而易見，真確無疑——沒有的是鋼琴而不是帥哥。她再告訴正在捉弄她的李傲說：這裡的風景和裝修風格簡直神似洛杉磯那間 Panorama 套房，特別是，那個用半吋翠綠玻璃檯面造成的極為走俏華貴的蛇形餐桌，與 Panorama 套房裡放設的餐桌極為相似。只是除了這特別藝術造型的餐桌之外，這裡還多添加了一個蛇形玻璃咖啡檯和一個蛇形玻璃酒吧檯來襯托配套而已。像 Panorama 那樣，這裡也是用很多安裝在天花板上的內置光暗調控射燈來照明，同樣的溫暖柔和、舒適高雅、美輪美奐。情人李傲卻說，她的頭腦簡單得有如美麗影星巴黎·希爾頓，正如天真單純的人也會一眼就看出李傲他自己的長相酷似帥哥影星 Keanu Reeves 一樣，既然是顯而易見的事實，既會是無可爭辯，又只是泛泛而談，毫無新意。說完，李傲笑了，笑得帥氣，笑得溫暖，笑出一種意味——他應該比 Keanu Reeves 更亮麗。

　　當然，小香港很快就要試圖用她的新發現來向李傲證明——巴黎·希爾

頓的頭腦也並不簡單：她告訴李傲，寶雲閣細看確實要比Panorama更漂亮。

她說，雖然沒有 Panorama 那個從旋轉餐廳改裝成圓弧窗臺的270度廣角景色，她的寶雲閣單位卻有前後兩邊窗戶開通無阻的360度「全景」視野。當 Panorama 以鄰近低矮房子那些平淡無奇的房頂天臺，和遠處屹立在荒野枯草中那片呆板孤獨、單調乏味的「Hollywood」標板，作為它誇耀的圖景時，寶雲閣卻以擁有各色奇式的立體幾何美術圖形的高樓大廈，來造就它超群絕倫的景致。Panorama裡面的紅、黃、藍、黑基調主色，盡管為房間平添歡快的生氣，但木質的地板，混合著以木板、皮革、布料、鋼質材料所製作成的傢俱，營造出一種又古色古香、又鮮艷新潮的怪異混合，顯得略略太過於斑駁混雜、衝突失衡。相比之下，寶雲閣大廳中光滑明亮的白色大理石地板，就能與三個白色大理石窗臺互聯輝映。而客廳放置的一套紅色布質的Huppe 新潮拼組沙發，在白色大理石的烘托下明麗觸目，與遠處吧檯旁的暗紅吧凳，和餐廳白底紅點的絨背餐椅，連成一氣，顯示既富于生氣的對比，又保持簡潔、和諧、統一。

聽了小香港的議論，李傲又笑了，笑得真摯甜蜜，笑著告訴她——她比巴黎‧希爾頓更有頭腦。

本來就只有小香港公公商業一個人居住的寶雲閣，經過大廳擴充裝修後，幾乎沒有一件多餘的傢俱。拆除了原來兩個睡房位置的後牆上，裝上了兩面覆蓋整塊牆壁的大幅茶色鏡面，闢出了一個在兩面鏡子前除放置一個小吧檯外完全空闊寬敞的「舞池」。舞池兩邊，各有一個十多尺寬、從尺半高的窗臺一直伸延至屋頂、分別可以飽覽山景和城景的寬闊窗戶。而面向城市海濱的一邊，在舞池窗臺與客廳陽臺滑拉玻璃門之間，安裝了一個可以360度旋轉的Huppe鋼制通頂影視柱架，安設在影視柱架上面的一部36吋超薄平面電視，可以隨意轉向對著左面的舞池、右面的客廳、和正面遠處的餐廳的各個方向，一機多用，照顧周全，用心獨到。

小香港表示，她將會喜歡在觀賞這個多轉向電視的節目的同時，可以選擇或是享受躺在那套沙發上的松軟舒坦、或是享用坐在蛇形餐桌前的一頓美食、甚至享樂於在大幅茶色鏡面前的激情狂舞。

李傲告訴小香港：這個轉軸視聽柱架和那套拼組沙發，都是他去年回香港時受小香港公公商業的委託，特意從加拿大的「Huppe」公司訂購後運送過來的。這套火紅的細紋布質沙發組合「Huppe概念7000」以中央一個絨身玻璃面小圓檯為轉軸中心，兩邊各放一張配合小檯那圓身弧線的長靠背躺椅，可圍繞著小圓檯任意向各個不同方向移動擺放，設計相當巧妙

別致。否棄了任何直線曲角、利用各式流線旋弧構造出的躺椅座身，也以它充滿浪漫溫情的圓弧線條描畫出一組彰顯性感慾望的體型。而跟隨沙發弧形走向的圓弧靠背，卻又突然以具有強烈對比的尖銳邊角構造來表達出驕傲嬉狂的性格特質。隨意擺放在弧形躺椅和銳角靠背之間的幾個額外擺設的圓形靠枕，又卻維妙維肖地把衝突迥異的體型、性格牽引拼湊一起，揉合約限於一種奪目揪心的和諧協調之中。

昨天早上下了飛機才剛到家不久，小香港就說她不想再出去逛街了。因為她只想躺在沙發上欣賞這房子裡美麗宜人的環境氣氛，或者站在鏡前跳跳舞、舒舒筋骨，或者坐在某個窗臺上、甚至乾脆走出陽臺外面去觀看香港無與倫比的奇景，或者躺在睡房的床上擁抱著窗外的海市蜃樓，甜蜜安樂地睡上一覺。

李傲卻說，他只要擁抱著那套性感熱火的「Huppe概念7000」沙發就心滿意足了，因為它簡直可愛得就像一個美女。他說美女正就是像它那樣把流暢的弧線、完美的圓圈、和堅挺的銳角美妙地搭配在一起。

小香港仿如對李傲這套「弧線、圓圈、銳角」的理論有點耳熟能詳，當即呱呱叫：「難道你當初剛認識我的時候所說的那些美妙動聽的廢話，竟然是從『概念7000』得來的靈感？快點招供！你是先認識了我，還是先認識了『概念7000』？！」李傲當然告訴她：自己是從小香港的身體上發掘出認知「概念7000」那美麗性感的氣質的。小香港便又故意嘻嘻哈哈地大做文章：「你那富于詩興畫意的台灣李文豪，有著偉大的政治抱負，要把他仇視的國民黨當作女人來發泄。你卻渺小可憐，只想要把你畸戀的沙發當是我來發泄？！」

不過後來他們居然又都發現，最性感的感覺還是來自睡房的睡床。因為原來緊貼床尾擺放的一個看似普通衣物小櫃的內裡卻暗藏玄虛：只要按動床頭櫃上一個鍵鈕，收藏在櫃裡面的電視機便會緩緩升出，一個寬幅的熒屏就展現在他們眼前。躺在床上既可以同時享受窗外風光和電視節目，又可以舒舒服服地繼續探討那些人體上的「弧形、圓圈、銳角」的奧秘。結果，小香港再沒有費心去擁抱像海市蜃樓的窗外美景，李傲也懶得擁抱他那客廳裡的「概念7000」沙發，大家因為時差的困倦和對慾望的本能，享受了身體上的「弧形、圓圈、銳角」的美妙之後，就簡簡單單地擁抱著對方睡了安安樂樂的一覺。

傍晚醒來之後，他們又不顧春季時分香港的氣候還有一點寒涼，坐電梯到樓下平臺的三角形露天游泳池，在神秘的夜色燈光中玩水嬉戲。而那

時平臺遠處那些聳立著的高于五十層樓以上的大廈好像正向著他們探頭窺視，他們醉心享受于一種正在偷吃禁果的刺激感覺。

誠然，更刺激的感覺是，當他們游完泳回到家裡後，在那間由原來兩間浴室打通拼合而成的軒敞浴室裡，先用冷水沐浴沖身片刻，再一起跳進另一邊放滿熱水的按摩浴缸中泡浸，既在噴水按摩中舒筋活絡，又體味鴛鴦戲水的無窮樂趣，再探討各種美妙的「弧、圓、角」……

總之，他們晚上去『迷域51』夜總會的派對前，香港的家像天堂一樣的美。他們的心情，也像夢幻一樣的美。

< 46 > 友情匯聚

露西站起來　三百萬年不再爬

今朝小香港　做人骨氣拒跪下

　　早前，天堂與夢幻的美，只因為『迷域51』的衝突而瞬間晦澀朦朧。

　　剛剛，輕快與激情的美，卻因著音樂和淋浴的振奮而冉冉躍然顯現。

　　與李傲共浴後的小香港，換了一身運動便服，精神抖擻地從睡房走出來。大廳裡那些正在坐著聊天的人，一下子都轉過頭來，用一種驚異審視的眼神看著她。

　　「怎麼啦？很驚訝嗎？怎麼眼睛都瞪得比眼鏡猴還大？」小香港看著他們，故意用輕鬆的口吻去舒緩他們那種緊張不安的神情：「是在看猴子戲？還是猴子要看戲？」

　　已經沒有再戴上她的墨晶眼鏡的小香港，一邊走過去把大廳天花板上的入牆射燈調暗，一邊繼續說著：「太光亮了啦，搞得好像大白天一樣。」然後，她走到沙發前，坐下，接過李傲從蛇形吧臺那裡盛來的一杯開水，並對著正在盯著她的便衣警探肥彭，和夜場保安頭藍帽子，說道：「大家既然是朋友，我就不用說謝謝啦。」接著，她再轉過身去，看著正顯得有點不知所措、既滿臉狐疑、又欲言即止的好朋友美國毛毛和美國克萊頓，愉快輕鬆地說：「不用問啦，我現在好好的，沒事啦。」

　　「不用問我都知道你沒事啦，」看著大家還是那樣愣在那裡啞口無言，還是一向古靈精怪的港人14K先開腔：「不過，我倒想問問你，為什麼我從來不知道你原來罵人罵得這麼厲害？這麼痛快？」

「我又不是你大陸深圳的二奶,怎麼會什麼事都讓你知道?你打了電話告訴她你在香港為了一個女人而與別的男人大打出手了沒有?」小香港輕鬆反擊。

「打架對我來說只是家常便飯,但你操人家媽媽的媽媽倒是很有新意。」14K嬉皮笑臉地說。

「多虧克萊頓提醒,還不都是拜你的胡言亂語所賜?瞎扯什麼中國人罵人要罵別人的媽媽才算數。那幫爛仔不也是句句都找你老媽的嗎?」小香港蓄意反詰。

14K倒若無其事地笑著:「我媽媽早已魂歸天國,百無禁忌。而你要操人家的媽媽和媽媽的媽媽,如果她們都不幸還在世你就慘啦!人家看你鬼頭鬼腦,便猜到你是從美國同性戀聖地三藩市回來的,若把你的話當真,要逼迫你坐言起行,照顧他們的媽媽,或媽媽的媽媽,就有得你好玩的啦!」

「什麼聖地不聖地的呀?」美國小香港也反應迅速:「14K,讓我告訴你,你樣子這麼醜,口又這麼臭,找遍三藩市男的、女的,誰都不會要你!」

「不用客氣啦,有人要你這隻『癲雞』就好啦。」怪樣子的14K好像真的見識到了美麗的小香港的猛烈火力,瞪眼看了看她之後,把語氣緩和了一下,說道:「對了,你大陸的哥哥聽了也說,他為有你這樣一個美國唐山大潑婦做妹妹而感到自豪。想不到你真兇悍!」14K說完,還張著嘴巴,在蠱惑地笑。

「嘿!嘿!兇悍?你以為我是亞馬遜戰婦?看清楚,看到了我的『波』沒有?」她撮弄地說著,順便淘氣地稍稍挺起她的胸脯——那貼身運動服上的拉練拉至剛好能夠勉強把「它」遮蓋住的高度。大家從運動衣上起伏的曲線弧形中都當即體會到了小香港投訴的理據——那「波」、那乳房,就在那裡。

14K的目光沒有像藍帽子那樣去追隨運動衫上的曲線,而只顧滿不在乎地盯著小香港那充滿頑皮、挑釁意味的靚麗臉蛋,克制著嘲弄的神情,說:「啊——未敢請教你的『波』跟你的性格之間的邏輯關係?」以14K多次接觸所觀察到小香港的品性和她的外形曲線,他當然了解,儘管這兩樣特性在小香港身上都明確實在,但並不一定就會具有同等的潛力和容量。她的直觀熱血的性格,比較她性感卻含蓄的體型,顯然有著更加爆炸性的力量。

「喔，她是說，你把她當作那個割掉了右邊乳房去射箭殺敵的亞馬遜悍婦。」李傲向14K解釋。李傲這話剛講完，大家好像都情不自禁地再轉頭去看了看小香港胸脯上的位置，那兩邊平衡、性感的曲線證明了小香港不是割去了一個乳房的戰婦。這時，李傲和在場的其他人，都留意地觀察著14K與小香港斗嘴的一來一往，他們都開始意識到，其實小香港和14K倆，都似乎有意要呱呱叫，叫出熱熱鬧鬧，以便驅除在夜總會衝突中那些令人壓抑或痛苦的記憶，要讓大家從記憶的陰影中走出來。

「罵人哪需要亞馬遜悍婦！那班白痴要我跪下，甚麼年代啊！『露西』三百萬年前已經站起來了，還要我跪下去，真白痴！」

「露西？」毛毛不理解。

「噢，她是說，是那個一九七四年在埃塞俄比亞發現的女性類人猿化石。」克萊頓解釋，他也試圖加入討論，以便這開始變得熱鬧的氣氛可以繼續延續下去。

「啊！不錯嘛！『露西』三百萬年前站起來走路，解放了人類的雙手，可以讓你打人打得那麼痛快淋漓！謝謝『露西』！」14K顯然思路敏銳。

「對了！14K，別忘了去謝謝『露西』！『露西』解放了你的雙手讓你手淫淫得『痛快淋漓』！沒有她的幫忙，你現在還要抱著樹幹磨來磨去，多麻煩的呀！快去吻吻『露西』吧！謝謝她！」兇起來的小香港的思路更敏銳。

「真佩服你──」克萊頓似乎聞出了點火藥味，出來調和一下：「哎，小香港，你厲害，我們都不知道你有這樣的爆炸力。孫子曰：『難知如陰，動如雷霆』！佩服！」

14K也來致慶：「佩服佩服，孫子要改寫啦，應該是：『難知小香港，動如亞馬遜』！」

「亞馬遜？我知道！那是購物商場！」香港姑娘靚妹突然插上話來。

嘩！連「啞巴」靚妹都開腔？大家好奇！她早前在夜總會裡吸毒吸得「忽得」，連希特勒是誰，都不知道，還說要「玩」希特勒！現在她卻找到機會，好為她的「才智」申訴一下。當然，她沒搞清楚「購物網站」和「購物商場」的分別，更加把「亞馬遜商場」與「亞馬遜悍婦」混為一談。

嘩！──大家的眼裡好像都有這樣的一個讚嘆，但大家的嘴巴就是說不出這個讚嘆來。

「啊，你還好嗎？」還是聽到這聲音才發現了靚妹的小香港，關懷地對著她問到，意指不久前在夜總會裡的打鬥是否有傷害到她。

　　「你看看，你看她還記得購物商場就知道她『別來無恙』啦！」保安頭藍帽子這時也順勢插話進來。

　　「不要欺負弱質女流啦，在香港搞事累事的都是你們這些『鹹豬手』。如果香港少一些你們這些大哥，天下會太平一點。」美國毛毛這下找到機會，出來幫幫那個與他快樂了一個晚上的忽得妹。

　　14K盯著靚妹，對毛毛撐嘴笑道：「哎喲！毛主席，我留意了你整個晚上，卻總是看到你的『豬手』也『鹹』得離譜。」然後，他轉頭對著靚妹追問到：「沒說錯吧，啊？靚女？」

　　靚妹記得購物商場已經相當不錯，哪裡有能力應付14K這麼刁鑽的問題？

　　「你──」靚妹愣了一下，顯然不知所云，順口說了句：「──勁搞笑！超低能！」

　　「勁搞笑！超低能！」是時下香港所有小女孩都會講、最常講的兩句話，這溫馨地罵人的方法最精煉、最有力，也最得體、最無傷大雅。香港的女孩一般都喜歡呱呱叫，喜歡說話尖刻有力，也喜歡說得合乎潮流，而時尚潮流中，這兩句話，就像Louis　Vuitton那LV手袋一樣，是華人女性的最至愛也最被濫用了的「名牌」。所以，最誇誇其談和最斯文緘默的女孩都喜歡用「勁搞笑！超低能！」這兩句話，就像有錢沒錢的華人女性，只要她們喜歡趕潮流，都要拿著個LV手袋一樣，不管那是法國正牌貨或者只是中國冒牌貨，好像都能反映著她們是有頭腦和有品味的貴族階級一樣。

　　看著毛毛和靚妹一副尷尬的神態，小香港趕忙來幫忙：「對！14K是『超低能』。他老婆愛上他才是『勁搞笑』。」說著，她還轉頭看著14K追問到：「哎，你一張嘴說話就龍氣噴人。真不明白，你大陸的二奶怎麼可以忍受你的龍氣？」

　　「龍氣？忍受龍氣？問問毛澤東的女人啦！」14K衝著毛毛笑道：「我有刷牙，沒有毛澤東的口氣大。」14K說著，眼光刻意地把毛毛當作毛主席。

　　「勁搞笑！超低能！」靚妹又開腔，幫著毛毛反擊14K。

　　「嘿！勁搞笑！」14K這時瞥了瞥靚妹，大嘴巴開出一個嘲弄的笑容，滿臉不屑地說：「原來你是『勁搞笑』？整晚沒說一句話，除了愛上

『希特勒』，就愛『勁搞笑』？」

「超低能！」『勁搞笑』靚妹笑笑，罵了另一句。

「啊——」是李傲說話：「美國的靚女巴黎‧希爾頓就只會講『美極啦！酷極啦！』這兩句話。而香港的靚女就只喜歡講『勁搞笑！超低能！』這兩句，也是簡單方便，有力鏗鏘。是時下青春玉女至愛的口頭禪。」

「就是啊！這兩句就夠這靚妹用的啦——」14K又來刺激靚妹『勁搞笑』了：「你看，她整晚除了吸毒就沒講話，夠嚴肅認真的，所以罵別人『勁搞笑』。她不知道誰是『希特勒』，但愛著、玩著的又只是『希特勒』，智慧層次不跟『法輪功』毛主席一樣高嗎？自己『高層次』，別人都是『超低能』囉！哈哈……」

「你——你勁搞笑！」靚妹苦笑一下，被14K挖苦得有點尷尬。

「嘿……嘿……說到鹹豬手，」美國克萊頓這時故意把話題再岔開，他早前在夜總會裡與這香港靚妹也曾經『搞笑』搞得起勁，便來幫幫她：「如果今天晚上沒有藍帽子的幫忙，真的，我們可能有麻煩。」

「我還以為是你的中國功夫救了我們，你那李小龍的截拳道去了哪裡啦？」怪相14K找到了新目標。

「喂，他在香港不需要武功防身，他一臉鬼佬相，就是他的神主牌、擋箭牌。人鬼殊途。你看看，那幫爛仔對著他舉起了牛肉大刀都要收回去，卻去找那個『法輪功』開刀。」警探肥彭這時也開腔了。他這個原來幾乎整個晚上都沒有作聲說話的香港便衣探員，顯然以一種回歸後的特殊政治觸覺，還不在意毛毛的名字，便已經開始留意著毛毛這個人的『法輪功』的背景。

「對啦！多虧肥彭眼明手快，不然這個『法輪功』就大難當頭了。」14K說。

「我，我當時在發正念，那，那可以趨吉避凶。」毛毛說得沉著認真。

「我以為你當時被嚇呆了，如果不是肥彭一腳把你踢開，你腦袋瓜可能已經開花了，」藍帽子說著，對毛毛的自信不敢苟同。

「我們修煉人有師傅法身的保護，不會有事的。師傅說了，我們就算到了月球，師傅的法身一樣會保護著我們『法輪功』的同修們的。」毛毛一派心安理得的樣子。

「師傅法身？你師傅的法身保護過哪一個被大陸共產黨迫害的信徒呢？他們不懂『發正念』嗎？你們不是在呱呱叫，哭訴被共產黨虐待、被殺害、被掏內臟去賣嗎？師傅的法身在哪裡？還是你那師傅正在美國紐約吃牛排吃得香，忙也忙不過來？算了！下次千萬不要幫這個『法輪功』反骨仔，讓他自己去發正念穿牆過海，躲到別的空間去！」這個香港大陸仔14K對那個美國大陸仔毛毛也是從來都不客氣。

「好了，好了，」小香港溫存情深地對著好友毛毛和克萊頓說：「還是謝謝你們倆保護我。」

「保護你？他們倆只是站在你面前發獸！遮住了你看我們施展拳腳的好戲！」14K卻不留情面。

「好啦！我替小香港謝謝肥彭和藍帽子，」美國李傲這時站了起來，對著他們倆，很認真誠懇地說道。接著又轉向好友14K：「還有你，14K，謝謝啦！」然後，李傲又再對著其他人，繼續說道：「謝謝在場所有人的相助。」

「所有人？是呀，『勁搞笑』當時也在場，你是『超低能』就走過去謝謝她當時的『依阿鬼叫』啦！可能她的叫聲早已經嚇死了幾個肆意行兇的金毛匪類——就像周星馳《功夫》影片裡的那個包租婆那樣的『奪命獅吼』！啊——！」14K學著『包租婆』的模樣，大聲喊叫，逗得大家都笑了起來，「靚仔李傲，我以為你只是要做個男人大丈夫，要為心中所愛的女人跪地挨打，原來你還像個女人去為女人謝這謝那，真是婆婆媽媽！」

哈哈……哈哈……

這時，大上海從大陸又打了個電話來。他告訴14K，他正在為他們安排船去澳門。藍帽子與肥彭也覺得，暫時先去大陸或澳門避避風頭比較妥當，因為黑道紋身、紅棍這幫人很容易就可以查到小香港的住處，搞不好剛才就已經有人追蹤跟來。他們接著便談起去大陸和澳門的方法，似乎有點為難。因為當時已經是凌晨三、四點鐘，去大陸的途徑只剩下九龍新界的皇崗進出口關卡。那裡一則山長水遠、舟車勞動，二則環境複雜、難保安全。而且，14K還說，只有「叫雞」——「召妓」和包二奶的香港人，才會在黑更半夜裡走這條路。而如果就近從港島上環港澳碼頭坐飛翔船去澳門，雖然航程只需要一個小時，但是到了澳門，卻會是早上五、六點鐘，找酒店休息也是不太適當的時間。

接著，肥彭、李傲和小香港，一同走到蛇形玻璃吧檯那邊，私下交談

了一下，看是否需要就早前在夜總會裡發生的事故正式向警方報案。依探員肥彭的個人意見，非禮的事，不容易指控那幫黑道份子，因為既牽涉到小香港違法吸毒，當時又是在他們那幫人的房間裡，沒有人證去證明小香港有過明確的語言和行為的反抗，甚至也沒有目擊證人會去證明小香港曾經被非禮過。豬頭反而有證據留在他的臉上，足以證明是小香港打了他。至於李傲被打，是他自己要求的，是自願的。打鬥，又是雙方都參與了的事。表面受傷的，反而是紅棍那幫人。如果要循法律途徑去追究，李傲和小香港兩個人，都可能暫時要留在香港一段長時間。另外，探員肥彭還說，大陸的大上海要他轉告他們，不要在香港搞事，他會派人來香港跟那幫黑社會談判私了。而且，據大上海說，他媽媽也很想早點見到小香港。小香港這個時候，也不想要為了被非禮的事再與那幫黑社會糾纏個沒完沒了⋯⋯

　　好，算了，還是先去大陸吧。

　　與肥彭談完後，李傲放了點輕柔鬆弛的音樂，與小香港一起回到那張紅色絨面「Huppe Concept 7000」的沙發上。他坐在長靠背躺椅的一端，讓小香港躺靠在他的大腿上。然後，李傲請克萊頓到睡房裡拿了條薄被子，蓋在小香港的身上。

<47> 輝煌黑暗

香港多罪案　斑駁陸離數不清
黑幫肆行兇　五花八門滿血腥

　　大廳裡，Bose音響系統放送著日本音樂家喜多郎的《Ku-Kai的神聖旅程》。一陣陣悠揚飄逸的禪院鐘聲、溪流水聲，縈迴在大廳裡。清脆鏗鏘的風鈴碰擊，廟宇敲鼓，佛徒唸經的低聲細語，攙和著電子琴的閃震造音，使人既感受著鳥語花香，又體味著哀怨纏綿。這音樂，把人帶進深山溪澗之中的大自然，帶進佛界清幽地中的禪坐冥想。

　　躺靠在李傲大腿上的小香港，一邊聽著這輕快玄妙的音韻，一邊靜靜地聆聽著其他人這時變得興致勃勃的高談闊論。

　　華人14K挑戰美國佬克萊頓對香港的認識，要他列舉他所知道的香港世界之最。香港只是彈丸之地，在地圖上幾乎難以找到，但的確有不少驚人傑作。對於香港竟然是世界上名列前茅的金融、貿易、海運中心，克萊頓當然可以如數家珍。但是，克萊頓說，他確切知道這裡的世界之最，倒可能是香港的『半島酒店』，它曾被名列為世界上「最昂貴的酒店」。不過，這有爭議性，特別是阿拉伯的杜拜已經有華麗堂皇的『帆船』酒店，據說竟可以標榜為「七星」級酒店，舉世無雙。當然，不少美國人也知道，香港以單一城市來說，有世上最多的勞斯萊斯轎車。而克萊頓在美國的朋友中，真正心服口服地認同、並常常津津樂道地談論的香港之最，卻是那個在金行裡用全金打造的金廁所。這是一個要遊客付出規定金額的錢在店裡購物後才能參觀的廁所。金行老闆建造這個世界上最昂貴且獨一無二的廁所的意念，竟是來自於共產老祖宗列寧對富裕的共產主義所下的定義──最富裕的共產社會連廁所都是用黃金打造的。而今，付錢來朝拜這

個廁所的遊客,卻正正就是對這個廁所趨之若鶩的那些從共產大陸來香港遊玩的共產新貴。

從來只會口出狂言的香港人14K,卻指責美國克萊頓的膚淺庸俗,簡直就是跟列寧和那個追隨列寧的香港金行老闆一樣的膚淺庸俗。14K告訴他,香港真正的世界之最——是世界上有最多黑社會成員的城市:據說,六百萬市民裡竟然就有三十多萬的黑社會成員,真的財雄勢大。

李傲這時在小香港的耳邊告訴小香港,講起人口比例,以他之見,香港的世界之最,是1989年中國政府要屠殺學生時,六百萬的香港市民中,卻有一百多萬人上街示威遊行。而在2003年,中國政府意圖強行在香港推行「公安立法」,那時又有五十萬之眾上街抗議。數字驚人。

不甘寂寞的美國毛毛也來湊個熱鬧,數出發生在香港的世界綁架之最。他說,先有華茂集團的大富翁王德輝被前後綁架兩次,第二次家人付了大約等於美金一千多萬的贖金後,綁匪還是把他拋進大海裡,從此失去蹤影。聲名狼藉的香港綁匪大賊張子強,在香港回歸前的1996、1997年,分別送了幾個回歸大禮給中國政府,再為香港人打破世界記錄。他先綁架了亞洲首富、曾位富比斯世界富豪排行榜第十八位、香港長江實業的總裁李嘉誠的兒子李澤鉅,並勒索了贖金相當於美金一億四千萬之多;接著,張子強又再綁架了世界富豪排行第二十三位的香港富豪——新鴻基地產主席郭炳湘,並勒索到贖金相當一億美金。被綁人的家族財產,社會身份地位,和綁匪勒索到的贖金,都堪稱世界之最。簡直就等於,美國首富「沃爾瑪」集團的沃爾頓,和「微軟」的比爾‧蓋茨,會在美國被人綁架卻又勒索到巨額贖金的一樣,聳人聽聞,不可思議。而且,再創先河的是,這兩宗綁架案的家人,都沒敢在香港報警,只是事後私下上大陸與中國政府交涉。仇共的毛毛總喜歡主觀聯想,於是便以此來指證:香港惡勢力與大陸共產黨有著千絲萬縷的關係。

夜總會保安頭鹹豬手曾經是香港警察藍帽子,故不想參與美國毛毛關於香港警匪是非的討論,他也不太瞭解富翁的故事,便滔滔不絕地講起香港娛樂圈黑社會的故事。小香港聽著、想著,沒有太留意藍帽子所講的故事細節詳情。她似乎只是聽到,故事裡有在美國上演電影《功夫》和《少林足球》的影星周星馳,據說因為他有黑幫背景,被加拿大政府拒絕移民申請;故事裡又有在美國大紅大紫的影星李連杰他的前經理人蔡子明,被歹徒不明不白地槍殺;故事裡更有一位紅極一時的港星笑匠曾志偉,據說只因為嘲笑另一個女演員的牙齒,被黑社會打得頭破血流,進醫

院縫了十幾針。小香港不太在意這些偶然的事件。因為她早也聽說香港娛樂圈與黑社會有諸多恩怨:當初成龍帶著美國公司來香港拍攝《尖峰時間2》,就有黑社會到場收陀地費鬧事,成龍當時還怒憤疾呼,說這事件是「香港黑社會令香港人丟臉」。李傲當時還開玩笑說:想不到一個在香港娛樂圈打滾這麼久的武打國際巨星,卻原來仍然有這麼豐富的正義感,倒是他的政治智慧又好像只跟小香港差不多——因為,李傲認為,不是現實的意外過失才會「令人丟臉」,而香港的黑社會,早已是香港街知巷聞的社會現實,讓人看到臉的某一組成部份不會因此就丟了那張臉,無論是臉上的腫瘤還是毒瘡,或者是毛澤東臉上那顆畫龍點睛的大黑痣,都必然各自有它存在的根源和理由。對政治不感興趣的美國小香港,更加不太理解保安頭藍帽子講到的那位現任香港立法會議員鄭經翰被砍事件的震撼:藍帽子說,香港最受市民歡迎的政論時事電臺、電視臺節目主持人鄭經翰,1997香港回歸之年,剛被美國《時代》雜誌封為新香港最有影響力的人士,1998年便被人在大街上狂砍六刀,遍體鱗傷,手腳筋都幾乎被砍斷,報警至今也未能破案。好像也有人建議他,必須上去中國大陸探究探究,事情便可以迎刃而解。可惜,他不是富豪大亨,又一直喜好民主,得罪了共產黨,身為中國人卻被禁止去中國,投訴無門。只是美國克萊頓聽了後對鄭的事件表示極度震驚,他說,這豈不就等於美國的出位電臺主播 Howard Stern ——「豪華・死瞪」,光天化日之中,在大街上被歹徒狂劈六刀,而警方卻對破案茫無頭緒,那還得了?

可是,美國香港妹小香港喜愛香港紅得發紫的女歌星梅艷芳,所以當藍帽子講到梅艷芳與黑社會的恩怨情仇時,小香港聽著不能不心驚肉跳。藍帽子說,梅艷芳有一次在Karaoke歌廳碰上黑幫大佬黃朗維,據說,被脅迫獻唱,她拒絕后被黑幫大佬掌摑。她忿忿不平,找來另一黑幫大佬「灣仔之虎」陳耀興出面講數談判。不久,掌摑梅艷芳的黃朗維便被人打傷送進醫院,當晚更再被人在醫院裡開槍射殺。之後,歌星梅艷芳逃避去了泰國,並付出了幾百萬美金來擺平。最終,被懷疑槍殺黃朗維的黑幫「灣仔之虎」陳耀興,又在一次去澳門賽車時被人亂槍掃死。

美國小香港這時覺得,香港的現實,原來比在香港大行其道的黑幫電影裡的情節,更加血腥暴力,更加富于戲劇性。小香港以前還以為,拍黑幫電影的香港導演制片,富于超凡的想象力、創造力,原來他們卻只是隨便記錄了現實生活中的一鱗半爪、點點滴滴,他們或許只算是些低能無為之類,好像只能算是些在街道上隨意撿到點破爛拿去兜售營利的小人物。保安頭藍帽子講到這裡,帶點嘲弄的口吻誇獎美國小香港的勇猛,因為大

名鼎鼎的歌星梅艷芳只是被黑幫大佬摑一巴掌，就賠了幾百萬美金和兩條黑幫大佬的人命，這個默默無聞的小香港卻竟敢反過來痛摑香港黑幫大佬，還竟可以安然無恙。美國小香港不明白，為什麼香港的黑社會可以胡作非為。美國男友李傲告訴她，這不是香港的問題，而是中國人的文化歷史的問題。並說，以後有空會再告訴她關於中國少林寺和舊上海灘黑頭杜月笙的故事，她就會清楚明白。

　美國毛毛卻說，不用引古論今，香港黑社會的猖獗是因為有中國大陸公安部部長陶駟駒的撐腰，那傢伙公開聲言「黑社會也有愛國的」，愛國的黑社會對共產黨有利用價值。不過，剛與黑社會談完戀愛的這個共黨公安部長陶駟駒，自己卻也被共產黨關進了監牢，因為他「包容戀愛」黑社會之餘，卻也同時「包容戀愛」了數以億計的貪款。

　香港的警察便裝探員肥彭也說，香港跟大陸本來性質不一樣，但回歸後警方的工作壓力增大了，辦案時要額外留神分辨一下哪一個愛國、哪一個不愛國？香港警員上大陸叫雞召妓、包二奶多了，越來越像大陸的警察，竟然有香港警察開槍殺死自己的同袍，處心積慮奪走了同袍的警槍去銀行打劫，兵賊不分，好像世界末日已經來臨，非要趕著爭先去吃一餐「大茶飯」一樣。不過，香港肥彭又說，香港現在還算是黑白分明，中國大陸是黑白難分，愛國一家親。

　受美國資本主義教育的小香港卻只知道，黑社會都是作奸犯科的歹徒，擾民造孽，傷天害理，哪有聲稱愛國就可以名正言順、大張旗鼓地為非作歹？共產主義的教育和共產黨的邏輯，總常常令她這個美國姑娘頭暈目眩，稀里糊塗。

　在美國長大的小香港以為，橫行霸道的黑社會只是電影裡的故事，要不就是黑人物與黑人物之間的故事。起碼，她在美國，從來沒有見識過群毆械鬥，也沒有公然聲稱黑社會成員的歹徒曾經對她出言挑釁威嚇，更沒有黑社會可以公然侵犯婦女，還可以明目張膽聚眾打人。儘管小香港關心的美國娛樂圈裡，偶爾也聽聞一些暴力事端，但就她所知，那些事端，大概只是個人的情仇恩怨，與黑社會未必都能沾上邊來。小香港記得，她所喜歡的饒舌歌手在美國東、西歌壇競爭論戰的氣氛環境中，雙雙先後被槍殺。據說，事件牽涉到，代表美國西部饒舌歌壇新貴的「死亡行列」唱片公司 (Death Row Records) 的 Tupac Shukur ——吐派·夏庫，和代表美國東部的「壞孩子」唱片公司（Bad Boy Records）的 Notorious B.I.G ——聲名狼藉大佬。但小香港覺得，這事件不一樣，這事件只是歌壇競爭

中產生了的個人恩恩怨怨，不是窮兇極惡的黑社會對市民大眾的肆意侮辱侵害。而且，Tupac 和 B. I. G 被槍殺之前，他們倆已經各自以歌唱來論戰、挑釁了對方很久，最終才不幸發生了人命事故。況且，他們畢竟全是高調對陣的『死亡行列』和『壞孩子』，雙方似乎都夠「Notorious」——「聲名狼藉」的，實在旗鼓相當，像是事出有因，而她自己卻只是低調享樂的美國『小巴黎』，難以比擬、相提並論。接著，小香港想著自己不久前在刀光劍影中的死裡逃生，便自然而然地聯想起她的偶像 Jennifer Lopez——珍妮花‧露葩從槍林彈雨中的落難而逃。據知，當時 J. Lo 珍露與她那青春惹火的男友 P. Diddy (Puff Daddy) —— 吹牛老爹，在紐約市的『紐約』夜總會裡買醉，一些醉客挑釁 P. Diddy，把鈔票扔在他臉上而引起了衝突。但小香港又覺得這個事件性質不同：衝突的對象是大名頂頂的 P. Diddy，而不是青春美麗的珍‧露，被開槍打死的又只是對方的人。況且，珍‧露有鋒芒畢露的音樂大亨男友 P. Diddy 這個「江湖」猛人的「吹牛老爹」的百般照應，P. Diddy又早在 B. I. G 不幸遇害時已曾親身經歷過沙場炮火的洗禮。而小香港自己卻只有李傲這麼一個名不見經傳的男朋友在身旁打點，沒有什麼刺眼喧譁的光彩，為什麼這數十個香港金毛黑幫，竟卻要對她這個從美國來香港耍樂而被侮辱了的楚楚弱女窮追猛打、誓死不放？

<48> 香港禍星

香港靚景點　林林總總數不盡
江湖大強盜　張氏家族最勇進

　　沙發上,躺着的美國小香港聽著關於香港的故事,被一個個疑問困惑著,浮想聯翩。

　　一陣子後,小香港突然告訴情人李傲,她想讓他陪着,到外面那個居高臨下的陽臺,再去看看香港的夜景。

　　小香港和李傲站起來,正要往陽臺走過去,滿臉喜色的港人14K走了過來,把他們截住。14K告訴他們,小香港在中國大陸的大上海哥哥,剛剛又打了個電話來。大上海說,他已經從香港的富豪朋友那裡,安排到了一條遊艇,好讓大家就近到這條遊艇上,先休息小睡,等到天亮過後,他們什麼時候喜歡,就隨時在澳門登岸,入住酒店。這樣的安排,既安全,又舒服好玩。而大上海,更會事先替他們在澳門安排好賭場大酒店,並通知那邊的朋友照應,確保不會再有什麼麻煩事發生。

　　大家聽了,都很高興。特別是美國的毛毛和克萊頓,他們從來沒有機會上遊艇玩耍過,這次竟然因禍得福,都喜出望外,當即就提議,要那位香港靚妹,也跟著他們一起去浪漫浪漫。這時的小香港,對香港靚妹,也開始有了多一點的好感,並在一旁附和著毛毛、克萊頓這個提議——「浪漫不浪漫、一起去玩玩」。這次的小妹,聽著這個提議,沒有再抱怨一句『勁搞笑!』了。她,真的想去。可惜,這香港靚妹,沒有把港人進出大陸所要用的回鄉卡帶在身上,不能稍後跟著他們從澳門進入大陸,只好暫時作罷,感覺實在不爽。毛毛和克萊頓,對這行程安排的這個「美中

不足」，都好像顯露出深切的惋惜，真要為自己不能成全『勁搞笑』的願望而責備自己那靚妹喜歡的那句——『超低能』。

在電話裡，大上海也盛情邀請保安頭藍帽子與探員肥彭，提議他們一起同行。肥彭身為警探，有公務在身；而藍帽子，還要回去『迷域51』迪士高，照顧打點那裡的營業保安。故此，他們倆都未能隨行同往。大上海便再次感謝他們先前在迪士高挺身而出、出手救助他的美國妹妹小香港。大上海並且邀請他們，以後帶朋友去他在大陸廣東經營的夜總會玩玩，並聲言，他到時一定會盡情款待他們。

肥彭與大上海講完電話，開始作弄藍帽子，說，由大陸富豪大上海設計安排的「盡情款待」，一定「盡情」、一定歡快，一定會令喜歡「雞」的鹹豬手心醉神迷。

小香港卻不明白，他們這是在胡說八道什麼，便追問到：「嘿，嘿，我哥哥在大陸開酒店，開夜總會，開製造工廠，我可沒聽說過他開農場養雞，你們在胡扯什麼的呀？」

香港夜場老手藍帽子只顧笑著，不作回答。而這時的探員肥彭，也再沒有空閑去奢談笑話：「寶雲閣」下面大堂的保安經理，正用傳呼系統通話上來，緊張呼喊著，說是剛才有一部汽車，載著幾個鬼鬼祟祟的陌生人，意圖打聽這裡住客的資料，形跡可疑，好像與小香港有關。由於肥彭早前已經交代過他們，要提高警覺，那幫人沒有問到什麼，就灰溜溜地走掉。肥彭於是便與藍帽子和另外兩個警察同僚，趕緊走下去看看。

小香港提議毛毛和克萊頓，先整理一下行裝，準備好，等一下一齊去香港仔遊艇俱樂部碼頭上船。然後，她對李傲說，她還是想在離開前，到陽臺那裡，再看看香港的無敵夜景。李傲聽了，隨即從睡房裡拿了一件外套，讓小香港搭在肩背上，並拉開滑動玻璃門，與小香港一起走出了陽臺。

從陽臺遠眺，香港的夜景，仍然是那樣輝耀燦爛。遠處的『中環中心』，仍然以變色的電腦調控霓虹燈，演變出歡快淘氣的彩圖；巍峨聳立的『國際金融中心二期』，仍然一柱擎天，氣勢磅礡；像似火箭發射臺的『匯豐銀行大廈』，仍然喜氣洋洋，生氣勃勃；晶鑽銀閃的『中銀大廈』，仍然是那樣冷傲驕狂。這一切，都仍然是那麼美麗耀眼。香港的這一切，對美國小香港的不幸遭遇，好像又都漠不關心，不聞不問。

此時此刻，閃爍艷麗的香港夜景，與小香港那變得沉重沮喪的心境，造成激越的對比。昨天早晨才到達香港的她，今天凌晨竟就要離開，實在

短暫倉促。為此，她的內心，充滿了無限的惋惜失落。本來，她有計劃，要在香港至少先逗留一個星期的時間，享受一下這個父親和公公為她在香港準備好的美麗舒適的「家」。本來，小香港還有很多這樣那樣的計劃。去過加州洛杉磯迪士尼樂園的她，很想去逛逛香港新開的迪士尼樂園。她也有打算，去玩玩據說比加州聖地牙哥海洋公園美麗漂亮得多的香港海洋公園。她也希望，去這個世界最大的海洋動物公園，坐一下那足有三里長、靠山面海、風光明媚的架空吊車。本來，她還希望，去中環見識一下那條伸延兩里之多、向山爬高足有600呎的世界最長行人扶手電梯。本來，她更想，去有如美國新奧爾良市法國地域 French Quarter 的『Bourbon Street』波旁街的中環蘭桂坊，在那個到港外國遊客必到的旅遊「聖地」，拖着情人李傲的手，在年青的西方遊客叢中，悠閒自在地穿插行走，或者在整條街道上排列滿滿的酒吧中的某一間裡，找個臨街的座位，喝飲笑話、吵鬧嘻哈，沉浸在四週熱鬧親切的英語交談聲中，觀摩一個個魚貫而行的外國遊客，在異鄉中體味一下美國的家鄉風情。本來，她也期待，坐坐那有超過一百年歷史的「山頂纜車」，它從美國領事館旁邊開始，沿著斜度竟達1:2的陡坡峭壁，爬上山頂，全長差不多五千尺，旅程令人驚心動魄。然後，她原來還想，在海拔1500呎山頂上那間外貌神似外星人太空飛船的「凌霄閣」餐廳裡，觀賞山下維多利亞港的無敵風光。當然，本來她更想與情人李傲，在這座「寶雲閣」大廈下邊的寶雲道散散步，就近走去看看那據說會為情人帶來好運的二十呎高的「姻緣石」，求個好姻緣。甚至，再與熱衷佛法的李傲，遠道去新界的大嶼山，參拜坐立於高峰上的那座青銅佛像，它用250噸青銅鑄造，身高一百呎，是世界最高的青銅佛像，祈蔭佛光的慈悲庇佑。

可是，現在，她，和他，在香港，什麼地方都去不了啦。

她的心，是沉沉的，壓抑著的……

不久，肥彭和藍帽子，在大廈保安部了解過情況後，回來了，確認了黑道紋身、紅棍那一幫人，意圖在小香港的家居附近再行兇鬧事。

聽了這個消息，美國小香港更失意心煩，原來在這個華人世界中連躲藏在自己的這個豪宅大廈裡，盡管有二十四小時的嚴密保安，也會喪失安全感！

在陽臺上，看著這夜景，想著這遭遇，小香港情不自禁，深深地嘆了口氣。

「怎麼啦?」李傲關懷地詢問,打量著她。

「沒有。我在想……」只顧直直盯著遠方的小香港,有點心神不定:「我……我只是在想,為什麼……為什麼這閃爍華麗的『中銀大廈』的外形看起來……看起來像一把寒光閃閃的刺刀?這麼鋒利?這麼冷酷?」

李傲順著小香港的眼光,向中環那邊看過去,然後凝視著那棟『中銀大廈』,好久沒有回應,好像沉浸在深刻的思考中。然後,他繼續盯看著遠處的『中銀大廈』,好像若有所思,喃喃自語:「這個銀行,有著最標奇立異的大廈外型,也有著最五花八門的新聞。它裡面的不少總裁、主席、經理都因為貪污、挪用公款而被關進了監獄。這銀行,好像成為了世界大銀行中的腐敗貪污之最。這,是一個很怪異的混合錯體:它有最金光燦爛的美術形態,可又有最污濁變挫的脈絡骨架。」

「不過,在美術領域裡,」小香港也在思忖著:「難道不是『包容著缺陷的美』,才是真正用人工雕塑琢磨出來的藝術珍品?沒有瑕疵的鑽石,據說不會是真實的。」

「這沒有錯。但是如果本質的瑕疵,與刻意營造的燦爛,都同樣地耀眼奪目,那便可能不再是一件藝術品,而是一個怪物了。比如說,一個蓬頭垢面的乞丐,穿上一套金燦的皇帝龍袍,在探射燈中大搖大擺,那沒有藝術美,也不是藝術表演,那是扭曲的把玩、惡俗的摧殘……」李傲說完,沉默了一陣子。 在美國大學曾經讀過藝術課的小香港,似乎也在品味著李傲這個關於美麗與惡俗的比喻,沉默不語。

片刻之後,李傲好像想起了什麼似的,突然轉頭,問小香港:「你知道我們後面的這座高峰叫什麼名字嗎?」

「知道呀,」小香港爽快地回答:「維多利亞峰。」

「是的。不過,那是外國人熟知的西洋名字。中國人稱它是『太平山』和『扯旗山』。據說,英國人來到這個小漁港之前,這裡是海盜張保仔的剿穴,他每天在那山頂上拉扯升旗,故取名『扯旗山』。英國人來了,海盜張保仔走了。百多年後的今天,英國人剛要走,就出了個震撼世界的綁匪大盜張子強。」

李傲講得認真,也講得沉重。小香港轉頭,注視正盯著遠方的李傲片刻,意覺到他比她自己的心情似乎更加沉重。情人的這種沉重晦澀的心情,她不習慣,感覺不自在的她,故意輕鬆地打岔道:「哎,香港有太多不為人知的故事啦!怎麼又搞出個『張氏』家史來了?我還以為,香港只

是周星馳和周潤發的『周氏』天下的呢！」

聽了，李傲馬上轉頭打量了一下小香港，他抿緊的嘴唇撐開了點，一點笑容讓嚴峻的神情融化著。

「Depp！」衝著這個對政治從來不嚴肅認真的小香港，李傲滿臉歡喜地假意斥罵道。

笑容，也在小香港美麗的臉上閃耀。

「Depp——我媽媽？」小香港的笑容裡帶著調皮的意味，她逗弄李傲的中國文化傳統。

「『找』你媽。」李傲會意地笑笑，迅速擁抱了她一下，在她薄薄的嘴唇上印下一個溫馨甜蜜的吻，接著說：「好啦，我們走吧，『Eminem找媽媽。』」

〈49〉 慾動情愛

遊艇浸浴缸　聖杯撩慾掀漪漣
男女尋性愛　真我挑誘戀纏綿

　　豪華遊艇上，一個圓形的噴水浴缸裡，李傲與小香港靜靜地浸泡在清澈的水中。

　　當李傲的眼光與躺在浴缸另一邊的小香港的目光接觸在一起時，他們大家都突然會意地笑了出聲。李傲趕忙說：「我知道你想說什麼——」然後，他跟小香港一齊嚷出同樣一句：

　　「只有真我，沒有假面！」

　　然後，他們又再同聲呵呵地笑了起來。

　　「只有真我，沒有假面。」是台灣文豪李敖的名言，是他讓人看著他自己的全裸照片時發下的豪言。崇拜台灣李敖的美國李傲，和喜歡把情人李傲比擬為文豪李敖的美國小香港，每每在他們像李文豪當時那樣裸露得真切與徹底的時候，或者是在看到別人在像李文豪那樣盡情地展現「真我」的情景中，他們往往立即心領神會地想起李文豪，想起他的「真我」——他那「真裸」，想起他的名言——他豪情的瘋癲。

　　「只有真我，沒有假面！」

　　小香港的「真我」很柔美，李傲的「真我」很剛健。

　　小香港這時，垂眼看看靜澈的水中那李傲的「真我」，只見到水裡那漪漣晃蕩地「想吃草的長頸鹿」，她臉上閃現一道紅暈，她即刻抬起頭，把目光移向浴缸頂上面天花板上的一面玻璃鏡面上，臉上的笑容把兩顆小

酒窩凝結在臉頰上，讓原來橢圓形的臉擠成圓圓的，圓出了無邪的心、天真的情。

李傲凝視著小香港這張充滿了喜悅的圓圓的臉：那臉上，也有明亮、稚氣、珠圓的大眼睛。兩片薄薄的嘴脣，通常總是性感地抿出甜蜜的喜樂來。這甜蜜的喜樂，揉合著尖尖的鼻子和尖尖的下巴，總顯露出強烈的性感個性，顯露著一點真切良善、一點稚氣倔強。

每個人看到小香港這張臉，都會感覺到它的美，令人心動驚嘆的美。這美，驗證著李傲的美的概念：臉上以順暢柔和的弧線勾畫出五官的輪廓，結合著性感驕傲的銳角——從側面清晰顯見那由近似直線和銳角所構成的鼻子和下巴，再以圓圓的眼睛點綴出智慧與光亮。這優美的弧線、銳角、圓點，又巧妙地融合在圓圓的臉那生氣勃勃的一整體中——神氣、嬌艷、柔媚、性趣融融。

注視著清澈綠水中的小香港的「真我」，李傲觀賞著那臉上柔順的弧線，那些弧線伸延至小香港身體的每一個部位。點綴出臉上生命力的那種圓形，也點綴在小香港優美的身體上、胸脯上。她那天生有力而堅挺的乳房，對稱地聳出兩個完美的圓體。圓體中間的乳暈，是明瞭清晰的圓圈。圓圈中間的乳尖，更是明麗精巧的圓點。這圓體、圓圈、圓點的圓，都圓得一致、圓得理想。這層疊的圓，儘管節制、有點含蓄，含蓄地捨棄了「彭美拉(Pamela)工程」的胸脯的偉大和驕傲，那含蓄中卻翻滾著難以收藏的自豪、清高。故此，李傲樂於把小香港這三圓合一的美，稱為「Madonna's Pyramid ——麥當娜的金字塔」，譬喻麥當娜在她的演唱會中展現出的那對光彩奪目、盛氣凌人的金屬圓錐形「乳房」。

這時，在觀賞著小香港身體中美妙的曲線和圓形的李傲，想著在水中另一個彰顯著生命的能量的圓體——小香港那渾圓飽滿的臀部：這尺寸保守謙虛、但形體均勻渾圓的美，儘管與珍‧露(J. Lo)的臀部那超卓的容量難以媲美，但李傲喜歡把小香港和其他所有美妙嬌艷的臀部都稱為「J. Lo's Energy——珍‧露的能量」——那是柔情中的堅強、火熱中的冰涼。

當然，除了曲線和圓體，這時在靜止明潔的水中，李傲最想看看的是，小香港那令他充溢豪興的另一個看似滑潤立體的銳角——那意喻著生命的起源、蘊藏著源源不息的潛力的一個黝黑的三角形，那是收藏在腹下兩腿之間的一個「V」，或是一個「杯」——那是達芬奇(Da Vinci)畫師在《最後的晚餐》——「The Last Supper」中所勾畫的「神聖的V」、那是《達芬奇密碼》(Da Vinci Code)的作者丹‧布朗(Dan Brown)所描述的「聖杯」。

李傲感覺到，小香港身體上那個神聖的銳角，令他自己心動，比起「達芬奇的 V—— Da Vinci's V」和「丹・布朗的聖杯 —— Dan Brown's Holy Grail」，都更加令人心動。丹・布朗曾經推測，達芬奇畫的V和聖杯，都是隱喻著女性那銳角的故事；而李傲卻一直聲稱，小香港那銳角也總展現出那V和那聖杯的光芒，那光芒中有著幽深的故事、那故事訴說著神聖的軀體。

　　「嘿，嘿！」這時正看著水裡那「達芬奇的聖杯」看得出神的李傲，被小香港的抗議聲覺醒：「哪有這樣看人的……？」小香港淘氣地一邊叫嚷著，一邊按動噴水浴缸邊上的一個電鈕，池壁兩邊週邊上的幾個噴嘴馬上噴射出強烈的水柱來，平靜的水頓時被衝擊得沸騰，水中蕩漾掩映著的圓圈曲線不見了，黝黑的聖杯不見了。似乎，在衝突的水波之中，甚至連「珍・露的能量」都消失了、「麥當娜的金字塔」也倒塌了……

　　李傲笑笑，便跟著小香港抬頭向天花板上的鏡面看上去，從這面鏡子裡反映出與浴室連接的主人套房，看著反射在鏡子上面套房裡的一張圓形的大床和一個圓形的小檯，遺憾此刻在這艘名叫『情愛』的遊艇的浴室裡，失去了肉體上最性感動人的圓圈、弧線和銳角。李傲只好試圖去尋找和欣賞那鏡子裡所反射出來的浴室外邊環境中的其他的圓圈、弧線和銳角……

〈50〉性感情愛

遊艇名情愛　裡外掩映共生姿
性感顯媚態　上下婀娜弄多姿

　　這是大上海為大家從他香港某個富有的朋友那裡悉心安排到的遊艇，是一艘名叫『情愛』、船身118呎長的豪華遊艇，由 MILLENIUM 公司製造。MILLENIUM 公司近年建造了另一艘更長的140呎長、命名為『擁有世界都不夠』的同型遊艇，據說是世界上同類遊艇中速度最快的遊艇。

　　當李傲、小香港、克萊頓、毛毛和14K在碼頭見到『情愛』時，大家都按捺不住內心的驚喜和興奮：這船的外型實在美麗動人，像隻乘風破浪的飛鳥。這船的形狀設計，幾乎完全否棄所有直線條紋，而以各種奔放嬌媚的曲線弧形，結合著自負狂傲的尖角，表達出強烈的個性和美感。側面看，船頭與船尾，用互相平衡對稱的尖角造型，充分表現出剛勁和力量。數層橫向連通的窗戶，以暗黑的流線體，在皓白的船身上勾畫出生動活潑的輪廓。這鮮明的黑白對比，又令停泊在夜色朦朧的碼頭邊上的遊艇，好像潔白得閃閃生輝。

　　第一眼看到這艘遊艇時，一向誇誇其談的14K，這次卻只簡單明瞭、帶著驚嘆「嘩！」地叫了一聲，並只顧張著嘴巴定定地看著它。而且，由於船體龐大，他這次只好一反常態，放棄他習慣的滿不在乎似的斜視掃描，以認真的直角正視的眼光去打量它的美。

　　毛毛一向斯文淡定，不願意對常人的玩意兒放縱讚美，只許會意地點著頭，好像隨時又要像老毛那樣默默含笑、招手欣喜致意的樣子。

　　克萊頓津津樂道地形容這船體的流線形狀有如子彈，有能量四射的

美，大家都懷疑他又在為他的K粉子彈做文章。

而喜歡溜冰的小香港，覺得這遊艇倒很像她的白色的溜冰鞋，蘊藏著冰鞋在冰上滑行翻躍時所顯露出的韻律感和速度感。

李傲也讚賞一番，說這遊艇的整體，正像那以優美弧線構造的UCAV-X45 無人駕駛戰鬥機，它白亮誘人的船體，在海洋裡縱橫馳騁時，一定會像那隻無人駕駛戰鬥機在藍天中翱翔展翅時一樣，展現出矯健奔放的魅力風采。他還堅持，就算是船身那些流水形的墨黑窗體，也都展示出類似B-2隱形轟炸機側面那種流線的丰姿，說這都充滿了美女形態的婀娜多姿，更說這美中不足的是，好像只符合了他美的理論中三個標準要素中的兩個部份——有著曲線和銳角，卻差缺了可以點綴的圓體。

小香港當時馬上指著船頂上面正中央的一個圓形的雷達通訊器，告訴李傲，這起著畫龍點睛作用的圓形體，正好為這艘艇完成了李傲的美女夢。

不久，小香港發現了這船上更多美妙的圓形：在船頂的駕駛橋樓上，有一個圓形的露天JACUZZI；客廳裡，有一個用電動拉滑隔板劃出的圓形小飯廳，裡面圓形飯桌的天花板上安裝著圓形鏡面。這飯廳的圓形鏡面，與前廳和客廳天花板上的圓鏡，或是主人套房裡的圓形大床頂上所配置的圓形茶色大鏡一樣——由密佈的小小光纖水晶燈閃爍出點點星輝。這些觸目的圓形，在其他傢私裝設的順暢的弧形之間，形成優美的和諧與富於藝術感的對比，起著交融調配的效果。

這艘價值千萬美元的豪華遊艇的內部裝璜，以深紅光亮的上漆胡桃木作主題色調和材料，高貴典雅，對比著乳白色的地毯、大理石和絨面沙發，配合著可按照不同情調需要而調控變化的射燈，營造出舒適、溫暖、華貴的感覺。這種感覺，在離開香港這個是非之地的時刻裡，讓大家暫時遠離對煩惱、威脅、疲累的知覺。

這裡的一切都很感人。

當然，可能最感人的是大上海竟然能夠在深更半夜、在這樣短促的時間裡，為大家適心安排好了這一切。小香港深深感受著大上海哥哥誠摯的厚愛和悉心的關懷。

看著這艘奢華的遊艇，以及竟可以在如此緊迫的情形下，召喚到船長和數名船員來為他們駕駛操作這條船，毛毛和克萊頓都在驚喜中對大上海的背景關係和影響力議論紛紛。克萊頓更加在喜悅中對在中國尋找生意的前景充滿著新盼望，對毛毛可能在大陸向他引見的關係也同樣充滿著新盼望。

〈51〉柔情情愛

國金第二期　充血勃起像陽具
Ｖ型達芬奇　慾望騷心煥性趣

　　遊艇主人套房的浴室裡，李傲把身體舒展地靠躺在浴缸的邊壁上，頭向上枕放在浴缸外緣墊放著的一條毛巾上，從他昂起頭看著浴室天花板上的一面圓形鏡面裡，他注視著反射倒影著的浴缸裡的水，水正噴動翻滾。他留意一下鏡裡的小香港，在翻動著的水裡，她潔白的裸體朦朧不清，潔白肉體的中間那黝黑的Ｖ──『達芬奇的Ｖ』，約隱約現；水面上，有一把束起的黝黑頭髮，卻清楚明確。這時，他想看到黑髮下那張甜美的臉，他想，只要她抬起頭，她明麗的目光，便會從天花板上的鏡子裡閃現出來，她薄薄的嘴唇會在臉上笑出兩個迷人的酒窩來。他等待著，但沒有動靜，她還是低著頭。他坐起來，觀察一下靜靜不動的小香港，她低頭盯著水，或是水裡面她自己那蕩漾不定的身影，眼睛一動不動。

　　「哎，在想甚麼？」李傲問。

　　「海哥想得真是很周到，」小香港若有所思地說：「他對我一直都是很照顧。」

　　「他是一個細心人。」

　　「蠻有感情的。」小香港還是注視著震動噴湧的水，柔柔地自言自語。

　　「嘩！好感動啦！他真有頭腦，讓你在『情愛』上待了待、玩了玩，你的心就被俘虜啦，還想著移情別戀啦……」李傲故意輕鬆地開開玩笑：

　　「那你跟他再多待上幾天，您不就會要投懷送抱了嗎？提醒你，小巴

黎，小心噢，兄妹戀不正常的噢。」

「嗨！Depp！」小香港的沉思被他打斷了，抬頭看著他，酒窩浮現在臉上：「正經點，我哪有說愛上他了呢？」

「你是沒有說。你用說嗎？當初我也沒聽到你說你愛上了我，然後我們不是就開始溫馨纏綿了嗎？」

「溫馨纏綿？Depp你！你好肉麻的。幸好這裡是熱氣騰騰，不然我真的要起雞皮疙瘩啦。」

「好啦，愛不愛他不打緊，我們起來吧……」李傲邊說邊從浴缸走出來，「我們去愛愛這『情愛』的美景吧。來，去窗戶那邊去看看，風景很美，不要辜負你老哥的一番情愛。」接著，他往跟著他從浴缸裡走出來的小香港的肩膀上搭上一條大浴巾。

他們從浴室走上幾級樓梯，走進主人套房。李傲用遙控器把房間兩邊的連體窗戶上的電動百葉窗簾打開，帶著小香港走近窗前，看看窗外慢慢滑過的香港夜景燈色。

小香港不能收藏起內心的興奮。從上色的玻璃窗往外看，高樓大廈的霓虹燈明亮艷麗。本來漆黑的海水上掩映著燈光的倒影，與樓房上的燈光連接一起，形成一片片在水面上蕩漾的藍、紅、綠色的光彩，令海看像似迷幻的夜空，樓房卻像似海市蜃樓。從慢慢在海中漂移的這艘遊艇看出去，感覺就像處身在天際夜色中緩緩旋航著的飛船裡。這感覺，小香港熟悉，這像是在『迷域51』夜總會裡的感覺，是在瘦猴肥豬他們房間裡夢見李傲在她身邊時的感覺，是一種Deja Vu般的幻覺記憶的「似曾相識」般的感覺。

小香港的心，怦怦地敲動。

遠處的『國金二期』大廈，一舉沖天，像衝刺著她的心扉。直立高聳的樓體自傲但樸實，沒有任何圖案包裝，加上頂層像拉斯維加斯的『Luxor Casino』——「魯索大賭場」一樣，有著正向天際發射著的強光巨柱，有人把它比擬為單調的手電筒，也有人聯想出扁頭的Braun——博朗電鬚刨。但它修長堅挺的狀態，此時此刻，卻只能讓小香港在黝黑直板的聳突中看出勃起的豪情，那種充血中的陽具的豪情。特別是，樓體接近上端的那一段淡白暗光，恰恰恍若是圍擁著陽具的包皮，而在這「包皮」之上，那頂端發光的弧形尖頂真神似男性的龜頭。「龜頭」上照射出的白光，就像高潮激發時噴湧出包含著無數生命的能量。

小香港的心，像鼓被敲響，好像敲擊出的是興奮和緊張。小香港不能分辨，這緊張是來自夢般的幻覺記憶，還是看著這充滿著力量的勃起。

　　李傲的手，搭放在小香港的肩膀上。她的心跳顯得劇烈，她那曾經歷過的夢中的李傲的手，應該是放在她肩膀下的乳房上。

　　李傲的心跳也在劇烈地加速，因為在小香港的目光凝視著遠方夜景的同時，李傲的目光投落在近旁的小香港的背影上：在黝暗柔和的燈光中，蓋著小香港背部的浴巾下面，展露著圓滾滾的臀部，那些玲瓏起伏的曲線……那是「珍‧露的能量」……李傲的目光，像似正在掃描的鐳射光束，在摸索探討著小香港身體上的每一道曲線……這在曲線上探索掃描的光束，隨著一個物理定律：光子中攜帶著信息——那被感受著的熾烈烘燒的信息，那信息讓李傲的心跳，正充滿著那種要爆破的能量，心跳似乎跟隨著那些曲線的起伏而高低起落。

　　「要我給你按按背嗎？」李傲輕輕地問。

　　「背？好。」小香港輕輕地回應。

　　小香港分不清這是記憶的幻覺，還是幻覺的記憶。幻覺的記憶中，有她心靈的顫動。記憶的幻覺中，有過情慾的騷動。她，似乎只是迎合著李傲的提議，隨手往地上丟下浴巾，走上床去。

　　而李傲的眼光，卻沒有隨意，它追隨著那些充滿著激情能量的曲線、圓圈，想象著達芬奇的V那激突的銳角，他想象得刻意，他感覺得有力，他感覺到燃燒著的心思……

　　小香港舒坦地俯伏在大圓床上，讓「珍‧露的能量」照射在床頂天花板上的鏡面上。

　　舒展在床上的小香港那被輕揉按摩著的肌膚卻不能放鬆，正緊張得興奮、激動。她在回憶著那個有李傲的夢，想象著夢中李傲的放縱，等待著他將接踵而來的舉動……

　　李傲沒有夢。眼前的現實已經是他的夢。

　　「要看看頭頂上那鏡面上的閃閃星光嗎？」李傲又輕輕地問。

　　「好。」小香港還是輕輕地答，輕得低沉，沉得凝重。

　　翻過身來的小香港只顧看著鏡裡光纖小燈凝聚的星光，但星光早已蔓延遍佈她裸露的全身。看著鏡上反映出她自己的「真我」上面明朗清晰的

曲線，她似乎感覺著李傲的眼光在曲線上肆意掃描的熱浪，這讓所有的曲線都像感受到那熱力的灼傷。

她對著鏡子上的她自己笑了笑，然後輕輕合上眼睛。眼帘上還呈現著她在鏡中的「麥當娜」和「達芬奇」——她的金字塔和她的V。

看著小香港那甜蜜的笑臉，李傲這時用他的嘴唇點印在小香港嘴中的微笑上。

他提高的手，開始去感覺『麥當娜金字塔』那充滿彈性的輪廓。

他壓上去的身體，開始去感覺小香港身上那弧線的順暢潤滑。他感覺到了「達芬奇之V」的神聖，感覺著「丹·布朗之聖杯」裡寶血的熱燙。血，都被感覺成沸騰，流淌。

小香港卻甚麼都再也不能感覺，她的一切的感覺，都凍結在她對『國金二期』的期盼和想象……

〈52〉愛國慘痛

　　國家對人民　盡情傷害多少代
　　輕言說愛國　愛恨交織死活來

　　　情人李傲總是常常令小香港高興快樂。

　　　哥哥大上海總是偶而帶給小香港意外驚喜。

　　　爸爸總是從來都讓小香港感受著愛心關懷。

　　　公公商業總是經常與小香港細語交心……

　　在這種夜深人靜的時刻裡，在這樣舒適溫暖的環境中，小香港的腦子裡，往往會情不自禁地迴旋著在家裡與公公相處一起的時光的一些記憶。她不能忘記在那些時光裡，他們沉浸在同樣舒坦寫意的環境氣氛中，她聆聽著公公關於他自己的那些扣人心弦的故事，感受著公公心腸的正直慈愛，留意著他眼中的悲苦愁哀……

　　　公公商業出生在一個富裕的家庭裡。

　　公公的父親，孩兒時是流落上海街頭的一個一無所有的孤兒，靠從小勤奮刻苦、努力拼搏而白手起家，開了不少紡織廠，成了富裕的資本家。商業中學畢業後便被父母送到英國讀大學。在英國大學裡他認識了與他同齡的一個美麗活潑的女同學辛馨。

　　辛馨出生在富裕的地主家庭，父母家在廣東因祖傳而繼承了不少田地房產。在異鄉戀愛的這對年輕學子深深地熱愛著對方，也深深地熱愛著自己的父母，更加深深地熱愛著自己的祖國。他們年輕純真的心激蕩著為

國為民效力的熱情，在幾個加入了共產黨的海外同學的熏陶引導下，為了響應共產黨的呼籲，只有二十五歲的他們倆，不顧父母的激烈反對，執意要為新中國的建設貢獻力量，於大學畢業後的第一年——也就是共產黨中國成立後的第一年——一九五零年，他們不管家人的反對，為著對祖國的愛，為著建設祖國的熱情，他們毅然回到了中國大陸。並在當年生下了小香港的媽媽商馨。

不久，辛馨當志願軍為國赴朝鮮「抗美援朝」的哥哥不幸喪生。辛馨傷心不已。

不久，辛馨家的祖傳田地房產全部被共產黨沒收，辛馨的祖父母因為曾經是大地主被抓去槍斃了。辛馨的父親，看著父母被槍殺，嚇得半死，連夜逃亡，從此失去蹤影，生死下落不明。辛馨的母親這時已經一無所有，但由於丈夫家過去曾經的擁有，而不斷地被政府官員和村民抓去遊街、鬥爭、毆打、羞辱。辛馨拒絕參與鬥爭自己的母親，還常常在家裡偷偷抱著被折磨得失魂落魄、整天默默不語的母親哭泣。

商業父親的大部份工廠也被政府充公，剩下的一點廠房機器，要不就被迫用極為低廉的價格出讓給政府，要不就被迫「無償捐獻」給國家。年青有志的商業當時還安慰著變得一窮二白的父親，他們在新中國可以靠雙手勞動去過新生活。

但不久，接踵而來的一個又一個的政治運動，連辛馨和商業這對從來沒有擁有過任何東西的年輕人，一對僅僅為了愛祖國而從國外回來的年輕人，也遭道施予的鬥爭折磨。他們遭受迫害是因為他們有共產黨不喜歡的父母——那些共產黨劫掠精光了他們所有私人財產後還是不能消仇解恨的父母，他們被迫害是因為他們拒絕參與鬥爭迫害他們自己的親身父母，他們被迫害是因為共產黨絕對不相信出生成長在擁有財產的家庭裡的他們沒有因為他們家的擁有被搶奪去而不仇視共產黨、也不相信本來生活富裕的他們捨棄享受從外國回來僅僅是為著愛國——愛這個一無所有的國家，共產黨懷疑和指控他們不是英國美國的特務，便一定是台灣、港澳的特務。

中國共產黨一直教育人民：對敵人的仁慈便是對人民的殘忍。為了不對人民殘忍，共產中國人便在自己有幸還被當作人民的時候，趕忙對所有被視作為敵人的人儘量地殘忍，以此逃避自己被不幸歸類為人民的敵人的悲慘下場。

看著共產黨對自己母親所施予的種種殘忍虐待，又同樣親身經受著種

種殘忍的傷害，辛馨的精神終於抵受不了這樣的非人折磨，開始日夜哭哭啼啼。這令深愛太太的商業痛苦不堪。自己家裡被奪去了所有的財產，他可以理解。自己個人被剝奪了一切人格尊嚴，他嘗試忍受。但自己的深情摯愛被摧殘了精神和肉體的狀況，他沒法接受。商業每天要為著應付對自己的政治迫害，為著照顧生病的妻子辛馨，為著照顧年幼的女兒商馨，為著照顧被折磨得體無完膚的外母和安慰遠在上海無依無靠、變得一窮二白的父親，他實在精疲力竭，他實在苦不堪言。

1958年，中國共產黨搞起了一個號稱「大躍進」的群眾運動，要所有人把家家戶戶屋子裡僅剩的鐵窗鐵器都全拆下拿去煉鐵，要趕超英美國的鋼鐵產量，把好好的鐵製產品「煉」成了一堆堆的廢鐵，然後由於連農民都投入了這個運動之中，荒廢了糧食生產，鬧起了史無前例的嚴重飢荒。成千上萬的人在飢餓中死亡，有些地方更發生慘無人道的人吃人的境況。

曾經擁有過大量田地的辛馨家也缺糧缺吃，只能以拾野草垃圾充飢。辛馨的母親還為了要留點食物給年幼的孫女商馨、和另一個孫子——辛馨在韓戰喪生的哥哥的兒子，堅決不肯進食，最終活活餓死了她自己。

經歷過各種精神折磨的辛馨，又看著母親被餓死，精神完全崩潰，開始發瘋癲狂。第二年，1962年，她上吊自殺了。

商業悲痛欲絕，憤然相約一班朋友，經過數天夜晚的翻山越嶺，經過迂迴曲折的險徑，逃過解放軍的追殺，又在漆黑中游泳數十個小時，才千辛萬苦地偷渡到了香港。同行中一個朋友被解放軍射殺，另一個朋友被鯊魚咬死。

當時公公的女兒商馨才十二歲。四年後剛滿十六歲的商馨從中學畢業後便跟隨其他千千萬萬的小青年一樣，被迫離開城市裡的家人、親戚、朋友，到邊遠的窮鄉僻壤去「接受農民再教育」，去幹活，去生活，去忍受折磨。

公公說他一直千方百計要安排女兒商馨偷渡去香港團聚。誰知道商馨卻突然生下了大上海。那是1969年的事，那年商業的父親也在上海被鬥爭折磨至死。

商業公公說，他清清楚楚記得那1969年。因為就是在這一年他遇到了給他生命帶來急速轉變的一個恩人，這個人就是小香港的父親科恩伯格，當時他只是一個不到三十歲從美國來香港做生意的年輕人。他聘請商業去管理他在香港經營的工廠。他同情商業的不幸遭遇，他重視商業以前曾經在英國讀取的工商管理學學位，他更珍惜商業自小隨從父親在工廠經營管理和產品的製造生產的經驗。

十年後的 1979 年，商業的女兒商馨突然告訴商業：她很想申請來香港，因為她的丈夫剛在越戰中喪生。確信不會再被大陸以叛國罪抓捕的商業，這年在偷渡出去後第一次重回大陸中國，與闊別了十年的女兒會面短聚。同時，也第一次把同行的年輕老闆科恩伯格介紹給女兒商馨認識。

1981 年，經過商業幾年來的辛苦奔走，送出金錢、香煙、音響、電視機給中國公安局簽証科的官員，加上科恩伯格得到一些與他有貿易往來的中國官員的幫忙，商馨拿到了去香港探父相聚的簽証。

這一年，1981 年，商馨在香港為科恩伯格生下了小香港。

之後的數年裡，商馨在香港學習貿易進出口生意，協助科恩伯格公司的各種業務。

從 1985 年開始，商馨更加已經可以獨自經常往返中港兩地，更加獨立地進行業務洽談和生意買賣、房產投資。並同時可以在大陸照顧到正在中學讀書的兒子大上海。小香港也在香港由傭人悉心照顧。

這時年近六十歲的商業，感覺到自己和家人都可以開始過一點正常平和的家庭生活，以為苦盡甘來。

但是，好景不長。

1989 年商業他身邊的一切好像都突然變得瘋狂——既瘋狂得突然、又突然得瘋狂：北京突然發生轟轟烈烈的學生運動，解放軍突然不明不白地用坦克車、衝鋒槍向學生開火，科恩伯格突然要搬回美國去，商馨又突然要返回大陸去，她還突然向科恩伯格拿了一筆錢，然後更突然不明不白地失去蹤影……

這個世界本來已經夠悽慘，卻又要再來不明不白的瘋狂！瘋狂得突然！瘋狂得悽慘！

已經看破紅塵的商業他，在這些不能迴避的瘋狂面前，感到力不從心，感到氣餒，感到無奈。傷心失望的他，從此執意不再回去大陸，也不再過問他女兒商馨的事——因為他不能理解也不能原諒商馨那不明不白的對丈夫科恩柏格和女兒小香港的無緣無故的拋棄……

2003年，當商業從香港移居美國後，他很高興見到這個已經別離了十幾年的孫女小香港。小香港也很高興認識這個她從來都沒有多少印象的老伯伯，她覺得他很可愛，很慈祥，他們有很多詳談交心的時光。這慈愛的公公，只是偶爾在講到他過去的故事時，會變得激憤不平，變得哀傷愁腸。

他告訴小香港：他不明白他做中國人為什麼做得這麼慘痛，他愛國卻

要愛得這樣的死去活來。

他告訴小香港：他憎恨那些殘害他家人的中國人，他憎恨那些脅迫他們傷害父母的中國人，他也憎恨那些迫害他和他的摯愛的中國人。他甚至憎恨自己曾經是瘋狂的中國人。

小香港知道年邁的公公有很多很多不明白。

小香港知道年青的她也有一點點不明白。

她不明白公公那一代中國人為什麼不能不愛的是祖國，不能不背叛的是父母。

不明白為甚麼那些中國人要愛國多於愛自己的父母。為什麼要愛劫掠殘害自己父母的祖國。

不明白為甚麼過去在中國擁有是罪，而且罪該至死；而今在中國擁有卻是時尚，又時尚得輝煌。

為甚麼私人的擁有可以被國家搶去，而被劫掠精光之後還要為曾經的擁有而死去。

不明白為甚麼兒女要為父母的曾經擁有而受罪⋯⋯

小香港的確有一些不明白。

她不明白那些中國人為甚麼要愛國。

為甚麼他們愛國竟愛得這麼慘痛。

為甚麼他們的慘痛卻總又是揮之不去⋯⋯

她也不明白公公的憎恨。

小香港不懂得憎恨。

受美國教育的小香港沒有被教育去憎恨。小香港沒有被灌輸對共產黨的敵視和仇恨。柏克萊大學的自由意識更令她思維開放寬容。但善良的人性卻已足夠令她體會到公公的傷痛。

她從來沒有想過要愛國。她愛的是一個家。她喜愛這個家是因為這裡讓她生活得尊嚴得體，自由自在。她愛的是家，因為家呵護著她。

她愛父親是因為父親愛她。不是因為父親擁有她。

她愛李傲是因為李傲令她開心，而不是因為命運莫名其妙地把她安排在有李傲的環境。

〈53〉智能情衷

灑淚機器人　渴望慈母傷透心
夢中小香港　大衛哭泣喚母親

「假如他被創造去愛，那麼可以合理地假設他懂得去恨……」

小香港對公公往事的回憶被這句話打斷。

這是從電視機播放著的電影裡傳送出的一句對白。因愛會恨？

這有點奇怪。

思緒被擾亂了的小香港，感覺得奇怪。

「你在看甚麼？」躺在圓形大床上的小香港，扭頭看看半躺半坐在她旁邊正看著電視的李傲問，她接著又抬頭向床頂天花板上的星閃鏡面裡看看，那裡面反射出在遠處閃閃發光的一個42寸plasma電視機。

「噢，沒有……我在看史提芬・史匹堡的電影《人工智能》，」李傲回應說：「我想看看那些機械人，『迷域51』迪士高裡有些人跳得挺像他們的。那個令機械人奔逃的大月亮氣球好像太空船，就像『迷域51』裡的燈架『飛船』一樣。要不要坐起來一齊看看？」

「廢話連篇。不看啦。你想學著白臉祖，去看珍的金字塔和『肉體博覽會』。」想著珍那跟麥當娜胸前那一對金字塔一樣尖銳的胸脯，小香港嘲弄地說：「等著聽，等下白臉祖會教育你：『一旦你愛上了機械人，你將不想再要一個真實的人』啦。」

「嗨！我不喜歡珍，我喜歡麥當娜！我才不要機械人，我也不要金字塔，我要你！」李傲說著便把小香港的被子扯開，然後在她裸露著的尖挺乳房上吻了一下。

「嘿！嘿！」小香港興奮地抗議道：「你不要學花花公子祖那樣到處調情放蕩，像他那樣摸薩曼塔的淚摸出血就遭殃了。」

「那要不要摸摸看看，看看有沒有開心的淚？」李傲坐直身子，說著用眼光去試探小香港。

「我不是帕翠莎，不用對我油腔滑調。」小香港這時只顧盯著鏡子，並沒有認真在意李傲的挑逗。她好像在想事情。

看著鏡子裡自己裸露的身體的小香港在沉思。

是的，我不是帕翠莎。我身上沒有她那些「激情的創傷」。

當然，我有帕翠莎那樣漂亮的身軀。

我有比帕翠莎更美麗的青春，這是二十來歲的青春……是巴黎·希爾頓一般的青春……

公公婆婆他們決心去愛自己的祖國的時候也才只有二十來歲，也會有著這樣的青春……

但他們的青春在他們的祖國卻曾經歷過那樣可怕的磨難……

這青春……被蹧蹋……被摧殘……

小香港想著想著，不敢再想下去。

她蓋上被子，閉上眼睛，告訴李傲，她，想小睡一陣子。

「你跟著白臉祖去『胭脂城』找女人吧。」她對正看著《人工智能》的李傲說：「我自己去找『百知博士』」。

閉著眼睛的小香港沒有找到『百知博士』，她也去不了『胭脂城』，她這時想到的總是公公商業，和與他有關的人和事。

在朦朧飄拂的意識中，小香港知覺到斷斷續續的一些聲音。那些應該是《人工智能》電影裡的對白。這時，小香港好像沒有去留意這電影裡的任何故事和對白，她腦海裡好像縈繞著的是公公的故事……

「你不會明白，但……我得……我得把你留在這裡。」這是一個女人的聲音。

「這是一個遊戲嗎？」男孩問。

「不是。」女人說。

「你甚麼時候會回來找我？」男孩問。

「不會回來啦，大尉。你只得獨自留在這裡。」女人說。

「獨自？」

「是與Teddy一起。」

「不，不，不，不，不……媽媽，請你不要！不，不！請你，不要，媽媽！」那男孩在哭叫。

傻瓜……這有甚麼好哭的——小香港感覺自己好像有過這樣的意念……

「假如我是一個真正的男孩，那我就可以回去，那她就會愛我。」是那男孩的聲音。

我是女孩……但我到處都可以去——小香港似乎有過這樣的意念……

「有很多女人在『胭脂城』嗎？」男孩的聲音。

「像夜空的星星一樣多。」男人的聲音。

白臉祖又在甜言蜜語了。

「他們恨我們，你知道吧——那些人類。」

「我媽媽不恨我……因為我是獨一無二的……她會說……她愛我！」公公的媽媽愛他……公公愛他的媽媽……

「媽媽……」是男孩那淒涼的聲音。

媽媽——小香港好像也聽到自己叫出的聲音。

她馬上醒覺，張開眼睛，隨即坐起來四處觀看：李傲在她旁邊睡著了；電視上還在放映著李傲本來在看的那套電影《人工智能》；電影裡的小男孩——人工智能機械人——大尉，正從一座大廈的頂上跳下來，跌入碧藍的海水裡……在水中飄蕩……坐進潛水飛機，在海底世界中游弋探尋……

小香港靜靜地看著影片中的畫面，雖然以前與李傲曾經看過這部電影好幾次，但這在水中巡航的情景，對她來說，好像很新鮮，她仿佛正在體味著她平時喜歡潛泳時在清澈的水裡所得到的那種適意自在的感覺。

她看著潛水飛機被困在水裡，留意著大尉對藍仙女的苦苦哀求，下意識地數著他不停懇求的次數，然後看著他瞪著眼睛在不斷的期盼中度過了

兩千年……

她全神貫注地看著，外星生物在冰封世界裡的那隻方形飛船，在蔚藍的空氣中飛馳。看著外星生物把大尉從冰封中喚醒，她覺得這裡超時空的碧藍大冰洞很美、很迷幻。

「媽咪！媽咪！我們回家了！你在哪裡？」大尉高聲呼嚷著。

「大尉……你一直在尋找我，不是嗎？」藍仙女親切地問。

「尋找了整整一生……請把我變成一個真正的男孩，那我媽咪就會愛我，讓我跟她在一起……」

小香港靜靜地、用神地看著電影的結局……

「我找到你啦。」大尉看著他的「媽媽」莫尼卡說。

「我愛你。我一直都愛你。」莫尼卡說。眼淚從大尉的眼裡滴流下來……

小香港也趕忙合起了她這時突然變得模糊了的眼睛……

聽不到房裡有任何聲音和動靜的李傲感覺到奇怪，他睜開眼睛，看到小香港坐在他身旁，面對著電視機那發亮的空白熒屏在發呆。電影，早已經放影完畢。

「嘿，你在看甚麼？」他關切地問。

「我想見14K。」小香港心事重重，答非所問。

〈54〉華人與狗

華人與狗事　東拼西湊編故事
煽動眾仇外　扭曲真相玩歷史

14K不在『情愛』遊艇的客廳裡。

小香港和李傲看到毛毛和克萊頓坐在吧臺前，正聊得起勁。

「嗨，正好想要找你們，船員們正為我們準備宵夜，你們來得正是時候。」克萊頓高興地說。

「14K呢？」小香港問。

「我已經叫他啦，他馬上會出來。」毛毛回應道：「他先前感到有點睏倦，去睡了一陣子。」

「你們在談甚麼？」李傲問。

「剛才看了部電影，在談『優美的宇宙』，線弦理論。你們呢？」克萊頓又答又問。

「也在看電影，李傲要看薩曼塔的眼淚。」小香港淘氣地回應。

「哈哈！我知道啦！那眼淚是血。你們是看《人工智能》。」克萊頓跟小香港他們幾個朋友都曾經一起看過這部電影，而且常常拿電影裡白臉祖的言語行為來開玩笑。

小香港與李傲在他們旁邊坐下。吧臺上柔和的射燈照射在吧臺那弧形的大理石檯面上，上面放著毛毛和克萊頓的雞尾酒酒杯。

「喝點東西吧。」克萊頓讓充當調酒師的一個船員，為他們倆也準備

了飲品。

克萊頓告訴毛毛，線弦理論是宇宙包羅萬象的理論，宇宙超細能量體像大提琴的弦線那樣震動，震出了十一個空間來。小香港與李傲都會意地相對笑笑，因為他們都想猜猜：貌似一本正經的這兩位現在確實是在第幾個空間？克萊頓告訴毛毛，貫通不同空間的是一條虫孔（worm hole），是訊息傳送的捷徑。毛毛英文有限，以為講的是子宮孔（womb hole），忙點頭附和說，子宮確是生命必經的途徑。克萊頓說，當代最傑出的科學家 Edward Witten——艾華・威騰有意創建連愛恩斯坦都無能為力的超弦理論，把愛恩斯坦的相對論和量子力學結合在一起，稱為 M 理論。他說，很多科學家都猜不到M理論的「M」是代表甚麼。毛毛想象力豐富敏捷，忙說，那應該是「毛」理論——是「毛主席的毛」或者是他自己「毛毛」的那個　「毛」。克萊頓又告訴毛毛，科學家們已經建造了巨型原子碰撞機，以便讓原子粒高速對碰產生引力子，再讓引力子飄進額外的空間。

李傲說：「哪需要原子高速碰撞機呀？！不用高速碰撞的啦，你們倆每次慢條斯理地碰在一起，不就都已經總是飄進了別的空間去了嗎？」

小香港也對克萊頓說：「Versace，你不是鑽研了很多吸毒理論的嗎？告訴那些科學家，省點錢，吸口K它命就可以驗證別的空間了。」

克萊頓笑了笑，繼續高談他的超弦理論的美妙。他講到，也有說法，世界的起源不是「開世勁爆」，宇宙就像佛家講的那樣，無生無止，無來無去，無始無終。提起佛法，毛毛當然興味盎然，說起他的法輪功如何優勝於佛家哲理云云。克萊頓喜歡的是毛毛，不是他的法輪功，便只顧發揮他的開世勁爆的理論，講起那與黑洞的關係，說黑洞令時空的結構嚴重扭曲，它的魔怪吸力令萬物甚至光子都難逃劫數，無一幸免。毛毛的聯想力馬上派上用場，他說那迫害他們法輪功的共產黨就像黑洞一樣，扭曲了人性天理，令得天昏地暗，日月無光。

小香港又向李傲會意地打了個眼色，對著毛毛笑道：「Gucci仔，你再這樣怒火中燒，這世界不需要共產黨都會變成日月無光的啦！」

剛好這時14K從房裡走進客廳，看到毛毛跟克萊頓正談得激烈火熱，便說：「嘿，深更半夜，你們兩個道友還精神奕奕，吸毒真的不用睡覺？時光倒流的話，最好派你們去打越戰。來，從實招來，你們又在胡說八道些甚麼？」

克萊頓的中文只得半桶水，只聽清楚他最後問的問題，便回應道：「我們在講『開天大爆』。」

「當真？『開天大爆』？」14K的眼睛在閃光，對著小香港講：「讓我有空來向你們講講我的『開天大爆』的故事，那跟我和大上海的媽媽都有關係，精彩絕綸……」他轉眼瞪著毛毛，接著講：「聽完保證你過癮得連你師傅是誰的都不記得！」毛毛沒有回應，顯然是一下子不知道應該如何回應，他對是不是應該不記得自己的師傅有所擔心，莫衷一是。

　　「這麼巧，14K，我正想聽聽你的胡言亂語。」還是小香港有點興趣。

　　這時，船員過來告訴大家，宵夜已經準備好了，提議大家去餐廳用餐。船員接著用遙控器，把吧臺旁邊那個圓形拉滑壁板轉開。裡面那張金葉蝕刻玻璃餐桌上放了一盤炒飯和一盤炒麵，桌上除了碗碟筷子之外，還特意為這幾個美國回來的青年安排了刀叉。當大家上座之後，船員再按動鍵鈕，打開了的壁板又再緩緩滑合，這裡面就又瞬間組合成了一個安謐隱蔽的小餐廳。船員從餐廳另一端的一扇門端出了汽水飲品，大家這時才留意到，那裡有直接連接廚房的通道。

　　小香港留意看看：這個圓形的小餐廳的地板，是光亮的白色大理石，高背的餐椅每一張都用金黃色的布套包裹，與上漆紅色胡桃木壁板上一個個鑲金的抽象圖案，一氣呵成。淺綠色的圓形玻璃檯，卻與天花板上那面深茶色的圓形星閃鏡面，形成明顯的對比。圍繞鏡面的圓弧邊上，整整一圈入壁射燈那溫暖輕柔的燈光，從頂上灑落到玻璃桌上。這裡裝飾得實在幽雅貴氣。

　　「哎，小妹，」14K察覺到小香港好奇的神情，便說：「不錯吧？你哥哥大上海在大陸的酒樓有八層樓高，裡面的八十多間貴賓房，每一間都比這裡漂亮得多。」

　　「那麼漂亮的房間可能令人忘記了食慾，會是好事嗎？」小香港故意好像不在乎。

　　「小巴黎真聰明！」李傲滿臉嘻笑地說：「大上海酒樓裡的貴賓房不是讓人吃飯的，是用來讓政府幹部喝酒談生意，作檯底交易、私下收受賄賂的。」

　　「我們中國人一向是做生意買賣的老手，」14K也嘻笑地回應：「你以為你是哥倫布，現在才發現了新大陸？」

　　「哈…哈…哈！」毛毛指著14K開懷大笑：「『私下收受賄賂』是『做生意老手』？哈哈，你這白痴竟敢說中國人是行賄受賄的老手！」

　　14K張著大嘴巴，只顧盯著桌上的食物，過癮地笑著說：「吃東西吧！」說完，眼睛挑起，瞄了瞄毛毛，又再咧開嘴巴，說：「中國人什麼都敢做，我當然什麼都敢說！吃東西吧？法輪功！哥倫布！」

　　哥倫布發現新大陸才幾百年，美國建國才兩百年，中國人的文明歷史有五千年，最怕被人稱為白痴的美國人克萊頓，不敢冒昧扯談哥倫布，只好

再發揮他情有獨鐘的話題:「這世界所發生的事都不是一清二楚的,都不能一概而論,這世界是一個偶然性的遊戲,從量子層面來講,統領著世界的是無常,是不確定性。從線弦理論來說,每當我們更認真仔細地觀察這個宇宙時,我們總會又意外地發現新大陸、新事物、新現實、新空間⋯⋯」

「那是不言而喻的啦,我每次認真仔細地觀察你們倆的時候,都會意外地發現新現實、新空間,都對『非常人』層次裡的『不確定性』有新的理解。」14K盯著毛毛和克萊頓,儘量嚴肅認真地模仿著克萊頓的神情語氣來講述,卻是努力克制著要發笑的衝動。

「吃宵夜啦!」小香港似乎也想要在不同的空間裡發揮一下:「甚麼量子力學的尖形顆粒呀,甚麼線弦理論的線條的呀,不就是飯粒跟麵條,碗碟跟筷子這麼簡單的嗎?不同的空間嗎?嘗嘗白菜與牛排啦,不就知道怎麼個不同法了嗎?哎,吃吧。」

「對啦,你看看這個叉子,」克萊頓沒留意到小香港說笑的意味,還是認認真真的。他拿起了刀叉,用刀指著叉尖講:「從這個角度來看,是尖和圓的一點,就像我們以為微小的次原子顆粒的形狀那樣——是圓形顆粒體;但當你從另一個角度來看,」他邊說邊把叉子豎立起來,「這些原來看上去以為是尖粒卻突然變成了條狀,是線弦的樣子。」

「不錯,Versace,顆粒和弦線就是你的叉齒和叉,簡單明瞭,連小香港都明白了。」李傲也忍住笑:「我們來吃吧,吃著就會體驗到他的『叉齒理論』的啦。」

「對了,你哥哥打過電話來,」14K突然象想起了什麼似的,對著小香港說:「他說讓你們好好在船上多休息,多欣賞海上風景。他的得力助手『黑洞』已經去了香港,要跟生事的社團交涉,晚點也會去澳門會合你們。還說,在遊艇上和在澳門的安全,都絕對沒問題,遊艇上的船員們,也都是船主的私人保鏢,他會好好照顧你們。你們到了澳門,先住一個晚上,他明天開車到澳門過關的珠海市去接你們⋯⋯」

哥哥大上海要派人去香港跟黑社會交易?小香港心有疑問,想問,但卻改變初衷,漫不經心地說:「在遊艇安全就好了,我剛才跟李傲站在窗邊時,總是心慌意亂的,看著漆黑的海,怕壞人跟著來⋯⋯」

「別聽她胡扯。」李傲打斷她的話:「她心慌意亂,是因為我在她後面跟著她,哪裡有壞人跟著來?」李傲心裡明白,引起小香港「心慌意亂」的是她的『珍·露』的後面跟著他的『國金二期』。

「那你們欣賞到風景了沒有啊?」14K追著問。

「有。『國金二期』！」李傲心不在焉，衝口而出。

「哈！『國金二期』？你欣賞一柱擎天的大陽具？」14K含笑詰問：「那有甚麼好看？」

「好看，平地拔起，一豎衝天。好看！」小香港為李傲打圓場。

「一豎衝天！看得出來，『它』的確是『豎』得令你很開心。」14K又用他的斜視來打量著小香港，「謠傳說，中銀大廈那三尖八角的刀鋒銳邊破壞了香港的風水……」

「是壞了共產黨自己的風水！」毛毛見有機可乘，怒氣沖沖，插嘴道：「這世上哪會有一家銀行有那麼多總裁被關進監牢的？！」

「……有財團心生怒憤，要對著幹，建起這間外表巋然挺立，但光禿裸露的擎天一柱，像罵人的中指，要用陽具破尖刀，要以『操』勢來破煞局。說是，往後香港應該會風調雨順云云。」

「花這麼多錢去建造一隻『操』人的『中指』？」小香港滿臉狐疑，在估量著14K的表情。

14K嘲弄著回應：「哎呀，香港人有錢，大陸人也有錢……」

「其實，我也聽說，」李傲也補充道：「匯豐銀行的怪挫骨架的外形，也是一個風水局，是一個『炮陣』，用『炮陣』去對衝中銀大廈的『刺刀陣』……」

「有錢？大陸人哪有錢？」毛毛顯然不在意李傲的甚麼「炮陣」、「尖刀陣」，也不在意14K的「『中指』陽具陣」，他在意的是先前14K所說的「大陸人有錢」的事，這下他要插嘴：「大陸只是共幹子弟和奸商才有錢！」毛毛講起大陸就會咬牙切齒、忿忿不平。

「還好了，你欣賞到香港的美麗的『尖刀』與『中指』就不枉此行了，以後到上海可以比較一下。」14K對毛毛的控訴故作充耳不聞。

「上海有香港那麼漂亮嗎？」克萊頓問。

「當然也不錯。近幾年來共產黨拼命為上海穿上華裝，以便改變外人的視覺。上海已經不是解放後曾經荒廢了幾十年的上海，也不是解放前燈紅酒綠、亞洲之都的舊上海。那是有浦東新貌的新上海。」14K說得有點冷嘲熱諷的。

「那是有『上海首富周正毅』的新上海。他到了香港也大紅大紫，五色金光，他們夫妻倆閃耀得就像上海浦東的『金茂大廈』和『東方明珠塔』一樣，令人眼花繚亂。他們倆現在都去坐牢啦，光子跌入了黑洞。」

李傲也冷言冷語的。

「為甚麼坐牢？」克萊頓問。

「金融詐騙。」李傲解答。

「那不是金融界的『孫子』嗎？『兵以詐立』，為甚麼要坐牢？」小香港也傻裡傻氣的。

「為甚麼他們坐牢？那很簡單，因為他們的老爸不是江澤民。」14K卻說得直截了當。

「就是啊，上海的美麗是錯覺，是要外國人有錯覺。政府三申五令迫使商家花錢去安裝光燦的射燈，讓江邊的高樓大廈都向著遊客外賓輝煌閃耀。」毛毛抱怨得執著，還是對挑剔中國政府樂此不疲的。

「錯覺？你吸毒不也是要找尋錯覺嗎？共產黨給點K它命外國人吸有甚麼大不了的呢？你師傅不也教你去尋找兩眉之間的天目嗎？頭上戴著個電視機看世界不也是錯覺嗎？」14K咄咄逼人。

「舊上海不是也很美麗嗎？那時候它是東方的巴黎呀。」小香港問，問得稚氣，就像那位美國的小巴黎那樣的稚氣。

14K回應她：「舊上海哪裡漂亮？我們小時候讀書時都被共產黨洗過腦，對舊上海一無所知，一無所知的地方都一無所有，一無所有的地方都漆黑一團。漆黑一團的東西都醜陋難看。」14K這時在意的是他的聲音，而不是邏輯。

「有！有！有知道的！舊上海有一樣非常出名的寶貝，共產黨教育我們記住舊上海的只有一樣東西，那就是一個寫著『華人與狗，不得入內』的牌子。」毛毛「有」得鏗鏘著力，「有」出怨憤。

「你這『真善忍』現在倒蠻真實的，中國人建國這幾十年來，每次提到那個牌子時，就會像法輪功提到共產黨時一樣的義憤填膺、咬牙切齒。」

「其實，那個牌子是否真正存在過，本來就是一個疑問，以前曾經有傳言在某個公園外掛過，但大陸的文史學者十幾年前已經著文否定了那個傳說。其實，講得不好聽，大陸中國的特產——『中國製造』的名牌產品就是東拼西湊、捕風捉影、加鹽加醋編弄出來的故事。嘩嘩啦啦、日喊夜喊、長年累月東彈西唱，一篇膾炙人口的『人造歷史』就是這樣被逗弄出來的啦。」李傲認認真真地提醒14K。

「為甚麼大陸提起舊上海時只會單單講到那個牌子呢？」小香港有疑問。

「因為那太傷中國人的感情了。可以煽起他們仇外的心態。」毛毛說

出忿懣。

「中國人的感情？那倒真是的，看到中國人在天安門看著毛澤東都哭哭啼啼的，為甚麼中國人的感情好像真的特別豐富，而且又特別脆弱，特別容易被傷害似的？北韓人對金日成的感情也是那樣豐富和脆弱，總是哭哭啼啼的。」小香港又問得稚氣，又像小巴黎。

「中國人有感情！中國人解放後自相殘殺了幾十年，死了六千萬人，殺得麻木瘋狂，哪還有感情可以被傷害？中國人有感情？現在共產黨又殺死我們法輪功的人，誰同情我們？都麻木不仁的！」毛毛恍若義憤填膺。

「這是很悲哀又很滑稽的現實，」李傲這時用沉重的語氣加嘴進來，臉上既沒有哀愁，也沒有滑稽，只有惘然若失：「中國人建國後互相爭鬥，夫妻互鬥，父母兒女互鬥，鬥得興高彩烈、熱火朝天，互相的迫害摧殘，好像沒有傷害到誰，卻整天就在國際舞台上，吵吵鬧鬧地罵街，誰吵鬧什麼跟誰傷害了中國人的感情！幾千萬人喪失了生命好像不要緊，幾千個學生丟了命好像也不要緊。生命不重要，面子最緊要。中國人砍中國人的頭不要緊，但外國人就是不能傷中國人的感情！感情豐富啊！哭啊、鬧啊！這是甚麼邏輯？什麼精神狀態？什麼心理毛病？對生命和常識麻木不仁、卻又有瘋瘋癲癲、喜怒無常的激烈感情，那是瘋人院的病人才有的『豐富感情』！」

小香港很少看到李傲這樣深沉地議論，但從他的眼神中，小香港看到李傲在『寶雲閣』淋浴時那種失神的哀傷。她並不善於政治議論，但她想安撫李傲，於是瞧著李傲便喃喃低語：「我想你講得有道理，好像公公那樣，他經歷了妻離子散、家破人亡的傷痛，心靈和肉體都已經支離破碎，早就變成鐵石心腸，他的感情哪會那麼容易被傷害？」

14K卻不像小香港那樣平心靜氣，嚷得怒火中燒：「共產黨當人白痴！要人相信中國人不怕自相殘殺，肉體跟靈魂不怕被殘害，只怕感情被傷害，而且特別容易被外國人傷害。國人都不怕『扑街』，只怕臉紅。外國人的『華人與狗，不得入內』我倒是沒有見過，共產黨的『華人非狗，不得入內』卻是我自己就親身經歷過！」14K喊得高聲，喊出力氣，他這時臉上也已經沒有笑容，心情相當的沉重，沉重得他臉上只剩哭喪的模樣。

當下大家對李傲和14K的嚴肅申訴，都感到吃驚，也對14K高聲控訴的「親身經歷」，更感到吃驚。

華人非狗，不得入內？！

〈55〉華人非狗

華人非狗事　連狗不如人苦命
剩飯被搶走　餵狗羞辱被欺凌

「華人非狗，不得入內」？

在共產新中國竟有狗可以進，而國人不能進的地方？

共產黨炒作的「華人與狗，不得入內」這句話被扭曲成把華人當狗，那麼按照共產黨那樣的邏輯，「華人非狗，不得入內」豈不就是華人連狗都不如了嗎？

小香港當然有疑問，她帶著這個疑問，跟隨著大家從飯廳走了出來，在這艘豪華游艇的客廳裡的沙發上坐下，滿心好奇地等待著14K的演繹。

這客廳擺設裝飾得美輪美奐，就像一個豪華的私人俱樂部，跟小香港在香港半山上的豪宅單位『寶雲閣』裡的客廳不相上下，各有千秋。除了有早前他們喝酒的吧臺和宵夜的飯廳外，近窗的另一邊，還放置了一張長長的大幅弧形沙發和兩張配套扶手椅。用鬆軟絲絨質料做成的沙發椅，對舒展在上面的身體會體貼入微，讓睏倦的肌膚得以迅速解脫、舒坦自在。旁邊那張橢圓形金葉蝕刻玻璃咖啡檯，與飯廳裡的餐檯配套，檯上的翠綠玻璃檯面，總令人想起船外那碧波蕩漾的海水，這也讓人感受著一種煽動的誘惑，忍不住要走近由深紅透亮的四條上漆胡桃木圓柱和壁板組合成的大窗，眺望遊艇外的海洋景色。

靠躺在長沙發上的小香港，抬頭凝視著天花板上面的一面大型圓鏡，圍繞鏡面彎出垂下兩層夾層，那表、次層天花板大圈圓弧的輪廓以寬闊、淡橙色的螢光燈勾畫出兩個分層凹凸、絢麗奪目的巨型暈輪光環。這光環

與茶色鏡面裡閃爍的光纖水晶燈讓小香港好像看著夜空中的一條時光隧道，亮麗神迷，引起她一些遐思憶想。

在英國殖民地香港出生的小香港記得「華人與狗，不得入內」的故事，那是她的美國爸爸科恩伯格告訴她的故事。熱愛中國文化和喜愛與中國人交朋友的科恩伯格告訴小香港，一百年前上海有很多外國租界，租界裡的公園由工部局訂立不少園規，其中有說：狗與腳踏車不能進，汽車馬車不能進，兒童無洋人同伴不能進，印度人衣冠不整不能進，日本人不穿西服不能進，華人除當外國人傭人的也不能進等等⋯⋯這些當然對華人不公平，但當時那裡是外國人的租界，有中國當時特殊的社會環境，那些規定是反映當時的現實，並不是特意定來羞辱華人。況且，當時據聞起因也是有華人喜歡在公園裡「折花驅鳥，蹧蹋地方，無所不為」——這還是當時上海華人自己的文獻裡所記載著的。把華人與狗硬拉扯拼湊在一起的是中國人他們自己。小香港記得那時候她還對爸爸說：「狗狗這麼可愛，我的寶貝小狗狗不能進的地方我才不要進去啦！」但爸爸繼續說，在共產黨統治的中國，有好幾十年的時間裡，到處都有中國人被禁止入內的賓館、餐廳、俱樂部、商場。無論是黑人、白人、阿拉伯人、印度人、印地安人、愛斯基摩人，反正全部不像中國人的人都可以進去，只是唯獨中國人不能進。連不是中國人但不幸像個中國人的人都會碰上麻煩，被拒諸門外。他去中國大陸時常常要替不能進中國商場的中國朋友代買東西。而且賓館商場門口附近也常常站了些在懇求外國人替他們代買點生活用品的中國老百姓。那些商場門衛對中國人的兇惡態度令爸爸很痛心。爸爸又說，他在香港自己工廠裡聘請的工人都高高興興地工作和生活，倒是裡面有很多員工都是在大陸受到慘無人道的迫害而拼著命逃難出來的。爸爸還說，在大陸的中國人總喜歡選擇性知覺——選擇性視覺，選擇性聽覺，選擇性觸覺。好像這世界只有政府為他們的知覺所選擇建造的那一部份才存在著似的。

當然，小香港的公公商業也有很多類似的故事。

然而，小香港想知道的是14K的故事。

14K出生在大陸。父親早過世。母親到外國謀生，他從小便被寄放在大陸親戚家生活。六零年初大飢荒時，母親千辛萬苦地從外國挑著一擔一擔的食物回來救濟親友，過關時還要飽受解放軍的刁難羞辱。14K小時候從鄉下到廣州他母親入住的賓館探望母親，很多時候都被排拒於門外，不讓進去。母子相逢，人之常情、天公地道，本應該喜樂融融。但這母和

子,卻在那社會現實中,不同身份、不同階級,被看待像似人與畜生之分別。這在14K幼小的心靈裡,造成過很多傷害。

六十年代中期母親體弱多病,從外國移居回大陸,碰上「文化大浩劫」,又經歷了一次次紅衛兵的騷擾鬥爭。有一次,她的一個從外國回來探訪她的姐姐,請她帶著14K到賓館吃飯。那年頭,中國人到餐廳吃飯,除了要付錢,還要交付每月定量分配的非常有限的糧票,只有港澳同胞、外國華僑、外國人,才被允許不用糧票而付出特高價錢,在招待他們的餐廳購買食物。那天,14K的母親忘記帶糧票在身,賓館餐廳裡的服務員,就是不讓她點飯給她自己和14K吃,付錢都不可以。後來,她回國探親的姐姐,把自己吃剩的半碗飯端給她吃,也被在旁守候著的服務員,怒氣沖沖地一手搶去,還聲色俱厲地叫嚷:「這碗不收糧票的飯是給外賓華僑的!」14K的媽媽沒想到,自己從外國回來定居後,便要被當成低賤劣等的中國人,還要在眾目睽睽之下,被人在自己從外國回來探親的姐姐的面前羞辱。她姐姐當時都看不過眼,斥責道:「這是我吃剩的飯,你拿走幹甚麼?」那餐廳服務員愛理不理地說:「餵狗!你吃完了。她吃要糧票!」傲慢得像個救世主!14K的媽媽忍不住,就在兒子和姐姐的面前痛哭起來,悲憤不平地訴說:她以前離鄉背井,越洋過海在外國人家裡當佣人都從來沒有受過這麼羞辱的對待。如今,在自己的國土上,在姐姐和兒子面前,狗可以吃的飯,自己卻不能吃!

1969年14K還沒到二十歲,便與朋友帶著幾條狗作掩護,一起翻山越嶺逃亡去香港。每逢遇到邊境的解放軍,他們會放狗奔逃引開共軍的視線,以免解放軍開槍射殺他們。解放軍隨時會槍殺逃離大陸投奔自由的「叛徒」,卻得命令不能射殺野狗,因為子彈很昂貴。

14K到香港後,剛開始無依無靠,顛沛流離,獨自四處流浪,常常露宿街頭。後來,他白天打工,晚上讀書,刻苦求生。倒是在香港這個殖民地上的新生活讓他有機會與外國人相處在一起,知覺到自己並不是比外國人低劣的中國人,也不是處處要受中國人自己羞辱的中國人。

1975年14K回大陸探望他的母親。他特意從鄉下把母親帶出廣州,打算請母親到『東方賓館』吃頓飯。但不幸,一向不修邊幅、不嗜好打扮裝樣而長相看上去就十足個大陸中國人的14K,卻把香港身份證留在鄉下忘記帶出來,證明不了他那高人一等的港人身份,結果,說來說去,那『東方賓館』的門衛,就是不讓14K和母親進去賓館。14K看著身體虛弱的母親被這樣百般折騰,忍不住憤怒地向門衛叫嚷:「是大陸中國人就不能進

去了嗎?!為甚麼外國領事館的人連狗都可以帶進去,我們就不能進去?你看!那邊那隻流浪狗都跑進去了,你為甚麼不去追它?!」門衛這時回頭看了一下,說:「狗?哪裡有狗?」接著便惱羞成怒地罵起來:「狗關我屁事?誰說狗不能進?你是狗嗎?你就不能進,這是政府的規定!滾開!想冒充外國人,你滾吧!你再吵把你交公安!」14K血氣方剛,也大聲叫喊:「你這扑街!為甚麼你們不豎個牌子出來標明清楚——『華人非狗,不得入內』?!」門衛瞪著血紅的眼睛,高叫:「你還吵?不要走!」說著便拿起電話去撥號。14K的媽媽這時輕輕扯住14K的衣袖,含淚告訴14K:「走吧!我們回來了大陸是連狗都不如!」

小香港聽著14K講他媽媽的眼淚,卻意外地看到14K那潮濕的眼眶:14K從來沒有這樣的嚴肅過,也從來沒有這樣的神傷過……

聽完14K的憤慨陳辭,大家都好像在深思,一下子都陷進沉默中。還是美國青年克萊頓沒有太多的聯想,先來開腔說話:「還是向前看吧,過去太費解了。」

「向前看?這正是中共號召人民去做的事——永遠只向前看,不理淚灑衣衫上、不管血流他身旁!」毛毛不同意,說得真情流露:「向前看——前面擺著1993年的《健力士世界記錄》卻不要看,儘管上面寫著:『人類有史以來最觸目驚心的殺戮發生在中國,1949年至1965年間有兩千六百三十萬無辜平民被殺死』………啊,向前看啊!」

「是向『錢』看。」14K的情緒舒緩了些,臉上顯現點嘲弄的神態。

「還有向女人看。」李傲說,他對著感到有點吃驚的克萊頓補充道:「我們已經到了共產黨的澳門,很快你就會明白的啦。」

錢跟女人?克萊頓當然現在就想弄個明白。但不好問明白——小香港這時正瞪眼盯著這個想問話的他,他便只好改口問道:「為……為甚麼中共要死死釘著一個牌子不肯放過?」

「這是『狼來了』的故事的功用,」李傲說:「中共要告訴家裡的小孩外面到處是青面獠牙的狼,專門挑中國人來吃。為了訓練你們防狼,揍揍你們是強身健體,將來好去打狼。不幸重手打死了個小孩,還可以指責說那是個不孝子,他竟敢意圖放狼進屋咬父母。不把小孩嚇唬得臉無血色,做父母的怎可以安心做事,安寧作息?」

「狼來了?」小香港覺得奇怪:「時代早變了,這家庭都不再是處在

荒郊森林中,這國際都市裡也早已沒有狼啦。何況講啊講啊都已經好幾十年過去囉,家裡的聽眾早已經不再是要聽童話的小孩了吧?他們不可以自己打開窗戶看看嗎?」

毛毛看著小香港講:「你這美國小巴黎就是不知道,共產黨慘無人道,以前誰敢『開窗看看』便會被槍斃——打開收音機偷聽香港電臺莫扎特的音樂都會被關起來!」

「現在沒有那麼瘋癲啦,」李傲認真地向小香港解析:「但這還是需要特別的智慧,中國人看的網路訊息全部被政府過濾過。連雅虎都跟大陸公安合作,令到在網絡自由發言的青年被中國公安抓去坐牢。打開窗戶讓人看到的可能還是豺狼滿佈的電腦幻影,那就更容易在知覺陷阱中迷失方向:不看可能內心還有點懷疑和保留,看了就服服帖帖地信以為真了。」

小香港這時想起爸爸說過的「中國人選擇性知覺」,便說:「這我明白,吸了K粉後在知覺重建的夢境裡所看到的美景都令人以為是真確實在的,可那叫『幻覺』,有誰會當真的啊?」

克萊頓忍住笑,直眼瞪著小香港,說:「你這話聽起來好像是說共產黨在給人民K粉吃的樣子,猶如指控共產黨以毒品來混淆視聽似的。」

小香港像美國的巴黎‧希爾頓那樣喜歡簡簡單單,不喜歡鑽牛角尖,倒是沒作過這樣的主觀聯想,就只看了眼克萊頓,便繼續問李傲:「為甚麼中國人在意的是牌子,而不是事實?」

「講事實?」李傲恍惚有點激動,「『事實』就是,前年——2003年,一個武漢27歲大學畢業生孫志剛到廣州工作,晚上在路上行走時只因為沒能出示一張暫住證,竟就被政府人員抓進收容所裡毆打,他不斷跪在地上苦苦哀求,最後還是被活活打死了。」

「在自己國家裡走走就被活活打死?!」

「外國人需要出示暫住證嗎?他們都大搖大擺地到處走,他們去深圳要邊防證嗎?國內一般公民就不能去。」

「中國憲法不是明示人民有遷徙的權利嗎?」

「中國憲法有那條為人民真正保障過?」

「跪地求饒還被活活打死,簡直把人當狗來對待!」

「當你是狗就好啦!狗要暫住證嗎?你說說,有哪一隻狗是因為不能

證明自己是廣州居民而被打死的?」

「中國人殺狗是要吃狗肉,有殺了哪一隻狗只是因為它晚上在街上溜達溜達的呢?」

大家一下子你一句我一句的,躺在沙發上的小香港似乎分不清那句話是哪個人說的。她只盯著天花板上那絢爛耀眼的暈輪光環,默不作聲。這時,她感覺到,光環裡茶色鏡面的黝黑顯得有點過於深沉、過於冷淡,仿佛冠上了暈輪的中間,失缺了被期待的聖像,意外造成了一個無底黑洞。她隨手撿起個遙控器,把大廳裡的燈光按亮了一點。

「還是那一句話,牌子是外國人的,傷中國人感情。死個中國人傷了誰?我們感情豐富,卻『心不在焉』——沒心囉。」

「『華人與狗,不得入內』的牌子卻真的有,但不是在殖民地的上海灘,而是今年在廣州市麗灣區的廠房前掛著,是中國人自己豎起來的。說是要顯示言論自由。」

「如今中國到處都豎立了『日本人與狗不得入內』的牌子。那按中國人的邏輯,不也就是影射日本人是狗嗎?」

「中國人做事情還要影射這麼曲折?在日本領事館前示威的學生就沒有那麼隱晦了,豎個牌子寫著打倒『日本豬』,直接了當叫日本人為豬。還喊打喊殺的。那青年聲嘶力竭地叫囂:『殺日本豬我第一個去!』」

「不殺日本豬殺誰啊?殺共產黨啊?你有種叫叫看?」

小香港聽到這是14K的聲音。真是的,選擇性激情?

「豬很可愛呀,他們是最知味的動物,有最好的味覺,吃東西都吃得很投入,吵吵鬧鬧的。」喜歡動物的她不選擇殺豬的激情,只輕快地插嘴。

「吃東西吵吵鬧鬧的是共產中國人⋯⋯說人家是豬!那些『日本豬』也倒是真的可愛,他們送錢給中國的窮學生讀書,讓中國政府花錢蓋起豪華辦公大樓,或是省了錢用來送個鐵球上太空。」這是一貫注意外表儀容的GUCCI仔毛毛的聲音。

「是要省了錢來進口武器,做原子彈,送你們這些反共美國人上太空,讓馬克思教訓一下你們。」是一向口不擇言的14K的聲音。

「美國人只想舒舒服服地生活,沒有想太多。」克萊頓說得幾乎沒有聲音。

「你們『美國鬼』當然可愛，整天就只是像你那樣顧著去吸毒，在醉生夢死中不知所謂，只顧一窩蜂去向共產黨砸美元，搶購多幾台低劣的DVD放映機，買多幾雙破鞋，讓孩子多玩幾個含鉛的玩具──」又是14K呱呱叫嚷的聲音。

「聽說有含『迷姦藥』的──」克萊頓還是幾乎說不出聲音。

「──對啊，那你去『TOYS R US』多買幾個來塞進口裡，就可以進入第五度空間了，省了吸毒的錢，也讓中共存起大量美元外匯去向俄國購買大量先進武器，然後送你們去愛恩斯坦第二── Edward Witten ──艾華・威騰的第十一度空間──那是最後的空間，終極空間！」14K喊出所有的聲音。

「中國人好像總是忘恩負義的，沒有美國的援助，那有抗日戰爭的勝利？但是他們轉過頭來就在韓戰、越戰中殺美國人，還是不宣而戰。今天沒有美國開放龐大的購買市場，他們哪可以有工業生產的迅速成長，很多中國人便會失業無助，但是他們還是處處跟美國過不去。」克萊頓說得有點哀傷。

「中國人沒有完全忘恩，毛澤東私下裡便向日本人道謝，說沒有日本人的侵華，共產黨奪不到政權。這令那個日本人聽了就毛骨悚然，渾身發抖──葬送那麼多的中國人，就只為自己奪權？！中共只是詭詐一下純真憨厚的人民，向人民大玩特玩『孫子詐法』，玩得高潮迭起。」14K說得情緒高漲。

「哎，共產黨怎樣我不知道，我看你14K現在玩孫子確實玩出了高潮。」小香港總要在14K得意忘形時刺他一下。

「兵者，詭道也……利而誘之，亂而取之……兵以詐立……」通讀了《孫子兵法》的美國克萊頓，這時一邊喃喃誦讀著孫子的名句，卻又一邊搖頭哀嘆……

「是的，兵不厭詐，糖衣砲彈，趁火打劫，共產黨玩孫子玩得如火如荼，就像玩自己的命根一樣『性趣』盎然。」14K又張嘴笑了，連他一向斜視的眼光這時都帶著笑。

「命根？我倒沒聽過有人把『國金二期』那棟大廈比作『孫子』的。」李傲也來為小香港打氣。

「我爸爸都說不知道為甚麼共產黨這麼喜愛以詐為榮，以孫子為傲。」

小香港可能感到『國金二期』這話題過於敏感刺激了一點，便兜了個偏彎。

「別提你老爸啦，一個美國老人家，他不明白的事當然多啦！他支持民運學生反共，像香港末代港督彭定康一樣有企圖推翻中國政權之嫌。」14K對這偏彎也同樣興趣盎然。

「那不僅是嫌疑那麼簡單，中國中英談判主手魯平信誓旦旦地指責港督彭定康以香港為基地顛覆中國政權⋯⋯」李傲補充著。

「那他不是白痴就一定是神經病！一個英國人哪有甚麼本事去顛覆中國⋯⋯」克萊頓插話。

「那『白痴神經病』魯平還罵港督彭定康是『千古罪人』。」毛毛插話。

「沒有半點外交禮節儀態嗎？國與國的外交談判都要謾罵，而且又要罵得那麼深奧刁鑽的？」小香港發問。

「我們有五千年的文明，有五千年的語言藝術，要罵的話甚麼辭令都會罵得駕輕就熟。」14K嘻皮笑臉，「禮節儀態？哈，見笑了，我們偉大的中國人還要講儀態？我們一天站起來，頂天立地，傲視蒼穹，全世界的人都要在我們面前乖乖地跪下！你們都是『千古罪人』⋯⋯」。

「他還罵港督彭定康是『娼妓』⋯⋯」毛毛繼續說。

「這就未免罵得太顯淺平庸了一點，有五千年文化歷史的中國人應該罵人罵得刁鑽古典一些，罵人『娼妓』？那是我們只有短短兩百年的浮淺歷史的美國人也能罵得駕輕就熟。」這美國來的克萊頓當然最清楚。

「英國特派港督彭定康是娼妓？又顛覆中國？怎麼娼妓都可以顛覆中國政權？」小香港聽得莫名其妙。

「那真會有可能的啦——你看看，現在中國大地，成千上萬的娼妓，到處是氾濫成災的淫業嫖場，破爛骯髒的、豪華貴氣的，眼花繚亂，數不勝數，讓共產政權中的富賈高官個個人都沉迷在慾望和墮落之中，難以掙脫，再這樣搞下去，不動搖中共的政權才怪的呢？」李傲向小香港道破天機。

「胡說八道！娼妓可以顛覆中共？誰都顛覆不了中共政權，除非是他們自己那些貪污腐敗的官員和子弟，搶錢搶多搶少不服氣，大動干戈互相殘殺，破壞劫掠分贓中必需的『安定團結』，哈，那樣的話，政權就會岌岌可危⋯⋯顛覆中共？最好就是你們這些法輪功——」14K又自己挑出個新偏彎，再拿毛毛來開刀：「你師傅也真厲害，嚷著『真善忍』，卻又去要中共一把，玩起『孫子詐法』，明明自己當時在大陸、香港指揮萬人圍

堵中國的『白宮』——『中南海』，又聲稱自己身在外國全不知情。」

「他不在香港大陸。」毛毛要出來為師傅申訴。

「他不在香港大陸！連他出入境時自己簽的名都被公開了，還抵賴！他的出生日期容易改，他的過境記錄卻改不了。是的，你可以說他常人的肉身不算數，正元神與負元神湊不到一起也不算數。」14K一點不接受。

「我們和平示威為甚麼不可以？」毛毛反駁。

「包圍『中南海』是和平示威？ 在香港示威都要申請！ 你是白痴啊？」14K不放過毛毛。

「我們只是去上訪，是公安要我們那樣排隊的，陰差陽錯才圍起了『中南海』。」毛毛編出了新故事。

「一萬人包圍中共頭頭的住處是陰差陽錯的誤會？還是共產黨自己做成的誤會？你們是自發無組織的——隔空收到訊息，心靈感應嗎？剛才還說是示威，馬上又改口說是上訪。還說『真善忍』，『真』在哪裡？！孫子都對你佩服得五體投地！《孫子詐法》從今要由你們來改寫！一萬人晒馬，好像黑社會擺場點兵一樣，你以為自己是共產黨啊——人多勢眾，讓你不敢碰？耍耍把戲好愚弄，玩玩孫子欺農工？」14K變得咄咄逼人。

「這倒真有可能犯大忌，孫子教誨——『兵非貴多也』。」克萊頓慎重提醒。

「和平表達意見為甚麼不可以？在美國就沒問題！我們一萬人去白宮看看有沒有問題？」毛毛也不示弱。

「GUCCI 仔，不先申請便組織一萬人去圍困白宮就算在美國恐怕也不行——」克萊頓試圖善意提醒毛毛。

「一定沒問題！」毛毛堅定不移。

「你錯啦！」克萊頓看到毛毛這樣固執，也沉不住氣：「你沒有看到這幾天CNN的新聞報導嗎——都有視頻鏡頭可以讓你看，一個中國人拿著兩個空皮箱只站在白宮前默默發獃——夠和平了吧？——但就是被大隊的 FBI 特工將他打倒地上抓走，其中一個行李箱甚至被 FBI 用炸藥引爆摧毀！我想示威是要在適當的地方。」

「他們哪管甚麼地方適當不適當？人家講他們兩句，說氣功不那麼適合小孩練，他們就包圍學院，包圍電臺、電視臺，還找到敢說話的科學

家的住家去騷擾那可憐的老伯伯,言論自由在哪裡?告訴你這個老美,」14K邊說邊轉向對著克萊頓:「你千萬不要說錯話得罪他們,不然有一天他們會找到你美國的家門口,團團圍著你,要你賠禮道歉!」

「這我還不擔心,」克萊頓裝出一本正經來湊湊熱鬧:「據說他師傅發善心把世界末日推遲了些,但用盡了功力都只能推遲了三十年,我還年輕,要擔心的是他師傅稍一分神就力不從心。請他老人家在美國保重身體健康,千萬不要去麥當勞。」

「還有肯得基家鄉雞!」李傲也不甘寂寞。

「哎,哎!好啦,好啦!不要難為GUCCI仔啦。」還是小香港對毛毛有愛護之心,出來為他解圍:「這遊艇叫『情愛』,不是叫『侵害』。大家別傷和氣。」她然後對著14K說:「對了,你不是還要講與哥哥大上海有關的甚麼精彩絕論的『開天大爆』的故事嗎?」

「那是與你媽媽有關的『開天大爆』。」14K故意試探性地說。

「是大上海的媽媽!」小香港愣了一下,馬上糾正道,並刻意避開14K的眼光,轉身向著毛毛說:「我們一起上頂樓駕駛橋臺的露天Jacuzzi去泡水好嗎?」

「一起去吧,」14K也回心轉意,誠意邀請:「精彩絕論,保證──」

「不用客氣啦,我擔心太精彩絕論的話你令我忘記了我的師傅!」毛毛顯然記住了14K早前的誇張吹噓,等到現在碰上了機會才施予反擊。接著,他對著克萊頓提議到:「我們還是回房間去聊聊那些不同的層次、不同的空間吧。」

「好!」克萊頓欣然應許:「孫子有曰:『同欲者勝』!」

小香港、李傲和14K都面面相覷:毛毛和克萊頓到底是要去玩不同的空間,還是玩不同的「孫子」?

〈56〉開天唾沫

老坑窮村長　愛紅太陽吐口水

愛毛１４Ｋ　投訴兩豬一起睡

　　『情愛』遊艇最上層的駕駛橋樓上，吹送著陣陣涼風。呼吸著涼爽的空氣，讓人更明確體會浸在熱水中的身體所享受到的舒適寫意。浸在Ja-cuzzi——「極可意」噴水浴缸裡滾動著的暖流中，14K向李傲和小香港講述着『開天大爆』的故事。這故事，對李傲和小香港來說，很新奇，也具有爆炸力。小香港特別留神地聽，似乎對14K的經歷，或者他經歷中關係著的人和事，相當感興趣。14K講得出神入化，常常更帶着些刻意的誇張。

　　『開天大爆』是一個人。他是農村裡的一個村長——那時候叫「生產隊長」。那村子叫『老坑』。14K與小香港的生母商馨，年僅十六歲，就下放去『老坑』當「知青」——知識青年。

　　『老坑』是一個最貧苦的小村莊，位於廣東省最偏遠和最貧窮的縣城——龍門縣裡。那年頭，路不好走，從廣州市坐車到那裡，足足要八個小時。這個村裡只有十來戶人家，大約一百多人。這村莊坐落在一座大山的山腳下，離最近的一個村子走路至少要將近一個小時。村裡全部是平房，大多用沒有燒製過的泥巴造成的大磚塊，疊起蓋成。屋子裡的窗戶，如果有的話，都是用木板拼湊而成，沒有一個玻璃窗。村裡沒有電，人們點蠟燭、油燈照明。

　　『老坑』沒有自來水，全村只有一口老井。這井，很深。但井口沒有蓋，偶爾會有小孩失足掉進井裡，曾經有小孩被淹死過。農民要用一條長長竹竿，吊着水桶探下十幾尺深，才能打到水，但那時水面離井底可能只有四、五尺高而已。水，很容易被弄混濁，或者被打乾。農民喜歡，用兩

個木桶來挑水回家。這放進老井裡打水的木桶，農民既用來盛水煮飯吃，也用來一家大小洗臉、洗腳、洗屁股。

村邊，有一個小魚塘，水很污濁。據說，這村上的地主，解放初期被農民打個半死，自己悄悄在夜半跳進這塘子裡，一了百了。村子的房屋裡，沒有廁所，村民晚上在家裡用個木桶，儲存了大小便，白天拿去淋菜施肥，然後拿桶子到塘邊清洗。洗到塘水裡的剩餘物，便是塘魚的佳餚美食。魚，是集體的，農民一般吃不到，對魚吃了什麼並不關心。農民也在這魚塘裡洗衣服，洗好順便在塘邊晾晒。塘邊與農民住房之間，有一片兩千平方尺的空曠泥地，是農民們耕作出入的必經之道，也是耕牛辛苦勞作前後的必經之道，平常總是濕滑泥濘，是農民飼養的雞、鴨、豬、狗混戰一起的戰場。農民出耕時，沒人看管的年幼小孩，被放在這些家禽牲畜的糞便中，嬉戲玩耍，把這裡當作他們的遊樂場。幼童們更常常在這泥巴污水中吃喝東西，當作他們的自助飯堂。年長一點的農民少年，偶爾為搶奪泥濘中的糞便，大打出手。父母們從小教會了他們，如何認識糞便對自留農地裡農作物生長的價值、和在爭奪這些糞便中為維護父母的榮譽而戰鬥的意義，因為這常常會牽涉到家庭面子的得失，偶爾更會扯上階級鬥爭的你死我活。而在貧窮得一無所有的環境裡，面子和階級界線，就是人們唯一可以重視的東西，因為在沒有私有財產的年代裡，自己的面子和自己的階級成份，是他們唯一可以真正擁有、又可以互相隨便給予或隨便剝奪的東西。

村口的塘邊，有一個糞池，糞池上面，是村民的公用廁所。從路邊經過時，由化糞池往上看，東拼西湊的木板之間，留出了一個個長方洞，十寸乘二十寸，並行排列。『老坑』的男女村民們，會蹲在這些洞洞上面「辦公」：「澆花」、「投彈」。如果按章辦事，農民應該把家裡的糞便，也倒在這個化糞池裡。而且，白天應該在糞池上面的廁所裡「辦公」，造就公益。但農民們會有很多這樣那樣的原因，令到他們傾向於喜歡或不喜歡到這裡來「辦公」：這裡儲存的「炸彈」，是屬於公家的，用來在集體的農田中施肥用，被共產黨稱為「最大公無私」的貧下中農們，對公家的利益並不那麼熱心；再者，儘管當時人類還沒有發明數碼照相機，人們還不擔心「辦公」的過程被這些先進科技工具偷拍、展覽在網站中，但「轟炸機」投彈的鏡頭，卻還是可以隨時被某雙隱藏在某處的眼睛「偷拍攝錄」，「貯存」在有意無意地來到化糞池觀戰的「觀察員」的腦袋瓜裡。而且，隔離男女廁間的泥磚牆，也早已被喜歡觀戰的人，弄得百孔千瘡。所以，村裡總有不少的一部分人，喜歡選擇到野外去打「游擊戰」，遇上激情洋溢、心焦急迫的時候，隨便就在村邊山上的樹林草叢裡「埋地雷」，順便在地上抓把野草樹葉、瓦片碎石，清理門戶，直截了當。反正，那

年代，在這窮鄉僻壤中，難以找到現成的廁紙，連城市裡可以配給到的那些粗糙得會擦傷屁股的廁紙都沒有。

　　城市來的知識青年，的確有點知識，對這「殺戮戰場」瞭如指掌，既對投身軍事轟炸演習或者觀摩演習，缺乏激情慾望，又對會不幸被人探究考察，心憤不甘，總是情願躲在自己的房間裡大小便，安全可靠。共產黨政府對他們似乎很關照，為他們的住房提供了每人一張木板床，由兩張木條小板凳支撐著兩塊木板合組成，外加兩人共用的一張簡單的小木檯，作為他們的飯桌和書桌。除此之外，政府竟然還額外撥款，讓農民給他們每房再安放兩個一模一樣的大瓦缸，一個用來放米，一個用來放吃了米後排泄出來的東西。房間總是很狹窄，兩個大缸也就總是放得很近，半夜摸黑起來如廁的他們，常常認錯對象——搞不清楚哪個是放大米的瓦缸、哪個是放大便的瓦缸。如果偶而不幸發生這樣的情形——糞尿與大米同時存在於同一個瓦缸中——就像資產階級與無產階級竟然搞混在一起，那是痛苦的災難，會引起無情的「階級鬥爭」，同房的知青因此會互相吵鬧、批判，在「批鬥大會」的謾罵聲中，勢要揪出那幫「資產階級」份子的幕後「黑手」。由於，他們被分配到兩人同住的房間，細小擠迫，不是沒有窗，就是不敢打開搖搖欲墜的木板窗，他們儲存在缸裡的排泄物，總令到房間臭氣熏天。特別是那些本來斯文自愛的城市少女，由於不習慣農民們的熱情好客，總擔心他們隨便闖進她們的房間來「聊天」達旦，大都總是把門關得緊緊的，裡面的空氣污染的惡劣程度，可想而知。也許是習慣了，也許是逼於無奈，她們總是躲在裡面，在這污染空氣的環境裡吃飯、睡覺……

　　城市來的十五、六歲的青年，不但要像農民那樣，從早到晚在田地中勞作耕種，還要收工後自己種菜吃，自己上山砍樹劈柴，待晒乾後才能用來燒火煮飯。每兩個禮拜一次，小鎮裡會有農民交換雜物、擺賣農產品的集市。知青要走兩個多小時的路，才能到那裡買點豬肉添個菜——假如他們還有剩餘的錢和捨得用那一點點可憐的辛苦錢的話：因為他們辛辛苦苦地勞動，一年從頭到尾，所賺得的工分才只不過大約是二十美元。知青每天工作可賺工分的多少，往往又要看這村子的生產隊長『開天大爆』的心情臉色。而賺到的每個工分實際上值多少錢，那就要等到年底看農作物收成的結果，看一年來老天爺的心情臉色。當然，農民最終收入的多少，還要看共產黨政府的心情臉色。話說，那年代的共產黨很恩待農民，不抽他們的稅，只僅僅規定他們把「剩存」的農作物全部「賣給」政府。固然每年「剩存」的農作物的「最低數量」，是被政府硬性規定的，而且出售的極低廉價格，也是政府自定的，從城裡來讀過書的知青，可能明白這是變相抽取重稅，但讀過書的人同時也明白，隨時革命的政府「變相」去做事已經

相當客氣寬容,不能抱怨。正如他們被迫下放到農村是「變相勞改」,但以「接受農民再教育」的堂皇冠冕來搞搞「變相」,誰都無話可講,不敢抱怨。貧苦農民們,沒有讀過多少書,不認識《孫子『變』法》,他們翻了身,有了最高級的階級成份和最新穎的面子,總樂得感恩共產黨,沒費心去明白讀書人的小玩意兒,也不會有讀書人內心那些牢騷。

『開天大爆』,是到『老坑』來插隊的知青為生產隊長起的名字,是因為他脾氣爆烈,從來罵人都像雷鳴閃電、晴天霹靂,像開天闢地般轟轟烈烈。『開天大爆』仇恨一切人和物,他會隨時打人罵人,打畜生罵畜生。他感情中只有恨,沒有愛——除了對毛主席、共產黨的愛。毛主席愛不愛他,沒有人可以確切知道,儘管他也像毛主席那樣不刷牙、不洗澡,更像毛主席那樣,口裡早已丟失了不少牙齒。為此,大家估計,毛主席可能會愛他。但大家可以毫不猶豫地確信的是——共產黨愛他:他很早就已經被接受加入共產黨,而且好像從來都是他在當村長,發號施令。農民說,恍若自從盤古開天地,他的烈火脾氣就一直在爆炸,跟小村莊裡有關的一切,恍惚都是因他的爆炸而來,因著他的爆炸而存在,也會因著他的爆炸而告終。時空都是由他的爆炸所創造形成,正如宇宙創始時所經歷過的那樣。所以,知青們叫他,『開天大爆』。『開天大爆』,沒有讀過書,不會講話,只會罵人。他罵人都盡罵些不堪入耳的粗言猥語,他一生中每每在最激動暴烈的時候,只會像打雷般狂叫,只會呼喊出兩句話中的一句:不是「毛主席萬歲!」便是「操你媽的腿!」他讀書少,言語少,但像讀書少的中國人一樣,口水卻特別多,喜歡到處吐口水,沒講上兩句話,他就要向地上吐吐口水,向畜生吐吐口水。再講下去,激動起來,還往你臉上大吐口水,就像共產黨建國以來那些喜歡革命的中國人,每當對著他們極端憤恨的「階級敵人」所會做的一樣,也像那年代學校裡嗜好革命的中國學生,對著他們不喜歡的同學和老師們會做的一樣。其實,就算他不向你吐口水,他像毛澤東一樣腐爛失缺的牙齒,也會令他一開口講話就會總是也都噴著口水。

『老坑』裡的人,都怕『開天大爆』,除了怕他的口水,還怕他的勢力。小村莊裡,幾乎不是他的家人,便是他的親戚,他自己的兒女就已經有十一個。像那年代中國其他的窮鄉僻壤一樣,這村莊裡沒有任何的娛樂,沒有電視,也沒有收音機,村裡入夜一早就鴉雀無聲,漆黑一團。寂靜的漆黑裡,村民們都喜愛睡覺,早早就去睡覺,睡覺是他們唯一的娛樂。這睡覺的娛樂令到村裡每戶人家都有不少子女。傳說『開天大爆』除了口水多,慾望也多。他沒有愛,卻熱衷做愛。他健碩的身體,因體力勞動和打人罵人,被操練得精力旺盛,總像猛獸一樣有發洩不完的慾望。

所以，自從他老婆為他生下了十一個兒女之後，就從此不敢再單獨待在家裡，以免隨時撞回家來的『開天大爆』又要找她「開天闢地」，讓她再一個又一個、繼續永無休止地生下去。那年頭，每一天，『開天大爆』的老婆都會靜靜地坐在村口的一棵大樹底下，做點小手工，等著她的兒女們放學回來，才敢一起走回家，晚上也跟女兒們睡在一起，好像她老公身上盡是火山熔岩，避之則吉。不然的話，身體不是被烈火燙傷、肚子就會被搞成肥大腫脹。有傳言說，村口樹底下那塊光滑的大石頭，就是『開天大爆』的老婆那屁股用了十幾年的功夫辛苦勤勞地打磨出來的。但是，也有村民留意到，自從他老婆開始每天孤獨地坐在那裡後，缺乏了唯一娛樂的『開天大爆』似乎吐口水的次數頻繁了很多，目標對象也多了很多。

讀完中學的大城市青年14K和商馨，像千千萬萬其他中國城市的知青一樣，違背著自己的意願，被迫上山下鄉，被共產黨流放到像『老坑』這樣的地方來，接受沒有受過教育的貧苦農民的再教育。恍若，共產黨在城裡對他們的共產主義教育，儘管嘔心瀝血，還是一無是處一般。

14K，從來都很仇恨『開天大爆』，但他仇恨的情緒，可能從他少年時代另一次的經歷已經開始醞釀產生，那時，他還仍然深深地熱愛著主席毛澤東。

「爹親娘親，不如毛主席親！爹好娘好，不如共產黨好！」在比親爹娘更親的毛主席命令14K去接受『開天大爆』這樣的貧農再教育之前的很久，比爹娘都好的共產黨，已經灌輸了很多這樣的概念給像14K那樣的少年兒童。「毛澤東是東方的紅太陽，是中國人民的大救星，把苦難的中國人民從水深火熱中搭救了出來」，這些概念美妙動聽：灼熱火燒的太陽竟要把人從深水和熱火之中打救出來！中國少年兒童的課本中的天文地理，都被政治化、革命化。他們不知道，造福我們地球的火燙熾烈的太陽其實是黃色的，他們斷定，照射著中國人的太陽更加革命一點，所以是紅彤彤的紅太陽。他們不知道，「冷漠冰凍」一點的太陽才會是紅色的，所以他們也把毛澤東封為「最紅、最紅的紅太陽」，好像連太陽都會紅出不同的階級一樣。他們從小沒有機會知道，西方有一個叫凡高的出名畫家很喜歡向日葵，他們只知道，紅太陽毛澤東喜歡向日葵。他們從小渴望著去做的事就是：有一天有幸成為毛澤東這顆「永遠不落的紅太陽」的卑微的向日葵。當西方一些父母沒問清他們的小寶貝的意願，便給一出生的小孩授洗信仰一個神的時候，共產黨沒理會任何父母的意願，便要全部小孩一出生就受洗信仰毛澤東這個神。當西方的信徒在查經班研讀背誦《聖經》的時

候，中國的兒童已經開始研讀背誦《毛主席語錄》。當西方的信徒偶爾在週末去教堂向神父懺悔的時候，中國全國的大人、小孩每天在任何地方都要向著毛主席的聖像「早請示，晚匯報」。當西方人在大魚大肉的美菜佳餚前向神謝飯時，中國人民也在幾條小菜一碗白飯前感恩共產黨。

14K從小沒有父親，母親也在國外。身邊的毛主席當然比父母更親，無處不在的共產黨當然比父母更好。在他還沒有機會聽到『開天大爆』高叫「操你媽的腿」之前的很久很久，14K早已像『開天大爆』那樣整天高喊著「毛主席萬歲，萬歲，萬萬歲！」還要喊出臉上一行又一行的熱淚。

從小受共產黨宗教信仰教育的14K，愛紅太陽，愛毛主席。愛得真切，愛得熱烈。

但從小沒有受過生理學性教育的14K，就像當時其他的中國少年一樣，卻不了解真實的人和愛，也不知道真實的人會做愛。無知得可憐，無知得瘋癲。

少年的14K，不知道人可以有慾望。當台灣的李文豪自傲手淫淫出最痛快的一晚時，少年在中國大陸的14K總會悔疚手淫淫出最痛苦的一天。他以為慾是醜惡，淫是罪行。每次手淫之後他都後悔不已，都痛苦不堪，因為這骯髒的行為污染了他純真的靈魂，摧殘了紅太陽的向日葵。他每次手淫後都要向毛主席懺悔，懇求指示，但毛主席總是沒有空來幫他抑制住青春火燙的慾望。後來，為了保住身體裡將來要獻給紅太陽的每一部份，他在一次這種失控的行為之後，憤然用小刀在自己手背上刻了個「恥」字，以宣洩要停止這種「羞恥」行為的決心。當淌下血的決心，也抵擋不了下一次慾望的氾濫時，他只好又決定，往後每次的失控，他都要在「恥」字上再加刻新的一刀，以便懲罰那讓資產階級的敗壞情慾所污染了的肉體，以便通過摧殘放縱的肉體可以挽救被肉體摧殘了的靈魂。一次一次的失控，一次一次的刀刻，一次又一次的流血。「恥」字，在手背上越來越清楚；紅太陽的向日葵，卻越刻越凋謝。

凋謝的向日葵缺乏陽光雨露，因為紅太陽過於忙忙碌碌。

在那共產黨禁止一切歌舞娛樂的年代裡，連古典音樂都不允許聽的中國老百姓不知道，毛澤東每星期在住地「中南海」舉辦兩次大型舞會，一夥老邁的東方革命男人，抱著一些受寵若驚的年輕中國革命女人，在資產階級的靡靡之音的伴隨中，手舞足蹈地狂跳西方反革命舞蹈。毛澤東還帶著他兒孫那一代年紀的女孩跳著、跳著，就跳進了那為他在舞廳旁特備的小房間裡，貼身教授革命運動的翻雲覆雨。全國上下，從九歲到九十歲的

人，都只知道，他們被指令在馬路、廣場上，對著毛澤東掛像跳起像機器人那樣僵硬彆扭的「忠字舞」。他們不知道，當他們正跳著「忠字舞」去娛樂遙遠掛像裡的那個年輕的毛澤東，年輕的女人們卻也在用她們的身體在服侍身旁的那個老邁的毛澤東。

大人小孩都不知道毛澤東跟女人的事，小孩更不知道男人跟女人的事。

由於母親在外國，原來居住在廣州市的少年14K，那時寄住在郊外一個叫『新塘』的鄉村中一戶農民親戚的家裡。一天，他跟著幾個農民少年到山崗上放牛，碰見幾個農民青年坐在樹邊哈哈大笑，他們對著的是兩隻大肥豬，一隻正爬在另一隻的背上。農民青年笑著說，這隻無產階級的公豬在翻身鬧革命，騎上了那隻資產階級的母豬身上，要當家作主人，在進行著激烈的階級鬥爭。農民青年們並不革命，對人的階級鬥爭，沒多興趣，對豬的階級鬥爭卻非常樂意，他們呵呵大笑，沒完沒了。笑完之後，還嚴肅認真地講解給14K這些少年們知道，其實那兩隻大豬正在做小豬。其中一個青年還故作神秘地向14K告密：大人也是這樣做小孩的。14K聽了臉紅耳赤，難以置信。當時一男一女假如還沒有結婚就私下幽會，便會被共產黨定為「亂搞男女關係」，是彌天大罪，就算有幸不被關起來也起碼要被鬥爭聲討。所以，大家知道的是，男女只能結了婚才能躺在一起，男女只要靠近點躺在一起，便會在肚子裡造出個小孩，然後從屁股生出來！這農民青年真是胡說八道！我父母怎麼可能做豬做的這種事？毛主席也有孩子，你敢說高尚聖潔的毛主席都會脫女人的褲子？14K越爭越氣憤，越辯越顫抖。他是「階級敵人」！反毛主席，反共產黨！這一腳牛屎的貧窮農民青年的老爸一定是『地、富、反、壞、右』，他竟敢污蔑紅太陽毛主席！

14K發狂地飛跑下山，向生產隊長告狀，向治保主任告狀，向村裡所有最貧窮因此應該是最革命的農民告狀。他讀的書裡面沒有性教育，也不懂「性交」、「做愛」這樣的言辭，他要控告的罪狀是：「這村裡有個『反革命』誣蔑我們最偉大的領袖、最紅的紅太陽、最敬愛的毛主席幹公豬和母豬幹的那種最最醜陋的事！」

公豬和母豬幹的醜事！

農民們很清楚豬幹的事。

農民熟識，豬有豬幹的事，人有人搞的玩意。

因此，村裡，沒有人支持14K那固執的認知。況且，養豬的農民愛豬如寶，沒有在意到底是人幹了豬那事還是豬幹了人那事的那種抽象的爭

論，沒興趣去尋根究底。

村裡所有的共產黨幹部都說，這沒有甚麼大不了。毛主席當然聖潔，平常當然沒有這種資產階級的慾望行為，只是為了造就革命的後代才會勉為其難，辛苦一番。

「勉為其難」？「辛苦一番」？言下之意，毛主席也幹豬幹的事！那他為甚麼讓我把我的手臂白白刻出血流刀傷！

他失望，他心碎！竟然是「豬鬧革命」那醜行讓14K清醒，是這些農村共產黨幹部令他發覺共產黨矇騙了他，這讓他深深熱愛的紅太陽變得黯淡無光。這些一腳牛屎的農村共產黨都太過直率，太過殘忍，竟然令到幼稚天真的他夢碎！

夢碎的14K，吵吵鬧鬧，不能入睡，形容枯悴！

他從此恨像『開天大爆』這樣的共產黨人，所以從來就恨『開天大爆』這個人。

然而，恨『開天大爆』這樣的共產黨人，至少還有另外一個人——少女時代的商馨——大上海和小香港未來的母親。

商馨從小長得美麗如花，又活躍喜樂，勤奮好學，在學校裡無論是功課品德，唱歌跳舞，體育運動，樣樣了得。她一直都在廣州最出名的小學、中學讀書，也一直都是學校裡最引人矚目的學生，品學兼優。就算在她十二歲那年，她媽媽辛馨自殺身亡，她爸爸商業又偷渡去了香港，孤苦伶仃的她，還是繼續堅強地生活，努力地讀書，自強不息。

她喜愛體操，是名校裡出類拔萃的體操隊員。那年，廣東省省體操隊選中了她，去二沙島省體委中心培訓，她高興得整整一個晚上不能入睡。但在不久的一次訓練中，她學校的體育老師偶而撞到培訓中心來，跟省隊教練竊竊私議，告訴了他們，商馨那死去了的祖母是地主，她那偷渡去了香港的父親是叛徒。第二天，她接到通知，從此不讓她再去省體委中心參加體操培訓。她，為此，傷心地哭了一整天。

她從父親商業那裡知道，家鄉的農民共產黨幹部迫害死了她的婆婆和媽媽，她因此怨恨農民共產黨，她更懼怕接近農民共產黨。她一直拼命努力創造條件，以便可以遠離那些人，遠離那種環境。本來，幾經苦折，她爭取到了這樣的機會：中學畢業時，才十六歲有如「校花」的她，憑著她的美麗和舞蹈天份，憑著出眾的品行和學業成績，被選進了中央歌舞團當

舞蹈演員，這是她和當時所有的年青女孩都夢寐以求的職業——那年頭，沒人知道，那夢寐以求的職業，還會有小女孩們并不那麼夢求的副業——去以她們的肉體和心血去陪伴照料那共產老官中的「叔叔和爺爺」。但是，商馨去了北京才一個月，那裡的共產黨書記發現她的家庭背景之後，便把她送回廣州去。接著，政府人員對這無依無靠的她，進行一連串沒完沒了的恐嚇威迫，逼使她到邊遠的農村落戶，決然拒絕她的苦心哀求，不讓她申請去香港與父親團聚。命運就是這樣，最終硬把她這樣一個楚楚可憐的脆弱生命，扔進她從來就感到無限恐懼的荒郊野嶺中，冷酷無情地迫使她和像她那樣的其他成千上萬的青年女孩，讓粗野殘酷的生活環境，和粗野殘酷的『開天大爆』之類，將她們本來純真稚氣的性情磨難改造出同樣的粗野殘酷。

商馨害怕『開天大爆』，害怕他的口水。但知青最怕的是：沒飯又沒水。

中國的南方種植水稻，那是世上所有穀物種植中，最消耗體力勞動的耕作方式。而『老坑』的水稻耕作，又是世上最原始的手工勞作，除了耕地用了兩條水牛外，從施肥、播種、拔秧、插秧、灌溉、收割、打谷、晒谷、簸揚，一直到入倉、碾米等等，所有的程序都沒有機器或牲畜的幫忙，全靠農民和知青的雙手勞作。農作物的運輸，全靠農民們用肩膀去挑、抬，靠雙腿跑路。『老坑』日常勞作的艱巨辛苦，常令農民大漢都疲憊不堪，對知青來說更是雪上加霜，苦不堪言。

在『老坑』裡，最令知青們擔心和痛苦的情形莫過於：當她們在烈日煎熬的田地裡辛苦勞作了一整天後，在日落時分拖著疲累飢餓的身體，帶著滿身泥巴臭汗回到自己的房間來，滿心期待能簡簡單單地洗個臉、擦擦身、換件衣服、歇一歇，卻驚恐地發現村中那唯一一口老井裡的水，早就被不用出田的農民家的孩子們挑乾，而掛在房外空地上晒涼的衣服，又被弄跌地上，與畜生糞便、泥巴污水糾纏一起；沒水的情形下，既不能洗潔又不能換衣服，他們只好忍受著滿身臭氣泥污，走進細小不通氣的廚房裡點火燒柴，只希望能夠隨意煮點白飯稀粥充飢，這時又痛苦地發覺，從樹幹砍下作柴的木條，要不還沒晒幹，要不已經被雨水淋濕，儘管花上一個小時在煙霧瀰漫的廚房裡與爐頭搏斗不息，還是沒能把火生起來，要煮食充飢都無能為力，而且貧窮的村落裡沒有小店，身邊連一點點可以充飢的餅乾小食都沒有，污濁的水沒有煮開連喝都不能喝；在濕汗髒臭、疲憊困倦、飢餓口渴和無能為力所交織催化的失望感覺的襲擊煎熬中，他們要

哭，卻哭不出眼淚。在這淒涼困苦的境況裡，她們常常體會著那種撕心裂肺的絕望，體會著那對自己被蹧蹋成野獸的生活和對自己這野獸般的生活所蹧蹋了的生命所產生的怨恨憎厭。

類似的痛苦無奈的境況，常常出現。

知青，吃菜，要自己種，吃雞蛋，都要自己養雞生蛋。知青連自己都顧不了，哪裡有時間精力去種菜養雞？農民們性娛樂的後果，讓他們家裡有足夠的勞動力可以分配使用。單身一人的知青，就可憐無助。假如知青膽敢向哪個農民用錢買把菜，或僅僅買個雞蛋，村長『開天大爆』準會把知青們罵得狗血淋頭：甚麼「資產階級作風」啦，「好逸惡勞」啦，「好吃懶做」啦的！很快，他飛噴的口水，便讓知青變成滿身臭味的「階級敵人」，要他們見識到他無產階級的口水澆灌羞辱的厲害。

離開了『老坑』，最艱苦的生活便是打石開水庫。共產黨的錢省了去造原子彈，讓地方農民們靠著自己的雙手去築大壩、開水庫。14K和商馨，要像其他一萬多名民工一樣，扛著衣服被子，走路五、六個小時，來到一座大山上，開鑿水庫。他們用手上抓著的一枝鐵條，站在四、五十呎高的峭壁間，把泥土石塊一一插開，跌落在下面的木頭手推車上，再兩人一起，用簡陋、沒有可靠煞車裝置的木頭車，把土石推下山崗，倒在峽谷中，讓泥土一層一層地從山谷底往兩邊高山頂上堆砌起來，築成大壩，圍出水庫。共產黨教導農民「人定勝天」，農民體驗著的卻是「人定昇天」。一萬名的民工裡，倘若有哪一個站在半空中插土的人，一不留神插空的話，那人就會失去平衡，從高空飛摔下來。或者假如鐵枝插歪脫手，沉重尖銳的鐵枝，就會飛落打在下面裝運土石的民工頭上。貧窮的民工，連一頂普通蓋頭的帽子都沒有，更難奢望戴上一頂施工安全帽。高坡上推著超重負荷的土石木頭車的民工，利用衝力慣性讓木頭車滑動衝下，在人山人海的工地上飛馳穿插，稍稍不留意，就會撞上別的車、別的人，整車都會頃刻翻起，連著上面的泥土石塊，砸落在民工頭上，甚至會把整個人埋在土石裡。如果這樣的意外發生，農民民工們，常常會痛苦地流眼淚。但哀傷痛苦著的，不是自己身上的創傷和滴血，而是辛苦運行的一車土石被報廢，傷心那在記錄本上將失去的一點工分。企圖證明人能勝天的革命豪情，加上罔顧生命的土法運作，不斷造成無數大小塌方事故；企圖增加工分的衝鋒陷陣式的運土方法，加上疲累飢渴的分神失覺，偶然甚至讓推著土石木車的民工連人帶車跌落山谷。這工地整天都發生這樣那樣的工傷事故，到處出現血肉橫飛的恐怖景況。誰都知道──「昇天」比「勝天」容

易得多。但受傷死不去的民工，用紗布包著手，包著腳，包著頭，還是要繼續工作。反正，受點傷，躺在草棚木板床上，也沒好受過。就算想要回村養傷，也沒車會送他們回村去。況且，他們家裡的老老少少，都在指望期待著，這辛苦捨命可以賺來的一點點工分，好在年底時換錢補點家用，買點油鹽醬醋、鋤頭籮筐之類。辛苦勞動了一整年的農家父母們，總惦記著能省到點錢，在過年過節時，要給家裡長年累月在碎石爛泥上赤腳奔走的孩子們，買雙新鞋子，讓他們穿上蹦蹦跳跳，那麼辛苦勞動了一整年的父母們，也就會喜出望外，樂在心頭。到時，看到家裡的孩子這麼一年中竟然有這稀罕的一、兩次笑出喜樂，這些貧苦憨厚的農民們，又都會樂得再一次衷心地感謝共產黨的大恩大德，沒齒不忘。

　　這種沉重吃力的體力勞動，這樣惡劣非人的奴工生活，把人變成狗，人不如狗。人變成了像狼狗那樣充滿了兇狠好鬥的獸性。這像奴隸一樣的工作，本來就已經令人吃不消，好打抱不平的14K，還要常常面對『開天大爆』對少女知青們的諸多刁難責罵，甚至面對那直接衝他而來的肆意辱罵挑剔。偶爾，當他實在忍無可忍，當他幾乎完全失去理性，他便會一下舉起手中的鋤頭鐵鍬，像一隻野獸那樣嚎叫起來，向著『開天大爆』衝過去，揚言要砸開他的狗頭。當然，更經常的情形會是：14K與『開天大爆』面對面，手指對手指，口水對口水，各自叫喊出各種卑賤動物的名稱，然後「操你」、「操他」地罵個沒完沒了。久而久之，『開天大爆』認定知青14K是「階級敵人」，對14K總是懷恨在心，處處刁難。

　　這一萬多人駐紮在這深山中建造水庫，卻沒有任何像樣的基本生活設施。同村來的民工，在有溪水小流經過的山谷附近，合力用樹枝茅草，搭建起居住用的大草房作「宿舍」。那是用樹枝，在離地五尺左右高的位置上，扎起一個長長的棚架，頂上用茅草鋪蓋成房頂，草頂斜垂下來，一直延伸至低於棚架的位置，既作為房頂，又作為房壁。然後，民工們就把各自從家裡運來的一片木板，簡單地鋪放在樹枝棚架上面，做為睡覺的「床」。知青們搬不動床板，也不像其他大多數農民民工那樣，可以找到外村的拖拉機司機，幫忙運來床板，便只好找幾枝順直一點的樹枝，拼合作床。樹枝上面，放上從村裡帶來的草蓆，便在上面睡覺。這大棚裡，再沒有任何牆壁和門戶，任何人都可以隨便走出走進，深山中任何野豬豺狼都可以隨時溜進來。因此，把棚架搭在五尺的高位上，民工們才不用擔心，在睡夢中突然被暴雨沖走；或者睡著睡著，旁邊多睡了一隻狼。但是，由於這臨時搭建的棚架是開放式，同村來的民工又要家人親戚聚合一起，所以大草房裡的民工，七八十人，不分男女老少，都擠迫在同一個打通的棚架上，每

人只能佔用大概五條樹枝寬的位置空間作床睡，唯一的私隱就是每人自己帶來的那透光的蚊帳所可以提供的保障。難怪在這裡，儘管還沒有人聲稱晚上遇到過闖進草房裡那在深山游蕩閒逛的野狼，可經常有女性民工會抱怨，在她們正酣睡的半夜漆黑裡，她們身上卻似乎常常會有隻徘徊摸索的「狼爪」。這裡沒有茅廁，無論白天黑夜，男女民工，都要在外面附近的草叢中，打游擊戰。當然，常常會意外踩上別人或自己早前埋藏了的『地雷』。這裡沒有廚房，同村來的民工，在附近空地上，搭了個露天的大爐頭。每天，村民把各自帶來的米，放進自己的一個瓦缽中，交由當天被選出的一個民工，負責把瓦缽收集在一起，然後分層疊起，放進大爐頭上的鍋子裡，加蓋燒水蒸飯。飯，蒸熟後，大家認著自己的瓦缽，拿回來吃。這樣，既可以避免因為放米的多與少，或吃得多與少，而爭論不休、動粗打架。這固然顯示了，農民對自己擁有的白米，極度珍惜；又對自己不能控制的別人，互不信任；同時也反映出，他們對人民公社共吃大鍋飯時餓死人的情形，仍然心有餘悸。厭倦戰爭卻又斤斤計較的村民，擁護這種瓦缽蒸飯的自主權，覺得可靠保險，只是這方法不能炒菜，民工情願自己備點醬油、腐乳之類來拌飯吃。辛苦勞動完畢，平安無恙，手腳無缺，還可以吃上頓熱烘烘的白米飯，奴工們人人心滿意足。不用害怕生不了火煮不熟飯，疲困飢餓時總還有碗白飯吃，知青拼死拼活地勞動，便也像少了點後顧之憂，少了份苦惱擔心。

不過，知青的擔心當然還會有——他們擔心不能洗澡。

沒有茅廁的住地，倒有一個搭在山谷邊上、用一些樹枝、樹葉拼搭起的臨時小「浴室」。它裡面中間，還用稀疏的樹枝再分隔開兩個小空間，一邊男民工用，另一邊女民工用。這「浴室」沒有頂，樹幹枝葉搭成的籬壁還沒到五尺高，從稍高處或公路上經過，就可以把裡面的動靜看得一清二楚。民工如果在裡面洗澡，要儘量蹲貼地面，才可以少一點擔心。但水不容易找，女民工都抱怨說，她們要洗澡的話，從高地上和樹枝隙縫之間，找到偷窺她們的眼光，總比找到水，還容易得太多、太多。女知青都說，她們要在「浴室」隔壁籬笆上發現新開的洞、跟要發現洞那邊新出現的眼睛，都是同樣的輕而易舉。

女知青，都很害怕，害怕偷窺的「狼」。她們常常，只能夠在清楚知道隔間沒有男人的時候，才敢衝進裡面，以打破《健力士記錄》的快捷速度，在驚慌失措中匆匆擦身了事。像14K這樣講義氣的男知青，常常會挺身而出，充當護花使者：當男間那邊沒有別人時，他們會站在外邊幫忙四

處觀察；當裡面有別的農民男人在洗澡時，覺得不對勁便會及時走進去實地監察，以防破洞上出現的眼光會灼傷女知青赤裸的身上那還缺乏磨煉的肌膚。城里來的人，都怕「狼」和「狼」的虎視眈眈。

女知青害怕「偷窺的狼」，更害怕「偷摸的狼」。

商馨本來就對這荒山野嶺的環境，十分害怕，再加上這大草房，是男女混集在同一個棚架上。她要求14K，把「床」，搭在她的旁邊，萬一有事可以照應。才睡了幾個晚上，她就悄悄告訴14K，也告訴其他知青，她發覺，半夜睡夢中，似乎有偷摸的「狼」。於是，14K和商馨，在當天晚上，等到同房的民工們都安靜入睡了之後，便在漆黑中，悄悄地從他們倆緊連著的兩個蚊帳中，互相調換了床位。那天，夜半兩、三點的時分，14K醒來，感覺到有一隻爪樣的東西，輕輕地、緩緩地摸索著，從他的腳下摸了上來。漆黑中，他還感覺到有團東西，從腳邊的樹枝棚架下，慢慢地爬了上來。他看不清楚那東西的形象，只感覺出那是一團緩緩騷動著的東西。但那模糊的騷動很實在，像在他腿上摸著的狼爪一樣的實在。一下心臟怦怦地跳，緊張得如同抨擊一般，這緊張讓他的睡意煙消霧散──是熊，還是狼？！。

他按捺住，他屏著氣，全神貫注，專注留意：一動不動地等待著，靜靜地去感覺著那團騷動的影像的準確位置。等到那爪樣的東西，摸上了他兩腿之間，明確、刻意、放肆！他，抽腿發力，對著原來在漆黑中估算出那團騷動的東西，那東西的位置，猛力地、狠狠地，一下發力、一腳踩擊！

那黑影，那一團，淒厲嚎叫一聲，叫得悽慘！慘叫得撕心裂肺一般！叫得痛苦，叫得絕望！那黑影，從床尾的樹架上，瞬間摔跌了下去──摔跌在地上。摔得，倒就真像，一隻被重挫了的狼。那狼，無望，難堪！

14K順手一張，手電筒一亮，被子一翻，扯下蚊帳！他挺身躍起，沒有阻攔、沒有怠慢！驚詫著的他，從床尾探頭往下看。他想看看──那狼的模樣！

在電筒白光照耀下，14K看到的不是狼。他看到的是一個人，趴在地上，低著頭、捂著臉，在低聲地呻吟──那是一個男人，是一個農民。當這男人抬頭對著手電筒的亮光時，14K驚訝地看到──那竟然是村長『開天大爆』，他的嘴角上還流出了血。『開天大爆』這時也詫異地發覺，從床上蚊帳裡爬出來的居然是14K，先是一下子目瞪口呆，用手捂著嘴不知所措，隨即，惶恐不安的神色，很快被惱羞成怒的情緒所代替，他把口裡

的血吐在泥地上，站起來對著14K開始破口大罵：「操你媽的腿！你這個死畜生！你……你……你媽的腿伸這麼出來幹甚麼？！我在過道上走路都被你踢到！操你媽……你媽的腿！」

在過道上走路，都被你踢到！！？？

14K知道，這只是，『開天大爆』的狡辯——那團騷動的東西，明明已經爬到自己的床上！那隻騷擾的爪，明明摸在自己的大腿上！

『開天大爆』，咪咪媽媽一輪嘴！連串的咒罵、罵出口水——「你錯我對！」「你媽的腿！」「你媽到底怎麼睡」？！

14K也一邊回敬著『開天大爆』，一邊留神躲避著『開天大爆』謾罵時從口裡噴射出具有殺傷威力的口水——那是深紅色的血水！只是短短的一陣子，當同房的其他村民，還沒來得及完全醒來，還未清楚明白發生了甚麼事，他們倆，就已經各自收聲閉嘴，回床去睡。不再爭辯錯與對，不再追究誰和誰，也不再爭論誰和誰的腿。

因為他們倆，在驚魂未定之時，無法估算出，繼續把事情鬧大是否有什麼好處。當時的中國，不像現在的三藩市，14K若指控『開天大爆』，故意摸了他的腿，一個男人摸了另外一個男人的腿，沒有人會明白、沒有人會當真，也實在沒有人會在意。哪個男人，會喜歡撫摸醜醜的14K那醜醜的腿？

『開天大爆』，心知肚明，滿口鮮血的他，當時沒法，向睡眼惺忪的村民解答——「14K床上的腿，又是如何會踢到他過道上的嘴」？！

『開天大爆』，心知肚明，滿腔怨懟——14K與商馨，暗中串通，成心作對！操你媽的腿！你鬼鬼祟祟！調床裝睡？騙我犯罪？你，你媽的腿！你敢要我摸你的腿？摸完還敢一腳踢破我的嘴？！！」

『開天大爆』憤憤不平，心有不甘，暫且吞咽下血紅的口水，卻就是徹夜再也不能入睡……

14K這狠狠的一腳，打壞了『開天大爆』口裡的一顆牙齒。他口裡的牙齒本來就殘缺不全，往後更加口沒遮攔！他，一定要為此向14K追究。他，便從此千方百計，要找尋機會去向14K報復。這報復，來得意外地迅速，也意外地激烈，竟然會令到14K痛不欲生，心燒怒憤……

〈57〉開天慾搏

森林中南海　淫亂敗壞盡獸行

愚昧小白豬　告14K犯姦淫

　　露天噴水按摩池裡的水熱乎乎的，14K的故事也動蕩激烈，就像從池壁噴射出來的熱流，翻滾激突。小香港提議與李傲坐上池邊，讓水柱衝擊按摩放進水裡的小腿，也讓熱燙的肌膚感受一下清爽涼風掃拂的快慰。遊艇頂層橋樓居高臨下，坐在凸起的池邊，可以隱約俯瞰遊艇外漂流的海水，讓人猶如在夜霧海面上，凌空飄進。黎明前的黑暗特別黑，水池裡的射燈把水照亮，在周遭的漆黑的包圍烘托中，池水的光亮，特別明麗耀眼，水霧蒸汽，在這光耀中昇騰。圍攏著這向外擴散的光照和騰昇著的熱氣，李傲和小香港，恍若聯想到，人們在寒冷的深山野外圍攏著篝火取暖的情景。

　　李傲和小香港，一直靜靜地聽著14K在講故事，講他自己的故事，講『開天大爆』的故事，講商馨的故事。儘管14K的故事，渲染著他個人的強烈情緒、誇張表述、甚至主觀成見，李傲和小香港都感受到14K真切的創傷。他們倆沒有多說話，也許也插不上話，這故事既荒誕又殘酷，既可笑又嚴肅。對於在大學裡讀人類學的小香港，這好像是在聽著，這個樣貌像似尼安德特人的14K，在講遠古的故事，在講那些生存于於太古時代更新世的穴居人在使用舊石器工具的年代的故事。聽著『開天大爆』相似類人猿那種粗野獸性的行徑，小香港總會想著那三百萬年前的猿人『露西』，想著她曾經帶領人類站了起來，想著她那被解放了的雙手。小香港不太理解，為甚麼14K和商馨不像她自己那樣，用『露西』為他們解放了的手去掌摑那污猥的豬頭——那在她的印象中雷同豬樣有著稀疏牙齒、總流滴

著污穢的口水、總是在呱呱嚎叫的豬樣的頭。

14K說,在中國那愚昧荒唐的年代裡,『露西』解放了的手的使用權和使用自由,是屬於共產黨幹部的。

14K說,他用了『露西』解放了的手,卻惹來了殺身之禍……

被14K踢了一腳的村長『開天大爆』,有很多理由恨14K,他恨14K出身不好,不是工農子弟。他恨他多管閒事,恨他喜歡為知青出頭。他恨14K夠膽藐視他的威嚴,因為假使他罵著要向14K吐口水,14K馬上會在地上撿起塊大磚頭。他恨14K竟敢在這荒郊野嶺中,讓他這隻野獸遇著另一隻野獸。

當然,『開天大爆』更恨14K踢掉了他的一顆門牙,讓他一張嘴、那嘴就像崩堤之後──讓口水無法自控地噴出、氾濫成災──氾濫著惡臭。

但其實,噴口水並不怎麼礙事,毛主席滴著口水也照樣接見國賓貴客。

農民生產隊長,就是農村的土皇帝。毛澤東也被西方學者稱為農民皇帝,但毛皇帝除了床上的事大大小小都要指使別人去做;農村的土皇帝就大大小小所有的事都自己一手包辦。沒有他的允許,知青不能生病,不能去市鎮買東西,不能從水庫回村,不能請假回城探親,將來任何情形之下都不能調回城里。西方人不理解中國的戶口制度,不理解沒有戶口竟可以讓像孫志剛這樣的大學畢業生在當今的中國都被活活打死。而在當時的年代裡,沒有戶口更就沒有生命:沒有戶口,就沒有糧食和其他所有生活必需用品的配給,沒有工作的權利,沒有居住的權利。如果期待在某一天可以回城再跟爸媽一起生活的話,不想把刑期不定的流放立刻被改判為無期徒刑的話,流放到農村受共產黨土皇帝改造的城市知青都要忍聲吞氣,盡可能忍受獸性的羞辱。

膽敢以牙還牙,「廢柴對廢柴」的14K,當然已經被『開天大爆』私底下判了終身監禁,只是他們倆對這都心照不宣。

被判無期徒刑、終身監禁的除了冒犯皇上和不俯首聽命的情形之外,還有很多別的情形。除了由於偶爾像14K的那種固執不懈的「堅強獸性」,更通常的是由於一時疏忽的「軟弱人性」。

這「軟弱」跟「人」和「性」都有關。

『老坑』有不少農民少女,在重男輕女的五千年歷史的傳統裡,她們

不值錢，再長大一點就要被父母把她們「嫁」到遙遠村落中某個從來素未謀面、但出得起令父母滿意的價錢的男人的家裡。所以，父母在向她們將會嫁去的男人那裡拿到金錢補償之前，她們在家裡要儘量以繁重勞力來補貼父母「浪費」在她們身上的米飯錢，她們從小就開始照顧弟弟妹妹，打水燒飯，洗衣挑糞，種菜養雞，放牛放豬，上山砍柴等等。除此之外，她們最喜歡做的事，是來到男知青的房裡嘻嘻哈哈，因為見識不多的農村女孩們早早已經發覺一個顯而易見的事實──城市來的男人比她們身邊的男人都斯文，比將來父母「賣」她們嫁過去的男人都斯文，她們因此期待這「嘻嘻哈哈」會改變她們的命運。

『老坑』也有不少成熟年長的單身農民男青年，他們值錢，但沒有錢。家裡沒錢，父母辛苦奔忙也為他們「買」不到老婆。他們除了種田耕地以外，甚麼家務都不用做。他們最喜歡跑到女知青的房裡來聊天。只要女知青的房門沒有關上，他們甚麼時候都會溜進來。通常，由於幾個知青才分配到一兩張條形板凳，凳不夠坐時，這些溜進來閒聊的年輕男人，還要坐到她們的床上。農村男人沒對孔老夫子的禮義廉恥有多少的認識，對直腰合腿的斯文坐姿更加沒有認識，在女知青的床上，坐著坐著，伸個懶腰，就會躺下來。男人總是在床上躺得自然自在、好像不知不覺；而女人總看著就渾身不自在、以為那挑逗的意味實在太明確。這些農村男人們都沒讀上幾年書，可以交談的話題很有限，嘴巴不靈便用眼睛來說話。他們也期待這看著看著，會看出自己將來不同的命運。

男的、女的知青，都可能默默地成為了農民們內心性趣傾向所關注的目標，但男女知青本身卻不敢關注性，也沒有性趣的目標。

男女知青們都很清楚，在孤獨寂寞的荒野中，儘管這輕鬆的嘻笑和那含情脈脈的眼光都很珍貴、都很寶貝，然而這嘻笑和眼光卻都包藏著比那孤獨寂寞更可怕的現實，蘊藏著的是殘酷的殺氣。只要人性有一點點的軟弱，理性一分一秒的迷糊，就會鑄成終身大錯。儘管正負磁鐵都發揮著無限的吸力，僅存的一點戒備意識作用於磁體分隔的空間，擾亂著吸力，固執頑強地隔離著他們。只要哪一方一不經意抵抗不住磁性吸力的誘惑和考驗，只要正負磁體不幸吸貼在一起，這就造成了永恆的交合，永不分離。對於知青來說，這永恆，是災難，本來漫長的流放就瞬間變成了無期的徒刑，知青也就只能從此永遠被扣留在這深山荒野中，在荒野中生根開花。這些花，是令城裡的父母們傷透心的那些在荒野中生下的兒女，看著苦命的他們在叢林中長大，看著苦命的他們與苦命的她們自己一起從此在無邊

的苦海裡浮沉掙扎⋯⋯

不幸,人不是猛獸,人都軟弱。這分秒之間的軟弱,令無數的知青被判了無期徒刑,在荒野中渴望一點溫暖,一點喜樂,一點關懷,這渴望令他們在邊遠的鄉村裡生兒育女,開花結果,讓他們年輕的生命,從此在五千年文明歷史的後續上點綴些他們關於『露西』的閑聞軼事。

『老坑』,有這樣的一戶人家,顯然當初雙方的父母們在對兒女婚姻的曾經的買賣交易中,沒有太多考量結婚雙方的和平條件,令到身材健碩高大的年輕女人嫁上了個年長矮小的男人,體力強弱的位置顛倒,破壞了傳統權力分配的平衡,引起了家庭的暴力革命。按幾千年的中國文明歷史中的傳統習慣,農村裡的男人總是對身邊的女人隨意大打出手,好像花了聘金買來的老婆就是出氣的沙包一樣,好像打著那「沙包」就可以把當初父母為他們購買「沙包」的聘金成本打出來填補損失一樣。但違背了歷史傳統的婚姻中男強女弱的習慣的這對夫婦,因著這怪異的女盛男衰的搭配,十幾年來的「沙包」戰役卻總是勢均力敵,戰火不息,他們常常從家裡打到街上,從街上打到村外。在這打打殺殺的戰役中,他們的一個女兒成長起來,已經十三歲。父母熱火朝天的戰事令這小女孩失缺照顧,也早熟。她小小年紀便喜愛戰爭環境,膽大心野,常在男人堆裡打滾胡混。她跟村裡不少男人都有過親密的關係,據說跟村長『開天大爆』和治保主任都有那樣的關係,因著這些與權力交融的關係,她那忙著自己打架戰鬥的父母也就對她無可奈何。村民們給這女孩起了個名字,叫『小馬達』,說是她跟她週圍的男人都不停地轉來轉去,鑽出鑽進,就像一觸電就「轉」和「鑽」個不停的馬達一樣。男知青都很怕這位野性的『小馬達』,因為她又大膽又熱情,怕她的大膽和熱情會判了自己死刑,對她都有特別的戒心。但『老坑』一個只有十七歲的男知青,儘管對這十三歲的女孩有足夠的戒心,卻對她那三十三歲的母親,那從與老公打架鍛煉出來的旺盛精力、和只能與老公打架而缺乏做愛的旺盛情慾,缺乏戒心。城裡來的年紀輕輕竟然還沒有碰過女人的他,遇上農村裡年紀不輕卻在渴望等待碰撞男人的她,男女超強勁的正負磁力吸引,模糊了理性的界線,鬆懈了褲子的約束,屈服了引爆起來的熾烈肉慾的誘惑,他就那樣糊裡糊塗被她引誘上了床——初試淫蕩。她四十多歲的老公也打了十幾年架,絕不肯放過他,拿著鋤頭和開山刀從村頭追到村尾,誓言要砍死他。幸好這知青的老爸也是共產黨,而且這小子時常從城裡拿來點小禮物送給農民弟兄,甚麼精裝毛主席語錄啊,毛主席掛像啊,毛主席像章啊等等的。還有,幸好這個暴烈而落落寡合的農民是這村裡最不受歡迎的男人,而他那年輕力壯又開放

好客的老婆倒是這村裡最受歡迎的女人，而且村長和治保主任都跟他女兒有染，他早已成了村中「惡勢力」的眼中釘。故此，青年農民們便自發組織起來，早晚進出都陪伴著這個偷吃了禁果的男知青，以免他慘遭不幸被「五馬分屍」。最後，『開天大爆』還特許他請假回城三個月避避風頭，條件是男知青回村時要從城裡為他帶雙新布鞋回來，那年頭共產黨員索賄的胃口並不大。

這瘦弱文靜膽小的男知青——關係多多，不怕偷吃禁果，還要「吃」上惡人的老婆。壯實粗狂大膽的14K——卻是麻煩多多，不敢偷吃禁果。

『老坑』村邊的另一邊有一片禁地，大約有村子佔地一樣的大小。相傳跟這村的風水有關，幾百年來任何人都不允許在裡面動土砍樹，裡面長出參天大樹，雜草叢生，就像原始森林一樣，沒有正式的路徑。蛇虫鼠蟻多，而且巨大，連蚊子都有蟑螂那麼大。村民平常絕不會走進去，而女人未經允許更不能走進去，以免破壞風水。村民給它安了個名字：『中南海』——影射像毛主席和共產黨頭頭住地那樣壁壘森嚴，又埋藏著很多不為人知的秘密。

不敢偷吃禁果的14K卻膽大妄為，經常偷空走進去探秘，百無禁忌。

就這樣，獵奇探秘的狂妄，最終令他對『中南海』既愛又恨，因為裡面總讓他看到他一生從沒看過的怪畸事，但同時，又總讓他看到他最不應該看的痛心事。

事緣當初，剛到『老坑』插隊的14K，頸項上總戴著一條小金鏈，上面掛了個小小的黃金十字架，是他母親從外國帶回來給他的，說是要保他平安，已經戴了好多年。這金十字架，總讓14K掛念著當時在國外謀生的母親，讓14K在孤獨寂寞中也有著寄託。這小金鏈，一直都在他身穿的衣服裡面蓋藏得好好的。但來到『老坑』不久，一次不幸被治保主任意外看到，當即一手就把金鏈從14K的頸項上扯了下來，還嚴詞斥責道：「這是迷信！這是資產階級的東西！」在那個年代裡，只要聲稱一個人搞迷信，大家就可以成群結隊地衝進那人的家去抄家，然後逼他戴上高帽遊街示眾，低頭認罪。聲稱某個人是資產階級便可以把他關進「牛棚」裡，然後把他活活打死——就像國家副主席劉少奇和其他成千上萬的中國人的遭遇一樣。

但14K就有一股牛脾氣，他不服氣，誓言要奪回母親送給他留念的金鏈，因為這金鏈聯繫著遠隔重洋的母子倆人的心。但人稱『榮軍』的治保

主任，是復員軍人，高大威猛，而且是村裡唯一有槍又可以隨身攜帶槍械的人，不是好惹的人。14K只好耐心等著機會。不久，14K留意到，這治保主任，經常帶著他的AK47步槍，走進『中南海』那片森林禁地裡，覺得奇怪。據村民說，他帶了槍，不怕鬼怪，他到裡面，是巡查狩獵。14K跟蹤了他好幾次，終於發現他有一次在那裡與十三歲的『小馬達』鬼混。可惜，『小馬達』的父母忙著自己打仗吵鬧，不會理會『小馬達』的事，張揚這醜事也威脅不到『榮軍』。因此，14K決定等到下次他搞上別人老婆的時候才向他攤牌。

不過，這次意外的收穫，也在14K的心靈裡，造成一種負面的影響，總令他心猿意馬，神不守舍。畢竟，這居然是14K有生以來，第一次看到赤裸裸的女性的身體——『小馬達』那赤裸得令人震撼的身體——那黑白分明的肉體。自此之後，每當『小馬達』閑來沒事溜進他的房間裡逛逛，或者在任何地方遇上了她，甚至僅僅看著其他任何的一個女人，14K的心往往就會跳得特別激烈，快得相當可怕，震撼得難以羈控。14K驚訝，他抨擊悸動的心跳，像似要把他的胸腔都敲破；他火燙的激情慾望，恍若要把他的理性頭腦也烘燒粉碎。14K悔恨，這每次心跳火熱之後，他的手又會不規矩，不規矩的手又讓他發洩，發洩後他手臂上的「恥」字彫刻，為了懲罰自己對慾望的軟弱投降，一如既往，又會被刻上了新的一刀。這一刀，刻出血，刻得他痛苦喊叫。

有一次，14K在『中南海』守候著『榮軍』的到來，卻意外地窺見村長『開天大爆』，拉了個正整天鬧著要回城看望生病的母親的女知青到叢林裡面來，很粗魯地把那驚慌失措、躲躲閃閃的女知青推跌在草叢爛地上，撲上去，壓著她，脫光了兩個人的褲子，急不及待就從她的背上爬了上去，上上下下就在她的身體上磨來磨去，正像14K少年時代在鄉下『新塘』的山崗上看到那一隻狂動的公豬爬在另一隻被動的母豬的背上，匆匆忙忙地做起他一直以為毛主席不會做的那件醜事。儘管這豬般的狂動，又讓他想起聖潔的毛主席，他這次卻無心再去為捍衛毛主席他老人家的神聖而四處奔忙。誠然，他也怒火，他也生氣，他甚至內疚。他怒火『開天大爆』的獸性，他生氣那女知青的懦弱，他內疚他自己躲在那裡的無能為力。他在內心激烈地辯論了好幾天，在這漫長的幾天裡，他嚴正地告誡過他自己，只要那女知青顯露出一絲一毫的提示，他就會毫不猶疑地幫她出頭向村民揭露控告村長的醜行。可惜，他悄悄地觀察了那女知青好幾天，卻不能確信她有要投訴的打算，儘管察覺到她一直恨惘失神、悶悶不樂，但碰上14K和其他人竟然還裝作若無其事，居然還能勉強地禮貌笑笑。不

明就裡的14K儘管心急如焚，卻愛莫能助。幾天之後，這女知青走來向知青們一一告別，說她要回廣州照顧生病的媽媽一、兩個月，臉上又勉強擠出了笑容，勉強之中顯現了一點被解脫的輕鬆。大家向她道別，眼睛裡閃現多多的同情，腦海中卻瀠動著點點疑問——「為甚麼這次『開天大爆』會發慈悲心，讓一個知青請長假？」

14K自己，卻沒有疑問。他知道，那是因為，「公豬與母豬鬧革命」所作的好事。

從那時候開始，14K再沒有見到過她。大家好像也都忘記了她。14K倒是覺得奇怪，那『開天大爆』也再沒有提到過那失去了蹤影的她。

漫長的幾個月過去了，有知青突然想起她，別的知青開始偶爾談起她，漸漸開始覺得奇怪，開始議論紛紛。14K這時，才悄悄地把他在『中南海』森林裡目睹的情景，告訴了幾個跟他最要好的知青，趁機提醒他們，要小心野蠻獸性的村長，還特意提醒女知青們，要小心千萬不要上『開天大爆』的當，不要被他拉進那陰森淒厲的『中南海』。14K還特別叮囑他最要好的知青朋友——未來小香港的媽媽——商馨，去防範『開天大爆』，提醒她，如果遇上任何威脅逼迫，馬上知會他，他隨時會為商馨出頭，狠狠教訓修理『開天大爆』。商馨聽了，當然高興，還堅定地宣示，她心早有準備，作為一個多年來一直無依無靠的少女，她漂亮的樣貌從來就為她造成許多麻煩，令她一直都面對著很多意圖佔她便宜的權貴色狼們的威逼利誘。不過，她又信誓旦旦地說，她有倔強的個性和獨自求生的經驗，絕不會為一點點方便而出賣自己的靈魂和肉體。而且，她對『開天大爆』這種人，厭惡鄙視，恨之入骨。

一次，14K發現，『榮軍』拖著一條牛，走進『中南海』森林裡。他想，機會來了：這治保主任，從來都不用放牛；而且放牛的人，也從來不會走進『中南海』。這治保主任，一定是用這來作為掩飾，約了哪個農民的老婆來這裡胡混？看來，這是他向『榮軍』要回他被搶去的金鏈十字架的大好機會。為了慎重起見，要有人證物證，他特意拉來另外兩個還從來沒有到過『中南海』裡面的男知青，要有證有據地抓住『榮軍』「亂搞男女關係」的把柄。他們幾個知青，急急忙忙地走進了『中南海』，在大樹草叢中，躡手躡腳，蹲伏行進，探查動靜，四處尋找治保主任的蹤影。誠然，他們在開始的一段時間裡，一無所獲。四週到處一片死寂，陰森可怖的樹叢、濕滑雜亂的荒草，加上緊張焦灼的氣氛，對第一次到這裡來的兩個「陌生人」，心理上，造成劇烈的壓迫感，令他們似乎喘不過氣來，確

實分分秒秒在考驗著他們忍受力的極限。受這情緒的影響，14K當時也開始有點猶豫不決，思疑是否應該就此無功引退。正當大家正猶豫著是否要放棄之際，忽然，意外地，他們聽到了陣陣「牳牳」的牛叫聲。喜出望外的他們，到處張望，迅速巡查確定牛叫的方位，靜悄悄地順著聲音的方向，摸索過去，終於看到不遠處一棵大樹邊的雜草之中，『榮軍』站在那裡對著那條牛，正默默發獸。這時的他，好像正在忍耐著一種心靈的激戰，顯然在緊張地思索和等待著甚麼。機會來啦！14K隨即示意其他兩個知青，向四處仔細監視，留神避免『榮軍』正在等待的那個農婦走過來的時候會碰見了他們這些在偷看的不速之客。『榮軍』在那裡痴獸地站著，等待了十來分鐘，可能等得十分的不耐煩，開始頻頻作出一些急躁不安、挫折心煩的舉動，突然變得更加急不可耐，轉眼間，便把他自己的褲子一下都脫了個精光。機會到啦！知青們都欣喜若狂，頻頻互相點頭示意：他們竟然估算得如此分毫不差，『榮軍』這次確實就是約定了某個膽大包天的農婦來這裡肉搏纏綿，戰事也就迫在眉睫、即將爆發！好！千載難逢！14K用手向外邊四處指指示意，提點其他兩個知青，跟他一起把注意力放在搜索那個大膽淫蕩的農婦的身影，說不定馬上粉墨登場的某個妖艷女人也像『榮軍』一樣早已迫不及待，光著屁股就飛撲出來！

　　等著、看著，看著、等著。

　　突然，他們又再聽到牛的陣陣叫聲，而且叫得特別響亮刺耳，好像是哀哭嚎叫的樣子，驚訝莫名的三個知青，即刻都捨棄他們對光屁股農婦的顧盼搜索，馬上向榮軍和牛的位置轉頭察看，以為也許那個萬眾期待的農婦，竟可以從天而降，而且定是徹底完全的赤身裸體，把牛都嚇得魂飛魄散、驚叫起來！

　　可這一看之後，被嚇倒的卻不是牛，被嚇呆了的卻是這三個知青他們自己：光著屁股的治保主任，這時用木頭墊高在自己腳下，正爬在被緊緊綁在樹幹上的母牛的後面，拼命劇烈地在搖動。人在喘氣、牛在嘶叫，人牛都在抖動！

　　剎那間，在14K的腦海裡又閃現過一隻豬俯伏在另一隻豬身上的情景。那是動物在野草山崗上「鬧革命」的情景！

　　「天啊！他……他……他竟然在強姦這條母牛！」他們三個知青都同時有這樣震撼的知覺！驚訝瞬間過後，他們都不約而同地向治保主任和牛衝了過去……

不用說，治保主任在這事發生之後不久，便把他搶去的金鏈十字架還給了14K，而且從此沒有再刁難任何其他知青，也在知青與村長的鬥爭中，再沒有出來撐護過村長『開天大爆』。

更不用說，在『中南海』發現了治保主任姦牛這獸行，也為年少的14K的知覺造成了更多的傷害。極力不想偷吃禁果的他，據說從那時候開始，不單見到『小馬達』這類水性楊花的農村少女會心跳得厲害，就算見到牛、羊、馬、狗、豬，他的心都會跳了起來。在沒有娛樂、沒有情愛、不能有慾望但卻只能見證獸慾的世界裡，14K 憋得像隻被獨自困鎖在籠裡日夜發情的動物。

1967 年，在「動物園」裡憋了整整一年的14K，以為有機會做一次一個真實的人——去愛。

但猿人『露西』替人類解放了的手，她替14K解放了的手，放錯了地方，反而令到他被共產黨追殺。

當時，『老坑』裡十來個城市知青中有大約一半是女知青，14K喜歡助人為樂，終於感動了其中一個內向、個子細小、少說話但多要求的女知青。她名叫「白珠」，人確實白淨可愛，卻不像「珠」那樣玲瓏精巧，倒是傻裡傻氣，知青和農民都叫她『小白豬』。14K幫助『小白豬』挑水、種菜、砍柴、跑腿，和所有其他粗重工夫，無所不幫。日久情生，他們開始一起幹活，然後開始一起煮飯、一起吃飯。久而久之，吃完飯還要坐在一起，還要坐得歡歡喜喜。一個只顧開懷談天，一個只能含羞覰覷。14K的大嘴巴無所不講；『小白豬』的大眼睛，盯著14K直直地看。14K講出熱情，『小白豬』看出真情。

一個寒天的晚上，『小白豬』同房的女知青回廣州去了。他們倆，在溫暖的房間裡，還在講講、看看。這時，檯上的蠟燭，被從門縫吹進來的風颳熄了。14K和『小白豬』都同時站起來，要找火柴點火，卻在漆黑中碰撞在一起。這一碰，產生巨大的能量，就像次原子對碰機裡的兩顆期待已久正迎面狂奔而終於迎頭相撞的原子粒，碰出了引力子，向新空間迷遊出去！

14K把手緊緊地抱在『小白豬』的背上，『小白豬』把手輕輕地搭在14K的腰間。

他們就這樣一動不動地貼身站著，在感覺的新空間裡，感覺與身體，

都好像在激烈地震動。他們站著，站了很久。站立中，他們感覺著震動，感覺這震動的他們，感覺了很久。14K，感覺著他胸前那堆搔癢的彈性；小白豬，感覺著她胸前那道溫暖的堅定。在他們各自的感覺之中，14K還是抱在『小白豬』背上的手越來越堅持不動，『小白豬』已經從14K腰間掉下來的手越來越顫抖。14K感覺到『小白豬』的顫抖從她的手上漫延到她的身上，從她的身上漫延到她的頭上。在漆黑中，他感覺到她的頭開始在激烈地晃動，而這晃動開始顫抖出了她的哭聲。說真話，14K這時也特別想哭，因為他也感傷，他也激動，這人生差不多二十年的辛苦中，今天才一嘗甜蜜的激動。是激動的顫抖，顫抖出更多的激動。但『小白豬』顫著顫著，顫出了怒火；哭著哭著，哭出了憤慨。14K越來越感覺到不對勁：這不是他理解的那種顫慄，那也不是他要哭的那種情緒，這顫動越來越厲害，那哭啼越來越大聲，越來越多的憤慨。

糟糕！那會讓別人聽到！讓別人誤會實在不好！

她哭的聲音太大，他內心難以抵抗懼怕！

一下子，他放開了『小白豬』，找到火柴把蠟燭重新點亮。房間中的黑暗頓然消失了，『小白豬』的顫抖還是持續著。亮光中，『小白豬』淚濕的臉上，充滿哀傷，充滿憤怒。

亮光中，14K的眼睛，看著『小白豬』的眼睛，14K的眼睛流露出一個個疑惑的問號，『小白豬』的眼睛燃燒著無數憤慨的感嘆號！

「你──你……你為甚麼要這樣？！你為甚麼竟敢要這樣？！你要負責任！你要負全部的責任！你……！」『小白豬』一邊大哭，一邊指罵不休。14K很吃驚：這『小白豬』說話一向都沒有這麼大聲，她從來講話也沒有這麼清楚！她從來不怎麼笑，但從來也不會哭，內向含蓄的她，現在竟然哭得狂野開懷，沒有顧忌，沒有節制！

一向膽大妄為的14K，當下卻驚慌起來，忙著一邊安慰『小白豬』，一邊體貼地詢問：「怎麼啦？先……先不要那麼激動。你哭得稍微太大聲了點。先靜靜。你哭……哭甚麼？負甚麼責任？」

他也擔心，他令小白豬精神緊張，情緒激動，是有點責任。

『小白豬』就是不理會，繼續高聲哭叫：「你為甚麼要這樣做！你要負全部責任！」

「全部責任？」14K知道的責任只有一點──讓小白豬平靜，怎麼還有很多的責任？

「負什麼責任？」他輕聲地問，問得認真。

「你要負全部的責任！我懷孕了怎麼辦？我懷孕了你要負責！」她大聲地追問，發洩著怒憤！

懷孕？我的雙手都在你的背上，我們的衣服都在我們的身上！還沒打開過你的衣衫！還沒見識過你的胸膛！

「懷孕？」14K莫名其妙，驚慌地問，問得落魄失魂。

這時，他既要擔心農民聽到『小白豬』的嚎叫，對他會產生那水洗不清的誤會，又要擔心，這『小白豬』本身這傻裡傻氣的誤會。他要安撫她，要向她解析⋯⋯

但性教育，是一門艱巨的課程，西方人全力以赴，從小學生入手，加上家長的熱心幫助，媒體的大肆渲染，才千辛萬苦地讓小孩子稍稍有一點點對性的基本認知。

這艱巨的工作，在這激動的氣氛中，在這失控的環境裡，在這短暫時間的逼迫下，讓這個通常只擅長習慣胡言亂語的14K去進行，實在太荒唐可笑，太悽涼無望。

『小白豬』當然也是一句話都聽不進去，越吵越厲害，越哭越大聲：「我懷孕你負責！你出去！你滾！」

14K這時緊張、焦急、無奈、愛莫能助，期望可以先息事寧人，只好從她的房間馬上「滾」了出去。

滾出來的14K，一眼就看到，外面早已站著幾個在寂寞無聊的村莊裡早悶得發慌、期待尋找新聞趣事的農民弟兄。

14K驚訝，張大了嘴巴。農民嘴裡不說話，眼光好像在罵，心裡卻嘻嘻哈哈、樂得開花。

第二天，『小白豬』還在不停地哭。她斷定自己已經懷了孕，恐懼著馬上要被指控「亂搞男女關係」，擔心很快要被抓去坐牢，恐怕從此永遠不能回城見她的爹娘姐妹。她哭著向前來問候的農民「交代」，她哭著跑去向村長「投訴」。生活得粗野，經歷過粗野，喜好粗野的農民們，當然都相信14K粗野地強姦了『小白豬』。他們只喜歡、只接受『小白豬』這有著粗野想象的故事的版本，因為他們高興這原來落落寡合、與他們格格不入的城市姑娘現在變得像他們一樣的粗野，粗野得好玩和激烈。

一直仇視14K的村長『開天大爆』，當然反應得最激烈。

『開天大爆』，一聽完『小白豬』的投訴，馬上高興激烈地大叫：「毛主席萬歲！萬歲！萬萬歲！」然後不問情由，跑來指著14K的鼻子就聲嘶力竭地叫罵道：「操你！操你媽的腿！」

他接著命令治保主任把14K抓起來。但這治保主任一向與村長互相鉤心鬥角，而且又被14K抓住把柄，欠了14K一個人情，這時故意左推右擋，不願意執行村長的指令。

『開天大爆』當然心憤不甘，從村裡罵到村口，從早上罵到晚上。

之後，他便一次又一次地跑到公社領導那裡去告14K的狀。

不久，對14K不利的傳言越來越多，14K與『開天大爆』的關係越來越緊張。情勢逼人，劍拔弩張。

之前，『開天大爆』一直都對商馨要去香港探父的申請不理不睬，還要因為商馨的家庭成份對她百般羞辱，這一早已經讓同病相憐的14K對『開天大爆』憤恨鄙視，多次在衝突中已經差點大打出手。如今，再被『開天大爆』誣告天大罪名，14K實在是憤慨難平。他每天都在看著自己曾經被『露西』解放過的手，在盤算著這手如果再被解放一次、再毫無約束地發揮一下它的威力的話，可能會引起的嚴重後果……他盤算著假使『露西』再憤然站立起來，往後那陌生崎嶇的路應該怎麼地走……

在這事發生後的整整一個月裡，他痛苦，他掙扎，他失措，他常常跑進『中南海』，在森林荒草叢中仰天叩問：這世界為甚麼總是這麼殘忍，這麼不公平，這麼絕情？他握著從頸上拿下來的金鏈十字架，想著自己那已經從外國移居回來在廣州鄉下孤苦伶仃地生活的母親，想著他會在這野蠻人的國度裡將來那永恆的流放，想將要面臨那像似九死一生的監牢勞改生活，他越想越氣憤，越想越瘋狂。瘋狂而憤慨的思潮中，他把手中的小十字架抓得用力，抓得疼痛，抓破了皮肉，抓出了血。最後，經過連日的思想鬥爭，在一天的傍晚時分，在『中南海』裡又經歷了長時間的苦思冥想，他終於下定決心：他要逃亡！要逃亡去香港！

唰的一聲，他站起來，堅定了自己的意念，匆匆忙忙就要往外走出『中南海』。

但這『中南海』總是讓他見到他不應該見的醜陋。他簡直不敢相信這絕對不可能發生的事，也絕對是他不應該看到的事，居然要在他永遠離開『中南海』這敗壞獸行的地方的最後一刻，竟敢還要發生在他的眼前，迫使他再見識多一次共產黨的卑鄙醜陋：正當他意氣風發地往外飛跑出去的

時刻,他居然驚訝地碰到了『開天大爆』,正拖著近來被自己的白痴愚昧搞得失魂落魄的『小白豬』,拉拉扯扯地往『中南海』裡拖進來。頓時,他怒火萬丈,他不需要看清他們將要去「做甚麼」,他也不要等待再弄明白這一切是「為甚麼」,他就馬上衝了上去,揪著『開天大爆』,邊吼叫著便拳打腳踢,狠狠地把他揍個半死。然後,他一句話不說,撇下血流披臉的『開天大爆』,一眼不瞧那個早被嚇得目瞪口呆的『小白豬』,便徑直飛跑回村,匆匆拿走剩下的一點錢和幾件衣服,避開公路,在田間小道上,奔逃了一個多小時,在一個村落的知青朋友那裡躲藏了一個晚上。第二天一早,天還沒亮,他就開始趕路逃跑,在朋友的幫助下,通過迂迴曲折的路徑,逃回了廣州附近的鄉下『新塘』,打算在那裡先暫時藏身個把月,然後計劃探聽路徑,在龍門縣『老坑』那邊的共產黨追殺到來之前,從速偷渡去香港……

「『開天大爆』後來怎麼樣了?」小香港這時突然發問。14K遲疑了一下,小香港的問話顯然擾亂了他講述逃港計劃的興致,他感到有點詫異,即刻瞇起眼睛,衡量著小香港的心思,內心還在嘀咕著:為何你倒不問問你媽媽商馨怎麼樣?

「『開天大爆』?」14K試探著回應小香港:「那是 1976 年的事。」

14K說,在 1976 年,中國發生了很多事。這些事也許都令『老坑』的農民傷心,但最傷心的是村長『開天大爆』。

年初,『開天大爆』所熱愛的共產黨裡的一個領袖——國家總理周恩來死了。據說,毛澤東不喜歡他,不讓他治病,他被折磨死。所以,熱愛毛澤東的『開天大爆』並不那麼傷心。

年中,北京附近的唐山遇上了歷來罕見的特大地震,死了三十萬像『開天大爆』那樣的窮苦農民和工人。誠然,『開天大爆』這幾十年來見證的死人實在太多,這也沒有令他多傷心。

年底,毛主席死了!『開天大爆』倒真要傷心!他極度地傷心!

共產黨教育他和其他十億人民:「翻身不忘共產黨!幸福不忘毛主席!」

他翻了身,從數代貧苦農民家庭出生一翻身就翻上了土皇帝這寶座,儘管還是那樣的貧窮,但可以一嘗向別人臉上吐口水的過癮。他幸福,共產黨讓他有不少免費服帖的女人去發洩無盡的獸慾。起碼可以報復那坐在村口磨爛屁股都不願跟他行房的老婆。他空白的頭腦裡沒放過多少東西,

當然不會健忘，所以他忘不了共產黨、毛主席的好。

待他這麼好的毛主席死了！他傷心欲絕，他難以置信！這絕對不可能！他喊「毛主席萬歲！萬歲！萬萬歲！」喊了幾十年，喊得真切，喊得動情，喊了幾十年的東西本來都早變成了現實的真理，真理的現實。真理——不可能就這樣一下子被顛覆改變。他跟十億中國人一樣傷心，一樣悲痛欲絕。

心理學家宣稱有一種現象可稱為「奔喪效應」，說是就算互鬥仇視幾十年的家人相熟，在一方突然猝死時，備受敵視逼迫的另一方，僅僅因為仇視的情緒長期壓抑的突然意外釋放解脫、因為驟然失去仇視的對象、因為仇敵死亡意覺到生命的無常脆弱所產生的自我憐憫，令至感情和心理頓時失去承托力和平衡點，從而在服喪哀悼的氣氛中被感染觸動，出現情不自禁地對著殞逝的「仇人」痛哭流涕的現象。這種現象常常反映在共產黨國家國喪的期間，就算像斯大林、金日成、毛澤東這樣的獨裁暴君，曾令到無數國人生不如死、家破人亡，但在他們撒手人寰之際，就算仇恨他們的國民都頹然落淚，引起舉國上下的悲慟共振，大家都哭得呼天搶地、日月無光。

心靈頓然失去平衡也都會僅僅為著空虛和無明而飲泣悲慟，何況死了的是『開天大爆』迷戀著的毛澤東？這隕落的巨星是曾經帶給他所有快樂和溫暖的紅太陽，他知道失去這太陽的世界裡，連像他這樣的總是向著毛太陽團團轉的向日葵都會凋零枯竭。他痛苦，他痛哭。他痛哭了好幾天，哭得連「奔喪效應」都要因為他的哭的狀態而重新改寫！歌頌了幾十年的「永遠不落的紅太陽」卻頃刻間跌落昏暗大地上，嗚乎哀哉，恰似天崩地裂。「爹親娘親不如毛主席親」！比爹娘都親的毛澤東猶如是父母階級裡的太上老君，驟然駕崩就恍若三代爹娘、九族尊長片刻裡都同時一命嗚呼，令『開天大爆』悲痛欲絕，搥胸頓足，嚎啕大哭。他先發起村民為『毛爹娘』的哀事披麻戴孝，全村盡孝舉哀。可惜，他心有餘而力不足，當時既由於村民們都一貧如洗，沒人有多餘的錢去購置麻布衣料，又惟恐觸犯不許搞封建迷信的幾十年來的禁令，他便只好擅自從知青那裡拿去了幾件黑色衣褲，剪開做成黑袖章，責令並監督村民和知青都要日夜戴上，以表達對驟然隕落的巨星的效忠哀悼。

為了要主持村裡悼念毛主席逝世的追悼會，他不眠不吃地準備了好多天。他有很多話要向毛主席講，要向村民講，他嘔心瀝血地準備好一份冗長悼詞，不停背誦熟記，以便到時可以慷慨陳詞，抒發對『毛爹娘』的

悲悼之情。一天接一天，他都在默默地哭泣，默默地懷念著他的爹娘毛主席。村民們都不敢打擾他，不敢跟他說話。一天又一天，他變得憔悴，他筋疲力竭，他精神恍惚。越來越像那渴望與太陽永遠在一起卻又再也看不到太陽的向日葵一樣，開始凋零落索、悲淒慘淡。

　　在追悼會開始時，村裡的大喇叭放起悲慟哀傷的輓歌樂曲，他站在臺上默默無言，泣不成聲。站了好久，他的情緒仍然非常地激動，非常地悲傷。竟然，在這難以制控的激動中，他再也不記得他辛辛苦苦地準備了幾天幾夜的那些要宣泄的心裡話，在那快要崩潰的神經撕裂中，他把本來背誦得滾瓜爛熟的悼詞忘得一乾二淨。但是，此時此刻的他心潮激蕩，他深愛毛澤東的強烈情感在驅策著他，無論如何他都要為對毛澤東的哀痛悼思而高喊一些情真意切的話！他還要帶領著大家去悼念毛主席，感謝毛主席的恩，惦記毛主席的愛，要帶領大家喊得真切，喊得激烈！確信無疑的是：在共產黨賜予他新生命和權力之後的這幾十年裡，無論是在鬥爭階級敵人或是在歌頌毛爹娘的群眾大會上，他總是會慷慨激昂、聲嘶力竭地振臂高呼出一系列震天動地的口號，無休無止的村民大會讓他無休無止地叫喊了好幾十年，隨時隨意他一排排口號衝口而出，馬上就會引來群情洶湧，當即便爆發出群眾那震耳欲聾的回響。是的！就是要那樣的激昂，就是要那樣的響亮！哪怕忘記了哀苦傷感的悼詞，哪怕吐不出衷腸心曲，他有情真意切的口號！爹親娘親——毛主席最親，爸好媽好——毛主席最好！關於爸媽他有好話，關於毛主席他有好話，爸媽——毛！——最好！　他從小沒有媽媽，故此他每天都喊別人的媽媽，毛主席就是他自己的爹媽！只要聲音喊的夠高，群情就會像淘涌波濤！情緒火燒激爆時他都喊叫那一兩句最熟悉的口號，毛……媽媽……好！於是，他在憤激高昂的情緒中，集合了平生所有的力氣，舉起手來，高喊呼出一定要喊、確確實實會喊的話來：

　　「媽！——操你媽——」他想停，但情緒和思潮都在奔騰：「——你媽的——」

　　哽住了。衝口而出之後的他，馬上意識到這關於「媽媽」的日喊夜喊的那句話在這場合裡有所偏差，便急中生智，順勢轉口喊出他平生另一句最熟悉的喊話：

　　「毛主席——毛主席萬歲！萬歲！萬萬歲！」

　　一直在焦心苦待、激動哀傷的村民的情緒被壓抑得太久了，這下都得到了解放，馬上跟著他便也都振臂高呼：

「毛主席萬歲！萬歲！萬萬歲！」喊得投入，喊得熱烈。

『開天大爆』相當滿意自己呼喊出的情感和聲量，興奮驕傲這下的帶領喊出了的效果，喊出了的熱潮，便再帶領著村民繼續高喊：

「毛主席萬歲！萬歲！萬萬歲！」

「毛主席萬歲！萬歲！萬萬歲！」村民們又跟著叫喊。

他喊得激情火爆，喊得就十足他名字那樣的『開天大爆』，他沒有在意第二次叫喊中村民跟著呼喊的聲音變得稍稍低沉稀落。

他再握緊右手拳頭，把身彎下，然後讓上身隨著拳頭從下往上拋上去，用盡了吃人奶、吃狼奶的力氣，再嘶聲喊叫：

「毛主席萬歲！萬歲！萬萬歲！」

「⋯⋯」

奇怪！怎麼好像沒聲音？他這下沒聽到村民的聲音，好像沒有人再跟著他去叫喊，只是都在木然地看著他，僅有一些嘈音和騷動。

他以為自己喊得不夠響亮，又來高叫：「毛主席──」

「嘿！嘿！」他聽到聲音⋯⋯別人的聲音？！

「萬──」他停了停，還沒「歲」得出來⋯⋯

「嘿！嘿！」是保安主任『榮軍』的聲音：「嘿！閉嘴！」

「萬歲──」『開天大爆』勉強把這兩個字從嘴裡吐了出來，嘴裡也同時吐出了他的口水。閉嘴？你真他媽的！他自己也覺得詫異，從來沒有人敢叫他閉嘴⋯⋯

他憤怒地盯著打斷了他的『榮軍』⋯⋯

「萬歲？你媽的什麼『萬歲』？現在人都死了，你他媽的還喊『萬歲』？」台下有人這樣罵道。

「嘿！他是反革命！」『榮軍』對著村民們高呼：「毛主席才剛剛去世，他竟在喊風涼話！他是在嘲弄偉大領袖毛澤東！他是現行反革命！」

村民都像『開天大爆』一樣地愣住了，如夢方醒，都立刻在腦子裡回顧剛剛發生過的情景，檢討見證了的那激烈的一幕幕。

「他！他反革命！他嘲弄我們最偉大、最正確、最光榮的領袖毛澤東！他竟敢喊叫甚麼『操你媽的毛主席！』真膽大包天！他還狼心狗肺！

在毛主席去世後大喊『毛主席萬歲』！喪心病狂！嘲弄毛主席長生不死，誣蔑毛澤東沒死，不死，在顛倒黑白！在造謠誣蔑毛主席和共產黨！他在這莊嚴神聖的儀式上放狗屁！他是階級敵人！他反黨反政府！把他抓起來！」

「是他帶領我們叫喊的，他用心惡毒！他是反革命！抓他！」有些村民也開始醒覺，馬上要跟村長『開天大爆』和他的政治立場劃清界線，以免大禍臨頭，後患無窮。

「抓起來！」治保主任『榮軍』知道這是他報復村長千載難逢的好機會，也得勢不饒人。

「對！抓他！他媽狗養的！抓他……！」更多的村民在附和起鬨。

「他惡意中傷黨和毛主席！把他抓到公社黨委那裡去！」保安主任邊說邊跑回家拿出他的AK47步槍，鎮住幾個還想為『開天大爆』爭辯的他的家人，指揮村民把『開天大爆』五花大綁綁了起來，當即押送去鎮上公安局。

由於這是嚴重的人為政治事故，是嚴重的政治犯罪，『開天大爆』就這樣被白白關了好多年。

〈58〉人肉餐宴

吃人北京人　５０萬年文明前
人肉大餐宴　文革悲劇又重現

「熱愛毛主席的『開天大爆』真的因為喊了『毛主席萬歲』便要去坐牢？」

聽了14K的故事，小香港這時興致勃勃地追問他。

「那有甚麼奇怪的！？在我們那荒唐得偉大的年代裡，如果你不經意踩到誰丟在地上的毛主席像章，你就可能被抓去勞改。兩千年前孔子儘量不要踩到地上的螞蟻，是仁人之心，不想殺生。但兩千年後，我們要儘量不要踩到地上的毛主席，卻是反過來要讓自己避免殺身之禍。世界轉來轉去都差不多，不然我們怎麼需要用五千年那麼多的時間去在我們吹噓自傲的文明裡轉來轉去？」

「這當然奇怪呀！我以為那村長他是因為搞了你的『小白豬』才去坐牢的呀！」小香港看著講得苦口苦臉的14K，開起玩笑來。

「『小白豬』？無知又無奈的『小白豬』在中國多得是。」14K裝作若無其事的樣子。

李傲也被小香港的話逗得笑起來。但對著坐在Jacuzzi另一邊顯得有點尷尬的14K，李傲覺得有點不好意思，便轉過頭，笑著向船外朦朧夜色遠處的燈光看過去，那邊正閃爍著隱約可見的澳門城市的輪廓，遊艇不知不覺已經緩緩地駛入了澳門水域。

「哎，『開天大爆』的口水有沒有吐到你的臉上？」小香港似乎對這個村長蠻有興趣。

這時的14K也在定神看著遠處的澳門燈光，好像沒有聽到小香港的問話。

「哎！你知道嗎，」小香港加重了一下語氣，恍若要把14K的注意力吸引回來：「你那『開天大爆』可能繼承了我們遠古祖先文明的傳統，喜歡『口水噴畫』的藝術。」

『口水噴畫』當然比『小白豬』過癮，這話題新鮮，14K聽了，也就把頭轉回來，含笑盯著小香港，看她要胡扯些甚麼。

「在法國拉斯科岩洞裡發現的舊石器時代的壁畫，已經有一萬六千年的歷史，考古學家認為，那是用『口水噴畫』的技術畫成的──是古人用嘴向石壁吐出夾雜著色料的口水噴塗而成。你那『開天大爆』村長，可能有那些祖先們的遺傳基因。」

「那說的也是，」14K的勁頭來了：「舊石器時代的藝術基因我們當然多不勝數。我們那年代的學生，看了不順眼的人就會往他們身上吐口水，毫不留情。口水要著意混合從鼻孔和喉嚨輸送來的色艷味濃的『顏料』，而且，還要比賽看誰吐得遠，吐得準，吐得有力。同學、老師、『階級敵人』，都是我們的目標。我們那年代被共產黨搞得很淒涼，童年時幾乎沒有任何一個玩具，玩吐口水可能是我們最快樂、最普遍的遊戲。」

「中國人的口水好像特別多，隨時隨地都要清理一下似的。連毛澤東會見尼克松時的會客廳裡也為大家擺放了好幾個痰盂，尼克松一定見識過中國最高級的噴塗藝術。」李傲刻意說得誠懇認真。

14K笑開了大嘴巴：「知道你想說甚麼了，你用心惡毒，明確地暗示隨處吐痰是中國人的國粹。」

「不是嗎？在中英談判的期間，據當時出席的女翻譯事後沾沾自喜地回顧陳說，當時在會議廳裡，中共鄧小平就故意在那裡放了好幾個痰盂，談不攏時，故意對英國首相戴卓爾夫人不理不睬，然後，突然當著她和其他來賓的面，向痰盂飛吐出蔑視的濃痰，把在場的人都嚇壞了……」李傲說得嚴肅認真，「所以，中國人的『國粹』──當面吐痰，不單只是別人臉上塗鴉的藝術、也是外交時具有相當攻擊力的銳利武器。據說，就是因為鄧小平那吐痰的堅定和傲慢的態度，還有那濃痰的威力，把戴卓爾夫人嚇壞了，剛從人民大會堂走出來，就跌倒地上……」

「那是『扑街』，中國人民興奮的，口水都可以打倒美英帝國……孫子兵法中有了新兵器……」香港中國人14K得意地諷刺著。

美帝國的白人克萊頓倒是怕怕，打了個冷顫——將來中美交戰，他恐怕要撐雨傘？

「14K，既然你得了這技巧的真傳，有機會讓你跟美洲駝比試一下，看誰吐口水吐得厲害。」小香港總喜歡拿14K來作箭靶。喜歡動物的小香港知道，美洲駝大概是吐口水吐得最厲害的動物。

李傲這時似乎覺得大家對『開天大爆』的絕技太過於熱衷關心，便突然對14K問道：「啊，對了，你打了村長就溜走了，那商馨怎樣了呢？」

小香港對李傲這問題感到愕然，臉色變得凝重了點，瞪著情人李傲。一個心念，在小香港的腦海中閃過：為什麼要提那個我不認識的女人？

「她的媽媽——」14K對著小香港，一不留神，衝口而出，馬上留意到小香港的臉色——嚴厲而具挑釁性的臉色，便立即轉向李傲，改口說道：「大上海的媽媽——商馨她……她，據說，後來不久也去了上海，好像認識了一個解放軍幹部，後來就在上海生下了大上海。我去了香港好幾年後才回大陸跟她聯繫上。後來在香港，我還認識了你的公公商業和他的老闆——你的爸爸——科恩伯格。再過了幾年，商馨也來了香港，我們還一起做點生意……」

「那你的『小白豬』去了哪裡？」小香港插話，似乎不想再聽14K去講她的「媽媽」——大上海的媽媽。

「她……？」小香港的問話滿唐突的，一向刁鑽的14K這一時之中也「刁鑽」不過來。

「對呀！你看你手上的刀傷，就知道你很需要她。」小香港一邊指著14K搭在水池邊的左手手臂上的刀痕——那些為懲罰自己慾望的刀割傷痕，一邊刻意提高點聲量說：「你這麼痛恨共產黨一定有你的理由。」

小香港說得有點前言不搭後語。14K起初也有點不知所云。

「理由？那當然有。」14K審視著小香港，試圖領會她要問的問題：「共產黨和毛澤東，其實，他們令人痛恨的地方是『掛羊頭賣狗肉』，說一套，做一套。」

「那我就明白啦。我還以為你恨他們讓你失去了你的『小白豬』——那可以讓你抱上一小時抱著就可以懷孕的性感姑娘，原來你恨他們自己抱著隻『大白豬』，卻還要搶去了你的『小白豬』。」神情平定了下來的小香港那漫不經心的嘻笑又堆在臉上。

「你真聰明。你老哥大上海見你這麼聰明一定會喜出望外。」14K的刁鑽也開始浮現：「這叫做『專制獨裁』和『欺騙』。比方說，李傲把你關起來，不讓你見其他男孩子，然後他自己卻靜悄悄去跟別人鬼混，看你傷心不傷心。」

「我當然不傷心！我才不在乎『掛羊頭賣狗肉』。我羊頭狗肉都不買，我去買菜，去吃素不就得啦──去找個女朋友回來抱抱就行啦！」小香港說著便得意地向李傲打了個挑戰的眼色，然後繼續對14K嚷道：「你真白痴！誰叫你跟毛澤東談戀愛，信他是美女天仙。又不去讀歷史，毛澤東的伎倆是從他讚頌的太平天國叛亂首領洪秀全那裡搬來的──洪秀全號稱是耶穌的弟弟，要他的信眾禁慾，男女分離，自己卻擁有八十個二奶。毛澤東禁止你們去談情說愛，自己卻跳舞偷情，難怪他多玩幾個女人就令你們咬牙切齒，妒嫉傷心！」

「毛澤東傷了我們的心，也讓我們清醒，」14K總是樂意與小香港鬥嘴：「我們現在上大陸都左擁右抱，共產黨人他們自己和我們都一樣嫖得瘋狂，誓要向毛主席討還公道，傷他老人家的心。啊，倒是要提醒你，留意看著你身邊的李傲，現在大陸妹都很美麗溫柔，不像你那麼神氣粗曠，她們不像你和你的『露西』那樣的原始粗野。」

「又來賣弄你的道聽途說，我剛才聽到了，你整天把『露西』搬進你的『小白豬』的故事裡，」小香港越講越興奮：「你懂個屁『露西』！告訴你啦，關於猿人的歷史，你們那年代的人只知道『北京人』！」

14K看看旁邊的李傲，他只是在會意地微笑，便繼續講：「『露西』是你的寶貝兒，提她是為了對你的胃口。」他說著再瞄了瞄李傲，緩和了點語氣，問小香港：「對了，聽你老哥說，你原來讀『考古學』，後來改讀『人類學』，不玩骨頭化石了，當初有甚麼不可告人的動機？」

「我知道！我來給你答案！」李傲興高采烈地插進來：「她是要避免『中非大戰』！」

「『中非大戰』？」14K迷惑不解。

「是啊。我才不要參與骨頭世界大戰。」小香港降低了點火氣：「西方學者對非洲的『露西』情有獨鐘，根據她和她弟妹的骨頭來推斷人類的祖先來自非洲。但這有違中國的文化傳統──標榜人類中原發源地的慾望，他們拿著兩顆『元謀人』的牙齒，要來拼個你死我活，誓要證明中國是人類的發源地。恐怕不久，中國的『元謀人』和『北京人』會聯合起亞洲的『

爪哇人』，去跟非洲的『露西』和『唐娃』來個世紀大會戰，決一雌雄，看誰的骨頭夠硬，看誰死得早！」

李傲試圖向14K補充解釋道：「照理說，非洲是勝算在握，『元謀人』的兩顆牙齒很難勝過『唐娃』的腦殼和腦袋，更何況，『露西』有腦殼和全身的骨頭，單是數骨頭數量就贏了幾條街的距離，年紀時間又再贏多了一、兩百萬年，勝負按常理是一目瞭然。」

「勝負不是定於常理，『北京人』可能懂『孫子兵法』。」14K裂開嘴巴在笑：「我看『北京人』會贏——北京人多的很。去大陸遊覽的外國人都知道：去南京看石頭，到北京看人頭。」

李傲和小香港只對著14K笑，沒有回應他這種沒有邏輯的東剪西接的胡言亂語。

「那你讀『人類學』有甚麼得著呢？」14K接著稍稍認真一點地問。

「有！」小香港「有」得斬釘截鐵：「『人類學』是研究人的進化與社會文化演變的關係。例如是，分析一下你這個『尼安德特人』淫蕩的歷史背景和社會因素，還有那令你瘋瘋癲癲的內在和外在條件。」

「我們瘋癲的所有因素是大陸的文化大革命，這本來就已經是一清二楚，哪裡還用你去費心分析？！」14K一點也毫不在乎。

「文化大革命令你瘋癲？」小香港和李傲都很詫異，「你不是已經偷渡去了香港了嗎？」

14K這時用手掌，在 Jacuzzi 噴涌著的水面上，發力向前衝推出去，水飛濺到池邊五尺外的圓弧形的沙發上。然後，他收斂了臉上慣常的嘻皮笑臉，向李傲和小香港講起他從『老坑』逃回廣州後所發生的事，講到他如何心驚膽跳地見證了一個史無前例、瘋癲殘忍的文化大革命。

話說，為了躲避龍門『老坑』那邊共產黨的追捕，想方設法偷渡去香港，14K只是匆匆回鄉下看了看母親，便東躲西藏，先後分別住在廣州市的幾個朋友的家裡，與朋友商議找尋去香港的門路。他這時才意會到，大城市老早就已經陷入翻天覆地的大浩劫裡。通街都貼滿了各色各樣的大字報，到處都是脖子上掛著稱他們是狗、是禽獸、是牛鬼蛇神、是禽獸不如的渣滓的大牌子的人，頭上戴著高帽，被拖出來遊街、示眾、鬥爭。他們被迫長時間站立在鬥爭他們的人的面前，彎身低頭，忍受他們的辱罵指控

和拳打腳踢，有時甚至加上吐口水、淋屎尿、擲石頭。女教師、文人、音樂家、藝人還被剃光頭，扯爛衣服，被當眾盡情侮辱折磨——那些禽獸不如的折磨。

聽著香港中國人14K的憤慨申訴，想象著那掛在被摧殘的人脖子上把他們罵為「狗」甚至是「禽獸不如」的牌子，美國香港妹小香港的腦海裡又出現了那個傳言影射華人跟動物有關的『華人與狗，不得入內』的牌子。一個是外國人拐彎抹角地影射華人與狗有關的那個不知道掛在哪裡的牌子？另一個是華人自己直言不諱地謾罵華人是狗的那個讓華人戴在脖子上的牌子？腦子裡有著點困惑：怎麼好像中國人做事才直接了當，西方人卻倒似迂迴曲折？

14K說，紅衛兵按著毛澤東的呼喚，到處闖進民居抄家劫掠，打著「破四舊」的旗號，把知識分子的珍藏書籍、學術手稿、金銀器皿和其他值錢的東西都一掃而光。從北方和全國各地湧來廣東鬧革命的紅衛兵，還一批一批，強行住進民居，免費吃喝玩樂，把民眾搞得家無寧日，卻又敢怒不敢言。

14K說得激烈，小香港卻聽得平淡。兩千多年前的秦始皇早就懂得「焚書坑儒」，毛澤東也很欣賞他。而且她覺得，中國歷史裡，有哪個暴亂黨羽不是從來就打著「劫富濟貧」的旗號去打家劫舍的呢？共產黨也以『打土豪，分田地』的口號把土地從地主那裡劫去分給民眾，只是三、五年後來個大躍進、人民公社，又再把分了的田地全部重新收歸己有，自己成了新地主。貧苦的中國民眾歷來都喜愛崇拜「革命英雄」，而「革命英雄們」更歷來就喜愛憨直無辜的貧民百姓，喜歡跟他們玩起眼花繚亂的魔術變戲法，大家似乎有來有往，似乎情投意合，無傷大雅。四百年前，連清朝之前的女真族人都懂得強行入住中國民居，既可探知民情、便於制控，又可解脫房屋短缺之困。只是被搞得雞犬不寧的中國居民往往會使用「水井落毒」一招來發洩不滿。當今城市裡已經沒有水井，自來水代替了井水，紅衛兵騷擾民居，居民不滿也是無可奈何，敢怒不敢言是理所當然。

14K卻越講越激動。他說，那些曾經愛國愛黨的知識分子，或者早已是被折磨得剩下半條人命的過氣地主資本家，甚至本來耀武揚威的共產黨幹部，這時都要面對殘酷無情的鬥爭，常常還是滅絕人性地被迫夫妻互鬥，子女父母互鬥。然後還被丟進牛棚過豬狗畜生的生活。正可謂「家破人亡，妻離子散」，大批不能忍受被「傷害感情」和傷害肉體的民眾跳樓、上吊自殺。

14K說，他每天在街上馬路隨意走走，就會目睹一幕又一幕的淒涼慘狀，那時他還只是一個十六歲的青少年。14K還補充道，那年代連國家主席劉少奇夫婦都被毆打鬥爭，一介文人教授學者吳晗都被迫自殺，鄧小平的兒子鄧朴方也被迫跳樓摔至終身殘廢……

李傲卻說，以人道立場來考量，他很同情這些被殘害的人。但從佛法的角度來衡量，這些人的遭遇都離不開因果報應。劉少奇是共產黨暴政的一分子，又是暴力革命因果循環中的一個犧牲品。吳晗不僅是一介學者，他一早就選擇了共產黨，是共產政權裡的一個市長，也參與了對平民手中的文物珍品的劫掠。而鄧小平更在五零年代的反右運動和八九民運中害死了不少人。最可憐的是那些沒有選擇過、沒有喜愛過共產黨而卻不得不在共產黨無休無止的內鬥中受苦受難的平民百姓，他們的痛苦往往只是因為他們是中國人。

14K沒有理會李傲的因果報應論，繼續講述文革瘋癲對他幼稚心靈的傷害。他說，那時城市裡的各派勢力開始分裂出不同的派系，為著他們所愛的老人毛澤東大打出手。從互相辱罵吐口水到拳腳交加，繼而是用木棍石頭，再來就是大刀手槍，最後更是大砲加神射手，到處處在人民戰爭的火海之中……

小香港覺得那也好像是歷史重演，只是對象不同：一百年前美國人在南北戰中為了「要與不要黑奴」而打得你死我活，一百年後的中國人卻為了「愛與不愛毛澤東」而打得日月無光。這好像在說，西方人要爭的是道理，中國人要爭的是情侶……

李傲卻又加入了一點他個人的因果論的新演繹：說是，也許中國人，一直迷情於數千年來的結黨謀亂，又以慘烈的國內戰爭中仇殺自己中國人來奪權問政，然後在韓戰中助紂為虐、不宣而戰、對聯合國軍大開殺戒。這種一直以暴力殺戮來宣示政治訴求的行為，也許，這種「因」所造成的「果」就會是——暴力殺戮者演變成為被暴力殺戮的對象。人在殺敵人殺得瘋癲過度的時候，常常會開始殺起他們自己的人來。暴力革命最終也會「革」到他們自己的頭上來——因果循環，有來有往。

14K還是憤恨不平，說那時候的派系衝突，最終還發展到把抓到對方的仇敵用以極刑，挖眼睛、挖心肝、吃人肉，鄰旁的廣西省還有「人肉宴」。14K責問道，難道這也只是冥冥中的因果定數？

李傲聽了這些話，在水池裡閉起他的眼睛，沒有回應14K的問話。他

的心，心裡感到沉重。有心研讀佛法的他，這時想到的是，佛法中的人生八苦，他意覺到是否佛陀冥思時漏了一個「慘不忍睹」之苦。

小香港不喜歡深思，也不習慣沉重的氣氛。這時看到李傲在閉目靜思的樣子，她主動答話說，她不懂李傲的因果報應的理論，她也不知道因果循環不循環，倒是類似的歷史事件會常常循環不止。她說吃人肉也沒有甚麼大驚小怪的，無知又瘋狂的人其實跟動物沒有多少分別。她說，有人類學家和考古學家認為，五十萬年前的『北京人』是吃人肉和人腦的一族，而幾千年前的商朝就有人類最早的祭人行為，秦朝也有活埋文人、生人陪葬的風俗。她說，就算到了十七世紀，明朝末代抗清明將袁崇煥，因借用皇上賜予的尚方寶劍，私斬了另一名明朝將軍毛文龍，被皇上問罪，判死分屍，北京人也蜂擁搶購他的屍肉內臟，伴酒生吞。

香港大陸人14K從來沒聽過小香港剛剛講的這「北京人吃將軍」的故事，故此對共產黨又有新憤恨，埋怨共產黨令他沒讀到多少書，對歷史過於生疏無知。他告訴他們倆，他在廣州文革的恐怖日子中熬了兩年，然後找到機會，在一九六九年與朋友一起逃亡去了香港。他說，目睹了文革的瘋癲仇殺和迫害，他少年的心變得冷酷麻木，流血和死亡，從此在他的心靈裡再不會引起膽顫心驚的恐懼。往後在香港生活的那段日子裡，香港人都常常稱讚14K這個大陸仔膽色過人，敢作敢為，但14K心裡卻明白，那只是在大陸太多血腥和死亡的經歷，扭曲了他的人性，讓他常常變得好像猛獸一樣的冷血和癲狂。

對於美國人小香港，發生在文革浩劫中的慘況，或者共產黨建國後的多次嚴重失誤所造成的慘絕人寰的人命傷亡，也許只是，『露西』在中國人那五千年文明中又兜多了個大圈圈，或者是，中國人又意外失足掉進了『北京人』在北京周口店的洞穴裡，再次失落纏綿了短暫的一陣子。

小香港的『露西』兜圈圈和『北京人』洞穴理論令李傲感到好笑，讓他自己從14K講述派系仇殺的沉重困擾中掙脫出來。他不經意地在 Jacuzzi 裡用手向14K潑了一下水，好像是要把糾纏的意念潑走，又好像是要引起14K的注意。水濺到14K臉上，也濺到小香港身上，於是，14K和小香港都不約而同地向他看了過去。

「哎，考考你，這也與你有關，」李傲滿臉興致地對14K講：「你知道那明朝袁將軍是為甚麼被北京人吃掉的嗎？」

「你的情人不是說了嗎？是因為先斬後奏，用尚方寶劍殺了毛文龍。這都還用考？」14K毫不在意。

「你要小心啊！」李傲故意煞有介事地說：「想想看，與你有關，袁將軍為甚麼要殺毛文龍？」

「與我有關？——開玩笑！」14K也輕鬆了起來，用斜視的目光盯著李傲，開懷地大聲笑著說：「中國歷代的官臣不就跟共產黨一樣嗎，天天不是你殺我就是我殺你，哪需要『為甚麼』的？開玩笑！」

「你小心啊，」美國的台灣仔李傲哈哈大笑起來：「毛文龍被袁崇煥立斬不赦的其中一條罪狀是『好色誨淫』。你回大陸小心不要淫得太過份，一不小心便可能成了刀下鬼！時光倒流，還會被人吃掉！」

「這怎麼可能。」香港華人14K，低頭看著滾動的水，若有所思，然後抬頭看著這個台灣仔李傲說：「你沒看新聞嗎？大陸有共產黨官員包養了一百五十個二奶，可謂淫出了世界記錄，淫出了華人的光輝。」當他說完剛把眼光再投向水面的一刻，似乎又馬上靈機一動，便隨即又抬頭張開大嘴巴，喜氣沖沖地挑戰起李傲：「對了！這次輪到讓我來考考你，知道為甚麼中國人現在淫得那麼瘋狂嗎？」

「白痴！」李傲勇敢地面對挑戰：「中國人有史以來都像你那樣喜歡淫，前陣子被共產黨憋得太辛苦了，現在來個『性慾大爆』。」

「淫得厲害是因為大陸有無數像你迷戀的那些農村少女——『小白豬』、『小馬達』！」小香港也來湊湊熱鬧。

「錯！錯！錯！都錯啦！」14K嚷得鏗鏘有力：「共產黨官員和中國人當今失控的世紀淫嫖，是因為沒人能管，是因為沒有人敢管！知道為甚麼嗎？」

「因為有像你那樣膽大妄為的嫖客？」李傲故作疑慮。

「你們真白痴！是因為沒有人敢管——淫業背後都有高官的撐腰，怕一不小心多管閒事得罪皇上，被處死不打緊，還要被『北京人』好像吃袁將軍那樣生吃掉！」

「你才白痴！你這麼反共，『中南海』的『北京人』早晚要把你吃掉！」小香港說著，好像發現了甚麼動靜似的，14K背後的樓梯間冒出個人影來，她趕忙示意14K：「快轉頭看看！那個『好色誨淫』的毛文龍來啦！」

〈59〉纏腳臭布

頭戴招展花　共產主義纏腳布

腳扭煽情步　資本主義探戈舞

「北京人吃誰？」毛毛嚷著，從Jacuzzi後面的樓梯走上來，後面跟著的是克萊頓。

「吃了袁將軍，都是為了你這個『好色誨淫』的毛將軍。」14K轉頭看到毛毛，便要挑釁他。毛毛和克萊頓都穿上了浴袍，有備而戰，顯然是要上遊艇的上層，來泡泡熱水。

李傲瞧著他們倆，饒有興趣：「你們玩了『粒子』還是玩了『孫子』？說甚麼『同慾者勝』，到底誰贏誰輸的呢？」

克萊頓臉上，掛了副淺藍色鏡片的眼鏡；嘴角邊，擠出點微笑：「誰都玩不了誰，太疲倦了啦。『狂喜』的能量，消散得七七八八，玩不了啦。」

「那也好，快過來浸浸熱水，」小香港見了他們倆，滿心歡喜：「這是我的體會，浸浸熱水，消除疲勞，身體暖和了，就容易從Ketamine的夢境中走出來。來吧，反正我們都浸夠啦，該輪到你們來享受一下。」她邊說，邊從Jacuzzi走出來，搭上大浴袍，坐在池邊的沙發上。

李傲也跟著小香港，從水池裡走出來，興致充盈地說：「跟孫子玩『同慾者勝』，一敗塗地，跟14K玩玩『同浴者勝』，會別有風情。來，克萊頓，下水與毛毛玩一下。」

光頭的克萊頓，像禿鷲那樣瞪大眼睛，盯著擦肩而過的李傲，玩味著他的話，似懂非懂，便扭頭走近噴水池，坐在池邊，把腿放進水裡，卻像

猛然想起甚麼來著，轉頭向著李傲和小香港，說：「啊，對了，船長來過我們的房間，要找小香港。他說，小香港的哥哥大上海盼咐了，今天離船前，找個機會，好讓小香港開開遊艇，玩個痛快⋯⋯」

「開遊艇？」

「是的，」毛毛在Jacuzzi的熱水中，抖了抖上身，抬頭看著沙發上的小香港，插話說：「你老哥自己也打過電話來，提到讓你開開遊艇，開心玩玩，說那是具有象征性的意義——乘風破浪，好意頭。將來你回去大陸，協助他做生意，也會一帆風順。他本來還想，安排時間來香港一趟，跟你一起玩開遊艇，體味一下『同舟共濟』的趣味，意義深遠。但這次事發突然，行程改變，時間太倉促，來不及了。他有點遺憾。」

「開遊艇？那一定很過癮！」小香港喜上眉梢。

「你當然高興得過癮，」14K裝出嚴肅認真的樣子：「你老哥卻『遺憾』得過癮，半夜三更不睡覺，還打電話來『遺憾』一番，神經早晚會出問題。」

「他是愛妹心切，樣樣關懷備至。我擔心我們三個人，早晚要玩起三角戀愛來。」李傲也忍住笑，話中有話。

克萊頓有色鏡片後面的眼睛，又在轉來轉去，不太理解這些俏皮話，只好一本正經地補充道：「船長還說，不用急，天亮後我們可先睡一覺，下午睡醒起來之後，告訴他就好啦，反正，遊艇就停在澳門碼頭附近，玩完遊艇，隨時上岸，過海關入境，都可以。」

「下午下船後，有甚麼節目？」李傲問，同時在小香港的旁邊坐下。

14K回應：「節目精彩，我先帶好色海淫的毛主席和克林頓總統，去辦點私人交易，讓他們倆見識一下共產黨的『一國兩制』的美妙，讓他們高興得神魂顛倒。」

「神魂顛倒！那我就提醒你啦，毛毛，這14K又有陰謀，想令你得意忘形，忘記你的師傅。倒不如，還是躲在酒店裡，去尋找兩眉之間的天眼，比較保險。」李傲提醒毛毛。

「對呀，別拿14K的話當真，『一國兩制』哪有美妙？我老爸說，『一國兩制』就等於『一夫兩妻』，不合理，不公平，不道德。」小香港漫不經心，補上一句。

「哈哈，」李傲笑了，「中國人好色多於好德，不然也不會傷透了孔

老夫子的心,聽到他痛心疾首地抱怨嗎?——『吾未見好德如好色者也』,這像似對當今中國人地方的中國人的情態的貼切寫照。」

「『一國兩制,一夫多妻』?」14K臉發亮光,看著小香港,說:「怪不得都說,你老爸像香港末代總督彭定康,真的一語道破天機!『一夫多妻』,是我們中國人的國粹。中國大陸的共產黨高官和港澳的大富豪,都明目張膽地實行一夫多妻制,視法律如無物,我們這些港澳小市民和大陸的小官商賈,也人人包二奶、三奶、四奶,情婦最多包養超過一百個,我們中國人能力過人,可以『一夫四妻,一夫百妾』,當然可以『一國四制,一府百政』。」

「好啦!閉嘴!」小香港打斷了14K的話,擔心他沒完沒了地胡扯下去:「數一下還有甚麼節目吧,數你們中國人有多少個老婆幹什麼!」

「是這樣的,玩完毛主席和克林頓總統的秘密玩意兒後,我會帶大家去見識澳門的旅遊景點一絕。」

「我知道,那是『大三巴』。」小香港又嚷嚷。

「你還是年輕幼稚了點,怪不得都叫你『美國小巴黎』。澳門回歸祖國母親的懷抱,祖國母親為港、澳這兩個私生子贈送了大禮物——那是刺激瘋狂的賭博跟跑馬。那是『馬照跑,舞照跳』。大上海的助手『黑洞』,在香港跟紅棍他們談完交易後,會過來澳門,帶你們進去『金沙賭場』的私人賭廳『禦區會』,見識見識大陸共產黨人到澳門的豪賭——那些賭徒有隨時輸掉三幾百萬元都臉不改色的英雄本色。然後,我就會帶你們去見識『跑馬』,帶你們去『沙圈跑馬場』,見識大陸出產的世界頂級馬匹操練,那是澳門觀光一絕。」

「什麼『沙圈跑馬場』?你講的是『葡京酒店』的『紅燈街』吧?」李傲盯著14K,邊思量著他的話,邊說到:「對吧?啊?那『葡京酒店』的『紅燈街』,也確實是澳門遊覽一絕景,也是中國的『國恥』一證——那些大陸來澳門賣淫的妓女,在葡京酒店的商場街不停地來回行走,像一群野馬在跑馬場被馴練一樣,讓世界各地的嫖客像觀看跑馬晨操那樣來盯看著走來走去的她們,然後好像賭馬那樣對挑選中的『馬』作出『投資』——把錢投放在選中的妓女手中,齊齊拖著心意中的『馬』——她們,上房去,等待『馬』賽的開跑。賣淫嫖娼本來是私人的事、個人的選擇,沒什麼大不了。但酒店刻薄,定規矩控制限定她們,要她們只能像動物那樣來回不停地奔走,不允許她們片刻的休閒或站立,逼迫她們喪失做

人的人格。據說，這規矩，是讓人感覺，酒店沒有允許嫖娼，因為那些妓女，只是像客人那樣，在走廊走動，沒有拉客……」

「沒有拉客！」14K歪歪嘴，有點氣怒，說：「對！『蒲京酒店』讓客人來玩、來『嫖』，讓妓女開房招待嫖客，酒店增加妓女皮肉費的一部分用來交房費的收入，交了房費、作為房客的妓女，卻不被允許『拉客』、也不被允許好像房客那樣在『跑馬街』停停、歇歇！真殘忍無良！把人當『馬』，喪失人格！」

「喪失人格的是共產黨！」毛毛又氣憤了，「他們利用賣淫女的血汗錢來增加外匯收入！」

「哈哈，見笑了，跟共產黨講人格？葡京酒店那些『選美馬』怎麼說大都還是自願的，儘管賣淫的營運的本身，受黑社會的操控。等你去大陸深圳、東莞，看看那些被關押逼迫賣淫的未成年少女，你就知道共產黨的無良遠勝過舊上海的國民黨時代。逼良為娼是最慘無人道的事！」14K說著，原來的笑臉已經變成了真情憤慨。

「一個國家可以這樣『慘無人道』，都是因為有你們這些無良的嫖客吧？啊？14K？」小香港不在乎14K的憤慨，故意挑釁他。

14K從來不在乎被挑釁，從容地辯解道：「嫖娼賣淫並不光彩，但慾望是人的生理需要，利用自己的身體去賺點辛苦錢，本來也是她們自己的選擇。這種交易就像『公共洗手間』，不會是市容的美景，但又不可缺少。」14K的笑著笑出了苦惱：「可是，可是一個國家利用逼良為娼去『活躍經濟，增加收入』，恐怕只是共產中國才做得到！」

喜歡嬉皮笑臉的14K變得嚴肅的時候，大家都不太習慣，常常一下子無言以對。14K見此，緩和一點，笑笑說出：

「哎，都是老生常談的啦，還沒聽說過嗎？——『淫業齷齪、公共廁所；逼良為娼、共產時尚！』」

「『淫業齷齪、公共廁所』？『逼良為娼、共產時尚！』？」小香港把14K的話重複著，惦量著。

「逼良為娼？大陸共黨官員還肆意縱容黑社會關押未成年或智障人員當無償奴工！」毛毛又要憤怒發飆了：「他們被黑社會綁架、禁錮、打罵，還要被迫在環境非常惡劣的條件下，一天連續不停地勞作十幾二十個小時，簡直就是過著非人的奴隸生活！」

「啊？『法輪功』，『忍無可忍』了嗎？」14K的臉色也是說變就變，又嘲弄起來：「『真善忍』的『忍』去哪了？啊？」

毛毛碰上機會，也常常發洩『忍無可忍』的情緒，他繼續發飆：「共產黨比國民黨更貪污腐敗一百倍，更黑暗無良一百倍，更血腥殘暴一百倍，他們有什麼理據推翻國民黨政府？他們有什麼理據繼續當政？」

對於信仰法輪功的毛毛來說，這共產黨地方的任何事情，都必定比全世界任何地方的任何事情多醜陋一百倍。

「好！說得好！那就讓你這『法輪功』豎立大旗，去打倒共產黨，去解放中國人民！好了吧？」14K還是不放過毛毛：「你們整天要跟共產黨過不去，怪不得共產黨要消滅你們。還說只是『氣功團體』，看你這樣子，整天怒氣沖沖的，有機會你們會像共產黨一樣喜歡暴力革命。」

「我們哪裡暴力過？」毛毛也氣憤了。

「共產黨有殺人放火的血腥暴力，」14K又得勢不饒人：「你們有圍堵平民家居的精神暴力。」

「14K，你在香港的地址在哪裡？」小香港突然插話道，還滿臉笑容：「告訴毛毛，讓他們去把你『暴力』圍堵一下，『精神』教訓一下你，活該！」小香港顯然不願意看著毛毛和14K繼續爭論下去。

毛毛卻火燒上頭，不太領情：「14K，共產黨殘暴迫害我們法輪功弟子，你還為共產黨說好話，正法時期到了，你們都會受到報應的！」

「嘿，只是隨便聊聊，言論自由，你詛咒共產黨就好了，不要詛咒14K……」李傲覺得毛毛有點過火，想讓大家平靜下來。

14K也變得溫和了點：「哎，這法輪功就是有這樣的德行，講講話就會詛咒別人，這也是恐嚇──精神暴力。算了，無所謂，反正你們的『發正念』也不見得有什麼功效，不然共產黨早就被你們詛咒死啦。我不會為共產黨說好話，但我總是有點看不慣你們，要挑釁共產黨這隻豺狼，被咬了就呱呱叫，你們是白痴愛哭哭啼啼的小孩嗎？」

「好啦，好啦。讓狼以後去咬你14K就好啦。哎，不是說『黑洞』要去香港談交易嗎？」小香港故意又要把話題岔開：「他單槍匹馬去香港與紅棍他們談判？不會有危險嗎？」小香港說著真的顯示出有點擔驚受怕的樣子。

「對，對。香港那邊會怎麼樣？」這是克萊頓在說話。他一直插不上嘴，現在有機會幫忙把爭論緩和一下，也儘量表現出認真和關注。

「不用擔心，賠點小錢了事，應該不會節外生枝。」14K儘管說得輕鬆，卻也像似有點憂心忡忡。他好像在低頭沉思著，邊自言自語：

「『黑洞』曾經多次出生入死、九死一生——」他說著，抬頭看著小香港：「『黑洞』，是你哥哥大上海的保安總管，軍人出身，上過戰場打過仗，當過武術教頭，手下有一班好勇鬥狠的人，替你哥哥和黑社會交手是家常便飯，滿身都是刀傷⋯⋯他，膽大包天，見死不眨眼⋯⋯死到臨頭還是勇往直前⋯⋯」

見死不眨眼？大家聽著都愣住，都沒眨眼。

「我們住哪裡？」李傲問得直截了當，顯然也想把這話題扯開。

「大上海都安排好啦，住澳門最出名的葡京酒店。」

「那棒極啦！真巴黎！」李傲不假思索，學著小香港的口吻說。

「哈囉！『真巴黎』、『真希爾頓』！是我的註冊專利，不要侵權噢！」小香港故意淘氣地對著李傲嚷嚷：「警告你噢！住『葡京酒店』不允許你下去看『跑馬』噢！」

「說得『真巴黎』！」14K又來嘻嘻哈哈了：「少擔心，李傲是不會用『公共洗手間』的。」

「DEPP你！講什麼鬼話啊！？」小香港倒很敏銳，馬上意會出14K的『弦外之音』，要投訴反擊，「DEPP你！你敢暗示我是他的『私人洗手間』？！」

「好啦。好啦。」14K顯然也厭倦了剛才的爭論氣氛，轉頭對毛毛說：「『真巴黎！』的是我們剛才講的『開天大爆』的故事，你們倆玩搖頭丸，沒開到天眼，為甚麼不早點出來聽聽故事？」

「對啦，你們不是說要講精彩的『開天大爆』的故事嗎？怎麼會講起吃人的事來？」毛毛這時也興趣滿臉。

「『開天大爆』是共產黨，是我跟大上海的媽媽商馨下鄉落戶時那地方的原始人，他跟吃人的事有關，因為他是中國歷史的一部分，我們講到『北京人』的吃人，北京人吃袁將軍，還有，大飢荒和文革的人吃人⋯⋯」14K說著，從水池裡走出來，看了看坐在一邊沙發上的李傲和小香港，便在他們對面的沙發上坐下來。

「聽說中國人現在還有吃人肉之類的，他們吃人的胚胎，說是很有營養，很補身的。」水池裡的克萊頓說著，臉上的惆悵跟眼上的藍鏡片一樣

的昏暗。

「大文豪魯迅早就說過：翻開中國的歷史，看到的都是『吃人』兩個字。」

「魯迅這點看得很透，共產黨很喜歡他，因為他罵國民黨罵得厲害。」

「共產黨喜歡他是因為他罵了共產黨奪權前的中國社會，罵那像似是人吃人的社會。可是魯迅他見識太少，沒命看到中國真正人吃人的年代。」

「對，他痛罵那像似吃人的社會，卻沒有機會去見識一下真正吃人的社會。」

「他可以罵國民黨，是因為國民黨還讓他罵，讓他躲在上海的外國租界裡罵。」

「有人認為，他留洋日本，對日本人很講友情，罵來罵去只罵國民黨和中國人，就沒罵過當時侵略中國的日本人。」

「毛澤東很推崇他，說他的骨頭最硬，沒有奴顏和媚骨。當然，毛奪權之後也說：如果魯迅還活著，他也不敢作聲了，不然已經被共產黨關在牢房裡了。」

「關在牢房裡！我不知道毛澤東原來也喜歡開玩笑，真風趣！魯迅在共產黨統治的中國裡早會被打死，不然他自己就早已經懸梁自盡的了。」

「毛澤東並不是推崇魯迅。共產黨喜歡利用一切人和物來作為宣傳工具，玩玩把戲。魯迅跟孫子一樣，被玩得如火如荼，高潮迭起。」14K這時說得興起，從沙發上跳了起來，滿臉春光。

「14K，看你得意成這個樣子，好像又見到『公豬跟母豬』翻身鬧革命一樣，小心你肉慾蠢動、又要往自己的手臂上再刻上一刀。」一直看著毛毛、李傲和14K他們一言一語地討論著魯迅的小香港，這時隨意插了句。

14K下意識地用右手在左臂上摸了一下，瞪了小香港一眼，沒理會她關於『公豬跟母豬』的事，嘴巴咧出了帶嘲弄的笑容，繼續說：「硬骨頭的文人都死光啦，不死的都會剩下半條人命。不然他們的骨頭都已經軟化成雜技演員那樣，不要說低頭鞠躬，他們彎腰彎到頭都可以從屁股底下伸出來。」

「對呀，頭從屁股伸出來，中國七、八歲的幼孩雜技演員，都可以有這種彎身折體的能耐，中國人高興看他們的這種天才表演，而我們西方人文化不同，認為他們是在虐待兒童，慘不忍睹。」克萊頓說得慍怒感傷。

「又是佛家的人生第八苦,五取蘊中的『色』之苦——慘不忍睹苦。」

李傲說得莊重。

「慘不忍睹?」14K右腳踏在沙發前的小咖啡檯上,右手手臂擱枕在大腿上,左手撐腰,臉色變得陰雲密佈:「最慘不忍睹的是硬骨頭文人老舍。中國赤化時他在美國大學講學,周總理把他『請』回北京去,當個作家協會主席。文革期間,老毛的婆娘江青,罵他是資產階級作家,因為他每天要吃一個小雞蛋,讓紅衛兵逼他跪在地上,輪番毒打了一整天,快將七十歲的人,竟被打得遍體鱗傷,血肉模糊,第二天他就跳湖自盡了。我們那年代的中國人像瘋狗一樣,把有良知的中國知識分子當作野狗那樣,無情殘忍地折磨至死!」

「Depp!操——你!我抗議!14K,不要肆意詆毀狗!狗就算瘋了都只會追著『野狗』咬兩口,不會把它『無情殘忍地折磨至死』!」小香港在呱呱叫,順便把雙腿都放上自己沙發前的咖啡檯上,舒展一下身體,含笑看看身邊的情人李傲。實在,小香港罵人常說——「Depp!」,這次可以「操」14K,也是過癮。

「如果……如果我們中國人忘記了自己怎樣像畜生一樣對待自己人……」14K邊說邊放下腿,橫跨兩步,站在遊艇的雷達拱橋底下,「如果我們忘記了千千萬萬的『老舍』是怎樣被我們這些整天想著去偉大、想著去當英雄的中國人打死……」說著,他抬頭打量了一下拱橋高度,「我們連基本的人性都沒有!」說完,他隨即稍稍下蹲,再發力躍身彈起,凌空一腳踢在七尺高的拱橋底面。

小香港又想抗議,本想告訴14K,畜生不會殘殺自己的同類!殘殺同類的是人!是你們中國人!不過,看到年過五十的14K,竟然可以跳得那麼高,有點詫異,只顧看著那拱橋上的雷達圓球搖動了幾下,沒敢作聲,擔心如果這時再刺激一下14K,他下一個驚人之作可能又一下彈起、躍身竟就徑直跳到海裡去!她抬頭看著拱橋上的雷達圓球,想令14K動氣蹦跳的那一連串「如果、如果」的假設,那「忘記」與「人性」間的關係,也試作深層的聯想:或許……如果……如果我也忘記了婆婆是怎樣被迫害死……如果忘記了公公又是怎樣受盡痛苦煎熬……如果忘記爸爸怎樣離開香港……或許……這些「如果」和這些「忘記」固然會令我過得輕鬆快樂一點……但是……但是我的人性卻可能就此被模糊……我的感覺可能就此變得麻木……

看到一向喜歡打情罵悄的14K動了真火,大家又顯得有點驚異愕然,

李傲著意緩和一下氣氛，站起來，伸腰揚手，好像若無其事：「沒錯，不能忘記老舍。魯迅的偉大是國民黨的功勞，國民黨他們容忍了上海的租界，讓魯迅在『華人與狗』的牌子附近找到安居之所，讓他挺著腰杆做個有骨氣的中國人，還像個人樣地去開懷吶喊……」說罷還雙腳並列，調息入靜，然後單腿橫跨，兩臂平舉，再屈身落掌，作出個「太極起勢」，再來個「野馬分鬃」，玩起了他的『太極拳』來。

毛毛對共產黨也從不放過，從水池裡扭頭看著李傲：「喂，你的台灣偶像文豪李敖不是也一樣，罵國民黨罵了幾十年，國民黨頂多只是把他關進牢房裡一陣子，循例騷擾了他的屁股洞一下，看看有沒有藏毒就了事了，讓他繼續罵政府，罵出了不少傑作名著，連諾貝爾文學獎都要考慮他。他當不了台灣總統，卻還可以當上台灣立委。國民黨夠仁慈的啦，頂多偷偷派人遠隔從洋，來到美國去殺個文人江南，卻放過身邊的李文豪。共產黨做事大鳴大放，他們才不要那麼含著隱晦，在萬人眾目睽睽的大會上，才活活把你打死，還要載歌載舞，鑼鼓喧天！」

14K的氣消了點，隨意在李傲旁邊踢踢腿，接上毛毛的話：「李敖那台灣花花公子也真是的，從來不罵共產黨，好像小香港她老爸說的那樣，有中國人的那種『選擇性知覺』。李敖的偉大靠著國民黨，當文人老舍聽周總理的話，糊裡糊塗跑回大陸的時候，李敖的老爸卻聰明得多，當年就把李敖從大陸帶到台灣，跟著國民黨逃跑，早就脫難啦！不然，李敖這樣傲骨自恃的文人，在共產黨的暴力改造下，早就跟著老舍當烈士去囉。」

「不要為難李文豪啦，還要人家去罵共產黨，人家跟國民黨算賬都忙不過來啦，」小香港也喜歡輕輕鬆鬆的氣氛，挪動一下身子，讓頭靠枕在沙發椅背上，舒舒服服：「這確實是難為情的，那李敖呀，辛辛苦苦拍個裸體照片，貼在自己的傳記上，貼了一版又一版，讓你國民黨去看他那豪邁的陽具你不看，國民黨你卻專要檢查他的屁股洞，多尷尬的呀。李敖他誓言要對國民黨蔣介石鞭屍。他還胡言亂語，說搞國民黨要像搞女人的『V』一樣，令到我常常對著鏡子看看自己的『V』，想象一下那裡跟國民黨有甚麼相似的地方。還有，每次李傲跟我親密的時候，說實話，我總懷疑李傲學了他的偶像李敖，把我當是國民黨來搞，氣死我啦！國民黨真的把李敖害得太慘啦，把我的李傲也害苦啦。」說罷，她還特別向站在她前面的李傲會意地打了個眼色。

毛毛憎恨共產黨，因為共產黨迫害他們的大法弟子，對國民黨卻從來都有好感，這時他在水中站了起來：「國民黨才慘，生不逢時，辛辛苦苦推翻帝制，建立共和國，北伐統一中國，卻遇上日本鬼子突然打過來，共

產黨趁機用《孫子詐法》，逼著國民黨在戰備不足的情形下猝然抗戰，借刀殺人……」

《孫子兵法》總對著克萊頓的胃口，便趕忙插進話來：「沒錯，孫子曰：『不戰而屈人之兵，善之善者也』……」

14K談起《孫子兵法》也總不甘落後，對著克萊頓叫嚷「總統大人，老孫叫囂：『屈人之兵，而非戰也。拔人之城，而非攻也。毀人之國，而非久也。』聽清楚了沒有？我們已經派了很多『孫子』去美國，『拔』你城市，『毀』你國家，將不費吹灰之力！你們還有心情去吸毒夢遊！」

毛毛呆呆地站在水中，煩惱他的演講被無端打斷，嘴角把苦笑儘量憋得甜蜜，等待機會，繼續發揮：「中國近代史上，三零年代的黃金十年，工業經濟都迅速發展，卻被日本鬼子的侵華破壞殆盡。共產黨聰明，現在大叫要安定團結，以便國家建設。當初國難當頭，它卻沒讓國民黨安定過，乘國難鬧事、叛亂奪權。像蘇聯列寧領導的革命黨人一樣，當時正是第一次世界大戰，軍人們在前線拼死拼活，他們卻在後方乘國難造反，以十月革命奪權！」

「中國人早有『趁你病，奪你命』一說，」14K說得冷嘲熱諷，隨即向著身邊正在玩『太極拳』的『左右攬雀尾』的李傲，作勢一習空手道衝拳招式。只見李傲一下『白鶴亮翅，手抱琵琶』，輕易避過，臉上還顯露著一副「我沒病，難奪命」的神態，旗鼓相當，十足「廢柴對廢柴，不勝又不敗」。

毛毛看了看這兩個在搞笑玩耍的人，繼續他的演講：「國民黨被迫抗戰，跟日本人打了無數大小戰役，犧牲慘烈，死傷數百萬軍人。八年抗戰裡，共產黨像樣的戰役就只打過『百團』一戰，真是笑話！軍頭彭德懷還因為百團戰役的擅自抗戰，違背了共產黨要保全實力準備內戰的計劃，在建國後因此被共產黨清算，被活活打死。國民黨被共產黨大喊腐敗無能，趕了下臺。共產黨自己無能決策便餓死了幾千萬人，當今的貪污腐敗又比國民黨嚴重一百倍、一千倍，卻恬不知恥的叫喊甚麼『安定團結』。國民黨真可憐！」

「中國人就是魔術手法好——昨天要暴力革命，今天要和諧安定。」李傲沒有毛毛的憤怒，說得輕描淡寫的。

14K停了手，轉身走近噴水池，對著水池裡的毛毛和克萊頓，刻意放重語氣，吆喝呼喊：「中國人熱衷『痛打落水狗』。文革期間我們天天喊，日夜喊，百萬民眾一齊喊：『痛打落水狗』！」

「中國人對狗真是深仇大恨，連掉下水的狗都要打，還要痛打？」小

香港問得真切。

「不要忘記，國民黨那『狗』那時是掉進了水深火熱的國難泥潭裡，日本侵略者那豺狼虎豹正在吞吃它，共產黨這狗崽子真是沒有人性。」毛毛感覺到站在池邊的14K那咄咄逼人的神情，邊說邊坐上水池邊緣，他刻意從水裡走上來，恍若是擔心被14K當作「落水狗」看待似的。

「嗨！嗨！毛毛！有點善心吧！狗有沒有人性不打緊，但拜託，不要整天傷害無辜的動物，我們人胡作非為、敗壞墮落就算了，不要惡毒地攻擊動物。」美國小香港有西方文明人對動物的善心，嚷出真情。

李傲這時，正擺了個『金雞獨立』，也停了手，來幫小香港為狗打抱不平：「中國人馴狗是歷史上最久的，據說有一萬五千年，狗都乖乖地服侍了那些中國人這麼多年，他們卻總是對狗恨之入骨。而且，還對狗極不公平，把他們最痛恨的人稱狗、當狗。又不人道，一直吃狗肉。」

「我們美國人把狗狗當作自己家人來愛護。」美國人克萊頓說得不慍不火。

「我們中國人把人當作狗來憎恨。」中國人14K說得不冷不熱。

「當中國人的狗真可憐。」美國人小香港說得哀傷。

「當中國人可能更可憐。」美國華人毛毛說得憂鬱。

「真的，有誰會命令狗跪著還把它打個半死？文人老舍真慘啊，跪下挨打，還要跳湖自殺才能保存自己的人格尊嚴。但是，那年代好像老舍這樣的人有千千萬萬！」美國台灣人李傲越說越生氣，接著打了幾招小香港看出像似「白蛇吐信」、「上步七星」、「彎弓射虎」之類的架式，再憤然來個「如封似閉」、「十字收勢」，徑直走過去駕駛臺那邊，不讓別人看到他自己臉上的愁容。

大家都在看著這個台灣仔李傲，感覺到他激突的情緒。香港14K再加強點語氣說：「中國人都慘！」他似「慘」出火花，「剛興高彩烈地趕走了那個據說外國人暗示我們像狗的『華人與狗』的年代，卻迎來一個『華人非狗』的年代，過上狗都不如的生活，被侮辱、毆打、殘害。我們又都見證了一個『華人當狗』的年代，狗咬狗骨，互相殘殺，互相宰割……」

「Depp！14K，我抗議！不要整天詆毀狗！狗不會互相侮辱，互相殘殺！幹那行當的是人！」小香港本來一直躺靠在沙發上，盯著被14K踢過的雷達拱橋，這時蹦地坐起，高聲叫嚷，她這時確信，挑戰刺激一下14K也沒有什麼大不了，14K他沒有能力把雷達圓球踢下來，不至於破壞這遊

艇線、角、圓的一體美感。頂多，讓他生氣，就讓他一怒之下自己跳到海裡去罷了⋯⋯

14K這次，沒有蹦跳發狂，只是嚷著指手劃腳：「我們中國人就是慘！剛經歷完日本人的南京大屠殺，又要經歷共產黨的全國大屠殺，殺得比南京大屠殺更慘無人道！」

「嘩！14K，你這話聳人聽聞！」克萊頓感受到14K那指控的沉重分量和誇張的程度。美國人就是美國人，美國白人克萊頓儘管對中國和中文都有興趣，可就是從來都沒有在意過在中國發生的打打殺殺的事，中國人確實有太多聳人聽聞的故事。

14K轉身對著獨自浸在水裡的克萊頓，有點盛氣凌人：「日本鬼子侵略中國，在戰爭環境中殺害戰俘，罪不容恕。但戰爭環境中的人都殺紅了眼睛，人性都變成了獸性，殺了剛放下武器的敵人，殺了平民，是罪大惡極。沒錯，戰爭年代的罪行不容寬恕，但是⋯⋯卻是可以理解──變成野獸就當然會犯獸行。試問日本人的南京大屠殺殺了多少人？二十萬？共產黨建國後，是在和平的環境裡行兇，到底殺了多少已經放下了武器很久很久了的國民黨人和平民老百姓？看看一九九三年的《健力士世界紀錄大全》吧，僅僅從一九四五年到一九七一年，共產黨屠殺的人就已經是三千萬至六千萬！試問南京大屠殺裡日本人強姦了多少中國女人？兩萬？兩千萬被迫到農場和上山下鄉的知識青年中，有多少女青年被共產黨軍人和農村幹部強姦了？五萬？十萬？數不勝數！」

「冷靜點，14K，你講話可以冷靜點，客觀點⋯⋯」克萊頓似乎也看過那些紀錄，明白那似乎是無可爭辯的事實，但他只是覺得，把不同的歷史事件簡單地作等類比較，是冒險的做法，容易主觀武斷。

「客觀點！」14K更是怒火中燒，疾言厲色：「你這美國佬真懂得客觀！賓拉登炸爛了你們的『世界貿易中心』時，為甚麼你們不冷靜客觀一點？你們馬上就用飛機大砲把阿富汗這個國家鏟平了。」克萊頓想糾正14K，美國是把阿富汗的泰利班政府「鏟平」了，不是「鏟平」了阿富汗國家。無奈，14K繼續一輪嘴地搶著說：「是的，中國人的命不是命。你們三千人的命值錢，我們三千萬人的命不算數！客觀點？為甚麼聯合國就不客觀點？當時同時接納了北越南越、北韓南韓、東德西德，為甚麼就不能同時接納台灣和大陸中國？國民黨中華民國因為是第二次世界大戰的主要戰勝國，得到了聯合國安理會常任理事國席位，你們一腳把它踢走，捧上那個既沒有參加抗戰、又在聯合國成立後第一個跳出來對抗聯合國決議、在朝鮮戰場上大量屠殺聯合國軍隊的中國共產黨，讓他們坐享其成，

不可一世。國民黨為了抵抗那些炸毀你們珍珠港的日本鬼子，死傷幾百萬軍人你們不念舊情，卻讓剛害死了上億中國人的共產政權當了聯合國安理會常任理事國，好像世界的安全應該由殺人如麻的共產黨來主持一樣！」14K越說越火爆，揮舞的手指差點把克萊頓的眼鏡都弄跌掉：「你們這些美國佬就是懂得虛偽，個個都像你那克林頓總統一樣，謊話連篇──『我跟她沒有性關係』！睜眼說謊話！民主的台灣盟友你們丟棄啦，卻去巴結濫殺無辜的共產黨大陸，怪不得尼克松跟你一樣要被彈劾！」

喂！被彈劾？！我是克萊頓，不是克林頓！美國也不代表聯合國！14K這傢伙情緒激動起來腦筋好像有病一樣！真欠揍！克萊頓想，14K那怪模樣，他，也真想揍。不過，記得這傢伙在『迷域51』夜總會裡，誰都揍不過他，剛才還踢這踢那的，克萊頓覺得，打是打不過他了，最好還是不要費心去跟他爭吵論辯，便拿下他的藍鏡眼鏡，放在噴水池的水裡洗洗，說道：「冷靜點。共產黨認為，他們執政的方法是他們的內政。」

毛毛這下也被惹火了，本來看到李傲玩起太極拳，他站起來在水中也舞手弄腳，玩起『法輪功』，他這時撐大眼睛，噴發怒火：「殺人放火是內政？！怪不得一些大陸人移民去了美國，還在家裡打小孩、打老婆，鄰居報警他們還振振有詞，說那是內政，用不著你們多管閒事！共產黨梅毒上腦啦！在當今世上，暴力傷人的事不再是家人的內政，誰都有權多嘴過問。誰都得管我們法輪功被迫害的事！」

「這是良心，是人性。」李傲從駕駛座上扭過頭來，輕柔穩重地補上一句。

「看看南斯拉夫的米諾薩維奇的下場，看看伊拉克的侯塞恩的下場，你就知道中國的江澤民以後的下場！他以為隨便可以殘害我們法輪功信徒！」毛毛的心燒得比池中的水更滾燙！

「但是啊，就算鄰居想要過問，那家裡正在挨打挨罵的小孩、女人都要哭出聲來才行啊，不然誰會知道呐？中國人有叫過一聲嗎？」克萊頓還是不服氣，把清洗過的眼鏡重新戴上。

「哭？誰敢哭？如果哭一下就把你的腿打斷的話，看誰還敢哭？多說兩聲就把你關起來，私下行刑毆打，打死了還割下器官來賣，看看誰還敢作聲哭泣，共產黨這樣迫害我們法輪功的大法弟子，以後一定不得好死！」毛毛說得氣憤，他的肌膚剛才不久還被Ketamine麻醉得冰冷，現在已經變成熱血沸騰，「嘿，李文豪，老子那句話是怎麼說的？──什麼『不得好死』？」

李傲忙回應：「道家老子說過的是──『強梁者不得其死』。孔子也

說過:『獲罪於天,無所禱也』。」

「是的,太恐怖了,太殘忍了,都麻木了。共產黨發了瘋,不少中國人也跟著瘋瘋過,都發神經病了。」14K遇上知己同路,像似惺惺相惜。

「14K,我想你在大陸受了太多的刺激,你的神經肯定有問題。隨便講講話,都喜怒無常,笑笑哭哭、笑笑怒怒,你的情緒中,好像除了笑、哭、怒,甚麼都沒有了。告訴你啦,你的神經肯定有問題。」小香港說得不痛不癢。

「我們在文化大革命期間才十六、七歲,從小就生長在打打殺殺的環境中,見的都是血跡、死人,精神不出問題才怪,你看看毛毛他們就知道啦,經歷過文化大革命的人哪個精神不出問題?不然為甚麼有這麼多人去信法輪功!?」14K說得冷嘲熱諷:「西方的少年兒童,連暴力一點的電影鏡頭都不允許看,以免他們的心理受損害,長大有暴力傾向。我們卻是在砲火中長大,都可以視死如歸,也喜歡動不動就以打打殺殺來解決問題。毛澤東教導我們,『捨得一身剮,敢把皇帝拉下馬』,要我們隨時隨地準備好被一身刀剮,可以忍受天長日久的骨肉分割,比起亞蓋達那些人肉炸彈——只敢頃刻粉身碎骨,我們更兇猛血腥得多。想想看,在『迷域51』夜總會裡,你們都被嚇得屁滾尿流,我的心卻跳都跳不起來。」

「你又不往嘴裡塞一把『搖頭丸』,冷血動物的心怎麼能夠跳得起來?」李傲也陪14K笑笑。

「敢把皇帝拉下馬?毛澤東很幽默,他很喜歡逗弄中國人民,明明知道皇帝早被國民黨廢掉了才這樣說,他敢當真的話,就應該說成是:『捨得一身剮,敢把主席拉下床』。」毛毛也咧嘴笑笑。

「還敢當真?毛都嘗過那滋味。據毛的私人醫生爆料,毛的確曾經被一個他正在玩弄的小女人一腳踢下床。那時李醫生剛好撞進睡房碰上了。」李傲邊說邊笑。

「沒錯,毛澤東向身邊的人言傳身教的新版本應該是,『捨得一身性病,敢把主席抱上床』。毛的私人醫生在美國揭露,與毛鬼混的年輕女人都知道毛有性病,還敢抱著有傳染病的紅太陽,甚至以染到毛的性病而感到自豪,用這個生命的戳記到處去吹噓見證她們跟毛的貼身關係,好像身上的性病是被紅太陽的熱火燙傷的疤痕印記一樣,值得慶幸驕傲,值得光榮自豪。」毛毛在吵吵鬧鬧。

「我們那年代的人都發神經病啦!」14K又慨嘆出聲。

「14K，中國人的精神狀態怎麼樣我不知道。你的精神狀態就顯然有問題。你整天不是嘻嘻哈哈，就是唉聲嘆氣，再來就怒髮衝冠，當年那『小馬達』和『小白豬』都把你害苦了。還有，你小時候想當毛主席的向日葵。我美國大學裡心理學科的教授就曾經講過，很多迷戀向日葵的人的心理都有問題，畫家梵高就是一個例子，大概是神經分裂的病症。另外，還有心理學的理論指出，經歷過血腥暴戾的環境和大飢荒的人，都容易患上神經分裂症。小心啊，14K，你是甚麼都經歷過的啦！」

「那你搞錯啦，有神經病的應該是毛澤東，他才迷戀向日葵，我們只是想當向日葵，我們迷戀著的是毛澤東。不過，說老實話，我當然會有神經病，不然我一早就像老舍那樣去投湖自殺了，哪還能生存到今天？經過慘無人道的摧殘竟還可以忍辱偷生的人，不是神經病人才怪呢？！」

「投湖自殺？哎，14K，正常點吧，外面就是海，不用找湖了，我剛才還以為你義憤填膺，會果斷利落地跳下去，你卻只會踢這踢那的，只會在這裡怨天尤人。」小香港說著站了起來，轉身一腳跪在沙發上，雙手扶按著椅背，俯瞰船外的海水，恰似真的要估算一下14K為甚麼不跳下去的樣子——可是馬上發現，這遊艇的飛橋樓頂，原來離水面卻足足有三層樓高！

「共產黨害死了這麼多人，為甚麼共產黨還能在中國大行其道？」美國人總是喜歡問問題，克萊頓他先看了看14K，再看了看毛毛。

毛毛猶如接受了克萊頓探視目光的邀請，盡情發揮他的想象力：「這很簡單，共產黨是這個世紀的發明家。共產黨發明了『死人分屍法』，無論他們自己曾經犯了甚麼錯，犯了甚麼罪，殺死了多少人，只要等到那個當政的共產黨老頭死了，新上任的共產領袖便把那死人搬出來，在他的屍體上劃個百分比，先把所有責任都推到他身上，然後劃個幾分成績，幾分錯誤，幾分功勞，幾分遺憾。中國人是數學天才，統計學、微積分樣樣頂呱呱，總算得準確無誤，惟妙惟肖。好像毛澤東，生前他是神，死了大家去拜神，要他躺在紀念館的玻璃棺材裡扛起所有共產黨的罪過，還拿他的屍體出來劃了個『三七開』——三分錯誤、七分成績。好，上億中國人喪失了的生命一筆勾銷。不信你等等看，他們很快就會拿鄧小平的屍體出來算個百分比。所以啊，中國的領導人可能最怕死，擔心死了之後被人如何分割，死無全屍已經夠倒霉，大邊小邊分得不合意還死不瞑目。李鵬和江澤民肯定正在顫抖，李鵬等著為六四大屠殺被分屍，江澤民要為迫害法輪功被分屍！」毛毛又是越發忍無可忍。

「哈哈，」笑的是14K：「『死人分屍法』——推卸責任就靠它：幾分污泥、一把花！過失一點、功勞大！懂嗎？哈哈……」

「這點我們美國人也不能理解，到底中國人是寬容大量？是麻木不仁？是老謀深算？還是自私自利？」克萊頓總是搞不懂，美國的老鷹碰上中國的龍，一臉愁容：「有人說，中國人的傳統是：『各人自掃門前雪，莫管他人瓦上霜』。但這已經不是門前或屋頂上的事了，每個人自己的家裡都有災難，每個人自己都受到了傷害，但大家好像都總是若無其事的。」

　　「你這美國佬就不要太費心去弄懂甚麼的啦，還是有空往嘴裡多塞幾顆搖頭丸就算啦。中國的現實連明理的人看了都會目瞪口呆，頭暈眼花，還用得著你這個吸毒道友去操心？你小心多看幾眼就會眼花繚亂，不用吸毒都可以把這個世界看得團團轉。」14K停了一下，瞄了瞄恍若在苦思冥想的克萊頓，繼續說：「這道理其實很簡單：在那嚴寒冰封的冬季裡，門外下著的霜雪突然停止了，爹娘在家裡被凍死了，鍋裡發現沒米了，雜貨店的門毀爛了⋯⋯這情形下，你的選擇很簡單：是對著死去的爹娘痛哭流涕？還是走出門外在嚴冬的寒流中為爹娘開個追悼會？還是對著空鍋子發愁等死？還是──」

　　「去搶米！」小香港轉身衝口而出，然後顯得趾高氣揚，向駕駛臺李傲那邊走過去，經過14K時還故意翹首闊步，一派不可一世的模樣。

　　「你真聰明！」14K用眼角瞧著還是一籌莫展的克萊頓，卻對著小香港咧嘴首肯：「你倒明白事理，不愧是半個中國人！我們這代人現在都忙著跟隨共產黨一起去搶國家的糧倉，多愁善感的人只會被餓死凍殭，把國家財產搶光之後再回頭跟死去的爹娘流幾滴眼淚還來得及，不然等一下霜雪又再鋪天蓋地的話，大家都會死無葬身之地。」

　　「搶米？」克萊頓又有疑惑：「『搶米』怎麼可以『搶』出當前中國的經濟飛躍？中國政府不是很有頭腦的嗎？」

　　「很多人以為中國的發展現狀是中國政府的『頭腦』，是他們的功勞。其實這是很可笑的『錯覺』。」李傲說是『可笑』，但說得認認真真，沒有笑：「首先『搶』出的『輝煌』，應該是中國人本來對『擁有』從來具有著的巨大強烈的慾望和傾向所導致的，中國政府現在實行的所謂『有中國特色的社會主義』，其實只是較低級較腐敗的資本主義。當前實行『資本主義』的『成功』，其實正好證明了他們原來實行的『社會主義』的『失敗』，證明他們早該走香港和台灣的模式。今天走相反方向的路，證明過去走的路大錯特錯。今天所謂的正確，證明了他們過去的必然錯誤⋯⋯」

　　「就是啊！」毛毛迫不及待，「早該讓國民黨或者英國人去管理，中

國就不會走這麼多的彎路了！而且，現在的經濟膨脹，只是建築在巨大的貧富懸殊的基礎上，建築在國家不理老百姓的死活的基礎上。他們盡一切所能從老百姓那裡榨取金錢，卻把社會福利責任完全拋棄掉，當然會省下大量的金錢去收買外國政府。西方國家為了要參與國際安全和救援事務、要打擊國際恐怖組織、要與共產強權軍事競賽、還煩惱國民的福利的巨大需求，早把金錢都花光了。成了個只會空講『天堂』和熱心『福利』善行的『窮教會』。中國政府就成了個『富甲天下的土匪』！」

行善的窮教會？惡霸的富土匪？

李傲看著惱怒氣衝的毛毛，覺得這個法輪功總是按捺不住對共產黨的仇恨，只好平心靜氣地繼續他那被毛毛打斷了的話題：「你說的可能有點道理，『窮教會』可能是行『天道』，而『富土匪』可能行『惡道』。道家的老子也曾經說過──『天之道，損有餘而補不足。人之道則不然，損不足以奉有餘』。再說，如果當初國民黨沒有被共產黨用欺騙的手段從他們手中奪取了政權，難保中國現在不會像台灣那樣，人民富裕得多，自由民生有更多的保障。很多人都喜歡這樣的錯覺，看到當初被虐待得只剩半條人命的孩子，今天終於長大成人了，就去讚許那一向暴虐失責的父母的偉大。其實，孩子沒有被打死，就算殘廢了也還是會長大的。如果父母沒有虐待他們，當然會長得更健康強壯得多。這是顯而易見的邏輯和道理。」

毛毛還是憤怒：「現在中國的一點成長，關共產黨個屁事？現在成長起來的是那些沒有被虐待死的孩子，共產黨其實殺死了多少其他的孩子？殺死了多少他們的兄弟姐妹？有誰在乎過？共產黨把中國當成是他們自己永恆的『政經試驗場』，這無數的『試驗』中，害死了多少老百姓？誰──」

14K也插話了，咧開嘴展示一絲苦笑：「那『政經試驗場』是『人肉屠場』！」

毛毛盡是憤慨：「那『人肉屠場』屠殺了無數的人民卻不需要負任何責任！天理何在？！」

小香港有的是頑皮：「好啦，好啦。不要越說越可怕了，什麼『人肉屠場』的？好恐怖的呀？好像中國就沒有一個是好人似的⋯⋯」

李傲也要平息一下毛毛的憤怒，便輕鬆地回應小香港的問題：「有，中國有很多好人──你大哥大上海就是其中一個。他們──」

14K打斷了他的話：「我來說啦，他們是中國的明日之星──他們有學識，有志氣，有毅力，有能力，在艱苦辛勞打拼創業，為自己受了傷害

的父母建造了一個豪華療養院,他們成功了,他們擁有了很多……」

大家盯著14K,看著他似笑非笑的模樣,揣測著他講話的嚴肅程度,一下不置可否。

還是毛毛不滿意:「是的!他們不問政治,他們很成功!——他們成功地重新擁有了父、母、爺、奶曾經被政府搶去了的東西,多偉大的成功!是值得要歡天喜地去恭賀慶祝的啦!」

還是小香港出來打圓場:「好啦,什麼地方都有好人壞人的……」

毛毛覺得還是不夠『好』,又說了一句:「共產黨就是罪人。可惜老百姓就是執迷不悟。如果早覺醒抗爭,共產黨就早下臺了。我們法輪功同修發正念——」

14K打斷了他:「是啊,你們發正念共產黨就倒臺了,你干嘛還不去發你的『正念』了呢?」

李傲卻說得深沉:「那不能怪老百姓,如果選擇中只有自由的死亡和痛苦的生存的時候,老百姓只好選擇痛苦的生存。為理想去犧牲自己的生命其實也是一種暴力……」

14K沒讓李傲講下去,就執意挑剔毛毛:「你們的師傅也選擇了逃亡,儘管他聲稱自己有穿牆過海的法術,還是選擇逃亡去了美國。你們有自由去中國領事館挑釁中國政府,因為背後有美國政府的撐腰。你們躲在美國就可以慫恿中國的老百姓去反政府……」

小香港也沒讓14K講完:「好啦。你怎麼罵共產黨就罵到毛毛的信仰去啦?!」

14K隨意說了句:「都是共產黨的錯!」然後,咧開嘴巴笑了起來,有點自我解嘲的意味。

「哎?『都是共產黨的錯』?對了,還是不明白,」克萊頓又是覺得莫名其妙:「共產黨既然這麼多的過錯,為甚麼中國人還拿著共產黨這招牌當寶貝?共產主義曾經是美好的理想,但已經被證明行不通。美麗的夢想變成了殘酷的噩夢,早就應該從夢中清醒過來了。而且,共產黨無論在俄國、中國、柬埔寨,都造成了人類大屠殺,整個東歐都丟棄了共產黨,連社會主義的發源地蘇聯也都解體了,丟掉了共產黨。中國人還是情意綿綿地抱著共產黨這個牌子不放。好像等著要去領取恆心獎一樣。這真的令人不能理解。」

吃飽飯、到處玩的美國人,當然有很多「不理解」。

李傲邊照顧走到駕駛臺的小香港坐在駕駛椅上，邊說著，帶著點遺憾，帶著點慨嘆：「這不難明白，中國人的恆心和耐力都是驚人的，清朝是侵略征服他們的外邦統治者，他們忍耐了四百年。共產黨也是侵略征服了中國人的外邦思潮勢力，再難受恐怕都會抱上一、兩百年。」

　　「共產黨就像纏腳布，早就應該被丟棄啦。」在美國柏克萊大學讀了「人類學」的小香港這下碰到了發揮的好機會，從駕駛椅上轉過身來，對著大家說：「中國女人以前纏腳也有崇高的理想：她們認為那小腳走路很美，小腳也讓看著它的男人欣喜若狂，性慾激漲。為了追求將來走路的美感和性愛的完滿，她們從小就被父母用纏腳布日日夜夜綁著腳，讓腳從此不能生長，腳骨頭折斷，畸形扭曲，肌肉萎縮。美麗的夢想建築在無限的痛苦之上。追求夢想的工具——那纏腳布又長又黃、又臭又髒，打開纏腳布那畸形古怪的腳更醜不忍睹。然後，最終還發現，期待男人因為這小腳而更愛她們的願望只是一個美好的誤會，小腳只成了她們自己的枷鎖，令她們自己既不能逃跑又不能幹活，只能服服帖帖地對男人唯命是聽。那是個誤會——美麗迷幻，卻痛苦不堪！」

　　「這也是我們不能理解的，那纏腳的習慣，小香港所謂的美好的誤會，卻也延續了整整一千年，為甚麼中國人誤會都要誤會一千年這麼久？」美國克萊頓低頭看著噴水池裡翻滾著的水，喃喃自語，惶惑惆悵。

　　「這我也搞不懂，是不是跟睡覺有關？」毛毛這時盤腿坐在沙發椅上，閉目養神，像似參禪打坐，心平氣和：「也許是睡獅？中國人很津津樂道拿破倫稱他們是睡獅的那個比喻，感到很受用，很驕傲。」

　　「那也當真，你克萊頓這美國老鷹總是沉迷於吸毒夢遊，難怪睡獅醒來在你面前張牙舞爪你都不知道，整天還這又不明白，那又不明白。」李傲說著看了看克萊頓，邊按摩著小香港的肩膀：「對了，喜歡當獅子本身也耐人尋味。獅子是叢林之王，我想，也許中國人喜歡在叢林裡稱霸。」

　　這時讓上半身俯伏在駕駛臺上的小香港，頭靠枕在手臂上，一邊讓李傲按著肩膀腰背，一邊在嘀咕作聲：「叢林有甚麼好玩？獅子並不是人們吹噓的那麼英武，它們一天睡二十個小時，讓母獅自己辛苦尋獵食物，雄獅醒來一發情就連續瘋狂交配四十次……」

　　「那就差不多了，我們睡了幾百年，醒來一聲怒吼，讓世界震驚動搖，然後要全中國那兩千萬的小母獅，服服帖帖地侍候我們狂暴的性慾望……」14K說得像隻醒獅那樣眉飛色舞，也走到駕駛臺這邊來。

　　「真的？全中國竟然有兩千萬當妓女的『小馬達』那麼多？哎喲，扔

掉那條『纏腳布』吧，那味道實在太不好受了吶。把共產黨放進歷史博物館裡去吧。」小香港享受著按捏的舒適，嚷得滿不在乎。

「這不是容易的事。共產黨在中國大陸上就等於那黑痣在毛澤東的臉上。毫無疑問，西方人為美容就要動手術把它一刀切割掉，無論這與生俱來的異生物是良性也好，惡性也好，反正是有礙觀瞻。」李傲側身看看旁邊站著的14K，說得語重心長：「可是，中國人不一樣，他們文化深、歷史長，他們有自己一套套的哲理。儘管看得不順眼，還要把那黑痣的位置形狀、顏色長相，全部研調衡量一番，要搞個清清楚楚，看看那對風水命理、臉相運程的種種影響，探究其前因後果、明示暗喻，算計一下取捨的利弊得失、吉凶福禍，再與東主的生辰八字、羅盤八卦對對算算，東摸西彈，然後街坊鄰里還要共議一堂……」李傲這時說著還下意識地再看了看身邊的14K，然後稍稍轉身看看那邊的毛毛和克萊頓，頑皮地笑笑：「他們然後還要再左思右想，東看西看，七搞八搞，人老花黃，黑痣變白，白痣變黑，結果還是一籌莫展……」

14K一手扶著駕駛椅，擠出滿臉刁鑽古怪的笑容：「還要左思右看！你這樣東摸摸，西彈彈，那臉上的大痣早已掉落地上！看啦，講啊講，天都開始發亮！」他說著示意李傲看看船外滿天的晨光。

李傲轉頭向船外遠處看去，晨光讓澳門海岸邊金黃色的『金沙大賭場』閃閃發亮，他的臉色變得凝重，像似在喃喃自語：「真不可思議，中國人那麼喜歡懷舊，喜愛廢物利用，想想看，他們竟用展覽長城來吸引遊客，賺取外匯……」他似在沉思，似在神傷、哀嘆。

「長城是世界七大奇景，我倒是想去觀光，據說在太空上都可以看到它。」克萊頓說著，抬頭看看白亮的天空。

「我才不去長城，」小香港閉著眼睛，還在嘰哩咕嚕：「這麼沒良心，長城是一個痛苦的笑話，為甚麼要去看？去幸災樂禍嗎？幾百萬奴工斷送了他們的生命，建造了一條不能阻擋外國侵略的長城，有甚麼好看呢？我們美國人才不會載歌載舞地邀請外國人來美國參觀欣賞我們的南北戰，去炫耀血肉堆砌出的偉大奇跡。」

「如果把在大躍進煉出廢鐵的百萬熔爐和廢鐵排列在一起，恐怕早就可以築出一條新長城，那煉鐵的爐火曾經把大陸的天空都燒得通紅，當時也許連月亮都看得目瞪口呆。將來可能會有人想到讓外國人飛上月球去，參觀地球上中國大陸煉廢鐵的百萬烽火長爐。啊，都為了錢，都為了『偉大』，良知何在呢！」李傲說得痛切感傷。

「是的，來看看我們的愚昧和殘忍。」14K冷言冷語。「中國人說，『不到長城非好漢』。國民從各地蜂擁而來，就是要當個好漢，當個英雄。」

「犧牲他人來造就自己的英雄……」李傲感覺痛心疾首，抬頭極目森茫。

「我不要當英雄好漢，我只要做一個有良心的普通人。想當英雄的人往往變成了政治狂人，像希特勒、斯大林和毛澤東，他們為人類造成巨大的災難。」小香港又是嘰哩咕嚕。

「但是，不管災難不災難，很快你就要到『長城』一遊了。」14K又得意起來。

「不去！開玩笑！」

「你一定會去！」

「就是不去！」

「你會去的！我說的是去遊覽你哥哥大上海在大陸廣東的『長城』——他的『長城企業』集團！哈哈……」

「甚麼？ 他的公司名稱叫『長城』？」小香港猛然抬起頭，盯著14K，滿臉疑惑。

「我跟你說明白，你不單要去遊『長城』，你還要去擁抱你說要丟棄的『纏腳布』。」14K得意洋洋：「你16年來沒有見過的老媽就是一條過氣的纏腳布。」

「她是共產黨？！」小香港一下彈了起來，滿臉驚訝。其他人也盯著14K，在猜想他臉上的笑是甜是苦，他嘴講的話是真是假……

〈60〉回歸濁湧

歷史真荒唐　刻骨銘心記心中

回歸起驚濤　暗潮翻波逐沖湧

「商馨是共產黨？！她是纏腳布？！」

這個問題，剛剛，小香港反復在腦海裡問了上百次。這似乎，是一個百思不解的問題，在無休無止地苦惱著她。但她，在尋求的，並不是答案。因為剛剛14K已經把肯定的答案，給了她。她意識中追求和期待的，是理解，是「為甚麼」。她不在乎自己有沒有一個母親，她已經習慣了沒有母親的生活。可是，「共產黨是歷史要丟棄的纏腳布，但纏腳布怎麼可能是母親？」

公公和婆婆都曾經受盡共產黨的迫害，為什麼他們的女兒——她不認識的「媽媽」——卻要當個共產黨？

這是難以理解的震驚，是沉重和困擾的震驚。

同樣震憾的驚詫是，儘管她沒有興趣去遊覽埋葬了百萬奴工的長城，她卻將要去遊覽大上海的「長城」——她哥哥大上海在大陸的「長城企業集團」。而且，這「長城企業」，也並不是她一直以為的那樣，只是哥哥要她幫忙經營的小生意。原來，按著14K的講法，那生意，「真有『萬里長城』那種跨山越嶺、四通八達的氣派」。據說，那企業集團裡，竟有十幾家由大上海擁有和經營管理的大公司，並囊括了製造業、進出口、娛樂飲食和地產開發等等各種各樣、分門別類的生意。14K說，「大上海的生意種類多，規模大，看了就會令人眼花繚亂」。小香港卻感覺到，聽了名

稱就已經頭昏腦脹：那個生產CD碟和DVD碟的工廠，叫『熊貓音影』；生產電器的工廠，叫『飛龍電子』；經營進出口生意的公司，是甚麼『秦俑工藝』和『黃河進口』；另外還有一個包括了夜總會、酒店、桑拿按摩娛樂中心的『羅馬帝國』，和一家八層樓高的豪華大酒樓叫『皇宴』，再加上一個包含一百多棟豪華別墅的地產投資項目叫『富貴商朝』。聽著這些名字，會使人瞠目結舌，好像大上海正經營管理的，如果不是動物園，便就是歷史博物館之類的。

誠然，這個震驚，與「纏腳布」為她造成的震驚，不太一樣。『長城』造成的震驚，並不需要她去費神理解，也不怎麼苦惱沉重。反而，倒是引起了她的好奇和興奮。

這興奮中有著大上海的承諾：將讓她直接參與「長城集團」的管理經營，授予她高職位的頭銜、高薪和股份。這震驚，有著慷慨的承諾，和興奮的期待。

大上海的承諾中，也有著更多的興奮：據說，大上海已經額外為小香港的「回歸」，準備好了一份要送給她的神秘的「厚禮」，是哥哥給妹妹的「一點心意」，但那「一點」點，按14K的說法，卻會「隆重」和「深厚」得會讓她高興不已。而且，又說，大上海還會親自把禮物，帶到與澳門隔鄰的珠海市，讓小香港一踏進大陸中國，就可以享受到一份額外的驚喜……

這是一個接一個的震驚。

震驚中，有著驚喜，還有著驚惶。無論如何，此時此刻，小香港的感官，卻被過多的、接連不斷的、翻涌傾瀉的一個又一個的訊息，衝擊著，令她的感受超負荷、感覺吃不消。

當然，最令她吃不消的，還是那條揮之不去的「纏腳布」。

在『情愛』這艘遊艇上短短的兩個小時裡，她聽了好多關於共產黨的故事。那些故事，實在太多了！她懷疑，14K對她灌輸關於「共產黨」的教育，比她過去二十多年裡，從家人、社會、學校那裡所了解的好像都多得多。在美國，共產黨早已經過氣了，就像「纏腳布」那樣，無論它的過去可能有過多少夢幻、多少理想、多少震撼、多少憧憬，或者多少悲哀失意和多少污濁臭氣，畢竟，都總已是過時、過氣了。沒有人再要為它奢論功過，沒有人再要為它嘔氣煩惱，沒有人再需要關心它、理會它。它，安安靜靜地，躺在歷史博物館裡，讓人去冷落、忽視、遺忘。但偏偏，這裡

的人，還拿著這塊「纏腳布」，吵吵鬧鬧，那14K還揮舞著它，諸多的評頭品足、觀摩彈唱、吹拂晒晾，肆無忌憚地向著小香港展示那上面斑駁陸離的惡俗，和展示那噁心刺鼻的味道。更滑稽的是，這已經被人唾棄遺忘了的「纏腳布」，卻又偏偏與她扯上了關係，還猶如不問情由便系綁上她的身上，還好像要包裹得刻意地纏綿悱惻。這刻意，令她產生某種情緒上的反感與厭惡。

期待著的是夢，夢的驚喜，那驚喜卻來得朦朧。經驗著的卻是驚恐，那「纏腳布」的驚恐，驚恐得沉重。

剛宣泄完自己的悲苦經歷的14K，看到連常常自信驕傲的小香港，也被他一下搞得如此驚惶失措，這好像令他自己的情緒，找到了一個調節支撐點，得到一個重新調整平衡的砝碼，情緒當即開朗了起來，便更加得寸進尺，挑出了條「纏腳布」之後，還得意洋洋地又搬出了個「古董花瓶」。他興致勃勃地告訴小香港，她的母親，不單富有，還美麗如花，更有響噹噹的政治名堂——她，是共產黨的政治協商委員。他說，當共產黨的人大代表和政協委員，既是些舉世矚目的「舉手機器」，也是些放在中共政治展覽會上舉足輕重、耀眼生輝的「花瓶」，必不可少、光影美妙。小香港在新聞視頻上，也看過這些「舉手機器人」，也欣賞過那些穿著五光十色、彩麗斑斕的少數民族服飾的中共到會代表，好像最有代表意義的不是他們代表了不同選區的不同選民的不同批評建議、不同渴望訴求，而僅僅是代表了不同的奇裝異服。正像西方小孩子穿上怪異艷麗的服飾去赴會RAVE——「威舞」狂野派對一樣，需要的不是他們的頭腦和言語，需要的只是他們到會時穿著奇裝異服的大搖大擺，然後在喧鬧熱火的音樂氣氛中、在燦爛奪目的輝耀閃爍中，默默的叩首搖身、機器般的舉手投足，這樣便已足夠顯示出他們的獨立、成長、自由、驕傲和對主流意識的反叛。這情景，好玩怪趣，耐人尋味。而且，常常在這些RAVE派對中，這些彩艷的青少年，還會天真稚氣地在嘴巴上含著個奶嘴，手上拿著一支波板糖，像嬰孩那樣淘氣純真，在震耳欲聾的迷幻音樂中，搖頭晃腦，歡天喜地。

儘管在西方這些小孩子得意忘形地尋歡作樂的RAVE 派對中，常常也可以遇見一些年過半百、返老還童的捧場客攙雜其中在自我陶醉，見怪不怪，小香港每每看到此情此景，還總是會感覺到一份納悶，感覺到返老還童客的那種年齡與智慧與情感之間的不平衡和衝突。誠然，這衝突，在那種伴隨著震耳欲聾的音樂浪潮、那種嘉年華會式的喜氣洋洋的氣氛中，還有幸可以在派對客那被藥物、酒精毒化了的意識中醞釀出某種可以淡化矛

盾的協調，中和了一定的抗拒感。而共產社會裡的那些成年人、老年人，卻在那清醒的世界裡、在那嚴肅政治的層次中，又竟可以變得如此夢幻稚氣、神迷交錯、天真自我，確實光怪陸離得刺眼、礙眼。那真是冰山荒郊的浪漫、人類智慧情感的反叛，對人格尊嚴、獨立個性的反叛……

見怪不怪？荒唐？笑話一番？老人冰山玩浪漫？難堪？好玩……

可是，美麗的鮮花插在古色古香的花瓶裡，外面還系上一條枯黃陳舊的纏腳布？多難為情的呀！這衝突，也真夠彆扭尷尬的！小香港，還在腦海裡，繼續追尋著那一個個「為甚麼」、「為甚麼」……你喜樂，我喜樂？頭戴腳布笑呵呵？

歷史太沉重！大家喜歡笑話的輕鬆……

沒人稀罕歷史的苦痛，人人珍惜嘻嘻哈哈的夢……

話語太過枯燥，大家喜歡鼓噪……用詩意演繹，可以玩樂胡鬧。

14K最有詩意，總逗得大家笑嘻嘻……

大家都高興，打油詩這玩意──便把嚴肅衝突的爭議，變成歡快喜樂的詩情畫意。

小香港想著、看著、聽著……

她記得的只有點點滴滴的片段，她感覺話題是在不斷地轉換，她偶爾插話探討一下各式各樣的爭端──有些是靈感，有些是思想，有些是話語，有輕鬆也有緊張……

高興時，她笑瞇瞇，叫出──「真巴黎！」

反感時，她要唱唱反調，不屑地嘲笑──你「勁搞笑！」

不滿時，她罵罵──「DEPP 他」！「EMINEM 找媽媽」！「找你媽的媽」！

點滴的片段，不斷地轉換，一個又一個的事端……

14K說，大陸中國奇趣多……

小香港想起「香港奇趣『首選金廁所』」……

克萊頓說，他看的香港電影的主角都姓「周」……

14K說，香港和大陸的電影都是『無俚頭』……

有人在批評，這個世界荒唐、那個年代瘋狂……

小香港想想、看看，不慌不忙——那真像，老人爛牙去吃糖。

大家嚷嚷，像毛主席掉牙還吃糖？——荒唐、瘋狂！

她想想，這世界，就是激情夢幻的RAVE派對一場——那真的就是這樣……

「老幼開派對，怎樣都是對，手拿波板糖，口含著奶嘴。」

對。對。老是對，少是對。只要是夢醉，怎樣都是對。

李傲也附和——「對，對……含著個奶嘴，夢幻一直追」！

對。對。夢境一起追，老幼搶奶嘴！

不過，也有人說——長大懂事丟奶嘴，看清現實夢已碎！

對。對。怎樣都是對。

有人在說，我們好像飄忽在這樣的過程中——剛剛經歷了那個閃爍殺氣的「迷域51」，正駛向這炫耀放縱的「賭城」，將要觀覽那撲朔迷離、可歌可泣的「長城」……

「閃爍的殺氣」？「炫耀的放縱」？真的是「撲朔迷離」。

「長城」？大上海有「長城」，北京有「長城」……

毛毛每逢想到「泥巴堆砌的長城」，就會講到「廢鐵堆起的長城」，又會訴怨到「人肉的長城」和監禁大陸政治犯的監獄——「秦城」……

他總掛在嘴邊——「長城下霉爛屍骨，長城上載歌載舞……」

李傲總笑笑——「千秋秦俑剛出土，萬代憋氣一朝吐，粉墨登場搖滾路，得意忘形脫衣舞……」

14K嘀嘀嘟嘟：「哈，你真惡毒——秦俑出土，載歌載舞？」

哈，是惡毒。不，是惡俗。

是，是。大陸的事都光怪陸離，也都可歌可泣……

大陸的「長城」這話題過於嚴肅……也沒有人想回顧——「迷域51」的衝突……

小香港好像有過這些思緒……

昨天見識了「鐳射中的醜態」，現在感受著「飄搖著的『情愛』」，

明天要來臨的是「期待的歡快」？還是「迷茫的無奈」？

見識？感受？期待？

在香港經歷了那意外驚嚇的「衝突」，澳門也許是不可預知的「賭」，大陸有一條雲霧遮蓋著的「路」？

「DEPP 它」！香港夜總會發生的事？「DEPP 它」！小香港不願意再想它……

她記得自己曾罵過一句——「操你媽的媽」！

DEPP 它！忘記它吧！

還是聽聽別人的嘻嘻哈哈……

毛毛好像在說，共產黨喜歡「掛羊頭賣狗肉」。在抱怨共產黨「劫富不濟貧」，要分辨究竟是「綠林好漢」？那好！還是「江洋大盜」？那糟！

可克萊頓也想知道——好漢還是大盜？是壞還是好？

有人要吵鬧——嘿！你怎麼總是嘮嘮叨叨？

14K一聽來勁——說句：「劫富不濟貧，存心欺愚民」。

劫富不濟貧——要命！鼓掌當愚民——有病！

這像是「孫子詐法」的事，共產黨真有睿智。

共產黨的事？

他們到底是——詐騙的「孫子」？扮樣的「戲子」？

會特異功能的「氣功師」？

是手法迷人的「魔術師」？

形形色色的騙子？

還是……還是……？

14K笑瞇瞇，說——神州沒有人，大家都是神……還說——燦爛霓虹燈，燈下盡灰塵，塵中全是神，玩特異功能……

神？玩特異功能？很真，很真……

有人在描述共產黨的兩面性……

昨天我曾殺人打劫，今天你得安定團結。

昨天我要暴力革命，今天你得浪漫平靜。昨天我要鬥爭分裂，今天你得擁抱熱烈。

有人在擔心美國的未來⋯⋯

中國沒錢卻人多每人抽點錢就發財⋯⋯美國有錢卻搞福利花錢多好景不再！

中國拼命省錢壯大一定贏！美國有錢卻亂花錢將來實輸定！

「放高利貸的吝嗇的黑社會」，遇著「仗義疏財講博愛的窮教會」⋯⋯

惡霸黑社會？天使窮教會？

「沒錢會撈錢」戀上「有錢盡花錢」⋯⋯光棍遇神仙？

黑社會搞上窮教會，搞得情慾曖昧——

真不是滋味！——「淒涼尷尬的搭配」！

美國將來一定很苦痛⋯⋯禿鷹遇狂龍⋯⋯

野鷹晉見朝廷的皇龍，敢大膽不服從？

誰更威風？鷹？還是龍？

這都不懂？當然是龍——

殘鷹老態龍鐘，騰龍慾望焚胸。

美國只會當國際警察⋯⋯

國際警察？打打殺殺！

警察？誰怕？還沒有見識過「唐山惡霸」！

惡霸恨警察！

哈哈，那當然啦⋯⋯

不對，不對⋯⋯

中國的惡霸與警察，都有獨特的「愛恨情仇」，對吧？

對，對。

「惡霸對警察的愛恨情仇」？那有如是——

「如果警察握手笑對，惡霸抱著警察的腿，一起去玩樂買醉。如果警

察要正義清高，惡霸馬上囂張拔刀」。

好！好！

點滴的片段，話題的轉換⋯⋯

小香港在看、在聽、在想⋯⋯

大家在講「纏腳布」——對它評頭品足⋯⋯歷史與過去的腳步，一點點的追訴。

大家在講「政治花瓶」⋯⋯小香港也在想著這樣那樣的事情。

說起「纏腳布」，小香港想抱怨罵句「EMINEM 找媽媽！」

談到「五彩花瓶」，小香港想著Johny Depp 要嚷句「DEPP 他！」

歷史有功罪，演員有錯對。

到底「纏腳布」的「臭」，是不是歷史之「最」？

對，對——悲哀慘痛，除了「它」，還有誰？

不對，不對——「纏腳布」沒有罪⋯⋯

是腳的臭，是臭腳的人，是那人那發臭的汗水。

「纏腳布」有過理想與夢醉⋯⋯

但發臭了的「纏腳布」——

看看、聞聞，總令人嘔吐！

那布，還包在頭上，感覺就是太老土！

是的，是的——慘！

時代翻了翻，腳布綁頭上，惡俗變時尚，醜陋閃金光⋯⋯

哈，時代翻了翻，垃圾滿沙灘，太陽照廁坑，老鼠坐神壇——慘！

哈，荒唐，荒唐。

但荒唐，盡然只是一個黨？

黨？她有性病，她也血腥，她不要命。

黨？是誰？抱她上床，與她淫蕩？

都是國人自己的選擇：「洋妞」揀作伴，北極到唐山，歡天喜地週身攬，日夜肉搏性愛玩⋯⋯

那登上了的性愛的大床，原來竟然是劫掠的賊船——慘！悔恨貪！悔恨玩！貪玩上了「共產」賊船！

無知膽粗肆亂闖，誤登賊船興沖浪。

攬住不放，東遊西蕩，大肚生子，還說冤枉？

性愛有了結果，怪的只是老婆？

誰之過？誰之錯？

都是命運的過錯！都是人闖的禍！

小香港心說——《聖經》啟發多——自從亞當與夏娃吃了禁果，離開了天國，人都有罪，都有罪過……

是誰的過錯？

上帝沒話說。

吃蘋果——人之過。

點滴的片段，話題的轉換，又一個新的爭端……

是誰的過錯？

是「華人與狗」的牌子？

還是「華人非狗」的現實？

怎麼分辨對錯？

小香港聽著、聽著……想想、看看，是對還是錯？

毛毛在講述——「現在在大陸『被迫在煤礦當奴工的華人』，和『監視攻擊他們的瘋狗』。」

李傲在講「當今在上海大街上『大搖大擺地走的貴婦華人』，和她們拖著去『遛達的娃娃狗』。」

14K在講「現在大陸那些在街邊食檔『圍起要大吃大喝的華人』，和他們桌上煮熟了的『鍋子裡要被吃的狗』……

又是「華人與狗」……又令人想起「華人非狗」……

「華人非狗」——華人不如狗！狗沒有思想，人卻慘痛憂愁！

那只是一個捏造的牌子——「華人與狗」，這才是歷史的事實——「華人非狗」！

痛罵著那牌子的醜陋——「華人與狗」，卻恰恰就是見證著「華人非狗」——華人互殺互鬥！那是自己把自己不當人的時候！

愚民被忽悠，歷史是東拼西湊。

渾水摸魚，誰看得透？

不同的時候，不同的人，不同的狗……

小香港懵了頭——人天生就自有人權，卻怎麼有人要蹧躂狗？

「哈——『華人與狗』的牌子如果真的有，為甚麼受屈辱的一定是人——而不是狗？」14K逗逗：中國人甚麼都有……他們喜歡吃狗——可對被吃的狗又從來都滿腹恨仇！

小香港也跟著逗逗：鄙視動物的人真醜陋，失去人性像野獸……大家詛咒——罵得夠！罵得夠！

歷史確實沉重，笑話會是輕鬆。

14K又要搞笑——他笑得輕鬆，大家笑著起鬨……

「美國人喜歡看A片。熊貓也喜歡看A片。熊貓、美國人一起看A片多方便？」

有人笑嘻嘻，有人卻問——「甚麼意思？」

「白痴！——那是『美國人與熊貓』的牌子！讓我們來編造一個同樣的故事……」

假設美國人也喜歡憤怒與無知，聽聽故事，就哭哭啼啼——

膽敢冒犯放肆！中國人對美國人的歧視！

歧視？狗狗熊貓多亮麗？怎麼歧視？——你真白痴！

小香港卻講得生動有趣——「人與熊貓」相提並聚，不是人的缺失，而是熊貓的委屈！

點滴的片段，話題在轉轉……

談了大陸，又談到台灣……

大陸與台灣的歷史糾結相當的沉痛……

14K的演繹卻又是相當的輕鬆……

「兄弟打架，腦袋開花，躲進鄰家，從此不歸家，鬧鬧『統一』要『

拆牆』，兄弟倆『擠眉弄眼』笑哈哈」……

小香港也哈哈，說聲──「DEPP他」！

有人在議論台灣李文豪剛跑去北京大學作的演講。

他演講？他是奢談。他扯蛋，他瘋狂。

誰都知道，李文豪很「自我」。

小香港想到他，便想到「李敖的真我」──

那是李文豪在傳記中展示自己的身體的赤裸裸──

那軟綿綿的陽具──正垂頭喪氣……那矚目的「大雞雞」──赤裸得豪邁不羈……

小香港內心笑嘻嘻──說句：「真巴黎！」

有人在議論這個失敗的台灣總統候選人李文豪，又在比較另外兩位同樣失敗、又同樣跑去大陸名校演講的台灣總統候選人──國民黨的連戰和親民黨的宋楚瑜。

想到宋楚瑜，小香港有點恐懼……

宋楚瑜喜歡下跪。「他跪？我不跪！」

『迷域51』的情景一閃而過，「操你媽的媽！」她心裡在罵……

她記得14K曾經用嘲諷的語氣，演繹過宋的「國際對大陸的關係」──

那是「『妓女對嫖客的心態』──羨慕、害怕、等待」……

「『羨慕』你的錢、『害怕』你不付錢、『等待』你給錢」……

「愛你、怕你，等著你勃起」……

小香港內心又在笑嘻嘻：「真巴黎！」

她在想，李文豪那照片中「低著頭的軟東西」，會不會也可以驟然「勃起」？

可以？好戲！真夠刺激！小雞的勃起！

「巴黎！巴黎！」

哈哈……她也有期待？她也在「等待」？

「妓女對嫖客的等待」?

「愛你、怕你、等待嫖客的勃起」?

她笑嘻嘻:「真巴黎!」

小香港想著「妓女」,真的就聽到有人在議論李文豪的「妓女」——

他在北大演說時講「共產黨是為理想而賣身的妓女……賣了身後竟然還是個處女……」

他還呼籲大家,「我們要從她的背上爬、死命地抱著她…… 去愛她……」

哈哈哈……共產黨是「處女」的「妓女」?哈哈哈…… 李文豪自稱,喜歡對著美女的照片拿著「真我」把玩……

「他有真理想,還是個處男!他玩——玩完失身後還會是個處男!」

只要為理想敢於「獻身」,精神就沒有「失身」,永葆「童真」!

獻身?童真?李文豪——很神!

都對。怎說怎想都是對……

小香港記得——「老幼開派對,怎樣都是對,手拿波板糖,口含個奶嘴……」

別人在說:「李敖開派對,怎樣都是對,爬上共黨的背,抱著一起睡」……

對,李文豪總是對。

對,送李文豪一個奶嘴!

李文豪的屁股被國民黨「搞了搞」,追著國民黨要「鞭屍」吵鬧……

笑笑——「他有狂妄的驕傲」……

「勁搞笑!」

李文豪說中國人如果不愛共產黨,就要抱著黨上床?

笑笑——「他又屈折得渺小」……李敖?李文豪?男妓的賣笑?……

「勁搞笑!」

要「抱著共產黨上床」搞?那是李文豪?就是那個李敖!——當然好!

他？他袒露著赤裸的大雞巴，在共產黨背上爬？哈哈哈⋯⋯

李敖爬呀爬⋯⋯他的雞巴⋯⋯上上下下⋯⋯

哈哈哈⋯⋯「ＥＭＩＮＥＭ找媽媽找著個爸爸」⋯⋯「找你爸的爸爸」⋯⋯

哈哈哈⋯⋯李文豪在毛爺爺的背上爬⋯⋯

嘻哈中的小香港，聽著別人議論那個台灣的李敖，看著身邊自己的李傲⋯⋯

在北京，共產黨背上的台灣李敖⋯⋯

在『情愛』這遊艇上，不久前，在房裡，窗前，站在她背後的李傲⋯⋯

「長頸鹿抬頭要吃草？」──問的是身後的李傲⋯⋯

小香港心中，長頸鹿旁邊就是一堆草，長頸鹿挺驕傲，熱情地搖了搖、伸直挺高⋯⋯

長頸鹿搖了搖，小香港笑了笑。

這個李傲⋯⋯那個李敖⋯⋯

想到李敖的「真我」⋯⋯想到李傲在她背後曾經蠢蠢欲動的「李敖的真我」⋯⋯

它在屹立勃起，正像似「國金二期」⋯⋯

想到他⋯⋯想到自己⋯⋯自己？⋯⋯那是神秘誘惑的「達芬奇」？

那是「達芬奇的Ｖ」，那是酒醉風情的美──是「丹勃朗的聖杯」？

還是那被撫摸就要渾身騷軟的「敏感的沙魚鼻」？真是一個謎⋯⋯

是尖銳光芒的「麥當娜的金字塔」？尖銳閃爍的「偉大」？

小香港不以為自己有「偉大」的「胸襟」，卻有點「內涵」，是「謙虛」的藝術美感。

上面是沒有偉大而驕傲的「彭美拉的分量」？下面也沒有爆炸激情的「珍露的能量」？

但他說過⋯⋯她的身體──彰顯出性感，可以挑逗慾望──勾動心坎⋯⋯

那是「熱火雷電」⋯⋯

那些——美麗動情的「圓圈、銳角、弧線」……

「圓圈、銳角、弧線」……

完美豐腴的「圓圈」……

精巧玲瓏的「圓點」……

驕傲標致的「銳角」……

溫柔流暢的「弧線」……

圓圈、銳角、弧線——想著、看著、碰著,心神觸電。

小香港想著自己……想著他……

這個叫「李傲」的「他」,卻談著另一個叫「李敖」的「他」……

台灣的李敖有的只是小雞雞!鳥小成不了大器,看也看不清楚的東西。

說這話的好像是毛毛,他說李敖膽小,只會嘮嘮叨叨。

「李文豪還膽小?」小香港笑一笑。

不對,不對。14K又有新教誨,執意吹水——

那是李敖的夢醉——

「共產黨喜歡劈腿,我抱緊他去睡,爸媽儘管心滴淚,我還是熱情心醉!」

對,對。抱上共黨的腿,孩子快樂又陶醉,爸媽滿臉流著淚,祖宗十八代全都心碎……

14K在抒發他的詩意,胡亂地吹,機智混合了口水……

對,對,李文豪做得對,抱著共產黨睡……

呸!送給他一個奶嘴。不對,他已經跟他爺爺四唇緊貼嘴對嘴。

對!跟他爺爺一起睡,含情脈脈嘴對嘴!

詩情畫意的好笑。14K把李文豪的表述翻譯得惟妙惟肖。

小香港也笑:「勁搞笑——」

「他拿著波板糖,他感謝共產黨。他含著個奶嘴,他抱著爺爺睡……」這可是小香港的演繹。

是李文豪的故事,也有一點小香港的詩意。

大家忙說：「巴黎！巴黎！」

沒錯，沒錯──「真巴黎！」

講到「做愛的事」，也談上「做愛的奇」……

有人又說到「睡獅」和「性愛的事」……

「它有睡覺的能耐，它又瘋狂地做愛！」

大家笑──真奇妙──「勁搞笑！」

小香港也笑笑。

說過那隻獅子，提起這隻熊貓……大家又在笑……

「哭泣的熊貓，性愛做不到，A片拍得好，性趣也不高」！

說得妙！好！這當然是14K創作的驕傲。

熊貓……可愛……卻愛也愛不了？……真妙！

到底是怎麼一回事？

不能勃起。

勃起？

是。

崛起！

崛起？

不是……

勃起。

勃起……卻有過這樣的故事……美洲鷹、北極熊、黃河龍……他們在比武玩遊戲，在展示和把玩自己的「性器」……看誰是「小雞雞」，誰是「開天寶器」……

啊！真的！是。是。

14K講得性起，俱足中氣……

「黃河龍噴氣，熊貓也勃起，世界大驚喜，轟天又動地！」

是，是。驚喜，驚喜……

「真巴黎！」

「『龍氣』？還是『龍屁』？」……「還是龍身上裝了個『火箭發射器』？」……「還是『龍皇』屁股在放氣？」

「黃河龍放屁，騰飛沖天起」。

「巴黎……巴黎……」好戲……好戲……

小香港聽了，又笑嘻嘻……

她記起，李傲的詩──

那是描繪龍的「龍騰」──好真：

怒髮衝冠龍眼瞪，烏煙瘴氣龍焰噴，張牙舞爪心兇狠，火雲沼霧妄昇騰。

高深、高深。

傳神、傳神……

大家又嘻哈一陣……

有人又提起俄國要阻止歐洲設置導彈防空系統，與美國的吵吵鬧鬧……

「美洲老鷹發放『避孕套』……氣壞看A片的熊貓……」

「熊貓？亂搞！被氣壞的是北極熊！是它在吵吵鬧鬧……」

好笑。大家都笑……

不是龍？有人說是龍。

不是熊貓。

熊貓面臨絕種必須要「做愛」……但不看A片沒有知識和性趣很悲哀……

悲哀？不能做愛？

那是14K，受了「小白豬」和「小馬達」的傷害！

對！大家齊說「對」！

那是慾亂情迷的愛……那是「老坑的『中南海』」……

有人說當今中國就是「性慾的『開天大爆』」──齊聲叫好！……

大家想起的卻是──14K那「禁慾的『自殘小刀』」……

講到14K，他們又講到「無知的小白豬」，「淫亂的小馬達」……愚昧

荒唐的風波、窮鄉僻壤的慾火，故事多多……

「小馬達那荒野慾動對14K無情的誘惑」……「小白豬那蒙昧無知令14K闖下的臨頭大禍」……

慾望的齷齪，蒙昧的惡果。

「14K要禁慾的刀傷」……「榮軍要發洩的牛癢」……

「開天大爆亂吐的口水」……「知青與農婦的淫亂劈腿」……

開天大爆他老婆要逃避他的性強暴，痛苦的憂愁：不敢回家，坐在村口——用屁股磨出了光滑的大石頭……

14K說過——「都是老夫獸性慾望過頭，老婦有著無法抵抗的憂愁，只好逃避躲難在村口，用屁股磨滑堅硬粗糙的石頭」……

「開天大爆非禮被揍」……

「露西被解放了的手」……

是愚昧？是野獸？是強暴？還是自由？

自由？是往別人臉上吐口水的口？還是被解放了要懲罰罪惡的手？

點滴的片段……話題在轉轉、在兜圈……

自由？喊口號的口？被掌摑的手？行兇者的手？

關於自由，有人揭出歷史的傷口……

1989年北京學生運動，殺了學生，誰是罪魁禍首？

是哀傷？還是情仇？

爬上坦克，面對炮口，刺刀前的胸口——要命還是要自由？

歷史悲劇的沉痛，李傲說得沉重——

「歷史真的不幸而沉痛，青年熱血滿腔直觀衝動，抱著理想敢於犧牲打衝鋒，圍觀的人有新愁舊怨鬧著起鬨，要挑釁這戴著『纏腳布』的頑固不化的老翁……」

14K卻說：「沉痛？起鬨？老翁？這麼有詩意？其實可以這樣來說得輕鬆……」

「禿鷹老龍拗手瓜，稚龍受哄罵老爸，老龍生氣打一巴，禿鷹張嘴破口罵！」

這笑話確實輕鬆……不過確實蘊藏深刻的苦痛……六四的苦痛——血淚的訴控！

大家說起國家對人民的傷害，又說起人民對國家的愛……

國民對國家一定要愛？

「就算是『盲婚啞嫁的一代』，還奢談『真摯熱烈的戀愛』？」

對國家的愛？命運的湊合——現實的無奈？盲婚啞嫁的期待、愚昧荒唐的痴獸！

有人在說「荒野獸慾的愛」……

有人在講「對父親祖國那崇高偉大的愛」……

對「祖國」的愛？對「老爸」的愛？

是老爸就要愛？

不管他多壞，沒把你殺害，你得感恩流涕——抱著去愛！

曾經，老一代，有過「對祖國崇高無私的熱愛」……

那是悽慘的老一代。

他們……捨棄在外國的優差，回到中國，建設祖國，責無旁貸。

他們愛國，卻被國家迫害。

他們愛，愛得七慘八敗，死去活來……

愛著，被出賣……

愛著，被生吞活埋……

愛著，愛出屍山血海……

那是，痛苦的一代，真摯的一代，無私奉獻的一代……

他們愛國，愛得死去活來……

那是，已經過去的一代……

他們……

熱愛毛澤東，為國打衝鋒……搾乾血肉被利用，一下打進牛鬼洞，含冤莫白命歸空！

過去的愛，愛得慘痛！

今天的愛，過江龍、孫悟空……

離鄉背井當英雄！

現代的華僑，情趣理想都不少……

跑到外國來……

喊著對家鄉的愛……

說說熱愛，有個交待。

祖國、外國，大老婆、小老婆，個個都愛……

中國人最博愛……

摟抱著洋妞，昧著良心、胡扯對老家婆娘的愛。

把洋妞當妓女，佔盡便宜就拋棄，這是慾望發泄的敗壞——這不是愛！

偷情、濫交、縱慾、欺騙的愛……

中國人最博愛……

惡霸黑道口中最多甜蜜的愛。

說著愛，把少女欺騙拐賣，無良的坑害！

愛，逼良為娼的「愛」！

14K有憤慨——中國人最仇殺迫害！中國人也最博愛！

14K沒有愛——他愛國的母親回去祖國受過的只是無情的傷害。14K的祖國，蹧蹋他——把他出賣！

是老爸就要拜？是女人就要做愛？妓女也愛？那「國」，齷齪。那老娘瘋癲、欺騙。滿臉醜態、性病的身材——還愛？

中國人最博愛！

他說，那聲稱「愛祖國的華僑」只是——是「欺龍的博愛」——

「大陸剛抱完一個太太，跑來美國又談情說愛，自以為自己聖潔勤快，實在虛偽、無良又敗壞，個個女人都被他玩弄傷害」……

毛毛也來——「網上有資料，共產黨一個官員，深愛一個太太，更愛150個二奶！」

二奶當道的時代……

中國人真博愛……

瘋癲得「嗨」！慾望的「HIGH」！你 high 我 high 老千買花戴……

有人笑哈哈……

「DEPP 他！」小香港在罵：「老千調情手拿一把玫瑰花！他——真肉麻！」

「愛國口水花」——你廢話！花言巧語——快自打嘴巴！

哈哈，「孫子兵法」——狡詐。你媽騙你爸，把世人當傻瓜？！

「老幼開派對，怎樣都是對，手拿波板糖，口含著奶嘴……」

都對！都對！

「毛主席萬歲！萬萬歲！」

「含著膠奶嘴，夢幻一直追……激情嘴對嘴，龍床一起睡……」

點滴的片段，話題在轉換……一幕一幕的事端……

講到對祖國的痴愛，也講到母女的恩怨與情愛……

有人講起故事……關於香港的歷史……

　　從前有一個沉迷毒癮的老母，老父對她沒有多少愛，卻對她亂花金錢感到十分的不自在。她幾乎耗盡所有的白銀去吸毒，老父因而常常動氣又發怒。老父縱容這病態吸毒的老婆，不顧吸毒本來只是他老婆自己的錯，卻無理取鬧好辯駁，一下搶去洋人手上所有的貨，怒氣沖沖把毒品拿去焚燒一把火，大動干戈闖大禍，傲慢自恃搞出個焦頭爛額、家破人亡的惡果……老父家裡孩子實在多，隨便都可以拋棄送上幾大籮……父母吸毒墮落、滋事闖禍，簽和約賠償當然是被迫，可拋棄作賠償的叫「香港」——她從來被父母疏忽冷落，家裡算她最淒憐、飢餓、孱弱，衣衫襤褸、貧病交迫，流離失所，日子從來沒好過，瘦骨嶙峋病入膏肓——本來生存時日並不多……收養她的洋老爸關愛撫養好事多磨，她元氣復甦衣錦玉帛，她脫胎換骨長成美麗婀娜……這吸毒暴力的父母——她嗜吸毒、他喜打架，失魂落魄才回家，見了孩子抽幾巴；那些可憐的孩子們——長年累月挨打挨罵，家無寧日誰都怕，傷痕纍纍滿身疤，瘦弱病殘脾氣差……虐待孩子的父母——從沒有給過孩子們一點點的關愛；無辜受難的孩子們——對瘋病暴力的父母也是沒有多少的愛戴……孩子們經歷父母無數的拳打腳踢，幸運的竟然是「大難不死」

，儘管發育不良、身材怪異，有著暴躁的性格和浮躁的脾氣，有著病態的心理……暴戾恣睢的父母天怒人怨，神經失常被關進了瘋人院……時光飛逝、瞬間變了不同的年代，父母終於被瘋人院放了出來……他們搖搖擺擺回到家，見到長大了的孩子就驚喜地——「哈哈哈、哈哈哈」，扯扯又拉拉，「你們都長大啦？哈哈哈，快來叫爸媽！你們知道嗎？孩子能長大，全虧他爸媽！我們是你們的救星，你們是我們寶貝的好娃娃，哈哈哈……我們頂呱呱，你們要聽話！這是安定團結的家，我們快來一齊擁抱吧！我們一起尋歡作樂笑哈哈！喜樂無窮哈哈哈！」喜怒無常的爸媽，扭曲變態的奇葩！孩子都被嚇壞了，冷汗熱淚一齊下。惘然、擔憂、期待、懼怕，也只好都跟著父母一齊去——哈哈哈，哈哈哈……從瘋人院出來不久的爸媽，竟然一下又記起那被他們拋棄了的那個「她」，眼見亭亭玉立是朵花——啊！好花！我們是一直對你朝思暮想愛你愛得發狂的好爸媽——哈哈，好花呀！——大吵大鬧伸手拔。瘋瘋癲癲、日鬧夜鬧誰敢不怕？洋人只好把美麗的香港送還給她……爸媽抱著香港說大話——我們可真偉大！哈哈哈……得意忘形盡自誇……哈哈哈哈……哈哈哈哈……狂人頭上插滿鮮花……蓬頭垢面嘩啦啦……

你知、我知——這是香港的故事……是香港回歸的故事……爸媽的恩賜……兒女的哭泣……

這故事，應該就是那個自稱受「祖國母親打罵虐待」的14K所講述的歷史……

14K的歷史，有他自己的解釋——文革讓他對血腥暴力有過多的見識，他缺乏正常的神志……

這段歷史，李傲也有簡單的演繹……

簡單，富有詩意——

母嗜毒癮瘋淫嫖，父兇搶毒火焚燒，惹揍跪地忙求饒，病女作償拋棄掉，養父珍愛育成寶，生母反悔鬧吵要，失責無良唱高調，女大邀功母自驕。

歷史沉痛，還是笑話輕鬆……

瘋癲太后鬧皇宮，蛇蟲鼠蟻豬怪洞。腳布頭上伴花容，摩登都市孫悟空。

神通、神通。輕鬆、輕鬆。

不懂。誰又不懂？

孩子慶幸沒被虐待至死——逃過劫難能長大，就要歸功他爸媽？

「孩子一長大，功勞歸爸媽」！

是啊！是啊！

不對，不對——「孩子沒爸媽，一樣會長大！」

對啦！對啦！

父母總喜歡利用孩子的無知，都喜歡講些虛構而美麗動聽的故事……

孩子總是稚氣，也總愛聽「無厘頭」的故事——

父母都是為了孩子才生育，都有高尚清純的情趣……

有趣、有趣——

是神聖高尚的「計劃中的生育」？

還是平平常常的「被子裡的性慾」？有趣、有趣……

「父母聖人心高尚，只為兒女才上床」！

「高尚」？——還要「上床」？

哈哈……荒唐……荒唐……

媽的！這世界真錯亂！

哈哈……對吧？你14K就是滿身傷痕，心中就只有仇恨……

哈哈……對啦！你14K性慾一直都在壓抑，竟然不幸錯過了「青春期」……

哈哈……是啦！我14K就算老了也不遲，儘量利用晚來的青春期，做點大事，誓要驚天又動地……

哈哈……知道啦！你的志氣，就是慾望的勃起，像李文豪那樣自傲地手淫——對著美女「打飛機」……

哈哈……沒錯沒錯……我14K就有「李敖的真我」……這是「龍的真我」——

14K要誇耀「龍的世紀」——那是「龍的房事」——吵鬧的私房逸事：

「遲來青春期，不倒的勃起，大街行房事，激情打飛機」……

嘻嘻……有志氣……嘻嘻……好稚氣……

嘻嘻嘻嘻……中國的事……神州的事……龍與熊貓的故事……崛起的大事，撼起的傳奇……

天亮啦！在沉思的小香港突然知覺到這個意識。

從遊艇向澳門岸上看過去，大型的霓虹燈還在樂此不疲地閃爍。只是各個賭場的天空背景，從黝暗的灰白變成了雪亮，視野變得開闊，擔憂和迷惑變得淡薄。

站在『情愛』遊艇駕駛橋樓駕駛臺前的李傲，從小香港的身後輕柔地擁抱著她。在晨光中，在清涼的海風吹拂下，她感覺著他身體的溫暖。從高踞臨下的駕駛臺，向船頭那邊看下去，有一道連貫幾層樓高的斜坡白頂，這白頂的下面分別是室內駕駛室和玻璃視窗，白頂接著伸延下滑到接近船首的主人套房的房頂。這連接著往前伸延的斜坡，看上去就像似一個巨大的滑梯。站在船頂最高處上面的小香港，想到她和李傲倆曾一起去玩過的那個大滑梯——那在美國灣區 Santa Clara「聖塔卡拉」市裡的『大美國遊樂園』裡面的水上滑梯……想到那滑梯，當時他們站在它頂上的那道水上滑梯，那滑梯頂上正要往下衝滑前的那一刻的一種感覺，那感覺：是那種揉合了冒險探奇的刺激、高踞懸空的震撼、極目遠眺的驚喜、和對知覺出潛伏著意外風險的擔憂的緊張激烈等等的複雜感覺。

當時，和現在，她都需要李傲，李傲的這種踏實的擁抱。

她想象著，過幾個小時後，她可以在這裡開動這艘遊艇，乘風破浪，看著船頭水花四濺，感受著海風撲面。

看著巨型的「滑梯」，看到船外白茫茫一片的海水，她想到要衝滑下去，想到要衝浪，想到要溜冰，想到要跳芭蕾舞，想到刺激快樂，自由自在……

自由自在……

她，想到，大上海……

她想到大上海的『長城』，猜想著他那將要贈送給她的那份神秘的大禮物……

她想到海水、岸邊、夢中的小女孩，她想到《人工智能》的「大衛」……

這時，毛毛和克萊頓走過來，告訴李傲，他們要回房睡覺去了，看到正在默默地想得出神的小香港，克萊頓不經意地問了一句：「還在想甚麼？」

李傲搶答：「想著你的『夢妮卡』。」

小香港這時，轉頭看看，臉色蒼白的克萊頓讓她想起《人工智能》裡的『白臉祖』，她便咧嘴笑道：「我在想你這個『白臉祖』和他的『薩曼塔』的眼淚。快去睡覺吧！你蒼白得像隻吸血殭屍，還說『夢妮卡』？連『薩曼塔』都騙不了啦，不要再讓她為你流眼淚！」

她說完之後，回過頭去，繼續盯著前方的海水。李傲受了小香港說的「『薩曼塔』的眼淚」的啟發，也來調皮地發揮一下，輕輕地在小香港的耳邊告訴她：這艘遊艇船身那由巨幅黝黑玻璃窗連接成的水滴形的窗體，搞不好不是象徵乘風破浪的浪花，而是展示著『一滴淚』。他說，這遊艇的名字可能搞錯了，不是『情愛』那麼簡單，應該是『情愛一滴淚』。

「那有甚麼不好？」小香港回應，「愛出喜悅的眼淚的愛才夠真摯。」

她需要真摯的愛。

她看著海水，感覺著清風，體會著李傲的擁抱。這擁抱很舒服、溫情、甜蜜。這情景讓小香港想起電影《泰坦尼號》的一個情節——那一對情人站在船首擁抱……

她的腦海裡，閃過「花瓶」、「纏腳布」，她臉上劃過一道微笑。那意念，不見了。

她的腦海裡，閃過大上海的真摯友愛的形象，閃過一些關聯的字眼，閃過關於那正趕去香港替她與黑道談判的大上海的保鑣「黑洞」的一個念頭……緊接著，一些不為意的念頭，也悄悄溜進她的腦海裡：「紅棍」、「豬頭」、「馬臉」……她臉上，彎出一個惆悵的苦笑，那些念頭也都消失掉……

她，刻意不再去用眼光追隨遠處的海水。她，闔上眼睛，體會著李傲溫馨輕柔的擁抱。

她身後的他，她的情人李傲，見她好一陣子都沒有動靜，便再輕輕關懷地問她：「又在想些甚麼啦？」

她，笑了，回答：「在想『泰坦尼號』。」

「『泰坦尼號』？」李傲有點詫異：「你，看到冰山了嗎？」

小香港,轉過頭來。她,對著李傲,笑嘻嘻:「我,看到的,是你摸在我身上那冰冷的手!」

《夢醉紅塵——回歸》的「詳細介紹」

無為無極

(1)【《夢醉紅塵——回歸》的「緣起心意」】

無為本人，童年時代和青年時代，在香港生活；少年時代，在大陸中國生活。因為其個人特殊而曲折的人生經歷，無為在1966年至1983年間，切身體驗了「從香港『被強行回歸』至『從不認識』的『大陸祖國母親』身旁的磨難與痛苦」。既在當時大陸的「實際生活中」，親身體驗了沒有愛、沒有養育之恩的「『祖國母親』要『強迫』兒子『回歸中國』」的『虛情假意』和家人與社會的『怨恨嫉妒』」，又在當時大陸的「現實社會中」，親身見證了「宣稱是『香港人的祖國母親』的大陸中國暴政」對人民所犯下的一切欺騙、暴戾、壓迫的『邪惡行徑』」。當時(1966年至 1983年間)，少年時代的無為，已經開始認識了——「『香港回歸』=折磨+痛苦！」，「『祖國母親』= 欺騙 + 壓迫」！」。無為，1983年，回到香港居住和生活。在1989年「中國『六四大屠殺』事件」發生後，面對「香港 1997年『回歸』大陸中國」的必然命運同樣悲慘的前景，無為決然在同年6月，便離棄了「自由必將頹亡」的香港，投奔「自由必將昌盛」的美國。接著，無為繼續回顧著自己「1966年的『香港回歸』」和繼續見證著中國「1997年的『香港回歸』」，無為在美國，思前想後，斷定和堅信，一切的「香港『回歸』」，都是注定要以同樣的悲慘結局收場的。故此，無為在2004年決定，將依據個人經歷，寫一本長篇「政治諷刺小說《夢醉紅塵——回歸》」，作為三集裝的小說《夢醉紅塵》的第一集，以親身經歷，來作比喻對照，控訴「猶如『一夫兩妻』的『一國兩制』框架下的香港『回歸』」的「欺騙與荒唐」，和證明「香港『回歸』」，是一個必然破滅的、與「現實」脫節和格格不入的「噩夢」。

(2)【《夢醉紅塵——回歸》的「主題思想」】

　　無為這本獨具創意的政治諷刺小說的主題思想是：「香港回歸」是一個勢必破滅的「夢」；中國暴政數十年來，一直利用所謂的《孫子『詐』法》的「詐」，來愚弄欺詐人民；中國的「共產主義」，如同中國歷史中的「裹腳的『纏腳布』」一樣，從理想通往實踐的演化中，充滿著夢幻、荒唐、愚昧、惡俗、血腥與暴力——那必然是一場自以為是「夢醉紅塵」的「理想美夢」，卻實在只會是「夢演幻變」出了的一場中國人自欺欺人、互相欺壓殘殺的「殺戮噩夢」！

(3)【《夢醉紅塵——回歸》的「寫作簡介」】

　　《夢醉紅塵——「回歸」》，是一本無為十年前(2010年前)已經寫完、修改完畢了的「政治諷刺」長篇小說(26萬字之篇幅)，由於忙著「心靈學」的研究，無為長期(長達十年間)把書稿收藏著，一直沒有出版。今天《夢醉紅塵》小說的出版，是因為小說故事所諷喻的一切，都在當今「香港『回歸』」後的「反送中運動」中，和暴政利用香港惡警勢力的暴力鎮壓過程中，竟然一一都得到了「神啟顯靈」般奇異的驗證！

　　《夢》的寫作，由無為本人，先通過，在中、港、美三地數十年的親身生活體驗，和仔細觀察，得到體會和靈感，接著用了長達十年，特意到訪中、港、美三地各處，走訪諸多的城市、商業、工廠、豪宅、公寓、酒樓、酒吧、舞廳夜總會、港澳大陸的各色各樣的色情場所，特別大陸深圳和東莞的「逼良為娼」的慘絕人寰的黑暗狀態，隱名走訪和深入探究美、港、澳、中國大陸的「黃、賭、毒」的現象并從對「毒品」——在心理學、神經科學、和病理學等方面的理論的探討中——作出比較、理解和解釋，通過觀察「香港回歸」後的現實，觀察研究大陸、澳門和香港黑社會的狀態和內幕，特別觀察大陸社會中的貧富懸殊的狀態和奢侈、腐敗、行賄等等的官商勾結、狼狽為奸的狀態，和在這些觀察中，與無數有關的人士——商業、工廠、酒樓、夜總會、豪宅等等的業主老闆們、大陸和澳門色情場所的舞女小姐和被欺壓、被逼良為娼的色情業從業小姐們，甚至色情業的操控犯、大陸美國毒品使用者和毒品販賣者，與及大陸香港黑社會交易、衝突、打鬥中的黑道人士等等——的接觸、觀察、和分析，為小說的故事和寫作地點安排，

和小說的情節描述，在十多年間，進行了無數次的實地考察……然後，再用了5年之多的時間，經過精心策劃、斟酌，和利用了大量與時事、典故、歷史和各個科學領域有關的故事和笑話，認真書寫創作、和多番仔細修改而成——《夢》是一本以「比喻」和「影射」來陳說「道理」的獨一無二的小說。《夢》，是一本既非常幽默好笑、又有尖刻諷刺、更有無數發人深省的膾炙人口的政治爭論的現代小說。《夢》，是一本用極其超越、創新、出類拔萃的寫作技巧寫成的小說——故事的發展，特意採取了一個相當富於藝術創意、卻又極富於挑戰性的「三線並行」的特別寫作手法：1) 主線一，故事描述，各個一眾主角們(各有各影射現實、背景和故事的特殊的名字的人)，他們與主人翁美國「小香港」、台灣「李傲」、香港「14K」、大陸「毛毛」等人的錯綜複雜的關係的故事。美國女青年「小香港」，帶著一班不同背景的美國年輕好友，到香港去「回歸『香港』」和將要从香港「回歸『中國』」的過程中，他們在香港經驗了的情慾纏綿、歌舞玩樂、談笑風生、醉酒吸毒、夢境迷離、黑道侵辱、暴力傷害、廝殺毆鬥、落難逃亡，直至感傷回顧的歷程……這是一個個，既喜哈玩樂、又淚灑心酸、血腥暴力的經驗，是一個個既溫馨纏綿、美麗瘋狂、又驚心動魄、更悲泣創痛的不斷醒醒睡睡、進進出出的「夢」。2) 第二線，通過與主線故事的巧妙的融匯編織，再把60多個中、港、台、美與及世界各地的政商、娛樂、傳媒、明星、學者，例如：美國的克林頓、布殊、貓王皮禮士、麥當娜、巴黎希爾頓、Eminem、J Lo、John Lilly等，香港的董建華、李嘉誠、郭炳湘、梅艷芳、周潤發、周星馳、李小龍、張保仔、張子強等，中國大陸的毛澤東、劉少奇、魯平、魯迅、老舍、洪秀全、李洪志、袁崇煥、毛文龍等，台灣的陳水扁、宋楚瑜、連戰、李敖等，英國的戴卓爾和德國的希特勒、佛洛伊德等，等等，他們的可笑、或者可悲、既極具爆炸性、又極富有啟發意義的個人故事，通過特殊演繹，呈現出來，從而以或者嬉笑怒罵、或者調侃深究的方式，去闡述各個當代最震撼著大眾心弦的政治議論，也以此，增加小說本身故事閱讀的「趣味性」和「啟發性」，達成「故事中有故事」的獨特寫作意向。3) 第三線，再在上兩線的故事的不斷穿插迴旋的演化更替中，通過精心、刻意和巧妙的安排，再以穿插人物的對白、心念、思緒和回憶的方式，把主人翁美國「小香港」，和她的香港黑道朋友「14K」，他們倆在中、港、美各地，長達數十年的幾代人的不同家史和不同身世，一一展現出來：在有限的篇幅中，對鴉片戰爭、國共內戰、共產奪權、韓戰、三反五反、大饑荒、文革動亂、上山下鄉、香港回歸、台灣選舉，六四學生運動和大屠殺，與及中國人的互相毆鬥迫害甚至人吃人的歷史和事件，甚至中國幾

千年的所謂文明、實質反文明的歷史和事件,甚而人類歷史从非洲原始人「露西」開始的站立走路的進步的漫長演化,作出一次次的檢閱和辯論,從而反映出,圍繞中國一百多年來,和世界進化幾百萬年來,社會變化中那悲壯可泣、血淚慘痛、哀傷錯亂的歷史現實。在這三線并行發展的故事主體演出中,作者又以穿插了無數有趣味、好玩、有啟發性的有關科學、動物、藝術、美術、文學經典等等諸多方面的小故事,作為比喻、影射、爭辯和啟發的元素,也再為「故事中的故事」的寫作意向,造就更完美的效果,再增添小說的閱讀趣味和閱讀喜樂——從而完全擺脫過往「政治小說」的嚴肅、呆板、枯燥、缺乏趣味的寫作方式。《夢醉紅塵——回歸》這本書,特意用不同地區、不同背景、不同族裔,甚至不同年代和不同年齡的人,和他們巧妙湊合聯繫在一起的故事,通過他們不同的眼光角度的觀察、體驗、思維和表白甚至吶喊和哀訴,來引導讀者去思索和理解:那些「光怪陸離」、「迷情醉夢」、「千演萬變」的故事,其實只不過,都是同樣的一個個的週而復始、「夢演夢滅」的華人世界與「中美交媾」甚至世界範圍中的「閒情軼事」之「誤會與衝突」的過程中既平凡又超異的一次又一次的「笑、哭、怒」。《夢醉紅塵——回歸》,更加以一個極具創新獨到、前所未有的角度:以一個個對「歌舞玩樂、吸毒買醉、夢境飄搖、暴力打鬥、暢談爭論、幽默笑話、淚哭心碎、慾望激泄」等等的惟妙惟肖的描繪,來切入探討,以「玩笑、諷刺、挖苦、影射、對比」等等的創新方式,去生動活潑地談論本來應該會是枯燥無味的「政治議論」——以讓不同背景、年齡、階層、身份和地區的各種各樣的讀者,都會有機會喜歡閱讀這本小說,從而達到作者啟發讀者對政治訴求的關注和反思的的寫作意向。《夢醉紅塵——回歸》的讀者,將驚歎於他們一直都會是被作者的故事和筆法,帶引著沉醉在「笑、哭、怒」這三個激突翻滾的情緒狀態的興奮享受之中——令至閱讀《夢》,成為一個不斷享受、不斷得益的既難忘又陶醉的過程。

(4)【《夢醉紅塵——回歸》的「主線故事簡介」】

《夢醉紅塵——回歸》這本小說的故事主線,是講述一個美中混血的美麗少女,她叫「小香港」(影射「回歸中國」的「中西『合壁』」的——「美艷『香港』」),她在香港出生。八歲時,因碰上1989年的「六四天安門大屠殺」事件,她被憤慨失望、一直支持中國民運學生、在香港從事中國貿易的美國住港商人爸爸——「小香港」的父親科恩伯格(影射對香港有「養育之恩」的「英美關係」的——「外國勢力」)——從香港帶回美國。「小

香港」的父親當時還發誓——「從始不再踏足殺害中國人的暴政所管治下的中國國土。美國美女「小香港」，日後在美國長大。她，在美國灣區剛大學畢業，便與她的台日混血男友「李傲」（影射在自己的自傳中「『真』出（自己的）赤身裸體」的「台灣文豪」——「李敖」），和一班同樣在美國生活、但背景各不一樣的年輕人——白人「克萊頓」（影射「裝模作樣」的「美國總統」——「克林頓」）、唐人「毛毛」（影射「自負荒唐」的「中國『庸君』」——「毛澤東」），四人一起，來到香港，準備再一起到中國大陸，去「回歸」尋訪「小香港」她那從小不認識的「中國」母親「商馨」（影射百多年前因「吸毒賭博」，而把「香港」割讓給洋人的「害兒棄女」的——「祖國母親」：『中國』），也準備與「小香港」一直有著來往、身處中國大陸的同母異父的哥哥（「商馨」母親在大陸與別的男人所生的兒子）「大上海」（影射「鐳射閃耀」的「神州新貴」——「中國上海」），再重逢相會。就像「香港」要「『被回歸』大陸中國」的情形一樣，「小香港」要通過「回歸」去重新認識的，是她那從沒有真正一起生活過的、因此從來也就沒有多少了解、多少情感和多少寄望的、卻在當今已經變得飛黃騰達的富翁商人「母親」商馨（這裡又影射「騰飛崛起」的「祖國母親」——「大陸中國」），和去更深入一步地了解她那表面上闊氣自負、卻似乎一直努力地對「小香港」很「體貼入微」的哥哥「大上海」（這裡又影射「閃閃『銀』光」的「家族兄弟」——「中國都市」），這對於一個由美國商人白人父親「科恩伯格」（先在香港、後在美國）所適心扶養大的美麗驕傲、稚氣純樸的美國少女「小香港」（這裡再影射那代表著一些與中國有某種文化瓜葛淵源或有一些「中美血緣」的「混血兒女」們——「美國年輕」的一代）來說，那一切，都將是一個既是令人興奮好奇、又是讓人擔心害怕的「迷離莫測」的「謎」。

誠然，當這些不同背景、各有各的「閃爍」、也各有各的「迥異」的性格趨向、和人生故事的美國青年，剛剛踏足香港的第一天，在毫無心理準備的情形下，剛來到香港這樣一個金碧輝煌的夜場『迷域51』夜總會（這裡影射「星光燦爛」的「豪華都市」——「中國香港」）裡，在這樣一個豪華美麗的貴賓房裡，正要輕鬆「買醉」玩耍的時候，與香港本土人有黑道背景的「14K」（影射香港「似白似黑」的「龍蛇貓鼠」——似講義氣卻也作奸犯科的「黑道情勢」）這個香港朋友，和也是背景複雜的香港夜場總管「藍帽子」（影射香港「正邪難辨」和「兵賊一家」的——1997年回歸大陸後的「香港警察」），與及其他有趣而怪異的香港男男女女，他們（美、港、台，中各地匯集一起的人）在見面後，在一輪輪談笑風生的「政治不正確」

和風花雪月的「打情罵俏」之後，在他們對台、中、港、美的政治文化和國家領導人的嘲諷談論的嘻哈調笑之後，在酒精和毒品的激情的催化影響下，在載歌載舞的狂歡興奮之後，在輝煌燦爛的舞場裡，突然出現了一個這班正歡天喜地地買醉的人都沒準備面對、卻都必須面對的血腥殘酷的「現實」狀況——婀娜多姿的美國美女「小香港」，竟在神迷交錯的狀態中，不慎錯誤地走進了隔壁另一間香港幫派黑道大佬與一眾嘍囉也在買醉耍樂的貴賓房裡（影射「回歸後的『香港』某一天會錯入『黑道』的魔掌、遭遇被侵害的『劫難』」），在「迷離夢幻」美景的一次又一次的「錯覺」中，「小香港」被黑幫不斷地非禮侮辱（這裡又影射，香港回歸後，必將被政府與黑社會同謀合伙的「黑道」的一次又一次的似乎有「美」妙的錯覺、理由、幻想、誤會和種種藉口所掩蓋下的實際上非常醜陋和無情的侵辱和傷害……），她在漫長的醒悟過程中意圖奮力反抗（影射香港回歸後，被蒙蔽、被玩弄的香港人的覺醒過程）、和「小香港」她最終在完全知覺醒悟時狠狠地掌刮了黑幫大佬（影射「『香港』回歸後會被『黑道』的『侵害』與及香港人終有一天覺醒後會站起來奮力『抗爭』、甚至『暴力』反抗的必然現實！），從而令到這班在香港正在進行著「回歸」的美國青年，一下子陷困於被黑幫追殺而掀起了的一幕又一幕的對峙對陣、吵鬧爭持和打架毆鬥的「無妄之災」之中（影射「香港回歸」後，必然面對的「暴力侵害」和「反抗與廝殺」和被「黑道『秋後算賬』」的困窘狀況）……之後，「小香港」與一眾朋友，「逃回」半山「小香港」的「美國父親」贈送了給她的一套豪宅「寶雲閣」（這裡影射「『美國』對『香港』的實在與貼心的『恩愛扶持』」，影射香港回歸後——在大陸操控下的政府與黑道勾結的「警匪」勢力對香港人的迫害與鎮壓後，美國人——或者「美國勢力」——利用長期潛伏著的「支持與介入」，來保護抗爭的香港人），他們最終，更「逃」至一條由大陸哥哥「大上海」為「小香港」安排好送他們去澳門「逃避」被追殺的危機的豪華遊艇「情愛」上（這裡又影射「大陸中國對香港的『小恩小惠』」，影射香港回歸後，陰差陽錯，在抗爭的持續演化中，最後可能在「逃難」中，在大陸中國的假仁假義的勢力和逼迫下，「誤入賊船」）……接著，先在「小香港」她的豪宅裡，後繼續在『情愛遊艇』中，通過他們對這一連串發生在香港的「『回歸』第一天」（影射「『香港回歸』後不久就要面對的『深重災難』」）的這個血腥的「噩夢」的傷心、恐懼和憂傷的記憶回顧，展示出，主角們對香港這個美麗輝煌的霓虹燈下充滿著的黑暗、骯髒、暴力的「殺戮戰場」，有了一個新的認識，也引發出他們，開始對各人身世和家族歷史中的恩恩怨怨，對錯綜複雜的情愁愛恨，對人海翻浪中情不自控的離離合

合,等等的一段段引人入勝的漫長的回顧,對中國的慘痛的過去,對香港的現實和未來,對港美台中的種種政經關係,甚至對人類進化中數百萬年來的可歌可泣的過程的趣聞軼事,都一一在激烈的極具爭議性的、常常是喜怒無常的、更加是充滿幽默智慧、甚至是詩情畫意的辯論中,作出了一次又一次的深刻的回顧、辯論和檢討……通過這一個個引發讀者去「笑、哭、怒」的故事,讓讀者們會經驗到一個個情緒「過山車」飛馳滾動般的情感激突、上下升降的此起彼伏的體驗享受:在「笑、哭、怒」這樣極端亢奮、也極端悲戚的情感中,讀者們的情感將被帶動著不斷變異周旋,被帶入一個反映出了以『夢醉紅塵』這書名的四個字所創作的一首四句詩的「情緒境界」裡——那詩詞所包含著對小說那扣人心弦的故事有著全盤性概況總結意義的「精神境界」:「『夢』迴歸鄉會別母,『醉』視幻影刀劍途;『紅』濤白浪翻覆中,『塵』緣世遇笑哭怒!」。

(5)【《夢醉紅塵——回歸》寫作特點簡介】

　　《夢醉紅塵》這本小說的寫作特點是,作者無為,通過談笑風生、打情罵俏、幽默詼諧、尖銳犀利、嬉笑怒罵的常常無傷大雅甚至是無厘頭搞笑、卻偶爾又會是嚴肅認真、令人真情淚灑的對白、心思、行為的描寫表述,來暢談政治、歷史、文化、社會和生活。對那些猶如台灣作家柏楊所描述的「醜陋中國人」(即是無為所認為的「另類」和「敗類」、受惡俗文化和習俗和共產暴政的「洗腦」、卻又甘願「接受」和「欣賞」這種「洗腦」的「愚民」和「奴隸」們,而並非全部一統化的「中國人」和統稱「海外『華人』」的人)的各種各樣的、光怪陸離的個性、品格、態度、意識、思維、行為、文化、習俗、傳統,一一都作出了尖銳無情的嘲諷和批判。既在嘻哈玩樂之中,深刻地揭開「中國人」的那些令人迷茫失措的似是而非的荒唐怪誕的苦痛,卻又在殘酷血腥、淚哭控訴的衝突中,演繹出令人捧腹大笑的自負滑稽。作者書寫的筆法意向,既側重於文詞的優美、精煉、幽默、鋒利、尖刻,又特意沿用了極具創意的詩意(偶爾插入押韻的詩歌,來增加故事的色彩和閱讀的樂趣;甚至有時故意整個章節,以一篇優美暢順和押韻的「敘事詩」來「唱抒」整章的動感的故事) 暢述,和熱衷追求題材格調的新穎變異;力圖在每一個章節裡,都突出「諷喻」、「影射」和「吵鬧」、「爭辯」、「吶喊」的「邏輯『對比』」——有故事中的故事;既有笑、有哭、有怒,又有愛、有恨、有怨、有仇;有成熟

的邏輯理性，又有衝動的純真情感；既有卑賤殘忍的肉慾橫流、又有優美聖潔的慾望激情……但是，所有這些對立衝突的情感，都是發生在變化莫測的轉化中，也都是在極高的情緒狀態中，表現著、發揮著、起伏起地衝向一個又一個的風頭浪尖，正是體現出，「溪水小流」向著那所謂是「紅濤白浪翻覆中」的旋渦激流的轉化狀態……作者通過精彩的對白和生動的表情和活潑的舉止的刻劃，力圖達致如同「入木三分」般的深刻細膩的描述；而作者在故事描述中，儘量摒棄傳統的二維平面、平鋪直敘的枯燥單調的描述方法，而盡力沿用三維立體、形象動感、比較比喻和誇張影射等手法去描述本來會是靜態平淡的人、事、物；注重描述的感性、抽象和概括性，通過對飄忽不定、若即若離、若隱若現的「意識流」的知覺、體會和揣摩，來深化描述的藝術性和藝術美；以對照、對比、聯想等方式，去描述喜樂、怨恨、激情，以便通過對故事人物的心語、對話、辯論、爭執甚至吵架、罵街的刻劃描述，展現人的不同品格、品位，和展現事物的各異風情、風範。在故事中，作者對人類智慧的很多領域，例如哲學、物理學、心理學、生理學、人類史、中國歷史、文學、宗教、武術、商業、軍工、兵法、舞蹈、歌曲、詩作、甚至動物學和心靈感應的通靈學等等中的點點滴滴，都作了一次又一次令人興奮莫名的探討和檢閱……作者意圖以無數惟妙惟肖的比喻，去彰顯絕無僅有的想象力和表達力。更有甚者，《夢醉紅塵》的故事，作者竟然用在香港僅僅是大約六個小時（！！！主角們到達香港後，在晚上午夜12時開始聚集在香港一個夜總會裡，直至早晨逃難到一艘遊艇大約早上的6時之間）中所發生的激情蕩漾、悲喜哭笑、說唱罵打、思念憶訴……等等驚心動魄的故事情節和表演手法，帶引出了對中國六十多年、甚至是對香港一百多年、或者人類進化數百萬年來的歷史教訓的一個個嶄新的思索反省和探討，以便讓讀者，在震撼激情的（僅僅是六個小時在香港發生的）故事的閱讀「遊覽」中，深刻反思爭辯（中國過去的六十年、百多年、人類歷史進化的幾百萬年來的）一個個嚴肅、深邃的課題：這在中國發生的一切一切——是「真」還是「假」？是「正」還是「邪」？是「美」還是「醜」？是「夢」還是「現實」？是「夢的現實」還是「現實的夢」？是「理想的美夢」還是「血腥的噩夢」？是「回歸」還是「入獄」？是「『毒品』的『毒』」還是「『人心』的『毒』」？是渴望自由的年輕「吸毒者」的敗壞還是向人民灌輸毒品的「毒販當權者」的敗壞？是「載歌載舞的『輕鬆喜樂』」還是「鹹酸苦辣的『悲慘失落』」？是中國人值得「自恃」的《孫子兵法》還是中國人應該「愧疚」的《孫子「詐」法》？是「中國特色的社會主義」還是「掛羊頭賣狗肉」的摩登騙術？還是「把惡臭的『纏腳布』戴在头上招搖過市」的瘋子？是「中國的崛起」還

是「龍的勃起」？還是「龍騰放龍氣」？是「一國兩制」還是「一夫兩妻」？是「聯共制台」還是「引狼入室」？「長城」是「偉大的成就」還是「偉大的荒唐」？是驕傲還是恥辱？海外華人「愛『祖國』的『愛』」是「真愛」還是對身處國的「逼良為娼」和對「祖國」的「辱妻嫖妓」的荒唐？中國共產暴政是「仙女」還是「妓女」、是「救世主」還是「搶劫犯」？中國「地牢」中水深火熱煎熬著的中國人是「智慧、勤勞、勇敢」還是「愚昧、奴性、暴力」？是「黨」的罪還是「人性」的罪？是「黑道」的『黑』還是暴政的『黑』？是「華人與狗」還是「華人非狗（連狗都不如！）」？「醜陋的中國人」（那些受樂於「共產思維」的中國人）到底做了和做著些什麼？中西文化思維觀點認知的差異究竟有多大？是美國人的「愚痴憨直」還是「醜陋中國人」的「狡詐扭曲」？是「大、小『香港』」的「被『回歸』」還是「大、小『香港』」的「被『強暴』」？……？？？等等、等等……？？？作者無為，甚至探討著一個很少人會思索的問題：「信仰」在實踐中是否真的「自由」？「信仰」是否可以完全「自由」？「信仰」與「迷信」的區別和「信仰」的正氣與美麗、相對「迷信」的黑暗與危險？

(6)【《夢醉紅塵》作者——「無為無極」簡介】

《夢醉紅塵——回歸》的作者——無為，從小在香港，與祖父母一起生活至8歲。由於香港的家人，曾經是當年香港中環富麗堂皇、顯赫一時的一家大酒店的三大家族股東之一，無為因此，從小在香港半山和香港淺水灣那樣的香港富豪生活區中，見識過自由社會香港中的豪華富裕的豪門達人的生活的點點滴滴。1966年，無為在英國的香港，被香港家人，依據中國共產淪陷後從國外因「愛國」而「回歸」了共產中國的海外歸僑父母的無理要求，違背無為自己的意願，在哄騙與逼迫下，從香港「被」「送」回中國讀書。由於文化大革命同年在中國爆發，無為未能按常規及時在暑期中回到香港，因此在之後的17年中，「被迫『回歸』」定居在中國大陸，與自己自小並不認識的、因為愛國而「回歸」去了中國大陸的父母和家人——「重新認識」。更因此，儘管當時只是一個被「回歸」的無辜少年，卻因為是從香港「『回歸』了『祖國』的『港特資產殘渣餘孽』的『黑類』」人物，而經驗了無數被「祖國」的家庭、學校和社會的令人愁腸心酸的「排斥」、「嫉恨」、「冷落」和「傾軋」，也以一個在英國西化自由文明土壤香港中成長過的少年的獨有眼光，去觀察和見識了大陸1966年後的那一個「瘋瘋錯亂」

的祖國「母親」的「神經分裂症」病態——那瘋癲殺戮時期中的中國的悲涼狀況。

至1983年，在沒有「自由」和「人性」、只有「欺詐」和「暴力」的大陸中國，在那「被『回歸』」和「被『囚禁』」了漫長的整整17年後，無為終於在自己千方百計地不斷據理力爭之下，在與暴政經年累月的儘管只是一個青年卻是不屈不撓的堅持鬥爭後，終於獲得了一個上天恩賜的千載難逢的機會(1983年時，中共完全禁止平民進出香港！)，重獲自由，重新回到「被迫」闊別了17年的英國的自由香港。1989年6月，無為在自由英國香港的「風花雪月」般的「歌舞享樂」的生活狀態中，振發出智慧覺悟，以一個有良知和有血性的香港人身份，親身多次參加了在香港舉行的「支持中國學生民主運動」的大遊行，祈求上天憐憫——醒悟暴政、手下留情、放下屠刀！……當目睹大陸的「『六四天安門大屠殺』事件」後，對殘殺學生的中國暴政和殺戮事件，無為極其震怒和憤慨，感傷失望、萬念俱灰……無為因著自己少年至青年時代，曾經親身經驗過了從香港「被回歸」去「祖國母親」身邊的傷痛滋味，從小見識夠了暴政對人性扭曲、對人的欺壓，和體驗了太多「醜陋中國人」的社會中的錯亂、暴力、血腥，無為一直堅定不移地相信：「1997年的『香港回歸』」必將又會是一個同樣「錯亂、暴力、血腥」的「老千騙局」！於是，便在1989年6月16日——「北京天安門大屠殺」發生後的僅僅第12天——即刻決然放棄在香港當時所擁有的美好的職業、房產、商機和關係的一切一切，馬上遠離「中國人殺害中國人」的令人心碎淚奔的「故國境地」，作為無為自己的一種無聲卻震撼的「良心抗議」，遠渡重洋，飛越「仇山」與「怒海」，隻身從香港，來到還代表著人類世界中的一點文明和一點正義的良心勢力的自由國度——美國，執意將來情願當一個在自由社會中前途未卜、命途多舛的「失業遊民」，也再不允許自己將來被再「回歸」去血腥而邪惡的「醜陋中國人」的「中國」、不允許自己在1997年後充當一個「暴政的奴隸」……托神福之恩典，無為不久，竟在短短的數年間裡，意外順利迅速地成為了自由民主福地美國中的一位普普通通的「自由公民」……無為深知，這「自由公民」，來之不易，有著為自由而獻身的勇士的鮮血！……

無為在美國，曾歷任美國加州灣區不同公司的經理。2004年，無為畢業於美國有一百五十多年歷史的加州聖河西州立大學 (San Jose State University) 的金融系。

無為，由於個人過去二十年來，一直經驗無數心靈感應的奇異現象，

約在二十年前開始，放下了一切僅僅為糊口謀生的職業工作，專心至意地從事心靈感應與物理科學關係的研究，利用科學原理去推敲分析，破解了眾多心靈感應現象的玄妙和神聖的奧秘。無為，在書寫心靈感應的破解理論的同時，也寫小說、抒發「無為詩意」、書寫哲理思辨、書寫警世笑談、書寫「道『意』」和「道『義』」的「感悟」……無為痛恨「虛偽、強權、傾軋、暴戾」。無為討厭「裝模作樣」的「偽君子」，無為不「趨炎附勢」、不「隨風擺柳」，不「隨眾呼喊」，而喜歡──試圖「極盡一生精力去追求宇宙的『終極真理』」。無為，喜歡到各個教會、佛堂、道堂、回教清真寺，去秉心慕道，去討論信仰的真諦，去感悟「神」的存在形式」與「真相」，去與「道」中友人「辨」談「『道』理」。無為，也喜歡思考「人類信仰」的真正來源和人類對「神」的認識的「真偽」的哲理奧妙，思悟「佛」法、「道」理。無為，也喜歡各種各樣的運動，喜歡打球、游泳和操練自創的「靈氣無極旋」，喜歡禪修「定」坐，喜歡氣功和跳舞，喜歡在閃爍鐳射的舞廳的激情喧鬧中、和在各種各樣的社交場合中、在動感的環境狀態中，觀察各式各樣的人生百態……

www.ingramcontent.com/pod-product-compliance
Lightning Source LLC
Chambersburg PA
CBHW030145100526
44592CB00009B/126